백남(白南) 강병주 목사의 행적을 찾아서

세움북스는 기독교 가치관으로 교회와 성도를 건강하게 세우는 바른 책을 만들어 갑니다.

백남(白南) 강병주 목사의 행적을 찾아서

초판 1쇄 인쇄 2024년 8월 1일
초판 1쇄 발행 2024년 8월 9일

편저자 | 강석찬
펴낸이 | 강인구
펴낸곳 | 세움북스

등　록 | 제2014-000144호
주　소 | 서울시 종로구 대학로 19 한국기독교회관 1010호
전　화 | 02-3144-3500
이메일 | cdgn@daum.net

디자인 | 참디자인

ISBN 979-11-93996-10-2 (03230)

백남(白南)
강병주 목사의
행적을 찾아서

강석찬 편저

세움북스

첫걸음, 내디디며

"첫걸음, 내디디며"

이 책은, 나의 할아버지, 백남 강병주 목사님의 목회 일생을 찾아, 기록한 책이다.

시작은 아버지, 만산 강신정 목사님의 목회 일생을 기록하려고 했다.

1997년 11월 16일, 만산(晩山) 강신정 목사님이 세상 떠나셨다.

아버지께서는, 목회를 시작할 때부터 세상 떠나시기 전까지의 모든 설교, 강의, 수요성서강해, 새벽기도회 말씀, 거제도 포로수용소에서의 목회 활동, 각종 모임 설교 등을 노트, 원고지, 수첩, 메모지, 그리고 16절 갱지에 남기셨다. 전체를 정리하기에는 수년이 걸릴 너무나 많은 흔적(痕迹)이다.

남긴 자료를 정리하다가 '만산이 쓴 백남' 원고를 발견했다.

계획이 바뀌었다. 할아버지께서 먼저라고 판단했다. 그렇지만 내 나이 76세가 되도록 첫걸음을 내디디지 못했다. 백남(白南)과 만산(晩山)은 나에게는 태산(泰山)이었다. 할아버지의 길을 찾다가 몇 번이나 산(山)속에서 길을 잃고는 하산하기를 반복하게 되었다.

도저히 제대로 그려낼 수 없는, 나의 능력이 닿지 않는 일이었다는 것을 고백할 수밖에 없었다. 들어선 산속에서 헤어 나오지 못하고, 시간은 흘렀다.

"더 물러날 수 없다"라는 내면의 소리에 묵은 밀린 숙제를 풀듯 책상머리에 앉아, 이삿짐 속에 품고 다녔던 아버지의 자료 묶음 뭉치를, 다시 풀기 시작했다.

마치 옛 유물들을 발굴하듯 남기신 글들을 풀어가다가, 새로운 세계에 들어가게 되었다.

할아버지, 백남 강병주 목사님의 세계이다.

할아버지께서 어떻게 하나님을 믿게 되었는지, 목회자로 100여 년 전에는 어떻게 목회하셨는지, 그 행적(行蹟)들을 볼 수 있었는데, 그 시대가 요구하던 '때의 복음(福音)'에 응답한 목회였음을 알았다.

이 행적(行蹟)들은 나의 40여 년의 목회를 이끌게 한 뿌리였다는 것을 깨달았다.

사도 바울이 갈라디아서 6장 17절에서 "내가 내 몸에 예수의 흔적(痕迹)을 지니고 있노라" 하였던, 그 흔적(痕迹)이다.

『행적(行蹟)을 찾아서』로 책의 제목을 정하고 성령께서 인도하시는 걸음을 따르기로 했다. 할아버지, 만드신 발자국의 흔적(痕迹)을 더듬어 이어보려고 했다. 지난(至難)한 작업(作業)이지만, 첫걸음을 내디디고 여기까지 도달할 수 있었다.

한국 교회에서 '목사 3대'라 하면 부러워하던 때가 있었다. 나는 한국신학대학(현 한신대학교)에 편입했을 때, 친구들이 부러워하던 신앙의 대물림이었다. 동문 중에는 신앙생활의 개척자가 많았다. 신학도 가족의 반대라는 시련을 뚫고 시작한 경우가 적지 않았다. 나는 신앙생활을 태중(胎中)에서부터 한 셈이고, 나는 태어나면서 교회 생활은 당연한 믿음의 자리로 여겼다. 이 소중한 믿음의 유산이 귀한 것인지 몰랐다. 교회 울타리를 벗어나 보질 않았기에, 감사를 몰랐다. 그런데 신학을 공부하고, 목회를 시작하면서 비로소 조부, 백부, 선친께서 한국 교회에서 소중한 분들이었다는 것을 알게 되었고, 믿음을 유산으로 받은 것이 얼마나 큰 은혜인 것을 깨달았다.

그런데 백부, 소죽(小竹) 강신명(姜信明) 목사에 대한 글과 책은 많지만, 할아버지에 관한 책은 없었다. 할아버지에 대하여 이곳저곳 자료를 뒤지다 보니, 한 권의 책을 낼만큼의 원고들이 쌓였다.

이 과정에서 귀한 분을 만나게 되었다. 내매교회 담임목사인 윤재현 목사이다. 교회사를 전공한 윤재현 목사는 내매교회를 담임하게 되면서, 내매교회가 강(姜) 씨 집성촌에 세워진 교회로 순교자와 많은 목회자를 배출한 한국 교회사에서 소중한 교회인 것을 알게 되었고, 그 중심에 백남 강병주 목사가 자리하고 있음을 연구하여 밝히기 시작하였다. 2020년 11월 9일, '제11회 영주역사인물 학술대회'를 개최하여, 백남 강병주 목사와 소죽 강신명 목사를 주제로 한 임희국 교수(장로회신학대학교)와 손산문 교수(영남신학교)의 학술논문을 발표하였다. 이분들의 논문을 통해 백남의 행적을 밝히 알게 되었다. 귀한 논문을 조부의 행적을 찾아가는 책에 실을 수 있도록 허락을 받아, 감사한 마음을 밝힌다.

이 책, 『행적을 찾아서』는 자료집이라 할 수 있다. 흩어져 있던 자료를 모아 출판하려다 보니, 중복된 내용이 많다. 그래도 자료가 기록되었던 시대를 엿볼 수 있겠다는 판단으로 그냥 가감 없이 실었다.

할아버지 백남(白南) 강병주(姜炳周) 목사의 『행적을 찾아서』를 탈고한 후에는, 선친 만산(晚山) 강신정(姜信晶) 목사의 『행적을 찾아서』를 출판하려 한다. 여기에는 오래전에 원고를 부탁하여 보내준 선친을 추모하는 목사님들의 글들이 실리게 된다. 편저자의 게으름 때문에 옥고를 주신 분 중에는 별세하신 분도 있다. 이장식 목사, 여규식 목사, 박근원 박사, 김이곤 박사는 이 책을 만나지 못하게 되었다. 죄송스러운 마음이다.

할아버지, 할머니께서는 3남 3녀를 낳으셨다. 신명(信明), 신정(信晶), 신의(信義), 신상(信祥), 신희(信羲), 신성(信晟)이다. 큰아버지 막내아들 석공(錫珙)과 아버지의 막내아들 편저자 석찬(錫璨)이 목사의 대(代)를 이었고, 나의 둘째 형 석영(錫瑛)의 아들 민구(敏求)와, 나의 아들 승구(承求)가 목사로 4대째 목회를 이어가게 된 은혜도 있다.

2024년 3월 4일

홍은동에서 **죽우(竹友)** 강석찬

목차

첫걸음, 내디디며 • 5

01 소백산(小白山), 남(南)쪽 • 13

02 내매교회 • 24

03 영남 목사 문화재 제1호 • 28
영남 목사 문화재 제1호 • 29

04 만산이 쓴 백남 • 40
백남(白南) 강병주(姜炳周)(1882. 3. 9 – 1955. 5. 30) • 42
가계(家系) • 42; 성장(成長) • 43; 학업(學業) • 44
목사(牧師) 백남 • 45; 교육자(教育者) 백남 • 47; 한글과 백남 • 49
농사 개량과 백남 • 54; 백남의 인품(人品) • 56
백남의 사상(思想) • 59; 족보 • 63

05 내매교회 100년사 • 67
내매교회 설립 • 78
내매교회 출신 목회자(牧會者)와 장로(長老) • 87
목회 사역(牧會使役)의 길 • 90
한글 사랑과 함께 펼친 한글 보급 운동 • 91
농사법 개량 연구와 보급 • 93
한 인간으로서의 백남(白南) 강병주(姜炳周) • 95
교역자로서 마지막 삶을 살아온
　백남(白南) 강병주(姜炳周) 목사 • 97

06 백남의 목회 • 101

1. 강병주 목사와 내매교회 • 103
2. 영주교회(현 영주제일교회) 목회(1915-1922) • 125
3. 풍기교회(현 성내교회) 목회(1923~1932) • 135
   경안노회 독립운동 비사 개요 • 147
4. 총회 종교 교육부 교사 양성 과정 목회(1933~1941) • 151
5. 경동제일교회 목회(1941~1945) • 173

07 백남의 설교, 글 • 187

08 백남에 대한 논문과 글 • 235

한국기독교 130년 믿음의 명문가들 『믿음, 그 위대한 유산을 찾아서 1』 내매교회와 강병주 목사 이야기 • 239

내매교회와 강병주 목사를 찾아서 • 241; 목사의 생애 • 243

강병주 목사의 농촌 선교 운동 • 262

Ⅰ. 들어가는 말 • 262; Ⅱ. 본 말 • 263; Ⅲ. 나가는 말 • 283

영주 지역 기독교 전래 및 강병주 목사의 기독교 수용과 민족 운동 • 285

Ⅰ. 들어가는 말 • 285; Ⅱ. 영주 지역 기독교 전래 • 287
Ⅲ. 강병주 목사의 기독교 수용과 민족 신앙 • 301
Ⅳ. 강병주 목사의 목회와 민족 운동 • 319; Ⅴ. 나오는 말 • 345

코로나19 재난 속에서 새롭게 다가오는 강병주 강신명 • 352

Ⅰ. 문명의 전환을 요청하는 코로나19, 철기문명의 종말 • 352
Ⅱ. 19세기 말 변혁의 시대 • 355
Ⅲ. 20세기 근대화에 기여한 강병주·강신명 부자(父子) • 363
Ⅳ. 코로나19재난, 문명의 전환이 요청되는 시대 • 383

09 잠시, 멈추어 숨을 고르다 • 386

1955년, 1965년 • 389

1965년 고 최영주(崔永周) 여사 장례식 • 398

한글 목사 강병주 • 406

할아버지와 손자의 만남 • 409

백남과 이극로 • 420

조선 글씨와 조선 말소리 • 432

小竹의 白南 기억 • 442
1. "나의 길, 목양(牧羊)의 길"에서 • 442
2. 강신명 신앙저작집 2권에서 • 444

10 탈고 이후에 • 449

탈고(脫稿) 이후에 • 449

11 때의 복음 • 455

때의 복음 • 455

두 번째 행적을 찾아서 • 464

01 소백산(小白山), 남(南)쪽

백남과 만산의 본적지는 서울특별시 종로구 누상동 148-8번지이다. 그러나 두 분의 고향은, 소백산 남쪽에 있는 '풍기(豊基)'이다. 그리고 내매(乃梅) 출신이다.

소백산(小白山)과 호(號)

내가 '소백산, 남쪽'을 말하는 이유는, 이곳에서 태어난 할아버지, 큰아버지, 아버지의 호(號)를 말하기 위함이다.

할아버지 강병주(姜炳周) 목사는 호(號)가 '백남(白南)'이다.

왜 백남(白南)을 호로 삼았는지 기록으로 남긴 글은 없다. 유추(類推)하여 소백산(小白山)에서 백(白)자를 따오고, 남(南)쪽에서 남(南)자를 사용하여, '백남(白南)'이라 하여 소백산 남쪽에서 태어난 자신을 나타낸 것이라고 짐작한다.

큰아버지 강신명(姜信明) 목사의 호(號)는 '소죽(小竹)'이다. 큰아버지께서 생전에 나의 사촌 형 강석공 목사(소죽의 막내아들)에게 직접 말씀한 바가 있었는데, 소백산(小白山)에서 소(小)자를 따오고, 소백산에 많이

13

01 소백산(小白山), 남(南)쪽

자라는 대나무(竹)를 사용하여, '소죽(小竹)'이라고 스스로 불렀다.

아버지 강신정(姜信晶) 목사의 호(號)는 '만산(晚山)'이다. 한글 호(號)로 '맑을 정(晶)' 자가 세 개의 일(日, 날)인 것으로 '셋날'을 사용하기도 했는데, 나중에는 만산(晚山)이라 하였다. 산(山) 자는 소백산(小白山)에서 따온 것이라 짐작하며, 자신을 늦은 사람이라 낮추는 뜻으로 '늦을 만(晚)' 자를 사용하였다.

이렇게 보면, 세 어른은 모두 소백산(小白山)을 한 글자씩 나누어 품고 살았다.

'풍기(豊基)'는 어떤 곳일까?

우리나라는 백두산(白頭山)에서 시작된 백두대간(白頭大幹)이 등뼈 역할을 하여 이뤄진 나라이다. 백두대간의 남쪽은 태백산맥(太白山脈)이며, 태백산(太白山) 아래로 갈비뼈를 이루는 산맥이 태백산맥에 비하여 작다는 의미로 이름 지어진 소백산맥(小白山脈)으로 경상도와 전라도로 이어진다. 낙동강과 금강을 품고, 소백산(小白山, 1439.5m), 덕유산(德裕山, 1614.2m), 그리고 끝자락에 지리산(智異山, 1915m)이 우뚝 솟아있다. 퇴계 이황은 "울긋불긋한 것이 꼭 비단 장막 속을 거니는 것 같고 호사스러운 잔치 자리에 왕림한 기분"이라며 소백산 철쭉의 아름다움을 묘사했다.

소백산, 남쪽에 있는 풍기(豊基)는 옛날에는 오지(奧地)였다. 한양(漢陽)에 가려면 문경새재(聞慶鳥嶺, 새도 날아서 넘기 힘든 고개라 하여 조령(鳥嶺)이라 했다)를 넘어야 했다. 죽령(竹嶺), 육십령(六十嶺) 등 유명한 고개가 많다. 그만큼 험한 곳이었다는 뜻이다.

소백산 남쪽에서 처음 만나는 평지가 풍기(豊基)이고, 내매(乃梅) 마을, 영주(榮州), 안동(安東)이 이어져 펼쳐진다.

동양(東洋)학자이며 명리(命理)학자인 조용헌 씨는 자신의 '조용헌 칼럼(290)'에서 '정감록(鄭鑑錄)과 풍기(豐基)'란 글을 썼다. '풍기(豐基)'가 어떤 곳인지를 알게 하는 자료라 여기어, 전문을 인용한다.

'정감록(鄭鑑錄)과 풍기(豐基)' – 조용헌 칼럼(290)

"임진(臨津) 이북의 땅은 다시 오랑캐의 땅이 될 터이니 몸을 보존하는 것을 논할 수 없다"라는 '정감록'의 예언은 문제가 되었다. 결과적으로 이북 땅은 불안하다는 말 아닌가! 이 대목은 이북 사람들의 마음을 흔들었던 것이다. 특히 풍수도참(風水圖讖)을 철석같이 믿었던 이북비결파(以北秘決派)들의 마음을 흔들었다.

원래 풍수도참은 이남보다도 이북 사람들이 더 좋아하였다. 조선시대 내내 중앙권력으로부터 차별을 당했던 이북 지역은 중앙정부에 대한 '안티(anti)'의 성격이 진하게 담겨있는 '정감록'과 '풍수도참'의 내용이 입맛에 맞을 수밖에 없었다. 정감록의 이 예언을 믿고 이남으로의 이주가 시작되었다. 대략 1890년대 후반부터 이남으로의 이주가 시작되었다. 그 1번지는 '십승지(十勝地)'의 제일 첫 번째 승지(勝地)인 경북 풍기(豐基)였다. 당시 평안북도의 박천, 영변 지역에서는 "풍기로 가야 산다"는 말이 떠돌았다고 한다. 금을 캐기 위해 서부로 간 것이 아니라 난리에 목숨을 보존하기 위해 남쪽으로 남부여대(男負女戴)하고 내려왔다.

그 1진이 1890년대에 왔다면, 2진은 1920년대에 왔다. 2진은 개성·평양에서 약 100가구가 풍기로 집단 이주를 하였다. 3진은 1945~50년 사이에 이북 전역에서 약 600가구가 "풍기로 가야 산다"라는 말을 믿고 이주하였

다. 1가구에 5명만 따져도 600가구이면 3,000명에 해당한다. 대략 4,000
~ 5,000명의 이북 사람들이 오직 정감록의 예언을 믿고 이북에 있던 전
답을 팔아서 풍기에 정착하였던 것이다. 현재는 이들의 후손이 1,000가구
정도 남아 있다. '풍기발전협의회' 회장을 맡고 있는 김인순(59) 씨의 경우
에는 박천에서 살다가 6촌 이내 일가족 40명이 아버지를 따라 모두 내려
왔다고 한다. 1942년 중앙선 철도가 개통되기 이전에는 교통의 오지였던
풍기에 오려면 걸어서 와야 했으나, 철도가 개통되면서부터 대규모의 이
주가 가능했던 것이다.

　　6·25 이전에 비결을 믿고 월남한 이들은 객지인 풍기에 와서 먹고 살 수
있는 호구지책으로 '직물(織物)'과 '인삼(人蔘)'을 주로 하였다. 평안북도 사
람들은 직물 쪽을 하였고 개성 사람들은 인삼을 하였다. 정감록 믿고 망한
사람도 있지만, 풍기의 경우처럼 재미를 본 사람도 있다.

그러면 풍기(豐基), 내매(乃梅) 마을은 어떤 곳일까?

　　백남의 고향 경북 지역에서 발간하는 '소백춘추'라는 월간지가 있
다. 내매(乃梅)가 어떤 곳인지를 알게 하는 자료를 제공한다. 김태환 편
집국장이 2005년 4월, 6월호에 '우리 고장 집성촌 38-1, 2'에 기고한
글을 인용, 발췌하였다.

한국 종교, 교육계의 거봉(巨峯)을 배출한 양지,
음지 내매 진주 강씨 집성촌
- 금년 100주년을 맞는 내매교회의 발전사 -

내명교(乃明橋) 앞 음지마을로 들어가는 길에는 어느새 봄이 내리고 있었다. 강신명 목사의 노력으로 놓인 내명교에서 잠시 내성천을 바라보고 있노라면 푸른 하늘 아래로 봄의 향기가 바람결에 묻어온다. 간간히 허공을 가르던 이름 모를 새들도 봄기운에 겨워 날갯짓을 멈추고 봄이 전해 주는 따스한 기운에 졸음 겨운 눈망울로 넋을 놓고 있다.

경북 영주시 평은면 내매(乃梅)는 용각천(龍角川)과 내성천(乃城川)이 합류해 굽이치는 지점에 자리한 동네로 행정구역상으로는 영주시 평은면 천본리이다. 이 마을은 마을 모양이 매화(梅花)와 같다 하여 '매화락지'라는 설에 의해 내매(乃梅)라 하였다. 내매는 내성천을 중앙에 두고 동쪽인 평은면 천본리의 '음지 내매'와 서쪽인 이산면 신천리 '양지 내매'로 되어 있다.

이곳 내매가 개척된 지는 약 400년이 되었는데 1592년(선조 25) 임진왜란 무렵에는 이곳이 김(金) 씨의 집성촌이었는데, 경남 진주에서 피란을 오게 된 강정(姜貞) 선생이 이곳에 터전을 잡으면서 강(姜) 씨의 집성촌이 시작되었다. 내매는 지역 내에서 신교육, 계몽, 신생활운동, 영농 개선 등 1900년 초 신문물을 받아들인 선구자적 역할을 한 곳이다. 특히 개화기(開化期)에 예수교를 받아들여 개명(開明)에 앞장선 마을이기도 하다.

영주 지역 교회의 선구 내매교회

내매가 당시 지역의 개화에 앞장설 수 있었던 것은 금년 100년 된 '내매교회(乃梅教會)'가 있었기 때문이다. 내매교회의 시작은 구한말 이곳 출신인 강재원(姜載元) 선생에서부터 시작된다. 그는 당시 대구에 있으면서, 그 무렵 미국 북장로회의 선교사 배위량이 대구 제일교회 예배당을 세울 때, 비로소 거기서 신앙을 갖게 되었다.

그는 그 후 고향마을 내매에 돌아와 평은면 지곡리에 사는 강두수(姜斗秀) 씨와 함께 7십 리(28Km)나 되는 안동(安東) 와룡면에 위치한 방잠 교회에 다니다가, 1906년(고종 43) 내매 마을 유병두 씨의 집 사랑방을 빌려 예배를 시작하여, 그 이듬해에는 자기 집으로 옮겨 뜰에 십자가를 높이 달고 예배 보았으니, 비로소 교회의 모습을 갖추어 가기 시작했다.

이때 신자는 강재원의 가족 외에 강병창(姜炳昌, 1890-1937, 姜炳周 남동생), 강신옥(姜信玉), 강신유(姜信裕), 강석구(姜錫九), 강석복(姜錫福) 씨 등이 있었는데, 이들은 신앙과 함께 머리를 깎고 미신을 타파하는 등 개화에도 앞장서 주위로부터 많은 비난과 웃음을 사기도 했다.

1909년 비로소 예배당으로 초가 6칸을 지었으며, 1913년에는 함석집 10칸 예배당을 ㄱ자 모양으로 지어 남자, 여자를 따로 앉게 했다. 그러나 6·25 때 예배당이 북한 공산당들의 남침으로 화마에 휩싸여 불타고, 1953년에 목조 15칸을 세웠으며, 1977년에는 40평짜리 현대식 벽돌 건축으로 다시 지었다.

내매교회의 교인들은 교육, 계몽으로 생활 개선에도 열성이었으니, 1910년 사립 내명학교(乃明學校)를 세웠는데 설립자는 강석진(姜錫鎭) 씨, 초대 교장으로 강병주(姜炳周) 씨가 부임했다.

내매는 매우 외진 벽촌이었으나 교회를 주축으로 하여 강병주 씨 등 선도자에 의해 새생활 운동을 활발히 일으켰기에 부엌 개량, 우물 개량, 마을 길 넓히기, 의식구조 개혁, 영농방법개선, 다수확재배 등으로 그때 이미 새마을운동이 전개되어 가장 앞서가는 농촌을 이루고 있었다.

일제 말기에는 이른바 신사 참배(神社參拜), 궁성요배(宮城遙拜)를 거부하다가 많은 교인이 박해받았고, 6·25 때에는 교회와 함께 온 마을이 불탔으며, 마을 사람이 6명이나 학살되는 참변을 겪기도 했다.

마을 50여 가구가 모두 교회 신자인 내매는 영주, 안동, 봉화 등지에서 가장 일찍이 개명된 마을이고, 이 마을 출신으로 강재원 목사를 비롯하여 강석진, 강병주, 강신충, 강신창, 강신명, 강신정, 강문구, 강인구, 강교구, 강성구, 강병직 씨 등 목회자 20여 명을 배출하였다.

내명학교

평은면 천본리 1063-1 번지에 위치한 내명학교는 영주의 기독교 신문화의 발상지로 이름난 내매 마을에 있는 학교로, 내매교회가 설립되면서 교회에서 야학이 시작되어 학생 수가 점점 늘어나면서 개교되었다.

1910년 4월 5일 사립 기독내명학교로 설립된 내명학교는 1913년 4월 7일 조선 총독부 학제 1542호로 사립 기독내명학교 인가를 받아 9월 1일 개교하였다. 1942년 9월 1일 사립 내명학교로 개칭되었고, 다시 1946년 8월 19일 내명 국민학교로 승격되어 같은 해 9월 1일 공립 내명 국민학교로 개교하였다. 한국전쟁으로 1950년 7월 15일부터 10월 15일까지 임시 휴교하였으며, 1964년 12월 5일 학구 조정으로 평은 국민학교가 되었다. 1991년 3월 1일 평은 국민학교는 내명 분교로 격하되었다가, 1995년 3월 1일 1,537명의 졸업생을 배출하고 85년의 긴 역사를 마감하고 폐교됐다.

백남 강병주 목사

이곳 내매에서 진주 강씨를 빛낸 인물로는 강병주(姜炳周), 강신명(姜信明) 부자를 들 수 있다. 백남(白南) 강병주(姜炳周, 1882-1955) 선생은 강기원(姜祺元)의 아들로, 어려서부터 예사롭지 않은 천품에 글 읽기를 좋아한 그는 유교(儒敎)적인 환경에서 성장하여 성년이 되기까지 한학(漢學)을 배웠다.

조선 말(末) 날로 위태로워만 가는 나라의 운명은 소년 백남으로 하여금 많은 생각에 잠기게 하였고, 또 방황하게도 했다. 모두 말세(末世)라고 개탄하는 그때였으나, 그의 학우들은 입신출세에 급급하여 과거 공부에 열중해 있는 틈서리에서 백남은 자신의 장래를 설계 함에 있어 남모르는 고뇌(苦惱)로 자못 심각한 갈등을 겪어야 했다. 개인의 영달이나 출세의 꿈에 집착하기보다는 조국과 겨레가 직면한 현실이 너무도 절박했기 때문이다.

일본의 강압으로 을사보호조약에 이어 헤이그 밀사 사건을 트집으로 고종이 물러나면서 나라의 운명은 이미 끝에 이르렀다. 시운(時運)을 붙들 만한 획책이 없는 그는 세상을 등지고 깊은 산속에 숨어 수도나 하리라는 뜻에서 드디어 집을 나섰으니, 때는 1907년(융희 1년) 그의 나이 26세였다. 가야산 해인사로 향하던 길에 어느 기독교 선교인을 만난 것이 전환의 계기가 되어 입산의 뜻을 버리고 발길을 되돌린 바 되었던 것이다.

1910년 봄, 그는 예수교 학교인 대구 계성학교(啓聖學校) 사범과에 입학했다. 그해 8월 나라가 강탈되매, 겨레가 다시 살길은 오직 실력을 가져야 한다고 믿어 그는 망국의 울분을 씹으며 공부에 분발하여 1915년 졸업했다. 1919년 대구 성경학교를 졸업한 그는 만세 운동에 가담하여 8개월의 옥고를 치르고, 이어 평양신학교(平壤神學校)에 입학, 1922년 동교를 졸업하자, 곧 그 학교 종교 교육과에 입학하여 1925년에 졸업함으로, 백남은 교회 지도자로서의 자질을 갖추게 된 것이다. 그리고 고향인 풍기교회 담임목사가 되었다.

농사개량

농본국(農本國)인 우리나라는 농업인구에 비하여 농토가 적은 데다가, 재래식 영농으로 소득이 낮은 터에 왜정의 가혹한 수탈로 농촌이 더욱 피폐해지고 있음을 통감한 백남은 겨레의 살림을 일으키는 길은 곧 농촌을 일으킴에 있음을 믿어 일찍부터 농사 개량(農事改良)에 마음을 써왔다.

그는 국내외의 관계 서적을 구하여 탐독했고, 일본에서 권위 있는 강의록을 들여와 열심히 연구하여, 그는 일본서 고시를 거쳐 "농예사(農藝士)"라는 자격을 얻기도 했다. 그는 풍기에 있을 때 농토를 마련하여 머슴을 두고 직접 농사를 지음으로써 실제로 연구한 바를 실험하며 다각적으로 농사 개량에 힘을 기울였다.

먼저 우리 농사의 주종이 되는 벼농사 개량에 착안하여 당시 이곳 모든 농가에게 250평 한 마지기 묘판(苗板)에 볍씨 5되를 뿌려서 콩나물시루처럼 기른 모를 한 포기에 5~10개씩을 심는 것이었는데, 백남은 3백 평 1반(反) 당 볍씨 1되 5홉을 심는 광파식(廣播植)을 시험하여 크게 성공을 거두었다. 곧 볍씨를 사방 1치 거리로 드물게 뿌려서 묘판에서 10~15개의 가지를 치게 하여 모심기에는 그것을 한 개씩(볍씨 한 알 분)을 심었으며, 뒤에 그것이 포기마다 20~35줄기로 불어나게 했다. 그래서 3백 평당 벼 14석을 거두었으니, 당시 일반농가에 견주어 세 갑절의 수확을 올림으로써 일대 경이(驚異)를 일으켰던 것이다. 그는 이 혁명적인 농사 방법을 보급시키기 위하여 "벼 다수확법"이라는 책을 펴냈다.

그는 보리농사에도 연구 실험에 성공, "보리 다수확법"을 발간했으며, 당시 농업은 주곡 위주였는데 농가 소득 증대를 위해서는 다각영농의 필요를 절감, 채소재배법도 연구하여 책을 펴냈다.

그는 일찍부터 농촌 진흥 운동에 관심이 깊어 그의 고향마을 내매에서도 부엌, 우물, 도로 개량, 농한기 선용 등을 권장했고, 다른 곳에서 기와 기술자(瓦工)를 데려와 기와를 구워 지붕 개량에 앞장섰으며, 부인들을 모아 누에치기를 지도했고, 미신 타파(迷信打破) 등 생활 개선을 이끌었으니, 그는 요사이 새마을운동의 선구자였다고 할 것이다.

그의 교육사업, 한글 운동, 농사 개량 등이 모두 나라 사랑, 겨레 사랑이었거니와 3·1운동에 8개월간 옥고를 치른 바 있는 그는 30여 년 교역 생활에 여러 차례 전국을 순회하면서 무수히 행한 설교, 강연에서 한결같이

주제의 바탕에는 은연히 독립자주정신을 깔았던 것이다. 그래서 그는 설교 내용이 문제가 되어 자주 왜경에 불려 다니곤 했는데, 그중에도 가장 많이 불려 다녔던 데가 종로경찰서였고, 모리라는 일본 형사부장과는 여러 차례 격렬한 논쟁이 있어 때로는 권총으로 위협을 받기도 했다.

내매(乃梅)에서는 많은 인물이 배출되었다.

지역교회의 요람이었던 내매, 나아가 한국 교회를 이끈 인물들을 배출시킨 내매, 내매는 아직도 1백여 년의 지역교회 역사의 중심에 서서 지나온 시간들을 조금씩 조금씩 갈무리해 가고 있다. 내매가 있었기에 영주 지역의 교회가 있었으며, 한국 교회의 오늘이 있었다.

"김태환 편집국장의 글 소백춘추 2005년 4월, 6월호 '우리 고장 집성촌'에서"

02 내매교회

국민일보는 '아름다운 교회길(13)'로 내매교회를 선정했다.

영주댐 건설로 수몰되기 전의 일이다. 전정희 기자의 **"몸도 마을도
쇠락하건만 기도는 뒷산 매화처럼 활짝 피다"** 기사 전문을 옮긴다.

국민일보 선정 : 아름다운 교회길(13) 경북 영주 내매교회

2011년 4월 24일 오전 11시 경북 영주시 평은면 천본리 내매교회. 천본
리는 경북 북부 지방 유림문화의 특성을 잘 간직하고 있는 전형적인 집성

촌이다. 소백산 아래 소수서원, 봉황산 아래 부석사 사이를 흐르는 내성천이 사천(蛇川)을 이루는 즈음 20가구 남짓한 마을이 있고 그 마을을 굽어보는 언덕에 105년 전통의 내매교회가 있다.

교회당은 아담했다. 적벽돌과 시멘트로 지은 건물로 예배실이 66㎡ 남짓하다. 교회 현관을 열면 오른쪽으로 첨탑에 오르는 계단이 보인다. 그리고 머리를 들면 사람 하나 들어갈 만한 출입구가 뚫려 있다. 첨탑에 달린 종 줄이 내려오는 통로이기도 하다. 이 예배당이 봉헌된 1977년만 하더라도 줄을 당겨 종을 쳤으리라.

내매교회는 지세(地勢)로 보아 도무지 믿기지 않는 '역사 교회'다. 1906년 구한말 피폐해질 대로 피폐해진 조선의 이 외진 곳에 초대 교인들이 교회를 세우고 유림 가문에서 파문당할 각오를 하고 보이지도 않는 신을 위해 기도하다니.

이곳 출신 강재원(1874~1927, 장로)은 출향하여 대구 약령시(藥令市)에 머물던 중 전도책자를 접하게 된다. 조선 전도여행하던 미국 장로교 윌리엄 베어드(1862~1931, 숭실대 설립자) 선교사가 뿌린 책자였다. 야소교(耶蘇敎)를 믿게 된 강재원은 개명한 세상의 필요성을 느끼고 고향으로 돌아와 50가구 남짓한 마을에 예배 처소를 세웠다. 초대 교인 유병두 씨 집에서였다. 그리고 교인이 늘어나자, 자신의 집에 십자가를 높이 달아 교회의 모습을 갖췄다.

그 무렵 이 마을의 또 다른 인물 강병주(1882~1955)는 젊은 날 승려가 되겠다고 해인사로 향하던 중 회심하여 훗날 평양신학교를 졸업, 목사가 됐다. 교육자, 한글운동가, 농민계몽가로도 널리 알려진 인물이다.

두 사람은 고향에서 의기투합해 내매교회를 중심으로 마을 전체를 복음화했다. 강병주의 부친 강기원은 성격이 강포하다며 호되게 야단을 쳤던 아들의 변화에 놀라 예수를 믿을 정도였다.

두 사람은 '예루살렘 이상촌' 건설을 위해 향약 6개 조를 만들어 실천했다. '우상 숭배 금지와 미신 타파' '음주 도박 금지' '일경(日警) 출입금지' '신, 불신 막론 관혼상 지원' '소 외에 가축 사육 금지 통한 청결한 마을 가꾸기' '주일 우물 사용금지'와 같은 것이었다.

일경 출입을 금지시켜가며 신앙을 지켜온 내매교회는 1949년 9월 좌우 대립 속에 좌익에 의해 6명의 성도가 숨졌고, 내매교회도 불탔다. 앞서 남녀유별의 유교 사상 때문에 헌당했던 'ㄱ자' 예배당은 급격한 교인 증가로 새 성전을 헌당하면서 아쉽게도 사라졌었다. 'ㄱ자 교회'는 한국 초대 교회 건축사적 의미로도 복원 가치는 충분하다는 것이 교계와 건축학계의 의견이다.

또한 1910년 설립한 교회학교 부설 내명학교는 경북 북부 첫 조선총독부 인가 근대식 학교로, 장로교단의 거목 강신명(1909~1985) 목사 등을 비롯한 인재의 산실이었다. 내명학교는 내명국민(초등)학교에서 1991년 평은초교 내명 분교로 격하됐다가 1995년 평은초교에 흡수되면서 폐교된다. 그러나 1915년 내매교회 여전도회가 마련해 기증한 땅 위에 설립됐던 학교 건물은 지금도 교회 맞은편에 쓸쓸히 남아 있다.

내매교회를 중심으로 내명학교, 내매 마을 출신은 근대화 시대 기독교 신앙으로 소금의 역할을 하며 살아간 이들이 적잖다. 계명대학 설립자 강인구 목사, 강신정 전 한국기독교장로회 총회장, 강병도 전 창신대 총장, 강진구 전 삼성전자 회장 등이 대표적이다.

한데 강산과 인걸이 분명한 '한국의 이스라엘 이상촌'이 곧 수몰된다.

건설 중인 영주댐이 완공되고 담수가 시작되면 2013년 흔적도 없이 사라지는 것. 이에 따라 1910년대 건축양식을 그대로 보존하고 있는 내명학교, 'ㄱ자 교회터' '여전도회 기증 학교터' 등을 더는 볼 수 없게 된다.

수몰지는 쓸쓸하다. 마을 앞 은빛 모래 고운 내성천을 따라 4 Km 거리에 위치한 면사무소, 그리고 천변을 따라 계속 내려가다가 만나는 중앙선 폐역 평은역 등은 고요하다 못해 을씨년스럽다. 골구렁 골을 따라 차가 산으로 오르자, 수몰 지역이 한눈에 보였다. 멀리 복음을 들고 내매 마을로 들어오던 초대 교인들이 걷던 신작로가 강과 나란히 이어졌다.

청교도들이 그러했듯이 내매교회도 이주단지에서 새로운 신앙생활을 시작할 것이다. 부활의 신앙이기 때문이다.

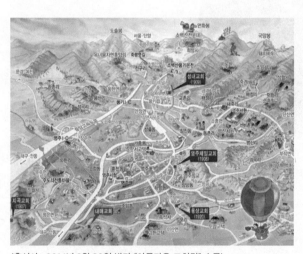

(홍성사 : 2014년 3월 20일 발간 "아름다운 교회길" 수록)

03 영남 목사 문화재 제1호

    항기(缸氣, 빈 항아리) 여규식(呂圭植, 1935~2020) 목사는 경북 풍기에서 태어난 나의 선배 목사이다. '빈 항아리의 투덜거림' 설교 칼럼집을 출판하고, 나에게 "할아버지 강병주 목사님은 내 신앙과 신학의 뿌리에 영양을 주셨고, 부친 강신정 목사님은 저희 아이들을 축복해 주셔서 가정을 이루어 주셨습니다. 석찬 목사는 못난 선배에게 늘 용기와 사랑을 베풀어 주었습니다. 고마운 마음을 담아 이 적은 것을 드립니다. 2014. 9. 여규식 드림"이라고 하며, 선물하였다. 이뿐 만 아니다. 만산에 대한 추모의 글도 주시고, 백남을 '영남 목사 문화재 제1호'라 부르며, 그 이유를 글로 남겼다. 옥고(玉稿)를 받은 후, 제때 책을 내지 못하고 미루는 바람에, 그만 2020년에 세상을 떠났다. 죄송한 마음 너무나 크다. 항기(缸氣) 목사의 글을 싣는 것으로 빚을 갚고자 한다.

영남 목사 문화재 제1호

1. 목사 강병주

나는 서슴지 않고 영남에서 목사 문화재 제1호는 강병주 목사라고 말하겠다. 강 목사님께서는 새문안교회 당회장과 숭전대학 총장을 지낸 강신명 목사, 그리고 한국기독교장로회 증경총회장이신 강신정 목사의 부친이시오, 초동교회 당회장이었던 강석찬 목사의 조부이시다. 강병주 목사는 1882년 경북 영주에서 태어났다. 그는 이 지역 제1세대 기독교 신앙인이 되었다. 그는 1910년 4월(28세)에 기독 사립 학교인 '내명학교'를 설립하였고 또 같은 시기에 대구 계성학교에 입학하여 1915년에 졸업했다. 계속해서 평양의 장로회 신학교에 입학해서 그 학교를 졸업했다. 그리고 목사 안수를 받은 후 1923년에 풍기교회 담임목사로 부임했다. 그는 교육자로서 교회학교의 발전에 혼신의 힘을 쏟았다. 그는 1923년에 경안노회 주일학교 발전에 이바지하는 '권장위원'으로, 그리고 1926년부터 1928년 12월까지 그는 '경안노회 주일학교 협의회'의 총무로 일했다. 또한 강 목사는 1929년부터 시작된 노회의 농촌 운동을 앞장서서 추진했다. 그는 '경안노회 농촌부 협의회' 총무로 일했다. 강병주 목사는 경안노회 노회장을 여러 차례 역임했다.(1925, 1931, 1936) 이를 통해서 종합해 보면 강병주 목사는 풍기교회 담임 목사인 동시에 경안노회의 전 지역을 목회한 교역자였다. 강 목사는 주일학교 만이 아니다. 그는 여러 권의 농사 안내서를 썼다. 식량 부족을 타개하기 위한 쌀 생산을 증대시키는 농사법에 대해서, 그리고 채소 농사에 관해서 썼다. 이뿐이 아니다. 강 목사는 조선어학회에서 유일한 목사 이사로 활동했다. 그리고 강 목사는 제26회(1937년) 장로교 총회가 한글 철자법 통일안으로 찬송가가 간행되도록 청원해서 통과시켰다. 강병주 목사는 1920년에 이미 교계 지도자로 전국에 잘 알려져 있었다. 그 당시 평양 장로교 신학교에서 발간된 '신학지남'이 1928년에 교계 명사 10인을 선정하였는데, 여기에 강 목사의 이름이 들어 있다. 강 목사가 목회를 처음 시작하던 때는 선교사들이 복음을 전한 지 20여 년이 지났다. 개신교의 새 시대가 시작되는 과도기였다. 1919년 3월 1일 만세 운동이 좌절된 상황에서 일제의 식민 지배는 더욱더 교활해졌고 극심한 경제 위기에서 농민들이 농촌을 떠나서 멀리 이주해 갔고 공산주의나 과학적 사고의 도전에 직면한 목회자들은 당황하여 현세보다 내세를 앞세우려 했다. 이에 교회는 이전 세대에 형성된 사회적 영향력을 잃어가고 있었다. 이러한 위기 상황을 타개해 보고자 '신학지남'은 교계 명사 10인에게 '조선교회 부진의 원인과 그 대책'이란 제목으로 글을 쓰게 했다. 여기에 관하여 강병주 목사는 '신학지남(神學指南)'에 다음과 같은 글을 썼다.

현하 조선교회 부진의 원인에 대책이 어디 있겠느냐? 그 원인은 일이 (一二)에 지(止, 주;그침)지 않겠으며, 그 대책도 많은 것이다. 그러나 나는 그 원인을 이렇게 본다.

첫째, 교역자의 무성의로 본다.

요새 경향을 물론하고 교회 내 청년들은 말하기를 "우리가 교역자 강단에서 설교함을 보면 그 내용이 빈약하고 그 재료란 수십 차씩 들은 진부한 말을 날마다 되풀이하여 세상사에 고민하다가 교회에 와서 위안을 받고자 하였으나 도리어 쓸데없는 말을 일시 혹은 일시 반씩 늘어놓아 위안을 얻기 커녕 도리어 반감만 있게 된다" 함을 듣는다.

이것은 교역자의 나태함을 폭로시킨 것이다. 따라서 교인 심방과 개인 전도를 등한히 하니 이러함으로 교회 집회 열이 차차 식어가서 부진 되는 것이니, 대책은 다른 것이 아니다. 교역자란 독서를 부지런히 하여 신문이나 잡지와 성경 외에 모든 신간 서적을 구독하여 자신의 식(識, 주;지식)부터 얻어야 하겠고, 또한 교인 심방과 개인 전도에 전력을 다하여야 하겠다.

둘째, 평신도 신앙 불충실에 있다고 본다.

교회의 정신은 박애(博愛)라 하겠다. 요새 교우들은 다 애(愛)의 열이 식었다. 그 원인은 다 성경 읽기를 게을리하고 기도에 무력하며 전도의 입을 다물고 하지 아니하며 연보에 뜻을 두지 않음이라. 어떤 교회 권찰 월례회에 보고한 바를 보면 5백 명 신자 중 개인으로 성경 일독과 기도와 전도하는 수가 십명 미만이라 함을 볼 때는 놀라지 않을 수 없다. 이것은 교역자의 책임 문제로 돌리면 돌릴 수도 있겠다.

그러나 평신자들도 너무 교역자만 책임을 지우지 못할 줄로 안다. 특히 교회의 경제 문제 같은 것은 지금 우리 처지로서는 별로 노노(呶呶, 주;지껄이다)할 필요가 없다고 하겠으나 그래도 우리가 생활이 있는 동시(同時)는 반드시 교회도 경제 문제가 안 일어날 수가 없다. 금일 교회에 연보하는 형편을 보면 교인은 서로 쳐다보고 하게 되는 형편이다. 내 신앙에서 인도되는 대로 양심으로 할 것이요 결코 장로나 집사나 직분을 모아서 그 비등(比等, 주;견주어 보아 비슷함)을 따를 것은 아니다. 사실 금일 조선 교역자처

럼 위경에 처한 자가 없다. 자기 독신 생활하는 자도 아니고, 자기 부모 처
자가 다 있는 자로 교회가 1개월이라도 그에게 줄 것을 못 준다 하면, 그들
의 모든 식구는 다 굶고 헐벗게 될 것이다. 이것은 곧 교우로 그 교역자의
모든 생활을 보장치 않고서는 아니 될 것이다. 그런즉 이 교회 경제 문제
해결은 다 제직회가 연말에 가서 명년도 예산을 편성하여 교회의 통과를
받아 각 교인의 처지를 따라 맞도록 연보를 작정하되 할 수 있으면 십일조
를 드리도록 힘써 실행하되, 매월에 그 전원의 회계를 교회 앞에 보고하여
교회의 재정 상황을 교인으로 분명히 알도록 하여 각각 그 의무를 알게 하
면 교회가 경제 문제를 차차 극복할 수 있으리라는 사(思, 주; 생각)란다.
끝.

이렇게 교회 교육(주일학교)과 농촌계몽 운동에 전력투구를 하던 강
목사는 1930년대에 총회의 종교 교육부 교사 양성 과정 총무로 부름을
받아 경안노회를 떠나 서울로 가게 되었다. 이것은 갈릴리 호숫가에서
맴돌던 천국 운동이 예루살렘으로 옮겨간 것과 같다. 이제 부풀기만
하던 장로교는 알이 차게 되었다. 크로노스(Kronos)적인 것이 카이로스
(Kairos)로 변하게 되었다.

2. 시대적 배경

앞에서 언급한 바와 같이 강 목사가 활동하던 당시는 일제의 탄압이
극심해 가던 시기였다. 세상은 캄캄한 도무지 출구가 없는 암흑기였다.
이때 혜성과 같이 나타난 교회 지도자들이 있었다. "괴롬과 죄만 있는
곳 나 어이 여기 살리까." 내세지향적(來世指向的)인 부흥 운동의 불길이

전국으로 번져가고 있었다. 오늘 우리는 장로교 하면 길선주, 김익두 목사를 생각하고, 감리교에도 이용도, 성결교 하면 이성봉 목사를 생각하게 된다. 이 어른들에 의해서 오늘 한국 교회가 세계인이 다 놀라는 성장을 가져왔는지도 모른다. 그런데 위의 어른들은 신학문을 많이 받아들인 분들이 아닌 것 같다. 예를 들면 길선주 목사는 3년간 산에 들어가 도(道)를 닦다가 내려와 신학을 했고, 김익두 목사는 스스로 자랑삼아 증언했듯이 골목대장 출신이었다. 오늘 세계인들이 놀라는 한국 교회 부흥성장의 뿌리에는 이 어른들의 공로가 절대적이었다는 것을 부인할 수 없을 것이다. 그러나 여기에는 많은 문제점이 있었다.

이제 우리 문제를 뒤로 밀쳐놓고 초대 예루살렘 교회로 돌아가 보자. 당시 예루살렘 교회의 열기는 대단했다. 베드로가 "너희가 회개하여 각각 예수 그리스도의 이름으로 세례를 받고 죄 사함을 받으라"라고 외치며 이날에 신도의 수가 3천이나 더했다고 성서에 기록되어 있다. 이같이 부흥의 열기가 뜨겁던 예루살렘 교회는 그 후 한 세기도 버티지 못하고 역사 위에서 완전히 사라져 버리고 말았다. 그러나 이와는 달리 바울 사도가 빌립보에 건너가 며칠 머물면서 물감 장수 아주머니, 간수, 남의 하녀 등등 몇 사람을 개종시킨 바울의 전도는 나중에 전 세계로 번져가는 기적적인 결과를 가져왔다. 신학이라는 뼈대가 없는 풍선 같은 흥분만 갖고서는 새 역사를 창조할 수 없다는 것을 여기에서 배울 수 있다. 오늘 우리는 왜 성령이 오순절 마가의 다락방에 임했는지를 알아야 한다. 오순절은 유대인들이 밤 숫자를 세어 가며 성서 공부를 하는 절기다. 성령은 바로 성서 공부를 하는 그곳에 임했다는 것을 눈여겨보아야 한다.

한국 초대 교회도 처음에는 감정 위주의 부흥회(復興會)가 아니었고 성서 공부가 중심이 된 사경회(査經會)였다. 그러던 것이 그 후 부흥회는 감정적인 흥분, 그리고 악하고 음란한 세대가 구하는 표적 중심으로 변해갔다. 그로 인해 오늘과 같은 사회로부터 외면당하는 교회가 된 것이 아닌가 하는 생각을 해 본다. 우리 예수님을 생각해 보자. 예수님의 공생애는 부흥회에서 시작된 것이 아니다. "예수께서 무리를 보시고 산에 올라가 앉으시니 제자들이 나아온지라 입을 열어 가르쳐 이르시되" 예수님의 공생애 3년간은 교육이 중심이었다. 그 가운데 제자들에게 흥분과 뜨거움을 경험케 한 것은 잠간 동안의 변화산 위에서의 체험이 전부였다. 그것도 오래 거기에 머물게 하시지 않고 곧바로 산 아래로 데리고 내려오셨다.

3. 교회와 사회의 관계

이제 강 목사의 사회참여를 생각해 보자. 강 목사는 달팽이가 몸을 집안으로 웅크리고 숨기듯이 교회 안으로 숨어버리는 목회를 하지 않았다. 사회참여를 적극적으로 하신 분이다. 당시 목회하던 풍기교회 안에는 당회원 몇 분을 제외하고는 거의 다 문맹자였다. 이것을 안타깝게 생각하고 '영신학교'라는 사립 학교를 운영하면서 멀리서 여선생을 데려와 교인뿐 아니라 사회인들의 눈을 뜨게 했다. 필자가 주일학교 다닐 때 주일학교 반사 중엔 초등학교에 들어가 본 경험이 있는 분은 한 분도 없었다. 강 목사는 이런 분들의 눈을 뜨게 해서 그 후 장로, 집사로 봉사하도록 만들었다. 강 목사가 한글학회 이사로 활동한 것도 바로 이와 같은 목회 현장에서 돋아난 사랑의 열매라 할 수 있다. 강 목사는 유일한 한글학회 목사 이사다. 나중에 강 목사가 하나님의 부름을 받았을 때 교계는 무관심했는데 한글학회에서 그 공로를 인정해서 비석을 세워주었다. 이뿐만 아니라 강 목사는 교인들의 곯은 배를 채워 주기 위해 벼의 수확을 늘리려고 볍씨 개량종을 연구했고 채소 가꾸는 법을 연구해 책을 냈다. 오늘의 사회참여를 외치는 성직자들은 주로 정치적인 이슈를 내걸고 벼슬도 하고 치부도 하지만 강 목사는 바울처럼 모진 로마의 박해 아래에서 살면서도 정치 투쟁은 전혀 하지 않고 이웃의 배고픔을 덮어주기 위해 전력투구했다. 오스카 쿨만에 의하면 예수님이 제일 관심을 두신 것은 빵이었다. 왜냐하면 예수님이 공생에 첫발을 내디디셨을 때 맨 먼저 받으신 시험이 바로 빵이었는데 제일 먼저 시험을 받았다는 것은 제일 관심을 기울였다는 뜻이란 것이다. 내가 미스 김에게 시험을 받았다는 말은 내 마음이 자꾸만 미스 김에게로 끌려가고 있다는 것을 의미한다. 목회자는 바로 성도의 아픔을 나누는 자인데 강 목사의 이 같은 목회는 그 후 많은 결실을 얻었다.

4. 결실

나는 강 목사에게서 감화를 받은 장로(그때는 집사)에게서 그것을 볼 수 있었다. 그 장로님은 소백산 비로봉에서 흘러내리는 '뒷창락'이란 개울물을 막아서 물레방앗간을 세웠다. 그 당시 풍기에는 정미소가 하나도 없던 때다. 그리고 그 장로님은 젖 짜는 염소를 길렀다. 강 목사에게서 덴마크 농촌의 이야기를 들었기 때문이다. 일제하에서 본국으로 돌아가지 못한 안동에 있는 선교사들이 우유를 먹고 싶어 백 리가 넘는 장로님 댁을 찾아오는 것을 분명히 보았다. 풍기 촌사람들이 그것을 보고 사람이 짐승의 젖을 먹는다고 쑥덕거리는 소리도 분명히 들었다. 지금 생각하면 분명히 강 목사는 예언자적인 목회를 했다. 그뿐만 아니라 그 장로님이 직접 나에게 들려준 말이다. 장로님은 강 목사에게서 받은 주일학교 공과 책을 창간호부터 다 갖고 있는데 이것이 다름이 아닌 기독교 대백과사전이라고 자랑하는 소리도 들었다. 그리고 일제하에서 강 목사가 주일학교 청년면려회 소년면려회를 통해 뿌려 놓은 그 씨앗이 8·15 해방이 되면서 열매를 맺어 빛을 발하는 것을 분명히 보았다. 해방 후 학교에서나 일반 모임에서 "동의합니다", "제청합니다"를 할 줄 아는 사람은 전부가 교회 출신이었다. 그리고 슬하에 두신 장남은 역사 깊은 대학교 총장으로 교육자가 되었고, 강 목사의 손자 목사 역시 교단의 총회교육원에서 교단의 교회학교 교재를 만드는 목회를 했다. 그리고 슬하뿐만 아니고 강 목사 밑에서 신앙생활을 하던 젊은이가 별을 네 개나 단 장로 대장이 되었고 강 목사를 직접 대하지는 못한 간접적인 영향 아래에서 자란 장로 대장이 둘이나 풍기에서 더 나온 것도 우연이 아니다.

나는 어려서 겨울 화롯가에 둘러앉아 교회 집사, 장로님들이 밤을 새워가며 이야기하던 강병주 목사님이 떨어뜨리고 간 주옥같은 일화들을 들으면서 자란 것을 지금까지 영광스럽게 간직하고 있다. 풍기 뒤편에는 소백산 비로봉에서 흘러내리는 작은 개울이 있다. 그런데 강 목사님이 자전거에 빨래를 싣고 가서 여인네들 사이에서 빨래를 했다는 이야기가 입에서 입으로 전해지고 있다. 이것은 완고한 전통에 젖어 있는 그 시대 그곳에서는 원자폭탄이 터지는 것 같은 충격적인 사건이다. 그리고 불화하고 있는 신혼부부에게 찾아가서 성교육을 시켰다는 말도 전해진다.

그리고 강 목사가 노회장으로 활동하던 그 당시에 분명 경안노회에 속해 있던 흥해 교회 출신 김대현 장로가 당시 조선신학교(오늘 한신대학)를 세우는데 거금을 바친 것도 우연이 아닌 간접적인 영향을 받은 것이라 사려가 된다.

강 목사님이 복음의 씨앗을 뿌려놓고 땀 흘려 김매고 거름 주어 가꾸어 놓은 경안 지방 한 모퉁이 흥해(당시에는 흥해 지방도 경안노회에 포함되었다)에서 조선신학교를 설립한 김대현 장로가 십일조로 모아 놓은 거금, 당시 50만원, 미화 시세로 25만불, 1990년도 조선일보에 의하면 200억에 해당하는 금액을 선뜻 내어놓았다는 것도 우연이 아니다.

그리고 소백산 한 자락 풍기에서 독실한 크리스천 사성장군 세 명과, 대학 총장이 나왔다는 것도 우연이 아니다.

지금 서울에 가면 장로교의 뿌리 교회인 연동교회와 새문안교회가 새로운 모습으로 우뚝 서 있다. 그런데 공교롭게도 이 두 뿌리 교회를 신축한 분이 영주 출신 목사이다. 새문안교회 담임목사는 강병주 목사님의 장남 강신명 목사이고, 연동교회 담임목사는 풍기교회를 강 목사님의 뒤를 이어 담임한 김영옥 목사님의 손자이고, 김영옥 목사의 뒤를 이어 풍기교회를 담임한 아들 김은석 목사의 아들인 김형태 목사이다.

나는 직접 강병주 목사님을 뵌 적은 없다. 그러나 내 어머니에게 한글을 가르쳐 주시고, 내 아버지에게 농사짓는 법을 가르쳐 주셨다.

5. 한국 교회와 강병주 목사

사람의 몸은 살과 뼈로 이루어졌다. 살은 물렁물렁하고 뼈는 단단하다. 이 둘 중 하나만 갖고서는 사람 구실을 하지 못한다. 정신세계도 마찬가지다. 합리성, 이성, 질서를 중요시하는 아폴로지(apology)한

요소와, 감정, 혼돈, 직관을 중시하는 디오니소스(dionysos)적인 요소가 있다. 폴 틸리히는 서양사상사는 dynamics와 form이 엎치락뒤치락하는 역사라고 했다. 전자를 활력, 생동력, 감정으로 보고 후자를 이성, 조직, 틀로 본다면, 이 둘이 조화를 이루어야 창조적인 역사가 이루어진다고 했다. 한국 유교에서도 이(理)와 기(氣)가 엎치락뒤치락한다. 이 둘은 논쟁할 성질이 아니고 조화를 이루어야 할 성질이다. 이런 면에서 오늘 한국 교회를 생각해 보자. 1906년 평양에서 있었던 성령강림은 오순절 사건과 대등한 사건이다. 그런데 한국 교회 사가(史家)와 목회자, 교인들은 이 사건은 분명히 기억하면서도 거기서 날아간 복음의 민들레 씨앗이 소백산 밑에 떨어져 새 생명을 움 틔우고 있는 것은 주목하지 않는 것 같다. 그런데 분명한 것은 안디옥, 빌립보 교회는 예루살렘에서 번져간 복음의 씨앗에 의해서 세워졌다. 그 후 예루살렘 교회는 역사 위에서 사라졌고 안디옥, 빌립보 교회는 세계로 번져갔다. 오늘, 이 땅에서도 비슷한 현상이 일어나고 있다. 예루살렘 교회처럼 한국의 예루살렘 교회는 사라져 버리고 말았다. 이제 우리는 한국의 빌립보 교회를 살려서 키워야 한다. 안동지방은 이퇴계, 유성룡(理)이라는 조선 500년 동안 유교를 지탱시켜 온 거목의 혼이 머물러 있는 곳이다. 여기에서 강병주라는 기독교 거물(巨物)이 나타난 것도 우연이 아니다.

오늘 한국 교회가 사는 길은 올바른 신학의 뼈대가 살아나는 데에 있다. 세계에서 한국 크리스천만큼 성서를 애독하는 크리스천도 많지 않을 것이다. 그런데 성서를 많이 읽을수록 그만큼 부작용이 생기는 것은 건전한 신학이 없기 때문이다. 보수 장로교단 하나에서 290개의 교단이 생겼다. 제각기 자기가 가장 성서를 바로 해석한다는 것이다.

강 목사는 성서를 가르치되 '자기 생각으로'가 아닌 세계통일 주일학교 교재로 가르쳤다. 세계를 배우려고 했다.

세계에서 제일 큰 교회의 전 당회장이 세상 법정과 교도소를 왔다 갔다 하는 것이 세인의 눈에 비쳐지고 있다. 그런데 강 목사는 1927년 6월 28일 자 동아일보에 본인의 월수입과 가족의 일상생활을 공개했다. 바울 사도는 당시 최고학부를 나왔다. 강 목사도 마찬가지다. 바울은 감정적인 신앙에다 신학의 뼈대를 넣었다. 강 목사도 그랬다. 바울은 뼈아픈 로마의 박해 속에서도 정치 투쟁을 하지 않았다. 강 목사는 3·1운동을 주도한 대표자 33인 중에 한 분이 아니라 예수님이 바디매오의 눈을 뜨게 했듯이 문맹자들의 눈을 뜨게 하기 위해 한글학회 유일한 목사 이사가 되었다. 강 목사는 한국의 사이비 애국자들처럼 입만 가지고 인권 통일, 민주화만 외치지 않고 가난한 이웃의 밥걱정, 반찬 걱정을 했다. 한국에서 제일 유명한 부흥사 두 분의 제2세들을 보라. 한 분은 그 아들이 제비족에 걸려 20억을 날렸고, 또 한 사람의 아들은 친자니 아니니 하며 법원을 드나들고 있다. 강병주 목사님은 '책망할 것이 없는' 감독이었으며 자기 집을 잘 다스려 자녀들로 모든 공손함으로 복종하게 한 목사였다. "꿩 잡는 게 매" 교회 성장에만 열을 올리는 오늘 한국 교회 지도자들은 가던 발걸음을 멈추고 한국 교회 큰 별 강병주 목사를 바라보아야 한다. 분명 여기에 살길이 있다.

항기(缸氣, 빈 항아리) 여규식(呂圭植 1935~2020) 목사

04 만산이 쓴 백남

백남은 1955년에 세상을 떠났다.

나에게는 할아버지에 대한 기억은 한 번뿐이다. 만산이 거제도 포로수용소 목회를 끝내고, 옥포교회를 떠나 김천 평화동교회를 목회할 때였다. 나의 기억으로는 처음 뵌 할아버지, 할머니였다. 나의 이름, 강석찬(姜錫瓚)을 석(錫) 자 항렬에 맞추고, 구슬옥(玉) 변에 맞추어 옥빛 찬(瓚)으로 이름 지어 주신 백남이므로, 태어난 손자를 보셨겠지만, 나는 그때가 할아버지를 뵌 기억의 처음이자 마지막이었다. 서울 중구 초동 51번지, 백남의 큰아들 소죽(小竹)의 집에 사셨던 할아버지와 할머니께서 작은아들의 집에 잠시 오셨다. 지금 돌아보니 마지막 방문이었다. 이때 백남의 거동은 지병으로 인해 원활하지 못했다. 할머니는 흰색 치마저고리를 입었다. 나의 할아버지에 대한 유일한 기억 조각은, 할아버지와 겸상(兼床)했다는 기억이다. 7살 어린 나이의 나에게는 아주 특별한 경험이었다. 이후 어린 나에게 백남은 존재하지 않았다. 오직 할머니뿐이었다. 할머니 기억도 많지 않다. 덕수국민학교와 경복중학교를 다닐 때, 명절 때마다 큰집에 세배하러 가서 혼자되신 할머니를 뵙던 기억뿐이다. 효자동에 위치한 경복중학교들 다니던 시절, 수업을 마치고 금호동의 집으로 귀가하려면, 광화문까지 걸었다. 이때 신문로 새문안교회 사택에 사셨던 할머니께 가끔 들리곤 했었는데, 언제나 "우리 찬이"하며 반겨 주셨고, 쉰 떡을 주시어 받았던 경험, 그리고 앨범에 남은 오래된 사진뿐이었다. 할아버지는 내게 없었다.

만산은 1997년에 세상을 떠났다.

선친에 대한 유고집을 준비하다가 귀한 원고를 발견했다. **'만산이 쓴 백남'**에 대한 글이다. 비로소 할아버지께서 어떤 분이었는지를 알게 되었다. 남기신 글을 바탕으로 백남의 흔적(痕迹)을 찾기 시작했고, 할아버지를 만나게 했다. 이 원고는 『**행적(行蹟)을 찾아서**』의 길잡이가 되었다.

만산이 쓴 원고를 그대로 옮긴다.

만산(晚山)이 쓴 백남(白南)

백남(白南) 강병주(姜炳周)(1882. 3. 9 - 1955. 5. 30)

본관(本貫) : 진주(晉州)

자(字) : 문우(文佑)

호(號) : 백남(白南)

출생지 : 경상북도 영주(榮州) 영풍군(榮豐君) 내은면(來恩面) 천본리(川本里), 내매(乃梅)

대한예수교장로회목사(牧師), 한글학자(學者). 교육가(敎育家), 농사 개량선구자(農事改良先驅者)

가계(家系)

진주(晉州) 강(姜)씨의 근원은 중국(中國) 염제에 두고 있으나, 국내(國內)에서의 시조(始祖)는 고구려(高句麗) 병마원수(兵馬元帥) 강이식(姜以式) 장군(將軍)님이오, 영주(榮州) 입향시조(入鄕始祖) 나경공(羅慶公) 諱 정(貞, 1537-1616)님은 중시조(中始祖) 박사공(博士公) 諱 계용(啓庸, 1225代)님의 12대손이오, 현조(顯祖) 통정공(通亭公) 諱 준백(准伯, 1357)님의 6대손으로서 임진왜란(壬辰倭亂, 1592)때 영주군 평은면 천본리 내매에 은거하신지 거금(去今) 400년!

백남은 내매 입향시조 나경공 諱 정(貞)님의 13대손 諱 기원(祺元)님의 2남 1녀 중 장남으로 출생하였으며, 부친은 평범한 목수(木手)였으며 청렴(淸廉)한 성품의 강직(剛直)하고 진실한 기독교 신자셨다.

성장(成長)

　백남은 어려서부터 총명(聰明)이 출중(出衆)하여 마을 어른들의 감탄 (感歎)이 컸다. 나무하러 가서 낫으로 우거진 억새를 베려고 하면, 억새 잎사귀마다 자신이 배운 한문자(漢文字)들이 스크린의 자막(字幕)처럼 또 렷이 나타나서 소리를 내어 읽었다고 한다. 서당(書堂)에서 배운 글이 스크린의 자막(字幕)처럼 언제나 눈앞에 보였다고 할 정도로 총명하여 주위를 놀라게 했다. 소년기(少年期)에는 처음 보는 사물에 대하여, 어느 한 가지라도 무심코 넘기지 않았으며, 어른들이 짜증을 낼만큼 질문을 던져서 탐구심(探究心)이 대단했다고 한다.

　백남은 어려서도 비범했지마는 성장하면서 그 두뇌의 명철함과 학 구열은 물론, 시야가 남달리 넓었으므로 가위(可謂) 문중(門中)을 대표할 수 있는 유능한 인재로 부각(浮刻)되었다. 백남은 남들처럼 유교(儒敎)의 전통(傳統)과 관습(慣習)의 범주(範疇) 안에서 성장했다.

　성년(成年)이 되자 학구열(學究熱)이 더욱 불탔으나, 백남은 인생에 대 한 회의(懷疑) 때문에 남달리 번뇌(煩惱)하다가 입산수도(入山修道)에 뜻을 두어 결심하고, 산수(山水)를 벗하며, 전국(全國) 명찰(名刹)을 찾아다니다 가 명사찰(名寺刹)인 합천(陜川) 해인사(海印寺)로 향하던 중, 기독교(基督敎) 전도인(傳導人)을 접(接)하게 되어, 그와 진리에 관한 진솔(眞率)한 대화를 하는 중에, 전도(傳道)를 듣고 기독교(基督敎)가 자신이 믿고 따라야 할 진 리(眞理)의 종교(宗敎)임을 시인(是認)하며, 심기일전(心機一轉)하여 그 길로 집으로 돌아와 그리스도교에 귀의(歸依)하여, 평생토록 예수의 제자가 되었다. 그때가 1907년이었으며, 백남의 나이 26세였다.

학업(學業)

백남은 남달리 그 배우는 것이 너무 자미(滋味)가 있어서, 언제나 책을 가까이했다. 마치 목이 타들어 갈 때 생수(生手)를 만났을 때처럼, 배움에 열중했다. 그래서 어릴 때부터 성년이 되기까지 한문수학(漢文修學)을 했으며, 1910년부터 1915년까지 대구 계성학교(啓聖學校) 사범과(師範科)를 졸업했으며, 이와는 별도(別途)로 1919년 대구(大邱) 성경학교(聖經學校)를 졸업하고 기독교 신앙의 뿌리가 깊어지면서 신학(神學)에 뜻을 두게 되었으며, 곧 평양신학교(平壤神學校)에 입학하여 공부하던 중, 3·1 독립운동(獨立運動)에 연계(連繫)되어 대구(大邱) 감옥(監獄)에서 8개월간 복역(服役)을 하셨으며, 출옥(出獄) 후 신학을 계속하여 1922년 제16회로 평양신학교를 졸업하였고, 다음 해 1923년에 경안노회에서 안수(按手)받고 목사(牧師)가 되었다. 신학교에 다니면서 영주읍(榮州邑) 교회(現 영주제일교회)에서 전도사로 시무(視務)했다.

1923-1932까지 풍기교회를 담임하고 봉사하는 동안 1925년에는 평양신학교 종교 교육과를 수료(修了)함으로써 초대 한국 교회 지도자에게 요청되는 자질을 충분히 배양하셨다.

그 외에도 일본으로부터 농사 개량에 관한 권위 있는 강의록을 성심(誠心)으로 연구하여 농예득업사(農藝得業士)의 자격을 획득(獲得)하셨고, 성직자의 신분임에도 불구하고, 우리 글 한글을 깊이 연구하여 한글학회(朝鮮語學會) 명예 회원으로 추천(推薦)되셨다.

신학박사 박형룡(朴亨龍) 목사는 백남의 장례식 조사(弔辭) 중에서 "자기의 학력에 비해서 월등하게 실력을 발휘하신 어른이 바로 백남 강병주 목사"라고 했다.

이리하여 대한제국(大韓帝國) 고종 황제(高宗皇帝)가 친정(親政)을 시작하고 민비(閔妃)가 집권하던 임오년(壬午年)에 출생하여 망국(亡國)의 암담(暗澹)한 역사 현장에서 잔뼈가 굵은 백남은 앞날의 조국광복과 민족의 자주독립은 물론이지마는, 나아가서 한국 교회의 민족사적 천부(天賦)의 사명을 수행하는데 헌신하여 그 크고 값진 꿈을 실현함에 요긴한 기초 작업을 튼튼히 하셨다.

목사(牧師) 백남

백남은 기독교에 귀의(歸依)한 이래 타계(他界)하는 날까지 전후 47년 간, 예수의 제자로서는 물론이지만, 성직자(목사)로서도 타(他)에 귀감(龜鑑)이 되어 사회와 교회에서 칭송과 존경을 받은 헌신적인 스승이오, 목사였다. 예수님이 "내가 온 것은 섬김을 받으려 함이 아니라, 도리어 섬기려 하고, 내 목숨을 많은 사람의 대속물로 주려 함이라"(마 10:45) 하신 말씀 그대로 사신 이가 목사로서의 백남이라고 할 수 있다.

그래서 백남은 목사로서의 권위 따위는 염두에 두시지 않으셨으며, 오직 교회의 머리 이신 주 예수 그리스도로부터 위임(委任)받은 양 떼들을 양육하는 데만 심혈(心血)을 경주(傾注)하셨을 뿐이었다. 높은 이상(理想)의 산정(山頂)에서 저 산하평지(山下平地)에서 방황하는 양 떼들을 향하여 빨리 올라오라고 고래고래 소리만 치는 삯꾼이 아니라, 밑바닥에까지 자신의 몸을 던져 양 떼들과 함께 숨 쉬며 친절히 손을 잡고 앞길을 인도해 주는 선한 목자가 바로 목사로서의 백남상(白南像)인 것이다.

특히 풍기(豐基) 성내(城內)교회 십 년간 목회 생활의 특색이라면 교회 안에서는 물론이지마는 사회적으로도 남녀노소, 빈부귀천을 망라(網

羅)해서 누구에게나 부담 없이 자연스럽게 대할 수 있는 친구요 가족이
었다.

그리고 백남은 풍기교회를 담임하고 목회하는 동안 언제나 책상머
리 책꽂이에는 호적관계(戶籍關係)의 낡고 때 묻은 공문서양식(公文書樣式)
책 한 권이 항상 꽂혀 있었으며, 인찰지(印札紙). 묵지(墨紙), 골필(骨筆),
받침 철판(鐵板) 등도 언제나 책상 위 한쪽에 놓여 있었다. 이는 신불신
간(信不信間)에 가난하고 무식한 이들을 위해서, 출생(出生)신고, 혼인(婚
姻)신고, 사망(死亡)신고, 매장(埋葬)신고, 호적등본(戶籍騰本), 호적초본(戶
籍抄本) 등등을 대필(代筆)해 주려는 배려에서이었다. 그 밖에도 관공서
관계의 어려운 문제가 발생하게 되면 적극 참여하셨으며, 직접 부딪치
기도 하셨다.

이리하여 풍기(豊基)교회는 날로 성장해서 신자의 수가 증가함에 따
라 북문(北門)동에 있던 ㄱ자형(字型)의 옛 초가 예배당을 정리하고 성내
(城內)동 52번지로 옮겨 목조(木造) 함석지붕 예배당을 크게 신축(新築)하
셨으며, 그 후 1933년 서울로 진출할 때까지, 전후 10년간 목회하시
는 동안 신자들의 신앙육성에 진력하여 교회가 크게 부흥하여, 장정만
400여 명씩 모이는 대교회로 성장한 것은 특별한 축복이었다. 예배당
을 성내동(城內洞, 現 성내교회)으로 옮길 때에 동명(洞名)을 따라 풍기(豊基)
성내교회(城內敎會)로 개칭했다. 1923~1932년까지 풍기교회(豊基敎會) 담
임(擔任)하며, 교회가 운영하는 사립(私立) 영신학교(永信學校)를 통하여 민
족정신(民族精神)을 일깨워 주는 한편, 사회 계몽(社會啓蒙)과 농사 개량(農
事改良)으로 복지 사회(福祉社會) 건설(建設)에 크게 공헌(貢獻)하였다.

백남이 풍기 성내교회를 떠나신 후에, 교회가 네 개로 분립하기까지
는 각이(各異)한 이유가 있지마는, 신도의 수가 열 배 이상 증가하였다

는 데는 백남이 뿌린 씨의 열매라고 해도 과언이 아닐 것이다. 네 교회가 분립할 당시에 중심인물들이 모두 백남이 목회하는 동안 교회를 섬기며 신앙훈련을 철저히 받은 인물들이기에 말이다. 이 기간에 경안노회장(慶安老會長)을 2회 역임하셨으며(노회장을 3번 역임하였는데 마지막은 총회 목회를 할 때임), 노회 종교 교육부 총무의 중책까지 맡으셔서 다년간 헌신적으로 활약하셔서 큰 성과를 거두셨다.

교육자(敎育者) 백남

백남은 대구 계성학교 사범과를 졸업하시고, 문중(門中) 어른들을 설득하여 동의와 협력을 얻어 민족독립운동의 일환으로 향리(鄕里) 내매교회(乃梅敎會) 앞마당에다가 사립 기독교 내명학교(內明學校)를 설립하시고, 교사로 또는 교장으로 봉직하셨다. 때가 한일합방(韓日合邦) 직후였으므로 동심(童心)에 민족혼(民族魂)을 심어 주고 민족정신(民族精神)을 일깨우려는 일념(一念)에서 비롯된 설립(設立)이었다. 인재 양성(人材養成)에 진력(盡力)하는 한편, 온 문중(門中)을 복음화(福音化)하는 데 주도적(主導的)인 역할을 함으로써, 지도자가 지녀야 할 자질(資質)과 역량(力量), 능력(能力)을 보여 주셨다.

사립 기독 내명학교는 한일합방(韓日合邦) 6년 후에 설립해서 유능한 인재를 적지 않게 배출하였다. 오늘은 내매 국민학교로 변신했지마는, 그간 군내(群內)는 물론 국내 또는 국제무대에까지 진출하여 활약하는 비중이 큰 인물까지 배출한 사립 기독 내명학교의 공헌을 높이 평가 아니 할 수 없다.

그 후 풍기교회를 목회하시는 중에 평양신학교 종교 교육과를 졸업하시자 경안노회(慶安老會)는 백남을 노회 종교 교육부 및 농촌부(農村部) 총무로 임명했다.

전기(傳記), 총무로 임명받은 백남은 1928년도라고 추측된다. 경안노회 제1회 주일학교대회를 안동(安東) 법상동(法尙洞) 교회당(현 中央)에서 열고, 5일간 안동 시내 여러 교회당과 학교 강당을 빌려 특별, 연령별로 분반하여 성경과 주일학교 교수법 등을 가르치고, 오후와 야간에는 연합 대집회로 법상동 교회당에 3천여 명씩 회집하여 실내 수용이 불가능함으로 예배당 후면 벽을 허물고 임시 다락을 가설하는 등 대성황을 이루었다. 은혜를 사모하는 신도들이 강단 근처로 몰리는 바람에 실내공기가 탁하여 질식(窒息)한 자(者)까지 있어서 성소(聖蘇) 병원으로 옮겨 응급치료를 받은 사건이 있었다.

이때 강사로는 노회 내 유능한 목사 다수와 선교사 또는 초청 강사들이었다. 특히 초청 강사로는 국제적으로 저명한 정인과(鄭仁果) 목사, 김관식(金觀植) 목사, 조희염(曺喜炎) 목사, 기독 청년 운동에 헌신하고 있던 안대선(安大善) 선교사와 음악 담당 황재경(黃材景) 선생(後에 목사가 되어 '미국의 소리' 담당자가 되었음) 등이었다. 안동(安東), 영주(榮州), 예천(醴泉), 봉화(奉化), 의성(義城), 영양(英陽), 영덕(盈德) 7개 군을 한 지역으로 형성된 경안노회이기 때문에 당시 150여 교회가 이 대회에 참여했던 것이다.

이 대회를 계기로 각종 전시회도 개최하였으며, 백남이 주관한 전기 대회가 알차고 성공적이었으므로 객관적으로도 높이 평가를 받았다. 이 대회의 초청 주강사인 총회 종교 교육부 총무 정인과(鄭仁果) 목사(1888-1972)가 백남의 조직적이고 활동적인 비범한 능력에 크게 감탄하는 동시에 백남의 중앙 진출 길을 열어주어야 하겠다고 내심 다짐했던 것이다. 그래서 1933년 백남은 전기 정인과 목사의 추천으로 총회 종교 교육과 교사 양성과 과장직을 맡게 되었다.

풍기교회를 사임하고 수도 서울로 일터를 옮기신 40대 후년에 이른 백남은 성격이 활달하고 동적인 데다가 적극적이어서 호사가(好事家)이기도 하지마는 매사에 자신만만하였기 때문에 1933~1941년까지 9년간 봉직하는 동안 인생의 황금기를 불태우면서 자신이 하시려고 하는 일에 대해서는 탱크처럼 밀고 나가며 귀중한 업적을 많이 남기셨다.

그동안 주일학교 교사 양성에 주력하여 수천 명의 유자격교사를 배출하였으며, 전국 교회를 골고루 순회하시면서 교사강습회와 부흥사경회를 수백 회 인도하셔서 교회의 질적, 양적 성장에 기여한 공로를 간과할 수가 없다. 또한 백남은 이런 기회를 이용해서 한글 보급과 농사 개략 계몽 운동을 꼭꼭 벌였던 것이다.

이뿐만 아니라 백남은 해방과 동시에 아현동 동흥(東興) 중학교를 설립하고, 인재 양성에 헌신하셨으며, 한국동란(韓國動亂) 후 재건을 도모하였으나 건강이 여의치 못하여 부득이 인창(仁昌) 재단에 이양하였던 바, 현재 중앙대학교 재단에 소속된 소아리(弰阿里)에 있는 송암(松岩)여자상업고등학교이다.

백남은 종교 교육부에서 봉직하는 동안 어린이 교육에 뜻을 둔 이들을 위하여 동화작법에 관한 책을 펴내기도 하셨다.

한글과 백남

우리나라에서 기독교 목사로서는 백남이 유일한 한글학자셨다. 그래서 한글학회(前 朝鮮語學會)에서도 1931년에 명예 회원으로 추천하기까지 했다. 또한 백남이 타계하였을 때에 한글학회 측에서 백남의 묘비

(墓碑)를 세우겠다고 제의해 왔지마는, 이미 자녀들이 세웠으므로 그 뜻을 받아들이지 못한 일이 있었다.

백남은 평소 한글에 무관심한 동포들의 애국심과 독립 정신을 의심할 정도로 한글을 사랑하셨다. 백남은 기회 있을 때마다 "일본 말은 점 하나만 안 찍어도 틀렸다고 점수를 깎으면서 제 나라 글은 아무렇게나 써도 점수를 주니 이보다 더한 모순당착(矛盾撞着)이 또 어디 있겠느냐? 제 나라 글도 제대로 지키지 못하니 남들이 우리나라를 통째로 삼켜도 할 말이 없지 않으냐!" 하셨다.

백남이 경기노회 고시 부장으로 일하실 때 일화가 많았다. 목사, 장로, 전도사들의 자격 고시를 할 때면 필수적으로 한글에 관한 출제가 있었다. 다른 과목 성적이 양호하다고 해도, 한글 성적이 불량할 경우, 상당수의 응시자가 낙방하여 다음 회기까지 한글 공부를 성실히 해서 다시 응시하도록 했다. 이에 대하여 백남은 "제 나라 글도 제대로 쓸 줄 모르는 사람이 어떻게 지도자가 될 수 있겠는가?" 하셨다.

해방 전에 대한성서공회가 한글 통일안 맞춤법을 외면하고 자가류(自家流)의 맞춤법을 고집한 적이 있었다. 그때가 바로 개역성서(改譯聖書)의 출판을 서두르고 있을 때였다. 당시 총무 정태응(鄭泰應) 장로는 정태희(鄭泰熙) 목사를 한글 교정 책임자로 등용했으며, 정 목사는 타인의 출입을 금하고, 독방에서 자기류의 철자법으로 개역성서의 한글 교정 작업을 진행 중에 있었다.

어느 날 백남이 대한성서공회에 들렀다가 우연히 정 목사의 독방으로 들어가서 그의 교정 현장을 목격하고 아연실색(啞然失色)하셨다. 왜냐하면 한글 통일안 맞춤법을 처음부터 무시하고, 자기 개인의 주장을 노골적으로 고집하고 있었기 때문이다. 총무에게 한글 교정의 부당성을 지적하고, 시정을 촉구했음에도 불구하고 시정을 거부할 뿐 아니라, 백남의 교정실 접근까지 의도적으로 막았다.

그러나 한글 보급에 남다른 관심을 가진 백남, '한글 큰 사전' 편찬 때 기독교 용어 전문위원으로 참여했던 백남은 물러설 수가 없었다. 이미 교정이 완료되어 인쇄된 창세기 단편(單篇)을 입수하여 통일안 맞춤법대로 붉은 잉크를 사용해서 다시 교정한 것이 얼핏 보아 새빨갛게 보일 정도였다.

백남은 새빨갛게 교정한 단편 창세기를 가지고, 남대문교회당에서 모인 경기노회 석상에서 또는 장로회 제34회 총회 석상에서 높이 들어 보이면서 대한성서공회의 오산(誤算)을 즉각 시정하도록 선처해 달라고 호소했던 것이다. 그때 노회와 총회는 백남의 주장과 제안의 정당함을 인정해서 만장일치(滿場一致) 가결로 찬송가(讚頌歌) 가사를 한글 맞춤법 통일안에 맞추어 개편하는 동시에, 대한성서공회 실무자들을 종용(慫慂)하여 한글 통일안 맞춤법대로 다시 교정하도록 했으며, 성경은 미루어 오다가 해방 후에 결국 백남 자신에게 그 책임이 돌아왔으며, 그 후 고혈압으로 고생 불편을 느끼면서도 대부분을 친히 교정하셨으며, 말미 부분은 여의치 못하여 한글 제자 강석모(姜錫模) 장로를 자택으로 초치(招致)하여 자신이 보는 앞에서 교정을 마무리 짓게 하셨다. 그것이 바로 오늘도 사용하고 있는 1956년 한글판 '개역(改譯) 성경전서(聖經全書)'인 것이다.

이뿐만 아니라 백남은 자택 정문 한 편 기둥에 언제나 '한글 보급회(普及會)'라는 소형간판을 붙여놓고 있었다. 이와 같은 백남의 한글에 관한 관심은 평소에 우리 '한글'의 우수성을 자랑으로 생각하였기 때문이오, 어느 지상(紙上)에 '한글'은 세계 통용어인 영어는 물론, 세계 어느 국어보다도 우수하므로, 한글이야말로 세계 통용어로 쓰여야 할 가치가 있는 글이라고 강조하는 글을 싣기도 하셨다.

길을 가다가도 간판이나 그 밖에 거리마다 써 붙인 것 중에 한글 철자가 잘못된 점이 눈에 뜨이게 되면, 아무리 바쁜 길이라 해도, 그 상점 주인을 찾아가서 시정하도록 설득하셨다.

두 아들(信明, 信皛)이 집을 떠나 공부할 때였다. 문안 편지를 올리면, 읽으신 후에 맞춤법이 틀렸을 때는 반드시 붉은 잉크로 정정(訂正)해서 그 편지를 봉함(封緘)으로 다시 돌려보내는 것이었다. 여기서도 백남의 삶의 자세와 자녀 교육의 엄격했던 일면을 엿볼 수 있다.

해방 직후에 체신부 장관의 촉탁(囑託)으로 체신부(遞信部)에 속한 전국 체신공무원에게 한글 맞춤법 교육하기로 방침을 정하고, 전임(傳任) 강사(講師)로 백남(白南)을 등용(登用)해서 전국 각지를 돌며 체신공무원들에게 한글 보급을 하게 한 일이 있었다.

백남은 자유당 집권 시기에 국회가 붙여 준 별명이 있었다. 즉, "한글 광(狂), 한글 목사"라는 별명인데, 이는 한글 보급에 또는 한글 바로잡는 운동에 남다른 열성이었던 백남에게 국민이 씌워 준 월계관(月桂冠)이 아닐까 한다.

또 백남은 '한글 통일안(統一案) 맞춤법 해설(解說) 500 문답집(問答集)'을 집필하였는데, 실은 자신의 부자유스러운 노구(老軀)를 이끌고 이 책을 마지막 사업으로 알고 탈고하고 인쇄하기 위하여 판형까지 다 떠 놓았으나, 불의(不意)의 6·25 동란(動亂)으로 판형은 다 잃어버리고, 원고(原稿)만 건져서 피난지(避難地) 부산까지 가서 계속 출간(出刊)을 위하여 노력했으나 재정(財政)이 여의치 못하여 뜻을 이루지 못한 채 타계(他界)하셨다. 이 책은 '한글 통일안(統一案) 맞춤법 해설(解說)'을 위한 500문제를 문답식으로 만든 원고(原稿)였는데, 서문(序文)은 최현배(崔鉉培) 선생이 성서공회(聖書公會)에서 일하실 때 쓰신 것으로, 책의 서문(序文)에서 "우리나라에서 한글 보급에 두 사람의 공로자(功勞者)가 있으니 곧 강병주(姜炳周) 선생과 이윤기(李允寄) 선생이다"라고 했다. 그런데 몇 번의 이사하던 중, 원문(原文)이 분실(紛失)되어서 유감(遺憾)이지마는, 몇 가지 기억(記憶)이 되는 것이 있어서 참고(參考)로 적어 둔다.

(1) 백남(白南) 선생의 목사로서 한글 연구에 조예(造詣)가 깊은 점을 경탄(驚歎)하고,
(2) "우리나라에서 한글 보급(普及)에 공로(功勞)가 크신 분은 이윤기(李允寄) 선생과 강병주(姜炳周) 목사 두 분을 들 수 있다" 라 했고,
(3) 이 책은 각(各) 학교에서 교재(敎材)로 쓰기에 훌륭한 가치(價値)를 지니고 있다는 점을 강조했다.

(*) 만산(晚山)은 백남의 '한글 통일안 맞춤법 해설 500 문답집' 원고를 잃어버린 일을 너무나 안타깝게 여기셨다. 해방 후에 외솔 최현배 선생의 한글 맞춤법이 국정교과서로 채택이 되었을 때, 백남의 한글 맞춤법에 대한 해석이 외솔 최현배 선생의 것보다 더 정확하고 명료하다는 말씀을 자주 하셨다. 물론 증명될 수 없는 주관적인 판단이라고 말할 수 있겠으나, 이런 사실에서 백남의 한글에 대한 깊은 이해와 사랑의 뜨거움을 느낄 수는 있다.

농사 개량과 백남

백남은 성직자이면서도 농사 개량에 남다른 관심이 있었다. 당시 우리나라는 일본의 식민지이기도 했지만, 국민의 80% 이상이 농민이란 점을 간과(看過)하지 않았으며, 농민의 대부분이 소작농인데 가능한 한 많이 경작하려고 하는 데 반해서 비생산적인 영농(營農)을 답습(踏襲)하고 있음을 개탄(慨嘆)하셨다.

그래서 성직자의 생활이 한가(閑暇)할 리가 없지마는, 틈틈이 농사 개량에 필요한 국내외의 양서(良書)를 탐독(耽讀)하였으며, 특히 일본에서 간행된 권위 있는 강의를 등록하여 수료한 후 응시 결과 농예득업사(農藝得業士)라는 자격을 얻기도 하셨다. 백남(白南)은 앞으로 인구가 늘어갈수록 식량수급(食糧需給)이 어려워질 것이라고 입버릇처럼 이야기하면서, 다수확(多收穫)을 위한 농사 개량(農事改良)에 관심 가지게 되었던 것이다.

이렇게 얻은 지식을 실제로 실험할 수 있었던 것은, 1923년이었으며, 풍기(豊基)교회를 담임한 지 수년 후였다. 교회를 담임한 목사로서, 몸소 할 수는 없었으나, 밭 1,500평과 논 2,000평을 소작하는 전답을 마련하고 머슴을 두어, 머슴의 손으로 농사 개량을 실제로 시도해 보셨다.

한 예를 들어 보면, 벼농사를 짓는데 종래(從來)에는 200평 한 마지기에 필요한 볍씨로 소두(小斗) 한 말을 가지고, 콩나물처럼 밀파(密播)해서 이앙(移秧, 모내기)할 때는 여러 개를 한 포기로 심는 것이 보통이었다. 하지만 백남은 300평 1두락(斗落)에 볍씨 1승(升, 되) 5합(合)으로 사방(四方) 한 치 거리(距離)로 광파(廣播)를 했기 때문에, 묘판(苗板)에서 가지를 많이

54
백남(白南) 강병주 목사의 행적을 찾아서

치도록 했다. 그래서 이앙(移秧)할 때는 볍씨 한 알이 곁가지를 5개 내지 15개까지 친 것만 한 포기씩으로 옮겼으며, 이앙(모내기) 후에 또 20가지 내지 35가지까지 불어났다. 이렇게 해서 실제로 300평 1 반보(半步)에 정조(正租, 벼) 14석(石, 섬)을 수확하는 획기적인 실적을 올렸던 것이다. 그 결과 '정리14석수확법(正糶14石收穫法)'이란 단행본(單行本)을 내어 수도다수확(水稻多收穫)에 크게 이바지했는데, 후에 책명을 '수도다수확법(水稻多收穫法)'으로 고쳤다.

이에 뒤이어 보리농사에 대한 연구도 병행해서 우선 파종할 때 협파(狹播) 방식의 재래식을 광파(廣播) 방식으로 바꾸어 다수확의 길을 여는 등 '맥작다수확법(麥作多收穫法)'이란 소책자를 발간하여 널리 보급하셨다.

또한 농가소득을 높이는 방법의 하나로 '부추'(정구지) 재배(栽培)를 널리 장려(奬勵)하였다. 채소(菜蔬) 중에도 '부추' 재배(栽培)가 농민의 소득(所得)을 올릴 뿐 아니라, 인체 건강에도 타(他)에 비해서 양호함을 아셔서 적극적으로 장려(奬勵)하면서, '채소3천원수확법(菜蔬三千圓收穫法)'을 소책자로 내어 농촌에 널리 보급하였다.

그 밖에도 각종 채소류(菜蔬類)의 우량종(優良種) 다수확법(多收穫法)을 연구하여 마을 주민(住民)들에게 본을 보였고, 뽕나무 재배에 관한 연구도 깊어서 좁은 땅에서 얻은 뽕잎으로 많은 누에를 기를 수 있도록 꾸준히 노력한 결과 적지 않은 성과를 거두었으며, 평균(平均) 누에 10매(枚)를 길러 공판장(共販場)에 가면 검사원이 백남(白南) 선생이 경영하는 경안농원(慶安農園) 것이라고 하면 두말하지 않고, 1등급으로 판정을 할 정도로 신용이 두터웠다.

백남(白南)은 목수(木手)의 아들로 태어나 얼마의 전답(田畓)과 과수원

(果樹園)을 가꾸면서 잠종(蠶種, 누에)까지 생산한 것으로 보아 앞서가는 농사를 했다고 생각된다. 1930년대에 장차 사람을 태운 기계가 공중을 나는 이야기와 바닷물을 이용해서 전기를 만들어 낼 것이란 이야기를 할 정도로 미래는 내다보는 슬기를 가진 백남(白南)이었다.

그래서 경북(慶北) 도지사(道知事)도 북방(北方) 시찰(視察) 때면 으레 찾아 주었으며, 전국 각지에서 서신은 물론 평북(平北)의 한 농민이 현지(現地) 견학(見學)을 하겠다고 찾아온 일까지 있었을 정도였다.

이처럼 백남은 기독교 목사로서, 구령 사업(救靈事業)에 큰 공헌을 하셨으며, 교회 안팎에서 인재 양성에 진력하여 교회와 국가의 내일을 위한 기초를 튼튼히 한 긴 안목(眼目)으로 산 교육자(敎育者)였고, 한글 보급에 열중하시어 겨레에게 독립 정신과 민족혼을 일깨워 준 애국자(愛國者)였으며, 농사 개량에 선구자 역할을 다하여 침체(沈滯)의 늪에서 헤어나지 못하고 허덕이는 농민들에게 자신감을 불어넣어 분발(奮發)하게 한 농민의 벗이셨다.

그리고 고향 내매에서 오늘날 새마을 운동과 유사한 일을 하셨는데, 그것은 도로 개량, 우물 개수, 농한기에 새끼 꼬기와 가마니 치기 등을 권장하는 한편, 숙련(熟練) 와공(瓦工)을 초빙(招聘)하여 개와(蓋瓦, 기와)를 구어 마을 전체의 지붕을 개량하였으며, 부녀들도 글은 몰라도 춘잠(春蠶, 봄누에)을 하게 해서 마을을 새롭게 하셨다.

백남의 인품(人品)

백남은 성품이 엄격하면서도 소탈(疎脫)하여 상하(上下) 없이 모든 사람의 벗이었다고 할 수 있다. 부정과 불의에 대해서는 추상과 같이 엄하셨지마는, 또한 남녀노소 빈부귀천 할 것 없이 누구나 부담(負擔) 없이 다정한 친구처럼 대할 수 있는 이가 바로 백남이라 할 수 있을 것이다.

그와 같은 백남의 품격 형성은, 그가 기독교에 귀의(歸依)함으로써, 자신의 인격 건설의 이상적인 상(像)으로, 하나님의 아들이면서 사람의 몸을 입고 역사 안에 들어오셔서 소외당한 계층을 즐겨 찾으시고, 몸소 죄인의 친구가 되어주신 예수 그리스도를 선택하신 신앙적인 결단에서 찾을 수 있는 것이다.

예수 그리스도의 인품은 그 어느 누구도 범할 수 없는 엄위(嚴威)하심이 있는가 하면, 누구나 아무 부담 없이 대화할 수 있고 사귈 수 있는 친구였다는 데는 아무도 부정하지 못할 것이다. 백남이 바로 그런 인품을 지니고 살아오신 분이었다. 백남(白南)의 인품은 한마디로 예수의 그것을 따왔다고 하는 것이 옳다고 본다. 물론 그리스도교에 귀의(歸依)하기 전에는 하나님께로 돌아오기 전의 Augustin의 그것과 방불(彷佛)하여 안정을 얻지 못해서 방황(彷徨)했던 것이다. 그러나 그리스도교의 진리에 접하고 나서 백남(白南)의 삶에는 삶의 목적과 목표가 뚜렷했기 때문에, 우선 예수 그리스도를 자기 자신의 인격의 본(本)으로 삼았고, 그의 발자국을 따르려고 꾸준히 심혈(心血)을 기울여 살아왔다. 그는 예수의 삶을 그림처럼 묘사(描寫)되어 있는 성서를 통하여 인간으로서 예수의 삶을 알고, 예수처럼 살려고 애썼다.

백남(白南)은 예수처럼 남녀노소(男女老少)나 빈부귀천(貧富貴賤)이 없이 모든 사람의 벗으로 살았다. 물론 자녀들에 대한 가정교육 면에서는 엄격(嚴格)하신 면이 없지 않았으나, 각계각층(各界各層)의 사람들에게 모두 존경(尊敬)을 받을 수 있었다는 것은, 불의(不義)에 대해서는 준엄(峻嚴)하면서도 죄인(罪人)에 대해서 벗이었기 때문인 것이다.

그러므로 그의 인품은 부성적(父性的)인 면과 모성적(母性的)인 면을 함께 지니신 분이었기 때문에, 스승도 되고, 어머니도 되는 그런 분이었기에 모든 사람의 사랑과 존경을 받으셨다.

백남은 또한 겸양(謙讓)의 덕(德)으로 자신의 인품을 돋보이게 했다고 하겠다. 사람은 누구나 자기의 과오(過誤)를 시인하기를 꺼린다. 가능하면 합리화시키려 하고 미화(美化)시키려는 경향이 있다. 그러나 백남은 그렇지 않았다. 자신의 실수나 실책이 발견되었을 경우, 잠시도 지체(遲滯)하지 않으시고, 상대가 누구이건 개의치 않고, 공적인 것은 공적으로, 사적인 것은 사적으로 과감하게 사과(謝過)하는 용기(勇氣)가 있는 어른이셨다.

"제 잘난 맛에 산다"는 말이 있고, "자과(自過)는 부지(不知)"란 말도 있듯이, 자기 잘못을 겸손히 시인하고 사과하는 것은 자존심 때문에, 저마다 못한다고 할 수 있다. 그러나 백남은 아무나 하지 못하는 그것을 삶의 신조로 삼고 있었기에 만인의 존경을 받는 인품을 지니신 어른이 아닌가 한다.

계란(鷄卵) 한 개에 1전(錢) 5리(厘) 할 때에, 백남은 친구가 영주 금융조합(농협의 전신)으로부터 일금 3천 원(三千圓) 정(整)을 차용(借用)할 때 보증을 선 일이 있었다. 그러나 그 친구가 기일 안에 갚을 능력이 없어서 난처했을 때, 백남은 두말하지 않고 영주(榮州) 창진(昌津, 뒤세)에 있는 마을 앞 옥답(沃畓)을 정리하여 깨끗이 갚았다. 그것도 친구와 말다툼하거나 일언반구(一言半句)도 원망하는 일이 없이 갚았기 때문에 금융조합 측은 물론 온통 영주 사회를 깜짝 놀라게 한 일화가 있다.

보증을 서는 사람치고, 자신에게 책임이 돌아왔을 때, 금액의 다과(多寡)를 막론하고 채무자와 시비를 벌이지 않는 사람은 쉽지 않다. 그러나 백남은 "아무 불평도 원망도 없이 어떻게 그렇게 할 수 있는가?" 하고 묻는 사람에게 "내가 도장을 찍을 때, 이미 책임을 지겠다고 약속을 한 만큼, 당연한 일을 했을 뿐이다"라고 대답하셨다. 그리고 그 문제를 집안에서까지도 다시 거론한 일이 없는 백남이었다. 이는 백남의 사람됨이 어떠하였음을 웅변적으로 말해 주는 본보기가 아니겠는가?

백남의 사상(思想)

백남의 사상은 두 가지로 나눌 수 있다. 첫째는 만인 평등(萬人平等) 사상이오, 둘째는 자주독립(自主獨立) 사상이다.

유대인들은 사마리아인들을 천시하고 멸시해서 상종을 안 했다. 그 이유는 사마리아인들이 혼혈 족속(混血族屬)이었기 때문이었다. 하지만 예수와 그의 제자들은 그 장벽을 헐고 대등한 교제를 하였다. A. 링컨은 흑노(黑奴)들을 풀어 주고, 사람 대접을 했다는 이유 때문으로, 암살당해야 했다. 그러나 역사는 예수와 링컨의 만인 평등 사상(萬人平等思想)의 궁극적인 승리를 인가(認歌)하고 있지 않은가?

백남은 인간이란 처음부터 귀천이 따로 있지 않으며, 창조주는 모든 인간을 평등하게 창조하셨다는 신앙을 신념(信念)으로 일관(一貫)하셨다. 백남의 이 사상! 만인 평등 사상(萬人平等思想)은 민주주의의 근원인 성서에 그 근거를 두고 있었다. "사람 위에 사람 없고, 사람 아래 사람 없다"라는 인권표어(人權標語)는 성서에 뿌리를 내리고 있는 백남 사상의 인간관과 일치한다.

백남은 기독교에 귀의하면서, 우리 민족의 의식 속에 도사리고 있는 유교적(儒敎的)인 유물(遺物)의 하나인 양반(兩班)과 상민(常民)에 대한 차별

의식의 관습은 타파(打破)하지 않으면 안 될 폐습(弊習)이라고 절감하셨다. 반상(班常)의 차별 의식은 우주의 창조 질서 중에서도 가장 으뜸인 기본 질서를 파괴(破壞)하고 역행(逆行)하는 망발(妄發)이라고 믿으셨다.

백남은 옳은 일은 아무것에도 구애(拘碍)받지 않으셨기 때문에, 주저(躊躇)하거나 인색(吝嗇)하지 않고 용기(勇氣) 있게 실천하는 신념(信念)의 사람이었다. 그 좋은 사례가 있다.

백남이 10년간 목회한 풍기(豊基) 사회에서 대표적인 천민(賤民) 중의 천민(賤民)이라면 백정(白丁)들이라고 할 수 있다. 백정들은 풍기 성내 동부동 일양(一陽)에 집거(集居)하는 백성들로서 소를 잡아 고기를 팔아 생계를 유지하는 천민들이었다. 남녀노소를 막론하고, 누구나 하대(下待)하는 그리고 그것을 당연하다고 생각했다. 그와 같은 사회적인 짙은 차별 의식의 분위기임에도 불구하고 백남은 백정들에게 존대(尊待)말을 쓰기 시작했다. 남자 어른들에게는 형님, 부인들에게는 누님이라고 부르기를 주저(躊躇)하지 않으셨다. 이와 같은 백남의 파격적인 언동(言動)에 대한 사회적인 경악(驚愕)은 물론, 온갖 비난이 비등(沸騰)했지마는 백남은 추호도 괘념(掛念)하지 않으시고, 백정들에게 하나님이 부여(賦與)하신 인권을 존중해 주셨으며, 그들과 벗하고 사셨다. 이는 그 시대 역사의 흐름을 생각할 때, 인권에 대한 일대혁명이었다.

반세기를 지난 오늘 국내 어느 곳에도 백정은 존재하지 않으며, 그 때 백남을 아는 이들은, 누구나 당시 백남의 선견자적(先見者的)인 만인 평등 사상을 펴나가신 신념과 용기에 감탄과 존경을 보내고 있다. 이와 같은 백남의 만인 평등 사상은 기독교 경전인 성서에 그 뿌리를 내리고 있음을 밝혀 두는 바이다.

또 총회(總會) 교사 양성과장 시절에, 1939년 중앙 YMCA 기관지 '기독청년(基督靑年)' 3월호 8쪽에 '조상숭배(祖上崇拜)는 우상(偶像)이 아니다'라는 폭탄(爆彈) 같은 글을 실어 교계(敎界)에 큰 물의(物議)를 일으키기도했다. 그때만 해도 선교사(宣敎師)들이 조상제사(祖上祭祀)는 십계명(十誡命) 중에 첫째 계명에 위배(違背)되기 때문에 죄(罪)라고 해서 예수를 믿으면 제일 먼저 조상제사 지내는 것부터 중지(中止)해야 하던 때였다. 백남의 주장은 큰 물의를 일으킨 것이다. 그러나 백남(白南)은 소신(所信)을 그대로 토(吐)해 놓을 수 있는 분이었다.

또 백남은 신찬동화작법(新撰童話作法)이란 단행본을 내어 제2세 국민인 어린이의 인격 건설과 그리스도교 신앙을 가지고 건전(健全)하게 성장하도록 지도(指導)하는 데 도움을 주려고 애쓴 흔적(痕迹)을 보여 주셨다.

또 하나, 백남의 독립사상을 간과할 수가 없다. 백남이 3·1독립 만세 운동에 연계(連繫)되어 대구형무소에서 8개월간 복역한 사실은 말할 것도 없지마는, 그것만으로 백남을 독립사상가로 추대(推戴)하자는 것은 아니다. 백남의 생애는 조국의 독립과 민족의 자주(自主) 내지 번영(繁榮)에 초점을 맞추고 있었다고 할 수 있다. 그것을 위해서 교육에 임하였으며, 선교와 기독교 교육에 헌신하셨고, 한글 보급 및 바로잡기 또는 농사 개량에 앞장을 서신 것이라 하겠다.

백남은 평소에 일제의 식민정책(植民政策)에 의해 목 졸림을 당하는 처지에서 제 나라 글도 바로 쓰지 못하고, 주먹구구식으로 쓰면서도 태연한 얼빠진 거레들을 무척 안타까워하셨다. 그래서 공적, 사적으로 언제, 어디서, 누구에게나 한글 맞춤법 통일안 보급에 진력하셨으며, 세계 어느 나라 국어보다도 한글의 우수성을 말로, 글로 역설하셔서 보이게, 보이지 않게 자주독립 사상을 고취(鼓吹)하셨다.

또 백남은 총회 종교 교육부 교사 양성과 과장으로 재임 시(時), 전국 각지 순회 집회를 수없이 많이 하셨다. 특히 집회 중에 설교한 내용이 자주 문제가 되어 서울 종로경찰서 형사과에 출두하여 악명 높은 모리(森) 형사부장과 논쟁한 일이 여러 차례 있었다. 때로는 권총을 뽑아 목에 들이대고, 협박까지 해 가면서 심문하기도 했다. 그들은 설교 내용의 전체적인 것을 보지 않고, 언제나 부분적인 것을 꼬집고 시비를 하는 것이 보통이었다. 이는 백남이 민중을 향하여 선교를 한 것이지만 간접적으로 자주독립 사상을 심어 주었다는 점을 엿볼 수가 있는 것이다.

또한 소작농가가 많은 땅에서 농사 개량을 계도(啓導)함으로써 소득 증대를 꾀한 백남은, 언제나 자주독립 정신을 심어 주는 데 소홀히 하지 않으셨다.

이리하여 백남은 지방에서 농촌 교회를 담임하셨을 때나, 중앙에서 활약하며 전국을 순회하실 때나 한결같이 자신의 역량을 한껏 활용하셔서, 기독교의 새사람 운동을 통하여 조국과 민족의 자주독립을 쟁취하고자 자신을 산 제물(祭物)로 삼은 애국애족(愛國愛族)한 사상가(思想家)로서의 백남을 영구(永久)히 기억해야 할 것이다.

백남(白南)은 계성중학교, 지방 성경학교, 평양신학교와 사범과를 졸업했으니, 그때로 봐서는 고등 교육(高等敎育)을 받았다고 할 수 있으나, 오늘 와서 보면 정상적(正常的)인 교육을 제대로 받았다고 하기에는 미흡(未洽)하다. 그러나 학문(學問)이란 학교에서 받는 것이 전부가 아니다. 그것은 가장 기초적인 것에 불과하고, 그것을 토대(土臺)로 하여 졸업 후에 진실로 학문의 세계를 넓혀가야 한다고 생각한다.

백남(白南)은 교계(敎界)의 지도자들이 "강 목사님은 학력(學力)이 많지 못하되, 자(自) 연구(硏究)로 여러 방면에 소중한 지식을 얻어 훌륭한 선생의 역량(力量)을 갖추셨으니 참으로 보기 드문 인물이다"라고 말하고 있다. (박형룡(朴亨龍, 1897~1978) 박사의 말)

마치 얼마 안 되는 밑천으로 장사를 잘해서 이익을 많이 남겨 생활을 여유(餘裕) 있게 할 뿐 아니라, 복지 사회(福祉社會)에까지 크게 공헌(貢獻)한 것과 같다고 할 수 있다. 그는 끝까지 완성품으로 생각하지 않고 미완성품으로 여기고, 학문에 대한 갈증을 풀어가는 데 전력투구(全力投球)했다고 할 수 있다.

Ⅰ. 족보

姜氏의 根源은 中國 염제에 두고 있으나, 俄國에 移住한 始祖는 高句麗 兵馬元帥 諱以式(西紀 567年)님이며, 寧州 入鄉 始祖 羅慶公 諱貞(1537-1616)님은, 中始祖 博士公 諱 啓庸(1225代人)의 12代孫이시고, 顯祖 通亭公 諱 准佰(1357代人)님의 6代孫으로써 壬辰倭亂(1592) 때 榮州郡 平恩面 川本里 乃梅에 隱居하신지 近 400年.

白南은 乃梅 入鄉 始祖 羅慶公님의 13代孫 諱 祺元님의 2男1女 中 長男으로 出生하였으며, 父親은 平凡한 木手였으나, 淸廉潔白한 性品을 지니신 眞實한 基督敎信者였다.

Ⅱ. 創氏

本意는 아니지마는, 改名은 하시지 않으시고 創氏는 하였다. 本貫인 晉州 鳳山洞 뒷 山이 大鳳山이므로 鳳字만 省略해서 大山으로 지었으며, 鳳山詞는 數年前에 國庫補助로 크게 再建했다. 始祖 高句麗 兵馬元帥, 諱 以式님을 모신 祠堂이다.

Ⅲ. 神社參拜

神社參拜를 반대했으나 뒤늦게 따랐음. 當時 總會 實務者의 한사람으로서 總會가 可決한 것을 그대로 따랐던 것으로 思料된다. 그러나 그 일로 信仰良心에 苛責을 받으시고, 解放과 함께 痛悔하셨다.

(*)

白南 姜炳周 牧師 略歷

Ⅰ. 出生 : 1882年 3月 9日 父 姜祺元 母성산 李氏의 2男1女의 長男으로 慶北 榮州郡 平恩邑 川本里 乃梅에서 出生

Ⅱ. 學力 : ⑴ 漢文 修學

⑵ 大邱 啓聖學校 師範科

⑶ 平壤 神學校 卒業

⑷ 平壤 神學校 宗敎敎育科 修了

Ⅲ. 經歷 : ⑴ 私立 基督 內明學校 設立, 初代 校長 歷任

⑵ 大韓 예수교 長老會 慶安老會 傳道師로 榮州邑敎會(現 榮州第一敎會)를 視務

⑶ 榮州邑敎會, 豐基敎會, 서울京東第一敎會 擔任牧師로 多年間 視務

⑷ 大韓 예수교 長老會 慶安老會長 歷任

(5) 大韓 예수교 長老會 慶安老會 宗教教育部 總務 歷任

(6) 慶安老會 第1會 主日學校 大會 開催하여(1928年) 3千余 名
의 大盛況을 이뤄 韓國 教界를 놀라게 했으며,

(7) 大韓 예수교 長老會 總會 宗教教育部 教師養性科長으로
約 9年 間 勤務

(8) 한글 語學會 會員으로 特히 한글 普及에 李允宰 氏와 雙
璧이라 할 만큼 功勞가 컸으며,

(9) 現在 改譯 聖經全書는 韓國 教會와 當時 牧師로써 唯一
한 한글 學者인 本人에게 맡겨서 한글 統一案 맞춤법으
로 校正을 한 것임.

(10) 解放 直後 遞信部 付託으로 全國 主要 都市를 巡廻하면
서 遞信公務員에게 한글 講習會를 가진 일

(11) 自宅 正門에는 언제나 '한글普及會'라는 看板이 걸려
있었으며, 한글 普及에 特異한 熱誠이셨음.

(12) 해방 후, 서울 아현동에 東興中學校를 세우고 校長으
로 就任, 後에 政勢變動으로 仁昌 財團에 移讓. 現在 松
岩女子商業高等學校로 中央大學校 財團 所屬.

만산 강신정

(*)

1. 만산(晚山) 강신정 목사께서 남겨놓으신 백남(白南)에 대한 글이다.
2. '백남'을 호로 사용한 뜻이나, 연유에 대한 글을 보지 못했다.

3. 백남이 남긴 '한글 통일안 맞춤법 해설' 원고는 몇 번의 이사 과정에서 유실되었다. 선친께서는 늘 이 점을 안타까워하셨다.

6·25 동란 1·4후퇴 때 양평교회 방공호에 묻어둔 많은 책과 자료들이 방공호 파괴로 소실(消失).

그러나 조부의 원고는 따로 보관했었는데, 유실(遺失)되었다.

4. 선친의 유품 중에는 조부께서 사용하시던 책과 노트도 남아 있다고 판단하고 있다.

아직 정리할 여력이 없지만, 언젠가 해야 할 일이라고 생각한다.

어쩌면 백남의 손자에게 남겨진 일이라고 여기면서, 조금씩 정리하고 있다.

05 내매교회 100년사

내매교회 100년이 되는 2006년, 내매교회는 내매교회 100년사를 발간했다.

6·25 사변 때, 예배당의 화재로 교회 역사가 담긴 당회록을 비롯한 많은 자료가 소실(燒失)되었으나, 그때를 증언할 수 있는 성도들의 구술을 통해 역사를 정리하고, 교인들이 간직하고 있던 옛 사진들을 모아, 목사 25명, 장로 수십명, 그 외 여러 교회 지도자를 배출한 못자리 같은 교회의 100년을 소박하게 기록했다. 백남이 초대 교장이 된 내명학교에 대한 역사도 남겼다.

1909년 초가 6칸 예배당, 1913년에 함석집 ㄱ자 10칸 예배당, 1925년 목조 20칸 함석지붕 예배당, 1949년 9월 29일 공산 폭도 방화로 전소, 1953년 목조

1981년 8월 18일, 내매교 준공식 후, 강신명, 강신정 목사 내매교회 방문

기와 15칸 예배당 건축, 1977년 40평 현대식 벽돌 예배당 건축의 역사와 함께, 내매교회는 국민일보가 2011년 4월 28일에 '한국의 아름다운 교회 13'으로 선정했다. 영주댐 건설로 내매교회와 내명학교가 수몰 지역이 되어 없어질 위기를 맞았으나, 윤재현 목사가 부임하여 교회를 신축하고, 내명학교의 교사(校舍)를 보존하였다. 1909년 내명학교 교사(교무실 1칸, 교실 2칸)로 신축되어 한국기독교 사적이 된 교사(校舍)는 2013년 7월 9일 대한예수교장로회에서 '한국기독교사적 제11호'로 지정하였다.

아래 사진은 영주시 평은면 천존2리 1009-3번지에 2017년 10월 28일에 입당예배를 드린 새 내매교회이다. 입구에 보라색 십자가가 세워졌고, 새 예배당 옆 기와집이 이전 보존(保存)된 내명학교 교사이다.

내매교회(乃梅敎會) 100년사(百年史)
조선(朝鮮) 땅에 복음(福音)의 씨앗이 뿌려지다.

1. 고요한 아침의 나라 조선(朝鮮)에 복음의 씨앗이 뿌려지다.

〈고요한 아침의 나라〉라고 불렸던 이 땅에 복음(福音)의 씨앗이 뿌려진 것은 하나님의 섭리적역사(攝理的歷史)였다. 조선(朝鮮) 밖을 왕래하던 이들이 먼저 복음(福音)을 받아들이고 예수 그리스도를 영접하여 자생적(自生的) 신앙(信仰)을 유지하며 조선 땅에 은밀(隱密)이 복음(福音)이 전해지고 있었다.

한편, 외국인(外國人) 선교사(宣敎師)에 의해 조선(朝鮮)에 기독교(基督敎)의 복음이 전해진 것은 1882년 귀출라프(Karl F. A. Cuetzlaff) 목사를 비롯하여 1866년 영국 웨일즈 회중교회(會衆敎會) 출신 선교사 로버트 저메인 토마스(Rev. Robert Jermain Thomas) 목사가 있었다.

토마스 선교사는 중국 북경(北京)을 거쳐 조선(朝鮮)에 복음(福音)을 전하기 위해 미국(美國) 상선(商船) '제너널 셔먼(General Sherman)'호를 타고 서해안 백령도(白領島)에 도착하였다. 그리고 그곳에 잠시 머물며 복음의 씨앗을 뿌려 놓았다. 또한 그는 항해를 계속하여 대동강(大同江) 평양(平壤) 부근 강변에서 조선의 군사들에게 붙잡히게 되었고, 토마스 선교사는 대동강(大同江) 변에서 순교의 피를 흘림으로 이 땅에 복음의 씨앗을 심는 새로운 여명이 찾아오는 시발점이 되었다.

당시 조선(朝鮮)은 유교(儒敎)와 불교(佛敎), 그리고 무속신앙(巫俗信仰)이라는 민족 전래의 종교적 바탕이 정신과 생활 깊게 자리 잡고 있었기에 외래종교(外來宗敎)와 서양문화(西洋文化)에 익숙할 수가 없었다. 뿐만 아니라 전국에 척화비(斥和碑)를 세우고 쇄국 정책(鎖國政策)을 펼쳐 빠르게 변하고 있는 국제 사회 질서와 세상의 흐름을 읽지 못하고 있었다.

조선(朝鮮)은 권력이 외척에 의해 세도정치를 300여 년을 하고 있었기에 열악했던 왕권은 몰락되고 삼정(三政)의 문란으로 백성들은 어려움에 처해 있었다. 그 와중에 흥선(興宣) 대원군(大院君)과 민비(閔妃)의 권력 다툼이 벌어져 며느리 민비(閔妃)가 승리함으로써 결국 쇄국 정책을 철폐하고. 1876년 일본(日本)과 수교조약(修交條約)을 맺게 되었다.

일찍 서양 정신과 문화를 받아들였던 일본은 강대국이 되어 있었고, 조선도 점차적으로 개화기(開化期)를 맞으며 서양의 다양한 문물이 조선으로 들어오기 시작하였다.

1870년대 조선 선교(朝鮮宣敎)를 소원하던 스코트랜드 영국(英國) 선교사 로스(Rev. John Ross) 목사와 그의 매부 매킨타이어(Rev. John McIntyre) 목사는 조선 쇄국 정책 때문에 들어오지 못하고 애를 태우며, 청(淸)나라 만주(滿洲) 지방에서 주로 조선인(朝鮮人)을 대상으로 전도(傳道)하고 있었다. 당시 신학문(新學問)에 관심이 많았던 의주(義州)의 청년 백홍준(白鴻俊, 1848~1893), 이응찬(李雄贊), 이성하(李成夏), 김진기(金鎭基)에게 전도하여 1876년에 세례를 받게 하였다. 이들 4인은 우리나라 최초의 개신교 신자였다. 또한 그들은 로스 목사와 함께 성서를 한글로 번역하는 데 노력을 하였다. 그리고 이들과 동향(同鄕)인 서상륜(徐相崙, 1848~1926)이 1881년 세례를 받았다.

1882년 가을 만주(滿洲) 봉천(奉川), 지금의 심양(瀋陽)에서 한글 복음서가 발행되었다. 그리고 1887년 신약성서(新約聖書) 전권 『예수성교젼셔』 (광서 십삼년, 경성 문광서원 활판) 3천부 간행되어 전도용으로 사용하였다. 어렵게 간행된 한글성경은 청년들의 목숨을 건 위험에도 불구하고 조선(朝鮮) 땅으로 은밀하게 밀반입되어서 배포되었다. 그 결과 평안도 의주(義州) 지역에 처음으로 교회를 세울 수 있는 계기를 마련하였으나 금서밀반입죄(禁書密搬入罪)로 붙잡힌 백홍준(白鴻俊) 조사(助師)는 1893년 옥중에 순교(殉敎)하였다. 이 사건은 의주 지역에서의 성경 배포와 전도하여 복음의 씨앗을 뿌렸으나 열매를 맺지 못한 결과를 낳았다.

그 이후 서상륜(徐相崙)은 황해도 송천(松川)으로 이사를 하였다. 그리고 그곳에서 동생 서상조(徐相祖)와 함께 전도에 매진하여 1884년 교인들이 자력으로 8칸 초가(草家) 예배당을 건축하였다. 이 교회가 조선 최초 교회가 된 솔내교회(松川敎會)였다. 이 교회는 외국인 선교사에 의해 세워진 것이 아니라 자생적으로 건축하여 세운 교회(自生的敎會)였다.

조선 최초의 솔내교회(松川敎會)

서상륜 조사

2. 세계 기독교가 집중된 땅 조선(朝鮮)과 복음(福音)의 개척자들

이 땅에 복음의 씨앗을 심으려는 선교사들의 간절한 소망과 열정은 더욱 강해져서 조선의 선교적 환경을 본국(本國)의 교회에 전하였다. 그리고 본국(本國)의 기도와 물질 후원 아래 복음의 환경이 점진적으로 열리기 시작하였다.

1884년 미국 북장로교 선교부 소속 의료선교사 호레이스 알렌(Dr. Horace N. Allen) 박사가 주한 외국공관의 의사 자격으로 조선에 입국하였다. 그리고 동년 12월 갑신정변(甲申政變)을 계기로 황실과 지도층에 신임을 얻었고, 선교사들이 쉽게 입국할 수 있는 길을 열어 놓는 외교관의 역할도 감당하였다.

1885년 4월 5일 부활절(復活節) 아침, 드디어 인천(仁川) 앞바다에 도착한 장로교(長老敎) 선교사 언더우드(Horace G. Underwood) 목사와 감리교(監理敎) 선교사 아펜젤러(Henry G. Appenzeller) 목사는 제물포항(濟物浦港)을 통해 입국하였다. 그리고 인천(仁川)과 부천(富川)을 지나 영등포(永登浦)에 도착하여 한성(漢城)에 이르는 길목 한강(漢江)을 건너면서 새로운 환경에 대한 도전과 희망을 품고서 조선 선교(朝鮮宣敎)의 밑그림을 그리고 있었다.

1885년 언더우드는 경신학교(敬信學校)의 전신인 예수교 학당(學堂)을, 아펜젤러는 배재학당(培材學堂)을, 스크렌튼 여사는 이화학당(梨花學堂)을, 1889년 엘리스 여사는 정신여학교 전신인 예수교 여학당(女學堂)을 시작하였다. 그리고 1887년 언더우드는 정동(貞洞) 그의 사랑방에서 14명의 성도를 모아 조선(朝鮮) 최초로 조직(組織)된 장로교회(長老敎會)인 새문안교회를 설립하였고, 이듬해 1888년에 아펜젤러도 조선 심장부 한성(漢城)내 정동(貞洞) 배재학당 옆에 최초로 감리교회(監理敎會)인 정동교회(貞洞敎會)를 설립하였다.

이러한 조선 선교의 영역은 더욱 넓혀져 개방되고 있다는 사실을 알게 된 각 나라의 교파(敎派) 선교부는 앞다투어 조선으로 선교사를 파송하게 이른다.

1893년 1월 28일 조선 장로회 선교사 공의회(朝鮮長老會宣敎師公議會)가 조직되었다. 이 모임에서 조선 선교 지역(朝鮮宣敎地域)을 보다 효율적으로 선교할 수 있도록 각 나라 선교부(宣敎部) 별로 분할하는 네비우스 정책(Nevius methods 또는 plan)을 내놓게 되었다.

그 내용을 살펴보면 미국 북장로교 선교부는 한성(漢城)과 평양(平壤)을 중심으로 평안도(平安道), 경기도(京畿道), 경북지방(慶北地方)을, 미국 남장로교 선교부는 전라도(全羅道)와 제주도(濟州道)를, 미국 북감리교 선교부는 경기도(京畿道), 충청도(忠淸道), 황해도(黃海道) 일부 지역을, 미국 남감리교 선교부는 경기도(京畿道) 북부 지역과 강원도(江原道) 북부 지역을, 호주(壕州) 장로교는 경남지방(慶南地方)을, 캐나다 장로교는 함경도(咸境道)를 각각 맡기로 합의하였다.

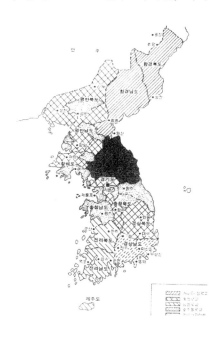

1891년 12월 미국 남장로회 선교사 테이트(Leuis Boed Tate), 레이놀드(William Davis Reynolde), 정킨(William McCleery Junkin) 선교사를 파송하였고, 호주 장로

교회는 1884년 10월 데이비스(J. H. Davis)와 누이 동생(Miss M. T. Davis)을 선교사로 파송하였다.

캐나다 장로교회 선교사 윌리엄 메켄지(Rev. William John Mckenzie, 1861~1895) 목사는 개인 자격으로 조선으로 와서 솔내교회(松川敎會) 있는 황해도 송천(松川)에 거주하면서 현지인들과 생활하며 복음의 씨앗을 뿌렸으나 젊은 나이에 풍토병으로 하나님의 부르심을 받았다. 캐나다 장로교회는 메켄지 선교사의 죽음을 접한 이후 그 중요성을 인식하고 교단 차원에서 선교사를 파송하여 조선 선교 사역을 감당하였다.

1891년 2월 2일 부산항(釜山港)으로 입국한 미국 북장로교 파송 선교사 배위량(裵偉良,Rev. William M. Baird, 1862~1931) 목사는 먼저 입국한 헌트(한위령, William Hunt) 선교사 가족과 하이디(R. A. Hardie) 선교사 가족의 도움을 받으며 부산선교(釜山宣敎)를 위한 여러 가지 생각에 잠긴다. 그는 선교활동을 공식적으로 허락받지는 않았으나 지금의 대청동과 영주동 사이 영서현(英署峴, 지금의 영선고개)에 거처를 마련하였다. 그리고 그곳에서 1892년 5월 가옥을 건축하고 옆에 지은 사랑방을 예배 처소로 개방하여 11월 7일 본격적인 선교(宣敎)를 시작하였다. 이곳이 바로 영남지방(嶺南地方)에서 처음으로 세워진 부산(釜山)의 영서현교회(英署峴敎會), 지금의 초량교회(草梁敎會)이다.

배위량(裵偉良, Rev. William M. Baird, 1862~1931) 선교사는 부산에서의 짧은 기간 동안 열심히 하였던 선교 사역을 정리하고 좀 더 넓고 새로운 선교 지역을 찾아 내륙 지방(內陸地方) 경상북도(慶尙北道)로 선교여행을 몇 차례 떠났다. 그리고 선교 전초 기지로 대구(大邱)를 선택하고 그곳을 중심으로 복음(福音)을 듣지도 보지도 못한 조선인(朝鮮人)들에게 전하기 위해 부산(釜山)으로 돌아와 가족과 새로운 선교지 대구(大邱)를 향해 낙동강(洛東江) 뱃길을 이용하여 떠났다.

3. 배위량 선교사와 경상도 북부 내륙 지방의 복음(福音) 전파

대구(大邱)를 선교 전초 기지로 삼아 경상도(慶尙道) 북부 지역에 복음을 전하였던 배위량(裵偉良) 선교사는 조선(朝鮮) 기독교사(基督敎史) 최초로 경북 내륙 지방 순행을 한 장본인이다.

1893년 4월 17일 서경조(徐景祚, 1852~1938) 조사(助師)와 소년 박재룡(朴在龍)을 대동하고 육로를 이용 조롱말을 타고 밀양(密陽), 청도(淸道)를 지나 팔조령(八助嶺)을 넘어 4월 22일 토요일 대구(大邱)에 도착하였다. 이들은 대구에서 3일간 머물며 약령시(藥令市)에서 전도 책자를 배부하였고, 북쪽 지역의 상주(尙州)와 의성(義城), 신령(新靈), 영천(永川), 경주(慶州), 울산(蔚山), 동래(東崍)에 이르는 1,240리의 대장정 전도여행을 마치고 5월 20일 부산(釜山)으로 돌아왔다.

처음 경북의 내륙지역 순행을 마친 베어드(배위량)는 일기에서 "전도할 틈은 없었으나 많은 서적을 나누어 주었다"(1893.4.22.'Baird of Korea' 1968, Okland CA.,USA(Typing band) p.30)라고 썼고, 서경조(徐景祚) 조사(助師)는 이때를 회고하며 "대구는 영때(약령시(藥令市) 개장 중)라 책권이나 주었으나 전도는 할 수 없었다."(새문안문헌사료집1, 새문안역사편찬위원회, p.443)라고 쓰여져 있어 베어드는 서경조(徐景祚)와 함께 대구(大邱)에서의 전도에 관한 기록은 단지 기독교를 알릴 수 있는 책자를 배포하였음을 짐작할 수 있다.

일찍이 경상(慶尙) 북부 지역의 영주(榮州) 나장골 내매(乃梅) 동리에 자생적으로 내매교회(乃梅敎會)를 설립한 강재원(姜載元, 甲戌生1874~1927)은 대구(大邱)에서 잠시 머물고 있던 중 일생(一生)의 전환점(轉換點)을 맞이하게 되었다.

그의 눈을 밝힌 것은 대구(大邱) 약령시(藥令市)에서 우연히 접한 신문화(新文化)였다. 그것은 바로 배위량(裵偉良) 선교사가 전도하며 뿌렸던 야소교(耶蘇敎)의 복음(福音)이 담긴 책을 통해 접했던 것이 계기가 되어 기독교인(基督敎人)이 되었다. 그 후 고향 내매(乃梅) 동리로 돌아와 야소교(耶蘇敎)를 믿기 시작하였다. 또한 그는 한 가닥 희망을 품고 피폐한 농촌에 개화(開化) 바람을 일으킬 신문화(新文化)를 심는 일에 서서히 준비하고 있었다.

1894년(甲午年) 동학 농민 전쟁(東學農民戰爭)이 일어나 시국(時局)이 어수선 함에도 불구하고 베어드는 두 번째 대구 순행길에 오른다. 그리고 그는 대구(大邱)가 경상도(慶尙道) 북부 내륙 지방 선교 전략에 지리적, 환경적으로 중요하다는 것을 파악하고 즉시 '대구 선교 지부 개설(大邱宣敎地部開設)'에 관한 보고서를 미국 북장로교 해외 선교부에 보냈다. 그가 제시한 대구선교(大邱宣敎) 전략은 다섯 가지로 요약되었다(Bruen C. H. '40 years in Korea', p.55~56).

첫째, 대구는 경상도 북부 지방의 중심지이다.

둘째, 대구는 인구가 많다.

셋째, 교통상으로 볼 때 서울과 부산이 연결되는 지점이고, 수로(낙동강)로 부산에 닿을 수 있다.

넷째, 약령시(藥令市)가 열리는 상업의 중심지이다.

다섯째, 부동산을 구입하는 데 관청의 반대가 없다는 점 등이었다.

베어드의 대구 선교 지부 청원은 곧바로 1895년 11월에 승인이 났다. 그런데 이 승인은 부산 선교 지부의 감독을 받는 내륙지회(Inland Station)로 허가를 해 준 조건부 승인이었다. (Ibid. p.14 '대구장로교교회교회사 연구' 도서출판 사람, 1996, p.61 참조).

1895년 12월 베어드는 세 번째로 대구를 방문하여 선교에 필요한 여러 가지 기반 시설을 돌아보고, 1896년 1월 약령(藥令) 시장이 있던 남문 안 부동산을 매입하였다. 대지 420평 규모의 큰 집이었다. 훗날 이 집은 대구 지역의 초대 기독교사의 발원지가 되는 대구 지역 최초의 남정현교회(훗날 대구제일교회)가 세워지는 장소가 되었다.

베어드는 대구에서 6주간의 짧은 사역을 하고, 한성지역 교육 담당 고문으로 발령을 받고, 처남 아담스(Rev. James Adams) 선교사에게 인계하고, 서울로 떠났다. 후에 평양선교부로 옮겨, 1907년 평양 부흥의 대역사 때 마포삼열(麻浦森烈) 선교사와 함께 했다.

내매교회 설립

1. 야소교(耶蘇敎)와의 만남은 여호와 이레

1906년 봄, 고향에 내매교회(乃梅敎會)를 설립한 강재원(姜載元)은 당시 대구에서 한 서양인과의 만남을 통해 일생(一生)의 전환점(轉換點)을 맞이하게 되었다.

18세기 말 경상도(慶尙道) 북부의 중심지 대구(大邱)에 잠시 머물고 있었던 강재원(姜載元)은 어느 날 약령시(藥令市) 도로변에서 외모가 이상하였던 서양인(西洋人) 한 남자를 목격하게 되었다. 그 서양인은 간절한 마음을 담아 큰 목소리로 외치면서 무엇인가를 사람들에게 던져 주고 있었다.

강재원은 호기심 어린 관심을 가지고 뿌려지는 것은 받아 보았다. 그것은 바로 서양(西洋)에서 들어온 신문화(新文化) 복음(福音)이 담긴 작은 서책이었다.

강재원은 집에 돌아와 복음(福音)이 기록된 서책을 탐독하였다. 그리고 알 수 없는 기쁨과 함께 눈이 열리는 듯한 감격을 맛보게 되었다. 흥분된 마음을 가다듬고 읽고 또 읽었다. 그때 복음이 담긴 서책을 뿌렸던 사람이 야소교(耶蘇敎)를 전하였던 미국 선교사 배위량(裵偉良) 목사였다. 이것은 분명 필연이었다. 하나님으로부터 오는 은혜(恩惠)요, 여호와 이레의 만남이었다.

당시 조선(朝鮮)의 정치는 권력 싸움으로 계층이 무너지고, 삼정(三政: 전정(田政), 군정(軍政), 환곡(還穀))의 문란으로 사회적으로 혼란을 가중시키는 시대가 도래하고 있었다. 그러므로 백성(百姓)들은 굶주림과 병으로 죽어 나가고, 또한 앞이 보이지 않는 형국으로 살기 좋은 세상(世上)을 향한 새로운 문화(文化)와 정신(精神)을 갈망(渴望)하고 있었다.

2. 영주(榮州) 내매(乃梅) 동리와 내매교회(乃梅敎會)

1906년 봄 내매교회(乃梅敎會)가 설립된 나장골 내매(乃梅) 동리는 50여 가구가 사는 전형적인 농촌 마을이었다.

태종(太宗 1400~1418년) 13년(1413년) 영천군 천상면(강동리, 평은리, 천본리, 오운리, 지곡리 일원)과 진혈면(금광리, 용혈리 일원)으로 구분되었으나, 1914년 행정구역 개편으로 2개 면이 통합되어 평은면으로 개칭된 이후 여러 번 개편되었다가, 1995년 1월 1일 행정구역 시, 군 통합으로 경상북도 영주시(榮州市) 평은면(平恩面) 천본 2리(川本二里)로 개칭되었다.

특히 이 지역 평은면은 영주시 남부지역에 위치하여 안동시 북후면과 봉화군 상운면이 인접한 가운데 영주 교통의 남문 역할을 담당하였다. 이곳은 지리적으로 산수가 수려하여 풍광이 좋았으며, 그리 높지 않은 산악분지로 영지봉의 산세를 중심으로 용각천(龍角川)과 내성천(內城川)이 합류하여 남쪽 방향으로 굽이쳐 예천 지방으로 내(川)가 흐르는 아름다운 향리(鄕里)로, 옛날부터 이 지점을 "마을 모양이 매화(梅花) 같다"하여 '매화락지(梅花樂地)'라는 설(說)에 의해 내매(乃梅)라고 불리우고 있다.

또한 내매(乃梅) 동리 사람들은 내성천(內城川)을 사이에 두고 동쪽 마을은 음지 내매(陰地乃梅, 평은면 천본리)라 하였고, 서쪽 마을은 양지 내매(陽地乃梅, 이산면 신천리)라고 불러왔다.

내매(乃梅) 동리의 역사는 약 400여년 전으로 거슬러 올라간다. 조선시대 선조(宣祖) 25년(1592년) 임진왜란(王辰倭亂)이 발생한 무렵에는 김씨(金氏) 성(姓)을 가진 사람들이 모여 살았던 집성촌이었다. 그러나 임진왜란(王辰倭亂)이 일어나고 남해안 일대가 왜(倭)로부터 침략을 당하게 되자, 경남(慶南) 진주(晉州)에 오래토록 터를 닦고 살았던 강정(姜貞) 선생은 가솔들을 이끌고 내륙 깊은 산골 살기 좋은 곳으로 피난을 와 터전을 잡았다. 이때부터 진주(晉州) 강씨(姜氏)가 주축이 된 마을로 새로운 내매의 역사가 시작된 것이다.

1900년 초 조선(朝鮮)은 내외적으로 서양 문물을 받아들이는 개화기(開化期)를 맞이하고 있었다. 그때 경북 내륙에 위치한 내매는, 영주 지역(榮州地域) 내의 그 어느 곳보다 일찍 개화기를 맞은 나장골 내매(乃梅) 동리는 신문화를 받아들인 지역으로 내매교회(乃梅敎會)를 중심으로 선구자적 역할을 감당하였다. 이때 신교육을 비롯하여 사회 계몽 운동, 신생활운동, 영농개선 운동 등으로 사람이 변하고 마을이 변화되는 계기가 되었다. 특히 이곳은 개화기에 예수교를 받아들인 영향력으로 모든 부분에 정신적인 지주가 되었으며 마을의 개명(開明)에 앞장 선 마을이기도 하였다.

3. 내매교회(乃梅敎會)의 설립(設立)과 초창기 교회의 역할(役割)

1906년은 경북 북부 지방 곳곳에 교회가 설립되는 뜻깊은 해(年)이다. 내매교회(乃梅敎會)도 1906년 봄에 설립되었다. 이는 나장골에서 출생한 강재원(姜載元)에 의해서였다. 그리고 나장골 내매 동리가 당시 영주 지역의 개화에 앞장설 수 있었던 것은 100년 전 설립된 '내매교회(乃

梅敎會)'가 그 중심에 서 있었다.

강재원은 고향을 떠나 대구에서 잠시 생활하고 있었는데, 그곳 약령시(藥令市)에서 미국 북장로회서 파송한 배위량(裵偉良) 선교사의 전도를 받고 그날 이후부터 신앙을 갖게 되었다. 대구(大邱) 지역에 최초로 세워진 대구제일교회 예배당을 세울 때, 비로소 거기서 신앙을 갖게 되었다.

강재원(姜載元)은 그 이후 고향마을 내매에 돌아와 신문화를 펼치며 평은면 지곡리(芝谷里)에 사는 강두수(姜斗秀)와 함께 40Km 정도 떨어진 안동(安東) 예안면(현 와룡면) 소재 방자미교회, 현 방잠교회(芳岑敎會)에 출석하며 방잠회(芳岑會)에 참석하는 등 믿음의 열정을 키워나갔다.

1906년(고종 43년) 4월 18일 강재원은 내매 마을 유병두의 사랑방을 빌려 예배를 드리기 시작하였다. 그리고 그 이듬해 자기 집 뜰에 십자가를 높이 달고 예배 처소를 만들어 주일 예배를 드리니, 비로소 교회의 모습을 갖추게 되었다.

이때 신자는 강재원(姜載元)의 가족과 일가친척, 강병주(姜炳周), 강병주의 동생 강병창(姜炳昌), 강신옥(姜信玉), 강신유(姜信裕), 강석구(姜錫九), 강석복(姜錫福) 등이 있었다. 이들은 믿음 생활과 함께 머리를 깎고 미신을 타파하는 등 개화에도 앞장 섰으나 주위로부터 많은 비난과 비웃음을 사기도 했다.

1907년 내매교회(乃梅敎會)에서 초창기 사역한 매서인(賣書人) 장치현(張致見)의 활동이 있었다. 그리고 그 이후 선교사 국유치, 오월번(吳越藩), 인노절(印魯節), 권찬영(權燦永) 등이 교회를 섬겼으며, 조사(助師) 엄응삼(嚴應三), 김영옥, 김원휘(金原輝), 신응한(申應韓), 윤영문(尹永文) 등이 부임하여 짧은 기간 동안 이 지역의 복음화(福音化) 사역을 감당하였다. 그리고 내매교회는 1909년 초가 6칸 예배당을 건축하여 하나님께 봉헌하였다.

1910년 기독교 내명학교(基督教內明學校)를 개설(설립자 강석진, 교장 강병주, 교사 안광호)하여 지역 주민의 개화와 신문화의 옛 문명 퇴치 운동에 크게 기여하였으며, 또한 내명학교 개교 이후 많은 어린이들이 내매교회 주일학교에 출석하여 교회가 부흥하는 계기를 마련하기도 했다.

뿐만 아니라 1913년 예배당을 ㄱ자 모양의 함석집 20칸을 건축하여 남자와 여자를 따로 분리하여 예배를 드렸는데 이 광경은 아직도 남녀 유별함을 엿볼 수 있는 것이었다. 1914년 7월 천본리 1103번지 대지 912m² 매입과 1916년 6월 천본리 1104번지 284m² 매입하였다. 그 후 1925년 목조건물 20칸을 건축하여 하나님께 봉헌하였다.

초창기 교회는 부흥사로 유명하였던 길선주, 김익두 목사 등을 초청하여 대부흥회를 열어 이 나장골을 중심으로 신앙부흥이 일어났으며, 마을 50세대 모두가 신앙생활을 하였다.

강재원은 나귀를 타고 인근 마을을 순례하며 복음(福音)을 증거하였고, 전도를 받은 많은 이들이 예수를 믿기 시작하였다. 그는 힘이 세고 용단이 있어 많은 사람들을 움직였다. 그는 전도뿐만 아니라 신문화 보급과 개화(開化)에 앞장서는 등 영주(榮州)와 봉화(奉化)지역에 영향력을 미치는 인물이었다.

19세기 초 고종(高宗) 황제는 쓰러져 가는 나라를 새롭게 건설하기 위해 교육정책(敎育政策)의 하나로 전국에 학교(學校)를 세우라는 어명(御命)을 내렸다. 그때 한성(漢城)을 중심으로 전국에 많은 학교(學校)가 설립되었는데 그중에 하나가 내매(乃梅)의 내명학교(內明學校)이다.

1910년 4월 5일 개교를 한 사립 기독교 내명학교(基督教內明學校)는 내매교회의 지원과 설립자 강석진(姜錫晉)의 수고로 교회 옆에 기숙사 겸 교실로 사용할 수 있도록 설계되어 평은면 천본리 1063-1번지에 세워졌다. 초대 교장에 강병주(姜炳周), 교사에 안광호가 부임하였다. 이 학교는 영주 지역(榮州地域)의 기독교 신문화교육(基督敎新文化敎育)의 발상지로 이 지역 초대 요람이 되었다.

1915년 3월 15일 학교 개교 이래 제1회 졸업생 5명을 배출하였다. 그리고 1925년 9월 3일 내매교회의 독지가의 후원으로 교사를 신축하고 교무실 1칸과 교실 2칸을 사용할 수 있게 되었다. 당시 신교육을 위한 교육은 결코 쉽지 않았다. 그뿐 아니라 가정 형편이 어렵거나 여건이 되지 않았다. 당시 남아 있었던 신분에 대한 개념도 넘기에는 역부족이었다. 그럼에도 불구하고 나장골 내매교회를 중심으로 주변 지역의 망월, 간운, 용상, 평은, 문수 등의 마을 어린이들은 하나, 둘 내명학교에 다니기 시작하였고, 그로 인해 내매교회 주일학교 어린이들의 수가 하루가 다르게 많아져 크게 부흥하게 되었다. 그리고 경안노회(慶安老會) 주일학교 부흥에 중추적 역할을 감당하였다.

내명학교는 일제 강점기 초기 1913년 4월 7일 조선총독부(朝鮮總督府) 학제 1542호로 사립 기독 내명학교(私立基督內明學校)로 인가를 받아 9월 1일 개교하였다.

4. 나장골의 변화와 '한국의 예루살렘' 이상촌 건설

나장골 내매(乃梅)는 매우 외진 벽촌이었으나 50여 세대 모두가 신앙생활을 하는 등 불신자 한 사람도 없는 한국의 예루살렘 이상촌을 만들어 나갔다. 특히 내매(乃梅) 동리는 '향약 6개조'를 만들고 내매교회(乃

梅敎會)를 중심으로 실천에 옮겼다.

첫째, 우상 숭배(偶像崇拜)와 선조제사(先祖祭祀)를 금지하고 구습타파(口
　　　習打破)와 미신(迷信)을 일소(一掃)한다.
둘째, 동민 전체가 주초, 장기, 바둑, 도박, 주막 출입을 엄금한다.
셋째, 일제의 앞잡이인 경찰관 지원을 엄금한다.
넷째, 신, 불신을 막론하고 빈약한 관혼상에는 자비량하여 협조한다.
다섯째, 소(牛) 외의 가축 사육을 금지하며 깨끗한 신앙촌을 만든다.
여섯째, 주일은 성수하며 우물 문을 잠그고 전날에 준비한다.

이상과 같은 신조의 실천은 온 동네가 신앙(信仰) 안에서 신실하게 살
면서 이 지역 사회(地域社會)에 커다란 영향을 미치며 복음화 운동(福音化
運動)이 확산되어 나갔다.

1917년은 내매교회가 설립된 이후 뜻깊은 행사가 준비되고 있었다.
그것은 강재원(姜載元)과 강석진(姜錫晉)이 장로(長老)가 되는 날이었다. 이
는 당회(堂會)가 성립(成立)되는 날이기도 하였다. 그리고 강병주(姜炳周),
강신오(姜信五), 강석초(姜錫初) 등이 상계(上繼)하여 임(任)하였다. 훗날 강
석진(姜錫晉)은 목사로 시무하였다.

일제(日帝)의 탄압 정책(彈壓政策)과 온갖 간섭에도 불구하고 신앙을 중
심으로 자주적 독립을 향한 민족 독립운동(民族獨立運動)을 은밀한 가운
데 펼쳐 나갔다. 이는 영주 지역(榮州地域)을 비롯한 봉화 지역(奉化地域)에
이르기까지 많은 교회(敎會)가 세워졌으며, 내명학교(內明學校) 설립자 강
석진(姜錫晉)은 혼신의 힘을 다하여 강병주(姜炳周)와 더불어 신문화와 민
족주의적(民族主義的) 교육(敎育)을 실시하여 후진을 양성하여 많은 인물

(人物)들이 이 학교를 통해 배출되었다.

한편, 교회를 주축으로 강병주(姜炳周) 등은 선도적 역할을 하며 내매 교회를 중심으로 개화(開化)를 위한 새 생활운동(生活運動)을 전개하였다. 의식구조 개혁(改革)을 비롯하여 부엌개량, 우물개량, 마을길 넓히기, 영농방법개선, 다수확 재배 등 이미 1970년대의 '새마을 운동'보다 50 년을 앞선 농촌개량운동(農村改良運動)이었다.

5. 일제(日帝)의 시련기(試鍊期)에도 아름답게 피어나는 교회 분립(敎會分立)

1930년 이후 일제(日帝) 말기 일본 정권은 군사력을 동원하여 파쇼정 치로 치달음에 따라 국수주의적(國粹主義的) 상징 천황(天皇)을 정점으로 정치, 경제, 문화, 종교, 교육 등 모든 것을 재편성하여 조선(朝鮮)의 민 족 운동(民族運動)을 억압하며 와해시키려 했다.

기독교(基督敎)를 중심으로 민족 운동(民族運動)과 백성들의 개화를 향 한 계몽 운동(啓蒙運動)이 전개되고 있다는 것을 파악한 일본 정부는 이 른바 신사 참배(神社參拜) 강요, 궁성요배(宮城遙拜) 등을 강요하면서 교회 에 대한 정신적 근절 정책을 펼쳤다. 교회의 예배 시간을 알려주던 종 (鐘)은 무기를 만드는 재료로 공출되고, 문화 말살 정책으로 한글 사용 을 금하고, 일본어를 배우게 하는 등 말할 수 없는 어려움을 겪어야만 하였다. 그럼에도 불구하고 이 모든 것을 오직 신앙으로 지키며 암흑 같은 세월을 이겨내고 있었다.

일제에 의한 시대적 아픔과 어려움 속에서도 내매교회(乃梅敎會)의 강력한 지도력과 그 영향력은 주변 지역에 복음화(福音化) 확장을 가져 왔다. 그리고 많은 사람들에게 믿음 생활을 바르게 할 수 있는 모체(母

體)로 영주(榮州)와 봉화(奉化) 지역의 모교회(母敎會)로 주변 지역에 기도소를 비롯하여 교회(敎會)가 세워지는 데 결정적 동기 부여를 심어 주었다.

1908년 설립된 문촌교회(文村敎會)는 봉화(奉化) 상운면 문촌리(文村里)에 살던 장덕진(張德震)이 기자(其子) 두문(斗文)으로부터 신앙을 갖고 일시(一時) 내매교회(乃梅敎會)에서 주일 예배(主日禮拜)를 드렸다. 그리고 장덕진(張德震)은 장씨(張氏) 일문(一門)과 협력하여서 거신주(擧信主)하여 조상의 제소(祭所)를 수리하여 예배당(禮拜堂)으로 만들고 문족(門族) 40여 명이 회집한 가운데 예배를 드렸다. 이것이 1908년 봉화 지역에 첫 번째 설립된 교회(敎會)였다.

이대 전도인(傳導人) 장치현(張致見)과 조사(助師) 김성삼(金聖三)이 내조(來助)하며 장사성(張師聖)으로 하여금 교회를 인도하게 하였다. 당시 이 지역을 왕래하며 오월번(吳越藩) 선교사와 조사(助師) 엄응삼(嚴應三), 김원휘(金原輝) 등이 상직시무(相職視務) 하였다.

한편, 30리를 걸어 문촌교회(文村敎會)에 출석하던 김종숙(金鍾淑)은 법전면(法田面) 척곡리(尺谷里) 마을 성도들과 기도 처소를 세우고 예배를 드렸다. 그리고 이를 발전시켜 1908년 척곡교회(尺谷敎會)를 설립하였다.

김종숙(金鍾淑)은 한성(漢城)에서 대한제국(大韓帝國) 탁지부 관리직에서 근무하며 인정받은 인물이었다. 그러나 일본(日本)의 지나친 간섭과 국정운영 등을 목격한 그는 국운이 다한 나라의 위기를 느끼고 있었다. 어느 날 정동(貞洞)에 있는 새문안교회에서 언더우드 목사의 설교와 강연을 들었다. 그리고 "야소교(耶蘇敎)를 믿어야 조국(祖國)을 개명(開明)할 수 있다"는 믿음의 확신을 갖게 되었다. 1905년 을사늑약(乙巳勒約)

이 체결되자 가솔(家率)을 이끌고 처가(妻家)가 있는 봉화(奉化)로 낙향하며 문촌교회(文村敎會)를 다니며 복음전도(福音傳道)와 독립운동(獨立運動)에 뛰어들었다.

평화로웠던 내매 동리도 6·25 전쟁으로 인해 쓰라린 상처를 낳게 되었다. 9월 29일 인민군(人民軍)에 의해 교회(敎會) 목조건물 20칸이 불타 전소되었고, 마을의 가옥이 불타는 등 이루어 말할 수 없는 형국이었다. 뿐만 아니라 교회 설립 이래 가장 아픈 일이 벌어졌다. 내매교회(乃梅敎會) 성도(聖徒) 여섯 명이 인민군에 의해 학살(虐殺)되는 참변(慘變)을 겪었다.

그 후 강재원, 강신유 장로 등이 전소된 예배당 자리에 1953년 예배당 목조 15칸을 새롭게 건축하여 하나님께 봉헌(奉獻)하였다. 그리고 1977년에는 40평 현대식 벽돌 양식의 예배당을 건축하였다.

내매교회 출신 목회자(牧會者)와 장로(長老)

마을의 50여 가구가 모두 교회 신자인 내매는 영주, 안동, 봉화 등지에서 가장 일찍 개명된 마을이었다. 특히 이 마을 출신 목회자들을 살펴보면 작은 교회에 참으로 많은 목회자를 배출하였다는 것을 알 수 있다.

강재원 장로를 비롯하여 강석진, 강병주, 강신홍, 강신창, 강신명, 강신정, 강문구, 강인구, 강교구, 강성구, 강병직 등 목회자 20여 명을 배출하였다. 이들은 주어진 여건 속에서 하나님의 복음을 증거하고 백성들의 어려움을 함께 나누며 농촌과 도시에서 한국 교계를 이끌었다.

또한 내매에서 출생하여 내매교회에서 신앙생활하며 성공하였던 이들 중에 내매교회에서 장로로 임직받은 일은 참으로 귀하다고 하겠다. 교회 설립 이후 초대 장로 강재원을 비롯한 14명의 장로, 강재원, 강덕원, 강신오, 강신종, 강석초, 강석경, 배세란, 강석현, 배진기, 강록구, 강재구, 강재희, 강창기는 올곧은 믿음과 바른 지혜를 모아 온 성도들과 함께 주님의 몸 된 교회를 섬겼으며, 나아가 경안노회(훗날 영주노회)의 중추적 역할과 함께 지역 사회에 많은 공헌을 아끼지 않았다.

특히 내매에서 출생하여 본 교회에서 성장하였던 성도들이 영주시 등 타 지역으로 이주한 이후 장로로 임직받는 등 많은 이들이 장로로 배출되었다. 살펴보면 강신춘, 강경봉, 강석영, 강석일, 강을구, 강복구, 강석모, 강중구, 강석만, 강용구, 강석지, 강신철, 강석춘, 강석교, 김성진, 배순기, 강상구, 강신덕, 강병양, 강병도, 강원구, 강찬구 장로 등 22명이 장로가 된 것이다. 할렐루야.

내매교회 출신 목회자 백남 강병주 목사

내매(乃梅)에서 출생하여 진주 강씨를 빛낸 인물로는 강병주(姜炳周, 1882~1955), 강신명(姜信明, 1909~1985) 부자(父子)를 들 수 있다.

백남(白南) 강병주(姜炳周)는 강기원(姜祺元)의 아들로 어려서부터 예사롭지 않은 성품에 글 읽기를 좋아했다. 그리고 유교(儒敎)적인 환경에서 성장하여 성년이 되기까지 한학(漢學)을 배웠다.

조선 말(朝鮮末) 나라의 운명은 소년 강병주로 하여금 많은 생각에 잠기게 했고, 또한 방황하게 만들었다. 이때 주변 사람들은 시국을 바라보며 말세(末世)라고 개탄하는 등 한치의 앞을 내다볼 수 없는 그런 시절이었다. 일부 젊은이들은 입신출세(立身出世)에 급급하여 과거 공부에 열중해 있는 틈서리에서, 백남은 자신의 장래를 설계함에 있어 남모르는 고뇌(苦惱)로 자못 심각한 갈등을 겪어야 했다. 개인의 영달(榮達)이나 출세(出世)의 꿈에 침착(沈着)하기에는 조국(祖國)과 겨레가 직면한 현실이 너무나 절박(切迫)했기 때문이었다.

일본(日本)의 강압으로 이른바 을사보호조약(乙巳保護條約)에 이어, 헤이그 밀사(密使) 사건을 트집으로 고종(高宗)이 물러나면서 나라의 운명은 이미 끝에 이르렀다.

강병주(姜炳周)는 시운(時運)을 붙들 만한 획책이 있을 수 없다고 판단하고 "세상을 등지고 깊은 산속에 숨어 수도나 하리라"는 뜻을 품고서 1907년 집을 나섰다. 그때 그의 나이 26세였다. 합천 해인사로 향하던 길에서 어느 기독교 선교인을 만난 것이 인생 전환의 계기가 되어 입산의 뜻을 버리고 발길을 되돌린 바, 1910년 봄, 그는 예수교 학교인 대구 계성학교(啓聖學校) 사범과에 입학했다. 그해 8월 나라가 강탈되매, 겨레가 다시 살길은 오직 실력을 가져야 된다고 믿어 그는 망국의 울분을 씹으며 공부에 분발하여 1915년 그 학교를 마쳤다.

1919년 대구 성경학교를 졸업한 그는 만세 운동에 가담하여 8개월의 옥고를 치르고 평양신학교(平壤神學校)에 입학, 1922년 동교(同校)를 졸업하자, 곧 그 학교 종교 교육과에 입학하여 1925년에 졸업했으니, 이로써 백남은 교회 지도자로서의 자질을 갖추게 된 것이다.

평양신학교를 졸업한 이듬해 풍기교회 담임목사로 부임한 그는 농촌에서의 사역을 감당하면서 삶이 고단한 성도들의 모습을 발견하게 되었고, 또한 농촌의 궁핍한 환경을 직시하고 생활형편이 곧 현실이라는 것을 깨달은 그는 목회 사역 뿐만 아니라 농촌 계몽과 교육 활동에 투신하게 되었다.

목회 사역(牧會使役)의 길

강병주(姜炳周) 목사는 교역 뿐만 아니라 농촌 계몽 운동과 함께 농사 개량에 힘썼으며, 특히 한글 바로 알기 운동을 비롯하여 사회봉사 활동 등에도 많은 활동을 하였다. 그는 민초들이 암담한 현실을 극복하고 겨레의 빛을 되찾는 길에 투신함으로써 종교계와 교육계에 존경받는 목회자가 되었다.

목회자의 길을 걷기 전 대구 계성학교 사범과를 졸업하자 그는 고향 마을 내매에 사립 내명학교(內明學校)를 설립하고 교장 겸 교사로 교육을 받을 수 없는 고향의 청소년들에게 교육하며 항일 독립 정신을 고취시키는 등 지역 향토 계몽 운동에 힘썼다. 또한 평양의 마포삼열 선교사가 운영하는 평양신학교에 입학하여 열심히 신학을 전공하였고, 학교를 마칠 무렵엔 풍기로 옮겨와 살았다. 그리고 풍기교회(현 성내교회)를 맡아 10년을 지나는 동안 그는 교인은 물론 모든 이웃의 어려움을 돕는데 아낌이 없었고, 빈부귀천(貧富貴賤)을 가리지 않고 주위의 남녀 노유(老幼) 누구에게나 마음을 열어 참된 친구가 되었다.

당시 풍기에는 교회가 한곳 뿐이었는데 북문동(지금 풍기제일교회 윗편)에 낡은 초가집을 교회로 사용하여 그때는 신도 수도 적었다. 강병주(姜炳周) 목사가 부임하자 하루가 다르게 교세가 날로 번성하여 성내동에 훨씬 큰 규모로 목조함석지붕의 예배당을 신축하였다. 그곳이 바로 지금 성내교회이다.

강병주(姜炳周) 목사가 서울로 떠날 무렵에 교회는 크게 부흥하여 1933년 성인(成人) 신자가 4백여 명에 이르렀다. 그 후 풍기교회는 변화의 바람이 불어 4개 교회로 분립되어 각각 부흥하였다. 당시 교회의 중심인물들이 강병주(姜炳周) 목사에게서 신앙훈련을 쌓은 이들이었다.

강병주(姜炳周) 목사가 풍기에서 목회 사역을 감당할 당시 경안노회장(慶安老會長)직을 두 차례 역임하였고, 노회 교육총무로도 큰 활약을 하였다. 그는 그 당시 우리나라의 교계의 거봉인 정인과(鄭仁果) 목사, 김관식(金觀植) 목사, 안대선(安大善) 목사, 황재경(黃材景) 등을 안동에 초빙하여 연합성회를 개최하는 등 이 지역에서 믿음 생활을 하던 성도들로 하여금 신앙의 부흥을 일으키는 많은 역할을 감당하였다.

1932년 총회 종교 교육부 교사 양성과장(敎師養成課長)에 임명됨으로써 풍기를 떠나야 했다. 서울에서의 강병주(姜炳周) 목사는 한국 교계의 질적 향상과 조직 확대에 이바지하였으며, 특히 어린이 교육을 위하여 〈동화작법(童話作法)〉을 엮어 펴내기도 했다.

강병주(姜炳周) 목사는 1945년 8월 15일 조국의 광복을 맞이하자 그 기쁨을 나누며 이 나라가 강건하게 살길은 교육에 있다는 소신을 가지고, 서울 아현동에 동흥중학교(東興中學校)를 설립하였다. 그러나 그 기쁨도 잠시 1950년 6월 25일 새벽 한국동란이 발발하면서 그 난리에 교사는 소실되었고, 그 이후 전쟁은 매듭되었으나 학교 재건이 사실상 어렵게 되자 인창(仁昌) 재단에 학교를 넘겼는데, 지금의 송암여자고등학교이다.

한글 사랑과 함께 펼친 한글 보급 운동

강병주(姜炳周) 목사는 1931년 조선어학회 명예회원에 추대되기도 했던 그 무렵 기독교 목사로서는 유일한 한글학자였다.

1930년 이후 일본은 조선인의 언어와 말을 감시하였고, 이윽고 한글을 가르치는 것을 법으로 금지하였다. 뿐만 아니라 문화와 고유풍습에서 나타나는 일체의 모든 행동을 금지하는 등 창씨개명을 전개하였다. 학교 교육을 통해 한글을 배우던 어린 학생들은 일본어를 사용하게 되었고, 일제 통치 아래에서 가장 아끼고 지켜야 할 우리글의 소중함을 아는 이는 극히 적었다. 이를 안타깝게 여긴 강병주(姜炳周) 목사는 "교육에 종사하는 이들조차 일본말은 점 하나만 틀리게 써도 점수를 깎으면서 제 나라 글은 아무렇게나 써도 묵인해 넘기다니…, 제 나라 글을 그토록 천대하는 판이니, 나라를 잃는 것도 당연하다"라고 개탄하였다.

경기노회(京畿老會) 고시부장(考試部長)으로 있을 때 그는 한글에 관한 많은 일화를 남겼다. 목사, 장로, 전도사 등 자격고시에 한글 고시 과목을 넣어, 불합격하면 반드시 한글 공부를 보충해서 다시 응시하도록 했으니 "제 나라 글도 바로 쓸 줄 모르는 사람이 어떻게 지도자가 되겠느냐"는 것이었다. 길을 가다가도 거리의 간판에 철자가 잘못된 것이 보이면 그 책임자를 찾아 바로잡도록 깨우쳐 주곤 했다.

집을 떠나서 공부하고 있는 아들들의 편지를 받으면 읽고 나서 맞춤법이 틀린 부분을 붉은 잉크로 바로 써서 그것을 도로 부쳐주곤 했으니, 그의 한글 교육은 그렇듯 철저하고 엄격했으려니와 이로써 그의 생활 자세의 일면을 짐작할 만도 하다.

왜정 말기 대한성서공회가 성서를 간행하면서 〈한글 맞춤법 통일안〉을 외면하고 정태희(鄭泰熙, 1898~1952) 목사에게 위촉하여 자기류의 철자로 교정 작업을 하고 있었다. 이를 알게 된 강병주(姜炳周) 목사는 즉시 인쇄가 되어 버린 〈창세기〉 편을 가져다가 붉은 잉크로 교정하였는데 지면이 온통 붉은 글씨로 도배가 될 정도였다. 그것을 경기노회의 노회 석상에 내어놓았고, 총회 석상에도 내어놓아 "성서 교정을 다시 해야 한다"라는 백남의 주장이 가결됨으로써 그 재교정의 책임을 백남에게 맡긴 극적인 사건이 있었다. 이 성경책이 지금 가장 많이 보급되고 있는 1956년에 발간된 〈개역성경〉이다. 성서 이전에 찬송가가 먼저 새 맞춤법으로 고쳐 발간되었다.

8·15해방 직후 체신부 장관의 요청으로 그는 전국 체신부 산하 공무원의 한글 교육을 담당한 적이 있었는데, 각 지방을 순회하면서 강습회 형식으로 가르쳤다. 그는 한글 교본으로『한글 맞춤법 통일안 500문답 해설』이란 책을 썼는데 그는 인쇄에 붙여 지형까지 떠 놓은 과정에서 6·25 난리를 만나 아깝게도 이루지 못했다. 한글학자 최현배(崔鉉培, 1894~1970)는 그 서문에서 "우리나라에 한글 보급의 공로자 두 사람이 있는데, 그 한 사람은 환산(桓山) 이윤재(李允宰)요, 다른 한 사람은 백남(白南) 강병주(姜炳周)다. 백남이 지은 이 해설책은 각 학교의 훌륭한 교재가 될 만하다"라고 하였다.

농사법 개량 연구와 보급

농본국(農本國)인 우리나라는 농업인 인구에 비하여 농토가 적은 데다가 재래식 영농으로 소득이 낮은 터에 일본제국의 가혹한 수탈과 간섭으로 더욱 피폐해지고 있음을 통감한 백남(白南) 강병주(姜炳周) 목사는 겨레의 살림을 일으키는 길은 곧 농촌을 일으킴에 있음을 믿어 일찍부터 농사 개량(農事改良)에 마음을 써왔다.

강병주(姜炳周) 목사는 국내외의 관계 서적을 구하여 탐독했고, 일본에서 권위 있는 강의록을 들여와 열심히 연구하여 그는 일본서 고시를 거쳐 농예사(農藝士) 자격을 얻게 되었다.

그는 풍기(豐基)에 있을 때 농토를 마련하여 일꾼을 두고 직접 농사를 지음으로써 실제로 연구한 바를 실험하였다. 그렇게 그는 촌음을 아끼며 다각적 농사 개량에 힘을 기울였다. 우리나라 농사의 주종이 벼농사였으므로 벼농사에 착안하여 벼의 개량 연구를 하기 시작하였다. 그리고 주변의 농가가 경작하고 있는 250평 한 마지기에 묘판(苗板)을 설치하고 볍씨 다섯 되를 뿌려 콩나물 시루처럼 기른 모를 한 포기에 5~10개씩을 논에 심었다. 또한 그는 300평 1반(反) 당 볍씨 1되 5홉씩 뿌리는 광파식(廣播式)을 시험하여 크게 성공을 거두었다. 곧 볍씨를 사방 1치 거리로 드물게 뿌려서 묘판에서 10~15개의 가지를 치게 하여 모심기를 했는데 그것을 한 개씩(볍씨 한 알분)을 심었으며, 뒤에 그것이 포기마다 20~35줄기로 불어나게 했다. 그래서 300평당 벼 14석을 거두었으니 당시 일반 농가에 견주어 세 갑절의 수확을 올림으로써 일대 경이(驚異)를 일으켰던 것이다.

이후 혁명적인 농사방법을 농가에 보급시키기 위해 『벼 다수확법』을 저술하였다. 또한 보리 농사에도 깊은 관심과 연구를 거듭한 결과 실험에 성공하여 『보리 다수확법』을 발간하였다. 당시 농업은 주곡 위주였는데 농가소득증대를 위해서는 다각적 영농방법이 필요했을 뿐만 아니라 채소의 바른 재배 방법도 필요하다는데 절감하였던 그는 연구와 실험을 통해 책으로 펴냈다.

시대의 어려운 상황을 목격한 백남은 농촌이 잘 살 수 있는 비결을 찾기 시작하였다. 그리고 농촌 진흥 운동에 관심을 가지고 혼신의 힘을 다하였다. 그는 먼저 고향 마을 내매(乃梅)에서부터 부엌과 우물을 개량하고 도로를 만드는 등 농한기 선용을 권장하였다. 뿐만 아니라

기와 기술자(瓦工)를 데려다가 기와를 구워 마을 내 가옥의 지붕을 개량하고, 동네 아낙네들을 모아 누에치기를 지도하기도 하였다.

특히 미신 타파(迷信打破) 등 정신적 계몽 운동을 펼치고, 불필요한 생활 개선과 환경개선을 이끌어내었다. 어떻게 보면 '새마을 운동'의 선구적 역할을 담당하였던 것이다.

한 인간으로서의 백남(白南) 강병주(姜炳周)

강병주(姜炳周) 목사는 굳세고 활달하면서도 온화(溫和) 겸허(謙虛)하였다. 아무리 가난하고 신분이 미천한 사람에게도 한결같이 공손하고 친절했으며, 근엄하면서도 소탈하여 꾸밈이 없었다. 그는 매사에 신중(愼重)하면서도 과단성이 있어 일에 임하여서는 늘 자신감을 갖고 열심히 임했다.

뿐만 아니라 이웃의 어려움을 가볍게 여기지 않고 돕기에 심력(心力)을 아끼지 않았다. 관청관계에 관련한 문제로 어려움에 처한 이웃을 보면 그냥 지나치지 못하고 모든 어려움을 무릅쓰고 적극적으로 도와 해결하여 주곤 하였다. 호적 관계 등 공문서 양식과 묵지, 미롱지, 공필 등을 갖추고 어려운 이웃의 출생신고, 혼인신고, 사망신고, 각종 계약서 등을 대신 써 주었다.

강병주(姜炳周) 목사는 신념에 투철하였다. 그가 옳다고 믿는 일이면 성패(成敗) 훼예(毀譽)를 초월하여 과감히 실천에 옮긴 인물이었다. 영남지방 중에서도 가장 보수성이 짙은 영주(榮州)는 왜정 때까지만 해도 신분 차별이 완고하였다. 마을의 젊은 청년은 신분이 천한 천민(賤民)층 노인들에게 공대(恭待)말을 절대 쓰지 않았다. 그래서 백남(白南)은 이러한 광경을 본 후에 시급히 타파해야 할 폐습(弊習) 중 하나임을 절감하였다. 그리고 폐습(弊習)을 스스로 고쳐가기로 마음을 먹는다.

가장 천민(賤民)이라고 말하는 백정(白丁)들이 모여 사는 이웃에 살면서 백정 남자 연장자에게는 '아저씨' 또는 '형님'이라고 불렀고, 여자 연장자에게는 '아주머니' 또는 '누님'으로 칭하며 자연스럽게 불렀다. 물론 이러한 행동으로 주위 사람들로부터 비웃음과 비방을 받은 일이 허다하였다. 그래도 그는 변함없이 전혀 거리낌 없이 행동하였다.

강병주(姜炳周) 목사는 책임감이 투철하였다. 그의 친구 한 사람이 영주 금융조합에서 돈 3천 원을 차용하였는데, 백남(白南)이 보증을 섰다. 그런데 기한이 지나자, 보증을 서 주었던 백남 앞으로 차용금을 갚으라는 통지가 날아들었다. 친구의 사정이 갚을 능력이 없음을 알고 그는 선뜻 영주 뒷새(현 영주 시외버스 정류장)에 있는 논을 매각하여 차용금을 갚아 주었다. 한때 이 고장의 미담이 되어 세인들의 입에 오르내렸다. 당시 쌀 한 가마는 8원 시세일 무렵이었다.

강병주(姜炳周) 목사는 이 지역의 교육사업과 한글 운동을 펼쳤으며, 아울러 농사 개량에 힘쓰는 등 나라사랑 겨레 사랑에 혼신의 힘을 다하였다. 또한 그는 기미년 3·1 만세 운동에 참여하여 8개월간의 옥고를 치르기도 하였다.

30여 년 동안 목회자로 섬기면서 여러 차례 전국을 순회하며 설교, 강연하는 가운데 조국의 독립 자주정신을 강조하였던 그는 왜경(倭警)으로부터 설교 내용이 문제가 있다는 까닭으로 경찰서에 붙잡혀 심문받기도 하였는데, 그중에서도 가장 많이 불려 간 곳이 서울의 종로경찰서였다. 특히 일본 형사부장 모리(森)에게 심문받았는데, 그때 여러 차례 격렬한 논쟁을 하던 중에 형사부장으로부터 권총의 위협을 받기도 하였다고 전한다.

백남(白南)의 저서『벼 14석 수확법』,『채소 다수확법』,『신철자법해석』,『신선 동화법』등이 있다.

교역자로서 마지막 삶을 살아온 백남(白南) 강병주(姜炳周) 목사

백남 강병주 목사(1882~1955)는 영주(榮州) 내매(乃梅)에서 출생하였고 25세 때인 1907년 예수를 영접하였다. 그는 훗날 대구성경학교에 진학하여 신학을 접하게 된다. 그리고 마포삼열 선교사가 설립한 평양신학교(장로교)에 입학하여 그곳에서 깊이 있는 신학을 공부하고, 신학교를 졸업하고 41세가 되던 1923년 목사안수를 받았다.

1938년 일제의 신사 참배(紳士參拜) 거부운동 혐의로 구속되어 옥고를 치렀다. 그는 1908년 8월 31일에 창립된 '국어연구학회'가 1930년 1월 조선어학회(朝鮮語學會)로 명칭을 변경한 이후 회원으로 한글연구와 한글사랑 운동에 적극적으로 참여하였다.

1932년 총회 종교 교육부 교사 양성과 과장으로 봉직하면서 서류 일체를 한글로 사용하도록 기틀을 마련하였으며, 1934년 총회에서 성경과 찬송가를 한글의 새 맞춤법에 따라 개편해야 한다고 주장하여 한글 보급에 크게 이바지하였다.

그는 조선어학회가 펴낸『큰 사전』편찬에 기독교 용어 전문위원으로 활동하기도 하였다. 그렇게 한글 사랑에 힘쓴 바 그를 이르러 '한글 목사'라는 별칭을 얻기도 하였다. 그는 향년 73세의 나이로 소천(召天)하였다.

(내매교회 100년사(1906-2006), 발행인 강창기, 편집인 강록구, 2007년 3월 30일, 내

매교회 발행, p.121~136, 143~150, 153~159)

(내매교회 100년사의 글 중 p. 153~159는, 編著 송지향(宋志香), 發行 려강출판사(驪江出版社)가 1987년 12월 15일에 발행한 『榮州, 榮豊鄕土誌 下』 P. 20~24를 인용하였다.)

교회 창립 100주년 기념비

영지산 높은 줄기 서쪽으로 힘차게 뻗어 그 자락이 맑은 물 굽이 흐르는 내성천 기슭에 땅이 기름지고 산수 수려한 땅 이곳이 내매라 여기에 복음의 꽃이 피었으니 금상첨화로다. 사백 년 동안 살아오던 강씨 문중에 복음의 황무지를 개척한 용사가 있었으니 강재원 씨라(후에 장로로 임직) 체구가 장대하고 성품이 외유내강하여 자신의 의견이 옳다고 인정되면 끝을 보고 마는 성격이라 수백 년 동안 유교와 불교 문화가 주름잡던 시대에 대구제일교회(구 남정현교회) 부흥사경회에 참석하여 예수님을 믿기로 결심

했다. 고향에 돌아왔으나 교회가 없으므로 안동군 예안면 방잠교회에 40리 넘는 먼 곳을 넘나들면서 믿다가 1906년 봄 내매 유병두씨 사랑방에서 첫 예배를 드리고 그 이듬해 자기 집으로 처소를 옮기고 앞뜰에 십자가 깃발을 올리고 예배드리다가 1909년 초가 6칸 교회를 짓고 예배를 드렸다. 초대 교인으로는 강재원 외에 강병주, 강병창,

강신유, 강신창, 강석구, 강석복 등이 있었다. 초창기에 김익두, 길선주 목사를 초청 부흥사경회를 열어 교회가 크게 부흥되었다. 1910년에 교인들이 힘을 모아 기독 사립 내명학교를 설립하여 인재교육에 힘썼다.

그 결과 대한예수교장로회 48대 총회장 강신명 목사와 북한에서 순교한 강문구 목사를 비롯하여 많은 목사와 장로, 교육인, 실업인이 배출되었다. 1913년 남녀칠세부동석이라는 유교 사상에 뿌리를 둔 ㄱ자 교회를 짓고 남녀가 서로 보이지 않게 앉아서 예배드렸다. 교회 주변으로 10여 개 교회가 분리 개척되었으며, 일제 시 신사 참배 거부로 강병철, 강석현, 강경봉, 강석지 등 출신 교인들이 옥고를 치렀고, 1949년 9월 29일 밤 공산 폭도들의 만행으로 교회와 민가에 불을 질러 함석집 20칸 교회가 불타고 교인 등 여섯 명이 총살당하는 아픔을 겪었으며, 지금의 교회는 다섯 번째 교회인데 1977년 출향 인사들과 교인들의 정성 어린 헌금으로 건축한 교회이다. 산업화 시대에 탈농 현상으로 그 자랑스럽던 내명학교는 1995년 3월 1일 자로 폐교되고 건물만 흉물로 남아 있다. 외나무다리로 강물을 건너던 시절은 역사속으로 사라지고, 지금은 현대식 공법으로 웅장한 다리가 건설되어 마을로 들어오는 관문이 되었다. 인생을 짧고 예술은 길다더니 황무지 개척자는 보이지 않거니와 신앙의 선배들이 개척해 놓은 옥토에는 소담한 열매 맺으리⋯

교회 창립 백 주년을 맞아 그 역사를 이 작은 돌비에 새겨 길이 보존코져 하노라.

주후 2006년 10월 3일
대한예수교장로회 내매교회 창립 100주년 기념사업회

2017년 10월 28일 새 예배당 내부와, 새 예배당 입당 예배에 참석한 강신명 목사의 아들 강석공 목사, 강신정 목사의 아들 강석찬 목사, 내매교회 담임목사 윤재현 목사의 기념 사진

06 백남의 목회

백남의 목회를 기록한 교회들이 있다. 영주제일교회(1915~1922), 풍기교회(1923~1932)와 경동제일교회(1941~1945)이다. 그리고 백남은 총회 직원으로 목회했다. 종교 교육부 교사 양성 과정의 총무(1933~1941)이다. 세 교회의 기록을 발췌하여 옮기고, 몇 가지 백남의 '행적을 찾은 것'을 첨가하였다. 총회의 목회는 백남이 발표한 여러 글, 교회사의 행간을 통해 찾아내어 남긴다.

백남의 실질적인 목회는 풍기교회(성내교회)가 시작이다. 그러나 내매교회와 내명학교는 백남이 목사가 되기 전, 1906년 기독교를 받아들인 직후의 활동으로서 중요하다. 서울장신대 김명구 교수가 쓴 『소죽(小竹) 강신명 목사』(강신명 목사 탄생 백주년 기념사업회 편, 서울장신대출판부, 2009)에서 백남에 관한 부분 p.42~66을 발췌하였고, 김명구 교수가 쓴 『영주제일교회 100년사』, 『하늘의 뜻, 땅에 심는 성내교회 100년사』(임희국, 성내교회 100년사 편찬위원회, 2009) p.48~91을 발췌하고, 『경동제일교회 95년사』(95년사 편찬위원회, 대한기독교서회, 2000) p.79~101을 발췌하였다. 백남의 총회 종교 교육부 목회 때의 활동은 『정인과 그 시대』(민경배, 한국 교회사학연구원, 2002), 『새문안교회 100년사』(개정 증보판, 새문안교회역

사자료편찬위원회, 2019)를 참고하고 인용하였다.

백남에 관한 글들은 많은 부분이 중복되지만, 글쓴이들의 시각 차이를 볼 수 있어서, 그대로 두었다.

백남이 풍기교회를 담임하고 있던 1926년에 경안노회에서 상해 임시 정부에 독립운동을 위한 군자금을 비밀히 송금한 사건이 생겼다. 이때 당시 노회장인 장사성(張師聖) 목사와 함께 9명의 노회원이 중강진(中江鎭) 경찰서 유치장에 3개월간 수감된 사건이다. 백남이 9명 중 한 명이었다. 이 사건을 배흥직 목사가『경안노회 독립운동 비사(慶安老會 獨立運動 祕史)』라는 자료집에 기록했다. 자료의 개요(槪要)를 싣는다.

1. 강병주 목사와 내매교회

김명구 교수(서울장신대학교)는 강신명 목사 탄생 백주년 기념사업회 사업의 하나로 '소죽 강신명 목사'의 평전을 썼다. 『소죽(小竹) 강신명 목사』(강신명 목사 탄생 백주년 기념사업회 편, 서울장신대출판부, 2009)에서 백남에 관한 부분 p.42~61을 발췌하여 옮긴다.

강신명 신앙의 터전, 강병주 목사와 내매교회

강신명은 태어나면서부터 민족과 시대의 아픔에 적극적으로 뛰어들어야 한다는 양육을 받았다. 그러나 그것은 직접적인 투쟁으로 얻는 것이 아니라 복음의 사명자들이 발휘하는 힘, 곧 영적인 힘을 근거로 한 선지자적 영도력에 의해야 한다고 교육받았다. 처음부터 강신명에게는 영적인 일과 육적인 부분이 둘로 나누어지지 않았다. 교회의 일과 민족의 일도 그랬다. 그러나 순서는 있었다. 영적이고 내적인 것이 언제나 먼저였다. 육적인 일과 민족을 위한 일은 복음의 일을 할 때 자동적으로 뿜어져 나오는 결과였다. 곧 내연(內燃)과 외연(外延)의 구조요 복음주의가 갖고 있는 원리였다. 그런데 그의 그러한 신학은 아버지 강병주한테서 나왔다.

강신명의 아버지 강병주 목사

강병주는 진주(晋州) 강씨 은열공파(殷列公派)인 강기원(姜祺元)과 이성곡(李星谷)의 장남으로 경북 영주군 평은면 천본리의 내매 마을에서 태어났다. 그는 기독교를 받아들이기 전, 심한 정신적 방황과 세상에 대한 반항을 거듭했었다. 그의 나이 12살 때 어머니가 돌아가신 이후부터 더욱 그러했다.

강병주가 15살 되던 해, 목수였던 아버지는 아들의 거친 기질을 잠재우려 경주 최씨 가문의 최영주와 부부의 연을 맺게 하였다. 그러나 몇 년을 살아도 자녀를 얻지 못하자 그것을 핑계로 소실을 얻겠다며 강병주는 고집했다. 부친이 반대를 하자, 1907년(백남의 나이 25세), 세상을 등지겠다고 해인사를 향했다. 그러나 승려가 되겠다는 그의 결심은 도중에 일단의 의병들을 만남으로 일시에 꺾이고 말았다.

당시 경상도 일대에는 국권 회복을 명분으로 적지 않은 의병들이 일어나고 있었다. (일본은 영주의 중심지였던 순흥을 몰락시켰다. 그것은 의병의 본거지가 이곳에 있었기 때문이었다. 일본은 영주읍을 새로이 조성했다. 그리고 그곳에 헌병본부를 세워 일본에 반감을 갖지 못하도록 위협하였다.) 1894년 8월에 안동과 상원에서 일어나 갑오의병을 시작으로 10여 개의 의병부대들이 결성되었다. 1906년 이후에는 영천의 정용기, 영덕의 신돌석, 영양의 김도현, 진보의 이하현 등이 의병을 일으켜 활동하였다. 1907년 7월에 고종 황제의 강제 퇴위를 발단으로 영주, 순흥, 풍기 등에서도 매우 활발하게 의병들이 활동하였다. 그해 7월과 8월에 청풍과 단양 등지에서 활동하던 의병들이 풍기에 나타났다가 영주로 이동했고, 8월에는 영주 군내에 의병 300명이 분파소와 우편국을 습격하는 등 그 이름을 크게 알렸다. 이에 당황한 일본은 1907년에 영주의 중심지였던 순흥부 내의 관아를 비롯하여 민가 180여 호를 전소시키는 악행을 저지르기도 하였다. (순흥초등학교 100년사, p. 127)

이에 맞선 의병들의 의분은 극에 달해, 때로 그들의 행동이 매우 과격했었다. 특히 영주 일대에서 가장 크게 활동하였던 이강년 부대와 신돌석 부대는 1907년 11월 11일에 영주의 순흥읍을 습격하여 은 전체

를 전소시키기도 하였다. (Ibid.,128)

생명의 위협을 느낀 강병주는 주막의 담장을 뛰어넘으면서 예수를 믿는 것을 담보로 목숨을 살려줄 것을 하나님께 기도했다.(강신명, 대부 흥운동, 저작집Ⅱ, p.554) 이미 그의 고향, 진주 강씨의 집성촌 내매에는 강 재원이 중심이 되어 세웠던 예배 처소가 있어 하나님과 기독교에 대해 막연히 알고 있던 터였다.

기독교를 받아들인 후 강병주의 모습은 단호했다. 그는 강재원(1874 년 생, 영주, 봉화 지역 최초 기독교인, 1906년에 내매에 십자가를 달고 예배함)과 함께 예배 처소를 교회가 되도록 했고 마을 전체를 복음화시켰다. 그리고 장로가 되고 동네 동장이 되어 고향 천본리를 개조시켰다. 마을을 기 독교 이상촌으로 만들기 위해 선구자 역할을 하였던 것이다. 그의 부 친 강기원까지도 자신의 아들이 바뀐 것에 감탄하여 예수를 믿을 정도 였다. 강신명은 아버지 강병주에 대해 다음과 같이 회고하고 있다.

(아버지는) 뽕나무를 심고 양잠을 하게 하고 부녀자들까지라도 일하게 했 다. 와공을 불러다 기와를 직접 구워서 지붕을 개량하고, 농한기에는 젊 은이들에게 새끼꼬기와 가마니 치는 부업을 권장하여 경제 재건을 이 룩했다. 또 낙화생, 고구마, 토마토 재배 등 농사를 개량하여 작은 농토 를 최대한으로 이용하게 하였으며 야산을 개간하여 유실수를 심게 하였 다.(Ibids., pp. 554-555)

강병주는 다각적으로 농사법을 연구하여 벼와 보리, 채소의 다수확 법에 관한 책을 발간하기도 했다. 또한 신분 의식이 완고했던 영주 지 역의 문화를 극복하고자 백정(白丁)들에게까지 공대(恭待)말을 썼고 교회가 앞장서도록 하였다.("한국종교, 교육계의 거봉을 배출한 양지, 음지 내매 진주 강씨 집성촌 2", 소백춘추, 2005년 5월호) 그는 기독교의 장래가 농민의 삶에 달려 있다고 보았고 기독교가 가시적인 힘을 발휘하여야 복음이 확산될 수 있다고 확신했다. 그렇게 열정적 기독교인으로 그는 변해 있었다.

강병주로 인해 벽촌의 마을인 영주의 내매가 깨어나기 시작했다. 그는 삶의 모범을 보였고 내매 사람들의 존경을 받았다. 그것이 선교의 동인이 되었다. 강신명은 강병주가 설립한 기독내명학교를 통해 근대화되어가는 내매 마을을 다음과 같이 묘사하고 있다.

> 개화기에 한문서당에 다니던 초립동들은 신문화의 교육을 받겠다고 신식학교를 찾았었다. 나는 그들이 나의 선친이 세운 학교로 찾아와 입학하고 상투를 자르는 것을 보았다. 마지못해 상투를 자르겠다고 머리를 들이밀고 있다가도 막상 상투가 앞에 툭 떨어질 때 나이가 든 사람은 눈물을 글썽거렸고 조금 어린 새서방들은 그야말로 닭똥 같은 눈물방울을 떨어뜨렸다. (강신명, "새 시대의 창조" 저작집 II, p. 600)

그런데 그러한 점들이 일본을 긴장시켰다. 3·1운동 당시 내매 마을 사람들은 만세 운동에 참여하지 못했다. 지도자인 강병주가 평양신학교를 다니느라 평양에 있었기 때문이었다. 그러나 일제는 그를 만세 운동 혐의자로 분류하였다. 그리고 대구형무소에 8개월 동안 가두었다. 영주에서 그는 언제나 항일 지도자였고 감시 대상이었다.

강병주는 강재원과 함께 인근의 영주와 풍기까지 전도의 지경을 넓혀 나갔다. 내매의 진주 강씨들도 복음을 전하는 일에 동참하였다. 영주읍교회(지금의 영주제일교회), 풍기읍교회(지금의 성내교회) 등이 설립되는

데 결정적 역할을 이들이 하였다. 영주의 주변에 있던 내매교회가 이들로 말미암아 영주의 모 교회가 된 것이다.

강병주는 1910년 봄, 장로교가 세운 대구 계성학교 사범과에 입학하고 1915년에 졸업하였다. 그리고 목사가 되겠다고 결심하여 1919년 대구 성경학교를 졸업하고 평양신학교에 입학하여 계속 공부하여 1922년에 제16회로 평양신학교를 졸업하였다. 그는 영주읍교회 조사(助師), 그리고 풍기읍교회의 담임 목회자가 되어 10년 가까이 목회를 하였다. 그로 인해 이들 교회의 기초가 잡혔고 교인들의 도덕적 생활 방식이 확고하게 되었다.(강병주가 풍기읍교회를 담임했을 때, 그는 교인으로서의 행위를 중요하게 생각하여 철저한 치리를 하였다. 주일성수를 범한 교인들은 성찬식에 참여할 수도 없었다. 그는 성서를 표준으로 하여 엄격한 도덕적 행위를 강조하였다. 성내교회 당회록 참조) 1933년에 그가 서울로 떠날 무렵, 풍기읍교회는 성인 신자만 400여 명에 이를 정도로 교세가 확장되어 있었다.

강병주는 1933년 6월, 장로회 총회 종교 교육과 교사 양성 과장이 되어 서울로 옮기기까지 경안 지역의 교회 지도자로 명성을 날리었다. 그리고 총회 종교 교육 활동도 활발히 하여 전국을 돌며 강의를 하였다. 특히 평북노회에서 그는 명강사로 알려졌다. 후일 평양신학교를 갓 졸업한 강신명이 선천 남·북교회의 목회자가 될 수 있었던 것도 강병주의 영향력이 작지 않았기 때문이었다.(1934년에 모였던 장로교 제23회 총회에서 서울 남대문교회 김영주 목사가 모세의 창세기 저작을 부인한 데에 대해 질문하였다. 강병주 목사의 질문에 대해 총회는 평양신학교 교장 라부열 박사를 위원장으로, 박형룡 박사를 서기로 연구위원회를 구성하였고, 김영주는 이에 대해 자기주장을 취소하였다. 이는 장로교회 내에서 강병주의 영향력을 알게 해 준다.)

강병주는 한글학자로도 명성을 날렸다. 그는 1936년에 한글학회(조선어학회)로부터 '조선어 편찬회'의 사업을 인수 받아 《우리말 큰 사전》의 편찬을 주도하였다. 그리고 기독교 각 기관과 출판기관을 찾아다니며 한글 맞춤법 통일안으로 고치도록 권면했다. 그의 공헌으로 성경책을 포함한 모든 기독교 서적의 맞춤법이 통일되었다. 또한 그로 인해 한글 성경의 보급이 더 한층 원활하였다.(강병주는 한글학회의 유일한 목사회원으로 《큰사전》 편찬에 그리스도교 용어 전문위원이 되었으며, 특히 1934년 장로회 총회에서 한글 맞춤법 통일안에 의거한 성경 및 찬송가 개편을 강력 주장하여 찬송가는 곧 받아들여 사용되었다. 총회는 해방 후부터 강병주의 주장을 수용하여 개역성경을 출간했다.) 강신명의 증언처럼 한글 보급을 위해 애를 쓴 것은 "기독교가 한국문화에 기여하는 것"('기독교와 한국문화'(좌담회), 기독교사상 1957년 8월호, p.45)이 되었다.

강병주에게는 한글 사랑이 곧 나라 사랑이었다. 그는 어린 자녀들을 곁에 두고 성경을 가르칠 때조차 읽기와 쓰기에 신경을 썼다. 강신명과 편지를 주고 받을 때에도 행여 잘못 쓴 곳이 있으면 일일이 지적해 주곤 했다고 전해진다. 후일, 강신명이 "새서방 새각시" 같은, 수많은 동요를 작곡하였던 것도 신앙과 더불어 어린이들에게 우리말을 잊지 않도록 해야 한다는 아버지의 교훈이 함께 있었기 때문이었다. 강병주의 한글 사랑과 민족 사랑이 강신명에 이르러 동요로써 그렇게 표출되었던 것이었다.

강병주는 기독교에 입교 후, 바로(1909년) 강신명을 첫아들로 얻었다. 그것이 한 계기가 되어 집안의 토지를 얻어 내매교회 병설로 강석진과 함께 기독내명학교를 설립하였다. 이 기독내명학교는 강신명이 공부하던 1910년대에는 동네의 몇몇 아이들만 다녔던 작은 사립 학교였지만 1920년대에는 북장로교 경안노회 중 가장 큰 학교로 발전하였다.(경안노회 제십회 회의록, 학무부 보고 참조, 대한예수교장로회 발행,《경안노회록 제1회–제30회》, p.182. 1926년 6월에 열린 제10회 경안노회에 따르면 당시 내명학교는 학생수가 52명에 수입과 지출이 19만 원으로 경안노회에서 가장 규모가 큰 사립 학교로 발전하였다.)

강신명의 아내 이영신도 기독내명학교 교사였다.[1] 아버지 강병주는 자신이 세운 학교의 교사였던 이영신이 마음에 들어 며느리로 삼았던 것이다.("60여 년을 동고동락하며, 이영신 권사댁을 찾아서", 〈세상의 소망–새문안지의 발자취〉 서울:새문안교회 홍보출판부, 2005, p.118)

---

1 강신명의 아내 이영신이 내명학교 교사였다는 김명구의 글과 다른 기록이 있다. 〈성내교회 100년사〉 p.85-86에 따르면, 1916년 풍기교회(성내교회의 옛이름)는 영신학교(永新學校, 교장 김창립)를 설립했다. 교회와 학교가 길 하나를 두고 서로 마주 보고 있었다고 한다. 이 학교를 파악할 수 있는 문서자료가 남아 있지 않아서 아쉬움이 무척 큰데, 1925년 7월 30일 〈동아일보〉에 게재된 기사가 이 학교에 관하여 조금이라도 알게 해 준다. "그동안 사회에서 많은 공헌을 한 영신학교가 7월 23일에 교장 김창립의 사회로 음악연주회를 개최하였다"라고 했다. 그런데 1927년 3월 2일 〈동아일보〉에는 이 학교가 재정난으로 큰 어려움에 처하여서 "4월 신학기부터는 부득이 문을 닫게 되었다"라고 보도했다. 그러나 다행히도 원장 김창립, 부인회장 안주봉, 청년회 리원강과 강병철, 그리고 이 학교의 강사 김영기(김창립의 아들)와 이영신(강병주 목사의 자부)이 희생적으로 협력하여서 신입생을 받기로 했다고 보도했다.
강병주 목사의 풍기교회 목회는 1923~1933년이며, 강신명과 이영신의 혼인은 1927년 1월 4일이다. 맏아들의 혼인은 내매교회를 떠난 후였으며, 풍기교회 목회 기간에 혼사가 이루어졌다. 이렇게 자료들을 종합하여 판단하면, 이영신은 정신여중을 졸업하고 내명학교 교사가 아니라, 영신학교 교사로 풍기에 온 것으로 볼 수 있다.

백남이 풍기교회를 담임할 때 1927.1.4. 강신명과 이영신의 혼인예식을 마치고, 기념촬영한 사진이다. 이영신은 1916년에 풍기교회가 설립한 영신학교(永新學校) 교사였다.

한편, 강신명은 처음부터 목회자로 길러졌다. 강신명이 목회자가 되겠다고 결심을 굳힌 것은 1920년대 초에 내매교회에서 열린 김익두 목사의 부흥회에서였지만 그가 목회자가 될 수 있었던 것은 아버지 덕분이었다.

강병주는 일찍부터 강신명을 민족을 사랑하는 목회자로 만들고 싶었다. 기독내명학교 설립의 이유 중 하나도 그것이었다. 기독내명학교 제9회 졸업생으로(내명초등학교 동문 주소록 p.10) 졸업한 후, 강신명이 기독교 계통의 학교들만 다닌 것도 아버지의 권유 때문이었다. 강신명은 아버지 때문에 기독교 학교인 평양의 숭실중학교, 공주 영명학교, 배재학당을 거쳐 계성중학교를 졸업했고 숭실전문학교 영문과를 마친 후 평양신학교에 입학을 하였던 것이다. 강병주에게는 기독교의 이름으로 창설된 학교가 신앙 교육과 만인 평등의 교육을 가르치는 곳이었고 민족 사랑과 주의 종이 되기 위한 바탕이 바로 거기에서 만들어진다는 확신이 있었기 때문이었다.

실제로 한국의 역사에서 기독교 학교는 서양의 신학문과 이에 훈련받은 교사와의 접촉을 통한 국제화의 호흡, 양반과 평민의 간격과 남녀의 성적 차별을 뛰어넘는 평등주의, 노동의 존엄성, 강연회나 토론회를 통한 인격 개발, 그리고 이웃과 민족을 위해 봉사하는 새로운 차원의 사회도덕을 심어 주고 있었다. 미션스쿨에서 공부했던 초기 한국의 기독교 지도자들은 남다른 도덕력과 국제적 감각, 학구열, 지적 능력이 탁월하였다. 여기에 강한 민족정신도 갖추었다.

강신명이 목사가 되고 민족을 위하여 한국 사회의 중심에서 다양한 방식으로 남다른 활동을 할 수 있었던 것은 모두 강병주로부터 유전된 기질, 남다른 학구열과 복음적 정열, 민족 사랑, 기독교 교육에 대한 강병주의 깊은 신뢰 때문이라고 말할 수 있다.

(1905년, 일본은 한국의 주권을 침탈한 것을 시작으로 한국의 근대화를 본격화하였다. 정치, 경제, 사회 전반의 모든 구조는 일본의 것으로 대치되었다. 일본이 주도한 근대화는 식민지 수탈 계획의 일환 이었다. 그것은 나라와 그 주권을 빼앗긴 민족이 당하는 어쩔 수 없는 치욕이었다. 그러나 이때, 일본이 장악하지 못한 분야가 바로 교육 부분이었다. 교육은 이미 선교사들에 의해 기독교가 선점하고 있었던 것이다. 1910년 설립인가를 받은 2,250개교 가운데 기독교 계통이 823개교였다. 그런데 교회 안에서도 교육의 기능을 수행하고 있었다. 기독내명학교도 그 일환으로 설립된 것이다.)

(김명구, 小竹 강신명 목사, 서울장신대학교 출판부, 2009년, p. 42~48)

백남 신앙의 토양

할아버지의 행적(行蹟)을 찾아다니다가, 할아버지 신앙의 토양은 어떤 것이었을까 하는 물음이 생겼다. 어릴 때부터 한학(漢學)을 공부했고, 경상북도 영주 지역이라는 문화의 토양에서 어린 시절을 지낸 백남이다. 영향이 없을 수 없다. 그리고 해인사를 향하다가 전도인을 만나 하나님을 믿기로 약속한 사건(1907년)의 배경에, 1906년에 아저씨 항렬인 강재원(姜載元)이 강씨 집성촌인 내매 마을에 세운 내매교회(乃梅敎會)가 백남의 신앙을 형성하는 외적인 요소가 될 수 있었을 것이다. 무언가 학문적으로 백남의 신앙 토양을 설명할 근거가 될 글이 없을까 하였는데, 김명구 교수가 쓴 '소죽 강신명 목사'(서울장신대 출판사, 2009)에서 읽을 수 있었다. 할아버지의 목회를 잣대로 재어볼 수 있게 하는 글이다.

김명구 교수의 글을 인용한다.

영주의 기독교

1910년의 '경술국치(庚戌國恥)' 이전까지 한국의 기독교는 크게 두 가지 유형으로 대변할 수 있었다. 곧 기청형(畿淸形)과 서북형(西北形)의 기독교이다. 특별히 북장로교의 선교 구역은 서울과 경기도, 충청도와 경상북도의 방대한 지역이었다. 그런데 서울은 북장로교 이외에도 모든 선교부들의 활동 지역이었다. 반면에 서북 지역은 북장로교가 처음부터 중심이었다. 여기에 지역적 차이가 있었다. 서울을 중심으로 했던 기청(畿淸, 경기와 충청)지역의 신앙 형태와 평양을 중심으로 했던 서북(西北)의 것이 달랐다는 것이다.

서울을 포함한 기청(畿淸)지역은 유교 전통사회의 본거지라는 보수성을 갖고 있었다. 여기에 기독교에 입교한 양반·관료 출신 신자들은 국권 회복과 서양 문명에 대해 특별한 관심을 갖고 있었다. 유학의 관료군이었던 이들은 개화의 통로로서 기독교를 적극적으로 수용하려 했었던 것이다.

이들은 기독교를 통해 개화를 추진하고 인재를 양성하려 했다. 그리고 기독교적 윤리로 재무장하여 민족갱생을 도모하고자 했다. 따라서 이곳의 한국 교회는 애국운동이 바탕에 깊이 자리 잡게 되었다. 그리고 이 지역의 교회는 보편적으로 민족적이고 사회개혁적 성향이 우선되는 특징을 갖게 되었다. 그만큼 당시 한국은 부국강병이나 국권 회복이라는 명제가 절박했었다.

그러나 이러한 형태의 교회는 기독교 문명의 우세와 합리성, 그것에 기초한 민족 역사의 확보, 유교적 교양이라는 고고함이 특출하였지만 개인 회심적 신앙에는 상대적으로 빈곤하였다. 기청(畿淸)지역 교회의 교인들에게는 신앙을 통한 행위 규범과 도덕적 성실, 국권의 회복과 민강(民强)에 대한 성취가 중요했던 반면 죄에 대한 심각성과 속죄의 은총이라는 개념이 상대적으

112
백남(白南) 강병주 목사의 행적을 찾아서

로 희박했던 것이다.

반면, 서북형(西北形)은 평양을 중심으로 한 서북(西北) 지방의 기독교로 상대적으로 계급과 계층적으로 낮은 신분의 사람들에게 수용된 기독교이다. 이 지역은 유교군의 주변부에 속했던 곳으로 전통과 체제에서 소외된 지역이었다. 본래 서북 지역은 만주를 드나들던 보부상(褓負商)들을 통해서 복음이 확산되었던 것이다. 따라서 기청지역의 유학·관료군들이 갖고 있던 애국적 동기로 기독교에 입교한 사람들이 아니었다. 이들은 교회에서 선포하는 구원의 메시지에 귀를 기울인 사람들이었다. 예수 그리스도를 믿는 믿음으로 구원을 얻고 속죄함을 얻으며 영원한 하나님 나라를 소유할 수 있다는 선포 때문에 신자가 된 사람들이었던 것이다.

그런데 계급이나 계층적으로 낮은 사람들은 종교적 상상력, 감정을 나타내는 데 있어서 단순하며, 사고(思考)에 있어서도 다른 것이 섞이지 않은 순수성, 봉사의 자발성 그리고 이들에게서는 필요에서 나오는 강한 열정들이 있었다. 신적인 계시에 대해 무조건 믿고, 완전히 복종하는 순진성도 있다. 또한 자신이 확신하는 것에 대해서는 어떠한 것과도 타협하지 않는 속성도 있다. 따라서 이들에게는 '죄의 회개'라는 통회, 자복이 더 중요했다. 복음으로 인한 내적 변화와 회개의 교회 정착, 이렇게 영적인 것이 교회 생활의 중추가 된 것이다. 나라의 문제보다는 개인을 향한 약속의 가치, 만인은 하나님 앞에서 평등하다는 사상, 성서를 통한 사회 안에서의 인간화 작업을 보다 중시하는 신앙 유형이었다.

그런데 강신명, 강병주의 고향이었던 영주의 기독교는 기청(畿淸)과 서북(西北)의 신앙 형태, 그 어느 한쪽에 치우치지 않고 양자를 통합하는 독특성을 갖고 발전하였다. 북장로교 스테이션이 담당하고 있었던 다른 지역, 곧 서울이나 평양과 차별성이 있었던 것이다.

(김명구, "소죽 강신명 목사"(서울장신대 출판사, 2009) p.31~33)

본래 영주의 기독교는 대구와 안동을 통해 시작되었다. 1907년 이후, 경북 지역의 교인이 1,000명 이상으로 증가하게 되자, 1910년에 미국 북장로교 는 안동에 선교부를 설립하기로 하였다.(김광현, "경안노회선교50주년약 사", 〈경안노회보〉 창간호(4292), p.10)

1881년 3월 25일, 영남의 유생들이 속칭 영남만인소(嶺南萬人疏)를 조 정에 상소하면서 정부의 개화 의지에 강한 비판을 제기하였다. 유림들 이 집단적인 척사 운동을 벌인 것이다. 경안 지역 유생들은 미국과 기 독교에 대한 혐오는 대단했다. 이러한 상황을 돌파하고 기독교를 전파 하려면 그 방법도 독특해야 비로소 가능하다는 것도 말해 주는 것이다.

영주의 유림들은 척사위정파에 속했다. 이들은 미국과 기독교에 대 한 극렬한 반감을 가지고 있었다. 이들이 이렇게 외부와의 사상적 교 류를 거부했던 것은 태백산과 소백산에 둘러싸여 있는 지리적 여건 때 문이기도 했다. 그래서 이곳의 성향은 타 지역에 비해 더욱 보수적이 었고 새로운 사상에 대해 배타적인 측면이 강했다. 여기에 더하여 이 지역의 유생들은 유학의 이상을 실현하는 것에 더 관심이 많았다. 이 런 환경 때문에 서구 문명으로 대표되었던 기독교에 대해서도 강한 배 타성을 가질 수밖에 없었다. 바로 이 점이 영주의 기독교가 독특성을 가질 수밖에 없다는 것을 말해 준다.

1907년의 연장선에 있는 영주의 기독교도 한국 교회 본래의 신학을 구현했다. 기독교가 정착하고 번성하기 위해서는 이 지역의 문화적 속성도 만족시켜야 했다. 영주의 기독교 정착의 조건은 먼저, 기독교 가 유학(儒學)의 이상만큼, 높은 수준의 도덕력을 갖고 있다는 것을 보여 주어야 했다. 또한 사대부가 갖고 있는 사회적 책임, 곧 나라와 민족에 대한 책임의식도 확보해야 했다. 부국강병의 책임의식도 대변해야 했다. 오늘날 영주의 기독교가 경상북도의 어느 지역보다 더 번성한 것은 이 지역의 기독교가 이 모든 조건을 만족시켰음을 의미하는 것이다.

사실 을사늑약 후, 일본은 한국의 근대화를 주도하였다. 물론 그것은 식민지 수탈 계획의 일환이었다. 정치·경제·사회 전반의 모든 구조가 일본의 것으로 대치되었다. 그렇지만 일본이 장악하지 못한 분야가 있었다. 바로 교육 부분이었다. 이미 한국의 기독교는 학교와 교회, YMCA를 통해 한국인들은 교육을 통해 의식화시키고 있었고 새로운 도덕력을 갖춘 근대 시민 계급을 육성하고 있었던 것이었다. 이 의식화된 시민 계급이 한국 민족의 새로운 지도력을 형성한 것이 사실이었다.

영주의 교회는 바로 기독교의 이러한 속성을 마음껏 발휘하여 정착하고 번성한 기독교였다.

영주는 전통적인 유학의 본고장이다. 따라서 안동 유림의 문화권을 벗어날 수는 없었다. 영주 사람들은 나라로부터 최초의 사액서원 소수서원(紹修書院)의 이름을 받았다는 자부심으로 조선의 전통적 정신세계를 주도하고 있다는 의식이 강하였다. 따라서 선교 초기 기독교에 입교하기 위해 당시의 영주 사람들은, 비록 이들이 계급적·계층적으로 유림(儒林)에 속하지 않았다 하더라도, 여느 한국인들보다 더 고민해야 했다. 예수를 구세주로 인정하는 순간, 친척들의 분노와 저주, 멸시를 각오해야 했고 자녀들의 혼사도 철저한 제한을 받았기 때문이었다.

그래서 영주가 안동 문화권에 속해 있다는 것은, 이곳의 기독교인들이 기청형(畿淸形)의 기독교에서 강조되고 있던 사대부적 책임의식, 그에 따른 민족관과 엄격한 행위 규범, 도덕적 성실을 중시할 수밖에 없음을 알려준다. 또한 입교인이 몰락한 양반이나 민초(民草)층이라는 조건은, 곧 개인의 회심과 죄에 대한 자복, 만인 평등의 대중성과 심저를 관통했던 개심(改心)의 서북(西北) 기독교적 전통도 나타날 수밖에 없음도 말해 준다. 영주의 기독교가 기청(畿淸)과 서북(西北) 신앙 형태가 발현되는 조건을 동시에 갖고 있기 때문이다. 따라서 양자 통합의 신앙 형태가 영주 기독교의 특징으로 발현되었던 것이다.

1921년 경안노회가 경북노회에서 독립할 때, 당시 영주를 포함하여 안동권역에는 7천여 명의 교인들과 130여 개소의 예배당이 있었다. 이것은 기독교가 지역적·문화적 조건을 만족시켰다는 것과 거부감을 극복하고 돌파했다는 증거가 되는 것이다.

강병주, 강신명 사상의 독특성, 바로 어느 한쪽에 치우치지 않는 통합과 일치 의식, 그 사상의 발원이 영주 기독교로부터 시작되었다. 강력한 유교의 본거지로 영남만인소(嶺南萬人疏)의 출발점이었고, 치병구복(治病求福)의 샤머니즘도 함께 공존했던 지역이었다. 이렇게 기독교에 대해 적대적이었던 곳, 바로 그곳에 새로운 복음의 동력, 곧 1907년에 불었던 영적 대각성의 바람이 흘러 들어갔다. 여기에서 기독교는 양자를 극복하고 우뚝 솟아난 것이다.

강신명은 이 통합의 터전에서 배출되었다. 한국 기독교의 중심에 서서 서북과 비서북, 그리고 한국 교회의 통합과 일치를 외쳤다.

(확인되지 않았지만, 강병주는 경안노회로 하여금 상해 임시 정부에 독립 자금을 제공한 것으로도 알려졌다. 그에게는 1907년이 상징하는 서북형의 신앙과 함께 민족의 자주독립을 갈구하는 애국의 사상, 곧 직접적으로 민족의 문제에 참여하고자 했던 기청형의 신앙 유형이 함께 있었다. 3·1운동 당시 평양신학교 학생이었던 강병주는 만세 운동에 가담한

백남(白南) 강병주 목사의 행적을 찾아서

죄로 대구형무소에서 8개월의 옥고를 치루기도 했다.)

(김명구, 같은 책, p.33~41 발췌)

김운학(金雲鶴) 편지

여기에서 1917년 3월 23일에 기독내명초등학교를 제3회로 졸업한 김운학(金雲鶴, 내명초등학교 동문 주소록 p.8))이 만산에게 보내온 편지를 통해 전해준, 백남이 내명학교에서 어떻게 교육했는지, 그리고 그 당시 내명학교 학생들이 불렀던 애국가 가사를 본다.

강병주(姜炳周) 목사님

1. 평소훈화(平素訓話) - 독립해야 한다

2. 시간표(時間表)에 - 일본국어(日本國語), 일본역사(日本歷史) 주장

3. 영주군수(榮州郡守) 전성오(全省吾)와 찬화(讚話)

4. 1916년 내명학교(內明學校) 허가취소(許可取消) 압박(영주경찰서장이) 강재원(姜載元) 장로, 강석진(姜錫晉) 목사 설립자(設立者), 강병주(姜炳周) 교장(校長)

5. 애국가 가르침(別記)

6. 큰 천재(天才) 김운학(金雲鶴)의 수학에 감탄과 존경

7. 반공정신(反共精神) 강하심(朴容九 佚)

8. 언제든지 김운학을 처음 보는 천재라고 크게 칭찬하고

9. 별명(別名) 베드로라고 하였다.

(일본(日本) 식민시대(植民時代) 애국가)

1. 화려한 강산 우리 대한은

   삼천리 범위 작지 않도다

   백두산부터 한라산까지

   사천년 조국 대한 강토를

   천연의 경계 그려냈도다(작지 않도다)

   후렴:선조가 이미 여기 묻혔고

         우리도 대한 혼이 되리니

         사천년 조국 대한 강토를

         내집을 내가 보호하리라

2. 언어와 의복 같은 동족에

   한마음과 한뜻 튼튼하도다

   원수가 이미 산해 같으나

   자유의 정신 꺾지 못하네

(애국가)

1. 적막한 가을공산 아월삼경에

   슬피우는 두견새야 너울지말라

   만리타국 여관환등 잠못자노라

너를인해 고국생각 더욱간절타

2. 만주따 시베리아 넓은천지에

　동해 갔다 서에 번쩍 이내신세는

　물위에 부평같이 정처없으나

　아아생각 더욱깊다 나의 부모국

3. 저건너 부사산밑 붙어말아라

　나도 희망봉에 달할날이 자연있으리

　눈물이 변하여 웃음될때가

　자연의 원이치라 필연있으리

(애국가)

1. 슬프도다 우리 민족아

　사천여년 역사국으로

　자자손손 복락하더니

　오늘날 이지경 웬일인가

　후렴:철사줄사로 결박한 줄을

　　　우리손으로 끊어버리고

　　　독립만세를 하는 소리에

　　　바다이 끓고 산이 동켔네

　　　(2, 3절은 기억나지 않음)

내매교회

경안지역의 주변이라고 할 수 있던 영주의 기독교가 안동을 극복하고 대구를 지나 한국기독교의 중심까지 나아갔다. 그런데 영주의 기독교를 움직였던, 지렛대의 역할을 했던 곳이 내매교회(乃梅敎會)였다. 사면이 그다지 높지 않은 산들이 병풍처럼 겹겹이 둘러있고, 태백산맥에서 흘러내리는 물이 관통하여 낙동강으로 흐르고 있어서 내성천(乃城川)을 따라 남쪽이 제법 광활하게 트인 마을 내매, 내성천을 경계로 양지(陽地)마을과 음지(陰地)마을로 양분되었던 작은 마을, 겨우 18가구가 살던 내매가 경북 지역 복음화에 절대적인 영향을 끼쳤던 것이다. 여기에 기독교 선교 사역의 패러다임, 곧 주변, 중심, 세계의 도식이 존재하고 있는 것이다.

1889년 게일(J. S. Gale)이 대구를 처음 방문하고 배위량(W. Baird)이 1892년 이후 여러 차례 경북 지역을 순회하며 전도했음에도 불구하고 1899년에 가서야 비로소 북장로교회 대구선교부가 세워졌다. 그러나 1900년까지 겨우 네 사람의 교인을 얻을 뿐이었다. 이것은 서명원(Roy E. Sheare)의 분석처럼 보수적인 양반 그룹들과 이 지역의 보수적 정서 때문이었다. (Roy E. Sheare, Church Gorwth in Korea, 이승익 역, 〈한국 교회 성장사〉 서울:기독교서회,1975, p.112-114 참조) 그런데 곧이어 영주의 내매에서 대구로 온 몇몇 사람들이 복음을 받아들였고, 그들에 의해 경안 지역과 경북의 기독교가 번성하게 되었다.

영주의 진주 강씨들은 예천에 살던 13대조 나경공(蘿慶公) 강정(姜貞)이 임진왜란을 피해 영주동 뒷새로 이주해 온 이후 번성하였다. 당시이들은 남인 계열의 소론에 속해 있었고 관료 사회의 주변에 머무르고있었다. 영남만인소 사건의 주축을 이루었던 강진규가 영주 유림에서 활약했지만, 대부분의 진주 강씨들은 몰락한 양반으로 조선 사회의 명문 가문에서 벗어나 있었다. 영주 읍에서 20여 리 떨어진 내매 마을에 강정의 후손들 18가구가 집성촌을 이루어 살고 있었다.

"이 지역은 한국 최고의 양반들이 살고 있어 복음이 전해지지 않는 지역 중의 하나입니다. 다만 이 지역에서 이미 신자가 되었다고 하는 두 사람이 있는데 그 중 한 사람이 얼마 전 나의 대구 집까지 방문한 적이 있습니다."

배위량(W. Baird)은 자신을 방문한 신자의 이름을 구체적으로 거론하지 않았으나, 〈내매교회 100년사〉는 배위량이 지목한 사람이 강신명의 종친이었던 강재원(姜載元)임을 밝혔다. 강재원의 활동을 〈내매교회 100년사〉는 다음과 같이 전하고 있다.

그는 대구에 유학하여 학업에 정진하였는데 그곳에서 선교사 배위량(W. Baird)과 안의와(James E. Adams)를 만나 전도를 받았고, 그날 이후 예수를 영접한 강재원은 고향 내매로 돌아와 인근 마을 지곡의 강두수와 함께 안동 지방의 최초의 교회 예안 방자미 교회에 출석하면서 신앙생활을 하게 되었다. (중략) 그는 본인의 집에 예배 처소를 만들고 뜰에는 십자가 깃대를 높이 달아 예배당의 면모를 갖추게 되었다. 그리고 강신유, 강병창, 강석구, 강석복 등과 함께 예배를 드리기 시작했다. (강록구 편찬, 내매교회 100년사, 경북 영주, 2007년, p.15-16)

예배처를 확보한 그 시작의 첫날부터 강재원은 본격적인 전도를 시작하였다. 선교사들이나 목회자들이 주도한 것이 아니었다.

한국 교회사에는 중생을 경험했던 사람들이 자신들의 재산과 땅을 바쳐 교회를 만들고 자가의 삶의 터를 바꾸며 스스로 전도하였음을 알리는 대목들이 적다. 대개 선교사들이나 목회자들은 지역의 거민들이 교회를 이룰만한 터전이 마련되고 나서야 교회조직을 구성하는 일, 곧 교회로서의 조건을 갖추도록 하는 역할을 담당했다. 한국 교회의 자전 (自傳)의 역사는 세계 어디서도 그 유래를 찾기 어려운 것이며, 내매교 회에서 그렇게 뚜렷하게 나타나고 있는 것이다.

강재원을 시작으로 내매 사람들은 모두 예수를 믿었다. 마을의 중심 이 교회가 되었던 것이다. 철저한 미신의 타파, 유교적 의식구조의 극 복, 복음이 갖고 있는 도덕력의 발현, 영농 방법의 개선, 새 생활 운동 이 교회를 중심으로 일어났다. 영주의 작은 마을 내매가 기독교 이상 촌으로 변모하였던 것이다. 그렇게 내매는 영주의 신문화 발상지로 그 이름을 확고히 했다. 물론 이 일은 강병주가 주도하였다.

내매교회 초대 영수 강재원은 인근 지역까지 복음을 전했다. 영주, 봉화 등지에 그의 발길이 닿지 않은 곳이 없었다. 영주제일교회, 평은 교회, 문촌교회, 척곡교회 등 10여 개 교회가 세워질 때, 그의 이름이 거기에 있었다. 또한 그 교회들은 인근 각지로 복음을 전하며 지 교회 를 세워나갔다. 그리고 그 교회들에서 훈련받은 복음의 사명자들이 한 국 교회를 선도해 나갔고 한국 사회의 중심에서 복음을 외쳤다. 영주의 주변 마을 내매가 영주를 바꾸었을 뿐 아니라 경안 지역을 주도했으며 나아가 한국의 중심까지 나아가 그 복음의 열정을 알렸던 것이다.

겨우 18가구가 살던 작은 마을의 내매교회는 적지 않은 수의 목회자 와 장로들을 배출하였다. 강병주, 강신명, 강신정, 강석진, 강신충, 강 신창, 강문구, 강병철, 강인구, 강석춘, 강달구, 강병직, 강성구 목사 가 그들이요, 장로는 강재원을 비롯하여 모두 36명이었다. 이외에도 강진구 전 삼성전자 회장(2017년 별세)을 비롯한 10여 명의 기업인들도 이곳 출신이다. 내매교회는 거의 모든 교인들을 한국 교회의 지도자로 만들 만큼 복음적 투자를 아끼지 않았던 것이다.

그런데 1920년대는 공황과 일제의 수탈적 농업정책으로 인해 한국 농촌의 곤궁(困窮)이 극에 달하던 때였다. 한국 인구의 80% 이상이 농민이었던 시절이었다. 1920-1930년대 한국 농촌사회의 특징은 자작농의 몰락과 소작농의 급증, 농가 부채의 급증, 농업의 영세구조가 심화된 때였다. 그러므로 농촌에서 사는 것이 순탄치 않았던 상황이었다.

강병주 가정도 예외가 아니었다. 가정 형편이 넉넉지 않아 자녀들의 학업은 순조롭게 공부를 계속하기 쉽지 않았다. 강신명과 함께 계성학교에서 공부한 강신정은 훗날 계성학교가 근로 장학생 제도를 도입하여 궁핍했던 학생들이 공부를 계속하도록 했다고 증언했다.

"학교에서 근로학생들을 위하여 많은 편의를 제공해 주고 있었습니다. 우리에게는 성계(成鷄) 25마리와 병아리 100마리를 사주고 사료도 대주었습니다. 그래서 우리는 학교 소유의 계사(鷄舍)에서 양계를 시작했습니다. 현 대구 대학의 설립자이신 이영식 목사께서 당시 교목으로 계셨는데, 그분의 사택 바로 앞에 지어진 계사에는 길쭉한 방이 하나 있었습니다. 그 단칸방 침실에서 소죽(小竹, 강신명 호)과 나는 닭을 돌보면서 공부했습니다. (신상조, 미간행본 〈강신명평전〉에서 강신정의 증언)

1925년 1월에 회집되었던 제7회 경안노회의 회록에는 다음과 같이 기록하고 있다.

영쥬군 풍긔 교회목수 강병쥬씨는 싱활 곤난으로 샤면 원홈에 미월 60원

식 작뎡ᄒ고 다시 시무ᄒ여 달나ᄂᆞ 청원은 임ᄉᆞ부로 보낼 일이오며(경안
노회록)

그때 한국 교회, 특히 농촌 교회의 피폐는 극에 달해 있었다. 헌금
액수는 격감했으며 농민들이 자신들의 고향을 떠나는 바람에 교세의
감소가 계속되었다. 교회당이 문을 닫는 지역도 허다하였다. 이런 시
대적 상황에서 풍기교회의 담임자 사례비가 충분할 리 없었다. 강병주
가 다른 교회를 찾아야 할 정도로 식구들의 생계와 자녀들을 교육하는
데 적지 않은 어려움을 겪고 있었던 것이 사실이었다.

(김명구, 小竹 강신명 목사, 서울장신대학교 출판부, 2009년, p. 48 ~ 61 발췌)

2. 영주교회(현 영주제일교회) 목회(1915-1922)

백남은 1906년 4월에 그리스도교 신앙에 입문하였다. 백남 자신이 소개한 약력(장로회 총회 종교교육부가 1935년 11월에 발행, 목사대설교집)에 "1883년 3월 9일 경북 영주군 출생, 1906년 4월 신주(信主), 1910년 10월 수세(受洗), 1915년 대구계성학교4년 수업(修業), 1922년 12월 평양신학교 졸업(卒業)"이라 했다. 일반적으로 백남의 출생 연도가 1882년으로 알려져 있지만, 백남의 '호적등본'과, 1919년 대구지검 집행원부의 정부기록보존소의 백남의 '보안법위반의 죄명에 대한 결정 판결'이 증거불충분기소로 출감한 기록에도 생년월일이 1883년 3월 9일로 기록되어 있다. 어떻게 해서 백남의 출생 연도가 1882년으로 알려지게 되었는지 확실한 근거는 알 수 없다.

1910년 8월 29일 '한일합병조약'으로 대한제국은 국권을 상실했고 일본의 식민지로 전락했다. 일본은 '한일합병(韓日合倂)'이라 부르고, 우리는 경술년에 치욕적으로 나라를 빼앗겼다고 하여 '경술국치(庚戌國恥)'라 부른다. 백남은 나라를 잃은 고난에 이 민족의 살길은 실력을 갖추어야 하며, 이것은 교육에서부터라고 확신했고, 1910년 내매교회에 내명학교를 설립하였다. 백남은 대구계성학교 사범과(師範科)에 입학하여 4년 수업(修業)하고, 1915년에 성경학교를 입학하여 1919년에 졸업하고, 1919년에 평양신학교에 입학하여 1922년에 제16회로 졸업하였다.

백남이 어린 시절에 경상도 일대, 영주 지역에는 국권회복을 명분으로 적지 않은 의병들이 일어났다. 1894년 8월에 안동과 상원에서 일어난 갑오의병을 시작으로 10여 개의 의병부대가 결성되어 활동했다. 일본은 영주의 중심지였던 순흥부 내의 관아를 비롯하여 민가 180여 호를 전소시키는 악행을 저질렀다. 의병들의 의분은 극에 달해, 때론 행동이 매우 과격했다. 이것을 김명구 교수는 "후일 조사(助事)의 신분으로 영주제일교회에 큰 공헌을 했던, 내매 출신의 강병주 목사도 과격했던 의병들에게 생명의 위협을 받은 바 있었다."(영주제일교회 100년사, p.132)라 했다.

1915년, 33세의 백남은 대구성경학교에 입학한 후, 1919년에 졸업하며, 평양신학교에 입학하였다. 1915년부터 백남의 목회가 시작된다. 백남은 1915년, 영주교회(현 영주제일교회)에서 조사(助事)로 목회를 시작했다. 영주교회 목회는 1922년 평양신학교 제16회 졸업 때까지 이어졌다.

백남의 영주교회 목회를 김명구 교수가 집필한 '영주제일교회 100년사'에서 발췌한다.

1909년 영주에 복음의 씨앗이 떨어졌다. 그러나 영주라는 땅은 기독교가 뿌리내리기에 척박했고, 영주제일교회(옛 영주교회)가 자리 잡은 곳도 일본에 의해 새롭게 만들어진 곳이어서 극복의 에너지가 남달라야 했다. 영주제일교회는 1922년에 조직교회가 되기까지 13년 동안 생존해야 한다는 압박감과, 정착을 위한 눈물겨운 고통을 감내해야 했던, 영주제일교회의 역사에서 가장 힘든 시기를 소수의 장로와 영수(領袖, Leader)와 조사(助事, Helper)의 시대를 거쳐야 했다. (p.136)

조사들은 대부분 처음에 선교사들의 어학 선생의 역할을 한 까닭에 선교사들과 개인적으로 밀착되어 신앙과 교회 일에 대한 훈련을 쌓게 되었다. 이들은 한국교회 지도자들이 되어 교회 치리에 관여하였다. 선교사들의 위임으로 단독으로 치리권을 행사하기도 하며, 안수를 받지 않았지만 목회자의 역할을 감당했다. 영수는 1년직으로 당회가 조직될 때까지 교회 혹은 목사가 선택하여 지교회를 인도하였다. 조사(助事)가 안수를 받지 않은 목사라면, 영수(領袖)는 안수를 받지 않은 장로라 할 수 있다. 1920년대까지 많은 한국 장로교회는 이들에 의해 자치적으로 움직였다. 선교사들이 규칙과 기준을 정하면 학습교육이나 학습문답, 엄격한 권징과 치리는 거의 한국인 조사와 영수에 의해 이루어졌다.(p.137)

영주교회 교인들은 내매교회로 예배를 다녔다. 당시 내매교회가 선교사나 조사들이 매우 중요하게 여겼던 영주의 거점 교회였기 때문이다. 1910년에 영주의 내매마을에서 270명의 남자들이 참석하는 성경반이 6일 동안 열렸다고 보고되고 있다. 여기에 크로더스(권찬영(權燦永), J.Y.Crothers)와 케어(William C. Kerr, 공위량)가 교사로 참석했고 이기간 2천 권의 마가복음서가 팔렸다. 1911년에는 8개 성경반에 1,340명이 참석했다. 이때에 여성반은 하나였고 따로 개설되었다.(Harry A. Rhodes, History of Korea Mission Presbyterian Church U.S.A. Vol.1(서울:총회교육부, 1984 pp.354-357) 이런 사실에서 알 수 있듯이 선교초기 영주의 기독교를 움직였던, 지렛대의 역할을 했던 곳이 영주의 주변 지역에 위치한 내매교회(乃梅敎會)였다.(p.138)

강재원을 시작으로 내매의 모든 사람들이 예수를 믿었다. 마을의 중심이 교회가 되었다. 내매교회는 철저한 미신의 타파, 유교적 의식구조의 극복, 복음이 갖고 있는 도덕력의 발현, 영농방법의 개선, 새생활운동을 주도하였다. 교회가 중심이 되어 영주의 작은 마을 내매는 기독교 이상촌으로 변모하였다. 내매는 영주의 신문화의 발상지로 그 이름을 확고히 했다. (강록구 편찬, 내매교회 100년사, pp.15-16) 신문명을 받아드리고 영농개선을 주도한 사람은 강병주였다.(p.139)

내매교회를 설립한 강재원은 무급(無給) 조사 중 한 사람으로 영주 지역을 다니며 복음을 전하였는데, 영주, 봉화 등지에 그의 발길이 닿지 않은 곳이 없었다. 영주교회, 평은교회, 문촌교회, 척곡교회 등 10여 개의 교회가 세워질 때, 그의 이름이 있었다. 영주교회 교인들은 강재원의 지도를 받아 교회를 이끌어갔다. 영주교회는 내매교회 출신의 조사들, 곧 강재원(姜載元), 강병주(姜炳周), 강석진(姜錫晉) 등에 의해 치리를 받으며 교회의 모습을 갖추고 만들어졌다고 볼 수 있다.(p.140)

1922년 1월 19일, 안동읍 법상동 예배당에서 "영주읍교회에 월급 30원 작뎡ᄒ고 강병쥬씨로 1년동안 조ᄉ 시무케"(경안노회록 제1회노회록, p.12) 되었다고 노회에 보고했다. 강병주가 영주읍교회의 마지막 조사였다. 이 기록은 영주제일교회가 완전한 자급(自給)이 이루어졌다는 것을 내외에 선언한 것이다. 비로소 영주제일교회가 단독으로 조사의 사례비를 주었다. 강병주는 영주제일교회만을 위한 독립 조사가 되었다.(p.141-142) 1922년에 영주제일교회는 조직교회가 되어 당회를 구성하였고, 마지막 조사였던 강병주는 1923년 1월 10일에 안수받고, 풍기교회의 담임목사로 청빙되었다.

영주제일교회 100년사에는 백남의 목회에 대해서 많은 자료를 제공하지 않는다. 그런데 영주제일교회 100년사 속에 백남에 대한 약간의 기록들이 남겨져 있다.

1930년대 영주제일교회의 시대적 상황을 전하면서, 1929년 세계적인 경제 대공황이 일어났고, 한국에는 더 큰 파고를 가져왔다. 일제의 수탈로 경제적으로 피폐했던 농촌이었기 때문이다. 1935년에는 한발과 홍수가 겹쳤다. 일본은 어쩔 수 없이 1932년에 '농촌진흥운동'을 시작할 수밖에 없었다. 장로교 총회는 1929년에 8개 노회를 시작으로

1930년 22개 전 노회에 농촌부를 조직하였다.(죠선예수교장로회 데18회 회록, 1929, p.41)

경안노회에서도 농촌부를 설치하여 강병주 목사에게 맡겼다. 그는 1931년 11월 30일에서 12월 5일까지 홍병선과 YMCA 국제위원회에서 파송한 농업전문가인 클라크(F.C.Clark, 구을락(具乙樂)과 쉽(E.F.Shipp, 심선섭(沈宣燮)) 등을 초청하여 교인들에게 축산, 소채재배법, 과수재배법, 비료와 토양, 감자재배법, 협동조합조직법, 셈법 등을 가르쳤다. 강신명 목사는 아버지 강병주 목사에 대해 다음과 같이 회고하고 있다. "(아버지는) 뽕나무를 심고 양잠을 하게 하고, 부녀자들까지라도 일하게 했다. 와공을 불러다 기와를 직접 구워서 지붕을 개량하고, 농한기에는 젊은이들에게 새끼 꼬기와 가마니 치는 부업을 권장하여 경제 재건을 이룩했다. 또 낙화생, 고구마, 토마토 재배 등 농사를 개량하여 작은 농토를 최대한으로 이용하게 하였으며 야산을 개간하여 유실수를 심게 하였다."(강신명, "대부흥운동", 강신명신앙저작집2, (서울,기독교문사,1987, pp.554-555) (p.176)

또 영주제일교회는 오월번(吳越璠, A.G.Welbon) 선교사 이후, 성서 교육을 통해 약속된 가치, 정의와 윤리의 정립, 도덕적 순결의 확립, 영적 심도의 고양 등을 확보하였다. 기독교 교육이 신앙을 불러일으키는 가장 중요한 도구라고 간주했다. 이런 인식 아래, 1920년대 한국교회의 전설적인 부흥사였던 김익두 목사가 내매교회에 부흥회 강사로 왔을 때 영주제일교회는 그를 초청하지 않았다. 장로회 총회 종교교육과 교사양성 과장이었던 한글학자 강병주를 불러 사경부흥회를 했고, 장로교회의 지식인으로 통했던 정인과(鄭仁果)나 박형룡(朴亨龍)을 초청하여 특강을 들었다.(경안노회록 제1집 p.171)(영주제일교회 100년사 p.300)

그런데 영주제일교회 100년사 '**부록**'에 기록된 백남에 관한 것을 살
피면, 백남의 목회연대가 일치하지 않는다.

'**1. 영주제일교회 연표**'에는

1915년,

1월에 담임교역자 강병주 조사(고 강신명 목사의 부친으로 그후 목사 안
수)가 부임하여 새로운 전기의 발전을 도모하였으니 나라 잃은 서러움을
교육을 통하여 되찾기 위해 교회에서 강명서숙(학교)을 설립하여 신앙과
애국애족의 신문물을 6년간 교육했으나 일제의 방해와 탄압으로 부득이
폐쇄하다.

1919년,

3.1운동, 특히 기독교 인사들이 많이 참가하였는데 영주에서도 평양신학

교에 공부하던 신학생이 수감되고 박인서와 그 외 많은 사람들이 만세를 불러 구속되었는데 박인서는 형무소에 있을 때 전도를 받고 그후 출옥해서 장로가 되었다.

위 사진 자료는 백남이 보안법위반의 죄명으로 대구형무소에 수감되었다가, 1919년 3월 29일에 증거불충분불기소 판결로 출감한 기록으로 집행원부 사본이다. 백남의 출생년도가 1883년임을 밝히는 정부 기록이기도 하다. 또한 같은 날 똑같은 판결로 출감한 명단에 강석진(姜錫晉, 34세, 영주군 평은면 천본리 1093, 야소교 조사), 강신충(姜信忠, 33세, 영주군 갑산면 신천리 38, 야소교 조사) 등이 있다. 영주제일교회 약사 1919년에 기록된 내용을 증명하는 판결이다. 강석진 목사는 평양신학교를 1921년 제14회로 졸업하였고, 백남은 1922년 12월 20일에 제16회 졸업이다. 강석진 목사는 내매교회에 세운 기독내명학교의 설립자로 백남은 교장으로 동역하였고, 강석진 목사는 경안노회장을 제5,6회(1924년)와 제16,17회(1929년,1930년)에, 백남은 제7,8회(1925년)와 제20,21회(1931년,1932년)와 제30,31회(1936년,1937년)를 역임하였다. 1923년 1월 23일, 영주제일교회 최초로 강석진 담임목사 위임식이 열렸다. 백남과 강신충(姜信忠)이 위임예식의 위원으로 참석했다. 이틀 전 1월 21일에는 풍기읍교회 강병주 담임목사 위임식이 있었는데, 강석진이 강신충과 함께 위임예식의 위원이었다.

1920년,
교회는 점점 부흥되어 현 예배당 기지 270평을 매입하고 교회 40평 20칸을 건축하여 예배를 드렸으며 교인은 80여 명으로 늘어났다. 12월에 5년 동안 많은 수고를 하시던 강병주 목사님께서 시무사임하다.

그런데 '2. 역대 교역자 명단'에는

1) 담임목사

	성명	부임년월일	퇴임년월일	비고
4	강재원	1922년	1923년	
5	김영옥	1912년	1914년	
6	강석진	1915년	1918년	
7	서화선	1918년	1919년	
8	임학수	1919년	1922년	
9	강병주	1922년	1923년	

영주제일교회 100년사 '역대 담임목사' 소개 10페이지 기록에는(사진 포함)

오월번 선교사(1909~1917)

엄응삼(1909.4~1914.9.3.)

장치량

강재원

김영옥(1912~1914, 1929~1930)

강석진(1915~1918, 1923~1927, 1930~1937, 1941~1943)

서화선(1918~1919)

임학수(1919~1922)

역대 담임 목사

오월번 (1909~1917) 엄웅삼 (1909.4.~1914.9.3) 장치량 강재원

김영옥 (1912~1914,1929~1930) 강석진 (1915~1918,1923~1927)(1930~1937,1941~1943) 서화선 (1918~1919) 임학수 (1919~1922) 강병주 (1922~1923)

윤치병 (1927~1929) 김진호 (1937~1941) 정대위 (1943~1944) 구왕도 (1944~1947) 이운형 (1947~1949)

김성억 (1949~1962) 송병선 (1963~1967) 강진선 (1968~1970) 김명홍 (1972~1979) 권용평 (1979~1983)

임현영 (1983~1987) 박우만 (1988~1990)

강병주(1922~1923) 하였다.

백남의 목회에 대한 기록이 통일되지 못하였으나, 정리한다면 백남은 1915년 1월에 영주제일교회 조사로 목회를 시작했다. 1922년 12월

20일에 평양신학교를 졸업한 백남은, 영주제일교회 조사를 시무 사임을 하고, 1923년 1월 21일 제3회 경안노회에서 목사안수를 받고 풍기교회 담임목사로 부임하였다.

백남의 영주읍교회 목회는 일종의 준비기간이라고 할 수 있다. 신학공부를 하면서 교회에서 조사로 목회한 기간이다. 나이는 적지 않았으나, 신학교를 막 졸업한 목회 초년병이다. 그래서 신앙과 신학, 신앙하는 삶이 어떠해야 할지 자기화 기간이었을 것이다. 조사로 목회하는 것이 다 새로웠을 때였다. 열정은 있으나, 그 열정을 쏟아내는 방법도 미숙하고, 받을 교회라는 그릇도 아직은 설익은 열매와 같은 시기였다. 누구도 목회를 가르쳐주지 않았다. 선배 목사님도 없던 때였다. 스스로 판단하고 믿음을 가르쳐야 했다. 그래서 창조적으로 생각하고, 자신의 믿음을 정리하면서 목회자의 걸음을 걸었다고 하겠다.

자연적으로 '때'가 어떤 때였는지, '때의 목회'를 추구하였을 것이다. 지금 이 나라와 민족에게 필요한 것이 무엇인지를 파악하고, 나라와 민족을 살리는 길이 목회의 사명이라고 믿었다. 그리고 그 길을 걷기 시작한 때가 영주제일교회 목회 초년병인 백남의 목회였다.

3. 풍기교회(현 성내교회) 목회(1923~1932)

2009년 11월 첫 주일, 성내교회 담임목사 최갑도는 발간사에서 "…교회의 역사는 세속사가 아닙니다. 하나님의 역사입니다. 그래서 성내교회 100년사는 하나님의 역사였습니다. 어느 것 하나, 하나님의 손길이 아닌 것 없습니다. 성내교회 100년사는 한국 교회의 역사를 반영한 것입니다. 지리적으로 한반도 이남, 경북 북부 지역을 대표한 교회였고 '사회변혁과 교회 교육 갱신을 주도한 교회'였습니다. 성내교회의 100년 역사는 곧 이 땅에 대한 하나님의 역사였습니다. 하나님을 보지 못하고 듣지 못하고 알지 못했던 무지몽매의 세월 가운데 비로소 환하게 밝히신 하나님의 역사입니다. 이렇게 모인 우리 성내교회 100년사를 통하여 볼 때 우리 신앙 선배들의 하나님을 향하는 뜨거운 신앙과 헌신, 그리고 교회를 사랑하는 불타는 헌신의 결정체가 오늘의 우리 성내교회임을 생각할 때 실로 감격 그 자체입니다…"라 했다.

이 성내교회의 초석을 놓은 초대 담임목사가 백남이다.

백남이 담임목사로 청빙 받았을 때 교회 이름은 풍기교회였다.

성내교회의 처음 이름이 풍기교회였다. 간단히 백남이 초대 담임목사로 부임하기 전 풍기교회를 살펴본다.

정감록(鄭鑑錄)에 기록된 10승지(勝地) 가운데 최고의 장소로 알려진 풍기(豊基)로 이주해 온 북한의 서북 지역(평안도, 황해도) 사람들과 풍기 토착 주민들이 함께 1907년 풍기 동부동 자인촌에서 가정예배를 드리며 시작된 교회이다. 1909년 3월에 첫 교인들이 서부동에 초가 15간을 매입하여 예배당으로 사용하면서 교회 이름을 '풍기교회'로 불렀다. 이 예배당이 ㄱ자형(字型) 초가 예배당이었다. 1926년에는 서부동 예배당을 매각하고, 현 위치에 목조(木造) 함석지붕 66평의 예배당을 신축하였다. 1947년에 성내교회로 명칭을 변경했다.

1912년에 풍기교회는 경상 노회에 목사 파송을 청원했고, 심취명 강도사와 선교사가 동사 목사로 파송되고, 강석진 조사가 심취명 강도사 사임 후 뒤를 이었다. 강석진 조사는 풍기교회를 포함해서 3개 교회에서 교역했다. 이때 풍기교회 교인 수는 150~160명이었다. '경안노회 제4회 회록'(1923. 6. 13)에 따르면, 1922~1923년에 경안노회에 속한 교회 수는 122개였고, 교인 수는 7,008명이었다. 세례교인은 약 30%인 2,642명이었다. 4명의 장로가 시무하는 교회는 내매교회, 3명의 장로는 안동읍교회(지금의 안동교회)와 갈밧교회, 2명의 장로가 시무하는 교회는 풍기교회를 포함하여 11개 교회였다.(성내교회 100년사 p.45)

그런데 풍기교회 동사목사로 파송된 선교사 인노절(印魯節, Roger E. Winn) 목사가 1922년 11월에 이질에 걸려 세상을 떠났다. 백남이 풍기교회의 담임목사로 부임하게 되면서, 백남의 목회가 시작된다.

새로운 전기, 토착인 담임목사 강병주 목사의 부임(1923~1932)
강병주 목사의 부임과 교역

담임목사 인노절 선교사의 장례식을 치른 다음, 풍기교회는 노회를 통해 새 교역자를 모시게 되었다. 강병주姜炳周(1882-1955)목사가 1923년 이른 봄에 담임목사로 부임하였다. 그의 나이 41세였다. 그의 부임은 풍기교회의 새로운 전기를 뜻했다. 선교사가 담임으로 교역하던 시대가 마감되었고, 이제부터 이 지역 영주 출신의 토착인 목사가 담임으로 부임했기 때문이다. 1922년 12월 20일에 평양의 장로회신학교 제

16회로 졸업한 강병주는 그 이듬해 초 경안노회(제3회, 1923년 1월 10일)에서 목사로 안수 받고 풍기교회의 담임으로 부임했다. 풍기교회는 1926년에 서부동의 예배당에서 지금의 장소로 이전하여서 두 번째 예배당을 신축했다.

1909년__ 첫 번째 교회(초가)   1926년__ 두 번째 교회

강병주 목사는 1882년 영주에서 태어났다. 그는 이 지역의 제1세대 기독교 신앙인이었다. 그는 1910년 4월(28세)에 기독 사립 학교인 내명학교를 설립하였고, 또 같은 시기에 미국 북장로회 선교부가 설립한 대구 계성학교에 입학하여 1915년에 졸업하였다(33세). 강병주는 교역자가 되고자 선교사의 사역을 돕는 평신도 교역자를 양성하는 교육 기관인, 대구의 성경학교에 입학하였고 1919년에 졸업하였다. 계속해서, 강병주는 평양의 장로회신학교에 입학했다. 그가 신학교에 다니는 동안에 학제가 개편되어 수업 기간이 5년에서 3년으로 바뀌었다.

그는 1923년에 풍기교회 담임으로 부임했고, 여전히 교육자로서 교회학교의 발전에 혼신의 힘을 쏟았다. 경안노회 주일학교 발전에 이바지하는 '권장위원'으로 일했고, '경안노회 주일학교협의회'의 총무로 일했다(1926~1928년, 3년간). 그는 1929년부터 본격적으로 시작된 노회의 농촌 운동을 앞장서서 추진했다. '경안노회 농촌부협의회'의 총무로 일했고, 경안노회 노회장을 세 차례 역임했다(1925, 1931, 1936년). 이를 통해서 종합해 보면, 강병주 목사는 풍기교회의 담임목사인 동시에 경안노회 전 지역을 목회한 교역자였다.

이리하여서 강 목사의 목회 영역은 교회의 울타리를 넘어 사회, 경제, 문화의 영역으로 넘나들었다. 그는 교회에서뿐만 아니라 세상 속에서도 하나님의 뜻이 이루어지도록 힘쓰고 애쓴 목회자였다.

1920년대의 교회 상황, 목회자의 일상

강병주 목사는 1920년대에 이미 교계의 지도자로서 전국에 잘 알려져 있었다. 그 당시 평양 장로회 신학교에서 발간된 잡지 "신학지남"(神學指南)이 1928년에 '교계 명사 10인'을 선정하였는데, 강 목사가 그중 한 사람이었다.

강 목사가 풍기교회의 담임으로 부임하던 1923년은 풍기와 강북 북부 지역에 첫 선교사들이 복음을 전한 지 20여 년이 지났다. 개신교의 새로운 세대가 시작되는 과도기였다. 이러한 과도기를 지나가는 한국 교회의 상황은 평안하지 못하였다. 위기에 처한 한국 교회였다. 예를 들어 1919년 3·1 만세 운동이 좌절된 상황에서 일제의 식민 지배는 더욱더 교활해졌고, 극심한 경제 위기에서 농민들이 대거 농촌을 떠나서 이국(異國)으로 이주하였고, 공산주의나 자연과학적 사고의 도전에 직면한 목회자들은 여기에 대하여 아는 바가 너무 적어서 당황하였고, 그러면서 현세보다도 내세를 앞세우려 했다. 이에 교회는 이전 세대에 형성했던 사회적 영향력을 잃어갔을 뿐만이 아니라 사회의 일반적 흐름에도 뒤처지게 될 처지였다.

이러한 위기 상황을 타개해 보고자 "신학지남"(神學指南)은 '현하 조선 교회 부진의 원인과 그 대책'이라는 제목으로 1928년 제10권 1호에 10 인의 원고를 실었다. 10명의 목사는 한국 교회의 위기 상황에 대하여 각각 분석하였고, 이를 바탕으로 나름대로 대책을 제시하였다.

강병주 목사는 다음의 글을 썼다.

"현하 조선교회 부진의 원인에 대책이 있겠느냐? 하면, 그 원인은 일, 이 (一,二)에 지(止,그침)치 않겠으며, 그 대책도 많은 것이다. 그러나 그 원인 을 나는 이렇게 본다.

첫째, 교역자의 무성의로 본다.

요새 경향을 물론하고 교회 내 청년들은 말하기를 "우리가 교역자 강단에 서 설교함을 보면 그 내용이 빈약하고 그 재료란 수십 차씩 들은 진부한 말 을 날마다 되풀이하여 세상사에 고민하다가 교회에 가서 위안을 받고자 하였으나 도리어 쓸데없는 말은 일시 혹 일시 반씩 늘어놓아 위안을 얻기 커녕 도리어 반감만 있게 된다." 함을 듣는다.
이것은 교역자의 나태함을 폭로시킨 것이다. 따라서 교인 심방과 개인 전 도를 등한히 하니, 이러함으로 교회 집회 열이 차차 식어가서 부진 되는 것이니 대책은 다른 것이 아니다. 교역자란 독서를 부지런히 하여 신문이 나 잡지와 성경 외에 모든 신간 서적을 구독하여 자신의 식(識,지식)부터 얻어야 하겠고, 또한 교인 심방과 개인 전도에 전력을 다하여야 하겠다. 이것이 곧 교역자의 큰 사명이다.

둘째, 평신도 신앙 불충실에 있다고 본다.

교회의 정신은 박애라 하겠다. 요새 교우들은 다 애(愛)의 열이 식었다. 그 원인은 다 성경 읽기를 게을리하고, 기도에 무력하고, 전도의 입을 다물고 하지 아니하며, 연보에 뜻을 두지 않음이라. 어떤 교회 권찰 월례회에 보고한 바를 보면, 5백 명 신자 중.개인으로 성경 일독과 기도와 전도하는 자 수가 십 명 미만이라 함을 볼 때는 놀라지 않을 수 없다. 이것은 교역자의 책임 문제로 돌리면 돌릴 수도 있겠다.

그러나 평신도들도 너무 교역자만 책임을 지우지 못할 줄로 안다. 특히 교회의 경제문제 같은 것은 지금 우리 처지로서는 별로 노노(呶呶, 지껄이다) 할 필요가 없겠다고 하겠으나 그래도 우리가 생활이 있는 동시(同時)는 반드시 교회도 경제문제가 안 일어날 수 없다. 금일 교회에 연보하는 형편을 보면 교인이 서로 쳐다보고 하게 되는 형편이다. 내 신앙에서 인도되는 대로 양심으로 할 것이며 결코 장 로나 집사나 직분을 보아서 그 비등(比等, 견주어보아 비슷함)을 따를 것은 아니다. 사실 금일 조선교 역자처럼 위경에 처한 자가 없다. 자기 독신 생활하는 자도 아니고 자기 부모 처자가 다 있는 자로 교회가 1개월이라도 그에게 줄 것을 못 준다 하면 그들의 모든 식구는 다 굶고 헐벗게 될 것이다. 이 것은 곧 교우로 그 교역자의 모든 생활을 보장치 않고서는 아니 될 것이다. 그런즉 이 교회 경제문제 해결은 다 제직회가 연말에 가서 명년도 예산을 편성하여 교회의 통과를 받아 각 교인의 처지를 따라 맞도록 연보를 작정하되 할 수 있으면 십일조를 드리도록 힘써 실행하되 매월 말에 그 전월의 회계를 교회 앞에서 보고하여 교회의 재정 상황을 교인으로 분명히 알도록 하여 각각 그 의무를 알게 되면 교회가 경제문제를 차차 해결할 수 있으리라는 사(思, 생각)란다. 끝."

신학지남에 이 글이 발표되기 몇 달 전에, 강병주 목사는 일간신문 "동아일보" 1927년 6월 28일에 본인의 월수입과 가족의 일상생활에 관하여 공개했다. '월수입 121원, 자녀 다섯을 공부시켜 가며 아홉 식구가 넉넉히 살아'가라는 제목으로 기고하였다. 교회에서 주는 생활비 90원, 교회가 소유한 논밭에서 생산되는 농산물 판매 수입과 며느리(맏아들 강신명의 아내 이영신)의 수입까지 합친 금액이었다. 농산물 판매 수입은 일 년 치 통계를 평균 내어서 곡물 25원, 양돈, 2원, 양계 2원, 채소 판매 2원이었다. 이것을 모두 합치면 31원인데, 그렇다면 며느리의 월급은 지극히 적었다고 볼 수 있다. 강 목사는 월 지출도 121원이라고 밝혔다. 저축이 한 푼도 없다는 점을 은연중에 밝히고 있다. 가계의 지출 내용을 살펴보면, 주식비 12원에 부식비 8원(채소, 생선 5마리, 쇠고기 2근 등), 의복비 8원, 교제비 3원, 땔감 연료비 5원, 도서비 6원(신문, 잡지 포함), 의료비 2원, 세금 4원, 가구비 2원, 자녀 학비 35원, 회비 7원, 농사 인건비 10원, 통신비 2원, 예비비 17원이었다. 강 목사는 살림살이에 대하여 세부적으로 나열했다. 옷은 대체로 조선 한복을 입었다(양복, 양말값은 별도 예산). 교제비 내역은 손님에게 냉면을 대접하고 길흉사에 부조하고, 환자 방문(심방)할 때 치료비 보조였다. 땔감은 목탄과 왕겨였다. 도서비 내역은 신문(동아일보, 조선일보, 기독신보)과 잡지(신학지남, 주일학교 잡지, 활천, 일요학교, 아희생활, 동광) 그리고 단행본 몇 권이었다.

가족들 모두가 건강하여서 의료비가 거의 들지 않았는데 그저 상비약으로 금계락을 비치하였고 또 때를 맞추어 예방주사를 맞았다. 자녀 교육비가 많이 들었다. 서울에 유학 중인 자녀에게 매달 평균 30원 부쳤는데, 이것은 강 목사 월급의 1/3이었다. 또한 다른 자녀 3명의 등록금(수업료)과 책값 그리고 문방구 비용이 만만찮게 들어갔다. 그리고 회비는 교회의 헌금, 종교 교육 연회비, 아희생활사 이사회비, 신학졸업생비 등이었다. 강 목사는 하루에 편지를 2편 이상 썼는데, 한 달에 60편 이상 부쳤다고 한다.

풍기교회 담임 강병주 목사와 가족은 이렇게 살았다.

경안노회 주일학교의 아버지

강병주 목사는 경안노회가 설립되자마자 노회의 주일학교 발전을 위해 헌신하였고, 또 노회 주일학교협의회 총무를 맡아 봉사했다.

풍기교회의 주일학교는 1910년에 시작되었다. 이때의 주일학교는, 요즘처럼 체계적인 학제(유아부에서 청년부까지)를 구성하지 않았고, 장년부(어른)와 유년부(어린이)의 구분이 없이 모두 한 자리에 모여서 성경공부를 하였다.

장로교 총회는 유년주일학교 교사 양성반을 설치하였다. 총회는 각 노회로 하여금 대표를 뽑아 강습회에 참석시키도록 했다. 경안노회는 강병주를 노회의 대표로 뽑아서 파송했고, 강 목사를 주일학교 '권장위원'으로 선출해서 해마다 평양에 가서 교육받도록 했다. 경안노회는 자체적으로 주일학교 교사강습회를 시작했다. 1923년 2월에 일주일 동안 강습회를 열었고, 강병주는 배운 바를 전달 교육을 했다. 나흘 동안 노회 내 각 시찰을 돌면서 교사들을 가르쳤다. 북편 시찰은 내매교회(200명)에서, 남편 시찰은 창길교회(100명)에서, 동편 시찰은 영덕읍교회(100명)에서 개최했다.(경안노회 제5회 회록, 1924.1.7) 이 강습회가 큰 효과를 보았다. 교사강습회 참석자가 늘어나자, 노회 단위에서 시찰 단위로 개최하였다. 1926년부터 경안노회는 주일학교 운동을 위하여 유급 총무를 두었는데, 강병주 목사가 총무로 부임했다. 경안노회는 1932년 6월에 경안노회 교회학교(주일학교)의 발전에 크게 이바지한 강병주 목사의 종교 교육부 총무 근속 10주년 기념식을 거행했다.(경안노회 제22회 회록 1932.12.20)

강 목사는 풍기교회는 물론이거니와 지역의 교회들이 서로 연계하여서 주일학교의 발전을 도모했다. 그 중심에 강병주 목사가 있었다. 경안노회는 주일학교의 발전을 기반으로 한 교육중심의 노회로 정착되었다. 주일학교의 발전은 성경보급, 성경읽기, 성경배우기에 집중했으며 이것이 사경회, 권서의 활동, 성경통신과와 서로 맞물려 있었다. 또한, 교사 자질 함양을 위한 도서실 설치가 돋보였다. 이 모든 교육의 중심에는 성경 기독교가 자리 잡았으며, 이 지역의 정신문화유산인 '선비정신'이 크게 자리를 잡았다.

경안노회의 농촌부 총무

1920년대의 우리나라 농촌의 경제 사정은 어려웠다. 자작 농민이 빠른 속도로 줄어들고 소작 농민이 크게 늘어났다. 사실 우리나라 농촌경제의 몰락이 시작된 것은 일제 총독부가 실시 한 토지 조사 사업(1910~1917년)을 통해 토지 등기제도 실시로, 토지 소유제가 정착되면서부터였다. 농민들이 조상 대대로 갖고 있던 토지 경작권은 아무런 보상 없이 토지 소유권에서 배제되었고, 지주(地主) 중심의 토지 소유제가 확립되었다. 농촌경제의 몰락은 농촌 교회의 재정 위기로 연계되었다.

1928년 12월 제14회 경안노회는 제17회 총회(1928년 8월)의 결의에 따라 '농촌부 연합회'를 조직했다. 농사가 기독교인의 생활 경건 훈련임

백남은 풍기교회를 목회할 1923년에 밭 1,500 평과 논 2,000평을 소작하는 전답으로 마련하고
머슴을 두어, 농사 개량을 실제로 시도하였다.
왼쪽 머리띠 한 분은 백남의 둘째 아들 강신정, 세 번째 검은 머리는 백남의 맏아들 강신명이다.

을 강조했다. 그날의 농사를 기도로 시작하고 기도로 마치게 했다. 신
앙과 삶이 함께 하는 생활 경건이었다. 이때 총무인 강병주 목사는 농
민들에게 필요한 농촌 계몽과 농사 개량에 관하여 책을 발간했다. 두
권의 농사안내서는 식량 부족을 타개하며 경제적 향상을 위해 쌀 생산
량을 증대시키는 논농사법에 관한 책 '정조14석수확법'(正租14石收穫法)
과, 중국에서 수입되는 싼값의 채소가 농가에 커다란 타격을 주고 있
으므로, 문제 해소를 위한 책 '소채3천원수확법'(蔬菜3千圓收穫法)이었다.

이 무렵에, 경안노회는 농촌 운동을 생활 개선 운동과 병행했다. 예
컨대, '간소한 관혼상제'를 실시하도록 강조했다. 이것이야말로 유교
의 관습이 깊이 박혀 있는 이 고장에서 하나의 생활혁신을 일으킨 운
동이었다고 본다. 경안노회의 농촌 운동은 이렇게 '실천적 기독교'를
지향했다.

1932년 7월에 장로회 총회는 '고등농사학원'을 설립하고 농촌지도

자를 양성하고자 했다. 해마다 여름 두 달 동안 3년에 걸쳐 평양 숭실전문학교에서 진행되었는데, 강병주 목사의 아들 강신명이 음악과 체육을 가르쳤다.

강신명은 신학생으로서 어린이들을 위한 주일학교 찬송가를 많이 지었다. 그가 쓴 동요를 모아서 "아동가요곡선 300곡"(兒童歌謠曲選300曲, 1936년)을 출판했다. 이 책에서 그는 어린이들이 부를 수 있는 모든 노래를 모았는데, 제1부에는 주일학교에서 사용하는 어린이 찬송가 100곡을 실었다. 물론 여기에는 교회용 계몽 노래도 함께 들어 있었다. 강신명은 신앙생활을 위하여 반드시 성경과 찬송이 나란히 함께 있어야 한다고 주장했다. "찬송은 하나님의 영광을 찬양하고 은총을 감사하는 것"이라 말했다. 이러한 강신명의 노력이 풍기교회에 적지 않은 영향을 끼쳤으리라 짐작한다. 1930년대 후반에 풍기교회는 찬양대, 백합합창단, 취주악대를 조직하였는데, 강병주 목사 시절에 초석을 놓은 교회 음악의 발전이라 볼 수 있다.

겨레 사랑, 한글 발전에 공헌

강병주 목사는 '조선어학회'에서 유일한 목사위원이었다. 그의 한글 사랑에 관련된 일화를 소개하고자 한다. 1933년에 조선어학회가 한글 철자법 통일안을 새로 발표했다. 아래아(·)를 폐지하자는 것이 한글 철자법 통일안의 핵심이었다. 이 안을 신편찬송가에 받아들일 것인지 그 가부를 둘러싼 논쟁이 교계의 쟁점으로 부각되었다. 장로교회의 제23회 총회(1934년)와 제24회 총회(1935년)는 조선어학회가 제정한 한글 철자법 통일안의 채용을 유보했다. 그러자 거센 비판이 일어났다. 제26

회 총회(1937년)에서 강병주 목사는 새로 만든 한글 철자법 통일안으로 찬송가를 간행하여 달라고 다시 청원하였다. 총회가 이 청원을 받아들이기로 결의했다.

당시 '동아일보'(1937. 9.19)는 "성경과 찬송가는 기독교문화 발달뿐만이 아니라 여명기의 조선에서 문맹 퇴치, 문화 향상에 거대한 공헌을 끼친 터로서 금후 한글 철자법 통일안을 채용하게 되면 한글 철자법 통일안의 지지와 그 보급에 새로 30만 명 이상이 가담한 것이라 할 것이다"라고 의미를 부여했다.

1932년 말에 풍기교회를 사임하고 서울로 간 강병주 목사는 김은석 목사가 담임하던 기간에 가끔 내려와서 교사 교육을 하였다. 여기에서 그는 한글을 가르쳤다.

강병주 목사의 사임

1932년 6월에 풍기교회의 당회록에 기록된 교인 통계에 따르면, 성찬식에 참여한 교인은 214명이었다. 이 가운데서 금년에 세례받은 입교인이 12명이었고, 유아 세례받은 입교인은 1명이었다. 학습교인은 60명이었고, 이 가운데서 금년에 세운 학습교인이 21명이었다. 원입교인이 83명이었다. 이렇게 교회가 탄탄하게 발전하는 가운데서 강병주 목사는 1932년 11월에 풍기교회의 담임목사직을 사직했다. 총회가 종교 교육부 교사 양성 과정의 총무를 맡아 달라고 청빙했기 때문이다. 이것을 접수한 노회는 시찰장으로 하여금 교회의 당회 앞으로 강 목사의 사면 청원을 통지하고, 이 청원서를 접수한 당회는 12월 11일 공동의회를 열어 담임목사의 사면에 대해 투표했다. 경안노회는 1932년 12

월 20일 시무사임 청원을 받기로 결의했다. (성내교회 100년사, 48~91쪽에서 발췌)

강신정 선생의 풍기교회 송별모임 사진이다. 1926년 새롭게 건축된 풍기교회의 예배당 내부 모습을 볼 수 있다. 백남의 풍기교회 사임은 1932년 12월이었다. 그런데 만산의 송별기념사진은 1934년 7월 2일이다. 시차가 있었던 이유는 만산의 송별식이 후일 따로 계획되었기 때문이었다고 짐작된다.

경안노회 독립운동 비사 개요 (慶安老會 獨立運動祕史 槪要)

[백남은 경안노회 제7,8회(1925~1926년도)와 제20, 21회(1931~1932년도)와 제30, 31(1936~1937년도)에 노회장을 역임했다. 장사성 목사는 백남의 뒤를 이어 제9, 10회(1926~1927년도) 노회장을 역임했다. 이 사건은 1926년 겨울에 일어났다.]

1926년도에는 국내에서 중국 상해 임시 정부(中國上海臨時政府)에게 군자금(軍資金)을 비밀히 제공하는 단체가 있었고 또 민간 상호간에도 그러한 풍조가 있었다. 이 풍조에 힘입어 노회 임원회와 원로급 목사님과 또 이상동(李相東) 장로(上海臨時政府 國務領 李相龍 先生의 實弟)와 밀회하여 노회 재정에서 군자금을 할당하여 이상동 장로로 하여금 이를 상해 임시 정부에 전달하도록 했을 것이다. 당시 노회 임원은 노회장 張師聖 목사, 부회장 金宇一 목사, 서기 林鶴洙 목사, 부서기 尹永文 목사, 회계 安邊岩 선교사, 부회계 權燦永 선교사였다. 노회 임원 6명 중 會計 正副가 선교사로 되어 있었다. 두 분은 외국인 선교사로 되어 있어 임원회에서는 諒解事項으로만 두 선교사에게 알리고 韓人牧師 任員 4명만 이 일을 적극 가담케 하였다.

자금이 이상동장로를 통하여 상해 임시 정부 요인으로 實兄이신 李相龍 先生이 계셨기 때문에 독립 자금 전달이 가장 要因하기 때문에 비밀히 중강진(中江鎭)을 경유하여 上海臨時政府에 전달되었다. 그 시기가 1926년 겨울이라고 한다. 그리고 일 년이 지나는 즈음 1927년 가을에 이 소문을 日警이 탐지하여 마침내 사건화에 이르게 되었다. 이 사건으로 1926년도에 노회장으로 피선된 張師聖 목사를 비롯하여 당시 임원인 金宇一 목사, 林鶴洙 목사, 尹永文 목사, 그리고 원로목사급인 金泳玉 목사, 姜錫晉 목사, 姜炳周 목사, 그리고 후일 이 사건을 수습할 김세영(金世榮, 1878~1941) 장로 등 9명이 체포되어 사건의 발단지인 평안북도 中江鎭으로 호송하게 되었다. 이 소문이 난 것으로 추측이 된 중강진의 警察署와 國境警備隊 憲兵의 조사를 받기 위해 留置場에 수감되었다. 그때가 1927년 겨울이다.

9명의 어른들이 갑자기 연행되는 바람에 모두가 中江鎭까지 오리라고는 예상치 못하고 아무 준비도 없이 입은 그대로 연행되었던 것이다. 중강진은 영하 20도가 넘는 곳이다. 제일 연령이 많으신 분이 金泳玉목사님이시다. 1871년생이니 당시 56세이다. 그때만 해도 45세가 넘으면 初老가 되고 50세가 되면 老人待接을 받게 되고 55세가 되면 지팡이를 짚고 다닐 때이다. 留置場은 마루바닥이고 鐵窓에 溫氣는 한 点도 없는 곳이다. 41세인 張목사님은 자신이 입고 있던 외투를 벗어서 金泳玉 목사님에게 입혀 주셨다. 자기는 아직 젊고 건강하고 金 목사님은 연로하시고 노회 선배 목사이고 하니, 당연히 할 일을 했다고 했다. 이런 일로 서로 慰勞하고 激勵하여 중강진에서 3개월을 갇혀 있었다. 그리고 무사히 고향으로 돌아왔다.

훗날 金泳玉 목사님은 장남 金恩錫 목사님에게 "이 은혜를 대대로 잊지 말라"고 당부했다고 한다. 金泳玉 목사님은 한국 교회에서는 드물게 보는 三代 牧師 가정이다. 서울 蓮洞敎會 金炯台 목사는 손자이다.

1926년 1월 6일에서 8일 사이에 慶安老會 제9회가 安東敎會에서 회집되었다.

著述者(배흥직)가 당시 1926년도의 노회록을 참조해 보니 회계 보고에 어느 한 곳에서든지 그러한 資金支出이 없었다. 그러나 전기, 후기 두 보고가 있어 자세히 살펴보니 正式條目으로는 증거가 남기 때문에 정당하게 支出條目이 기입될 일이 없다는 판단을 하며, 근사한 조목(條目)과 액수를 찾아보니, 전기, 후기를 통해 두 곳에 근사한 支出項目을 발견했다.

즉, 1926년 전기에 외지전도비(外地傳導費) 지출송금 396圓 23錢과 후기 외지전도비 지출송금 150圓, 합계 546圓 23錢의 送金이라는 조목을 발견했다. 당시로 말하면 546圓이라 하면 적은 금액이 아니다. 그때 당시 군수(郡守)의 월급이 30圓을 받을 때이니, 노회에서는 결코 적은 금액이 아닌 것이다. 그리고 1925년 전이나 1927년 후에는 외지전도비 송금 회계 보고는 會錄에 記載事實이 없다.

이런 것을 미루어 볼 때 外地傳導費라 하면 中國山東省 地方 선교사와 滿洲 間島 지방의 朝鮮族에게 전도하는 것을 말할 수 있다. 이러한 항목에서 노회 회계에서 정당하게 지출하여 이를 獨立資金으로 송금했을 가능성이 있다고 추측한다.

그런데 경안노회의 상해 임시 정부에 독립 자금을 원조했다는 것은 경안노회에서 들어본 일이 없었다. 처음으로 듣게 된 것은 감리교의 張炳旭 목사(張師聖 목사 長孫子) 著 '韓國敎會遺事' p.79의 '그 時節 그 사람' 항에 張師聖목사님의 기록에서 발견하고 처음 周知한 일이다.

(배흥직, '慶安老會 獨立運動祕史' 2002년, 발췌)

(裵興稷 : 慶安老會 功勞牧師, 前 慶安高等學校長)

1926년에 경안노회 노회장인 張師聖 목사는 1921년에 창립된 蘇湖里敎會에서 시무하였다. 소호리는 만산 강신정 목사의 妻家가 있는 곳이다. 아버지의 장인 이시복(李時馥) 장로님은 韓山 李씨 宗家집이었다. 종가의 땅을 교회에 헌물하여 소호리 교회를 지었다. 이런 외할아버지와 할아버지께서 老會에서 만나 意氣投合하여, 어머니와 아버지 婚事를 約束하였다.

소호리교회 전면, 예배실, 한산이씨 대산종가 전경, 교회 후면, 교회 후면 사이에 밭이 있음

4. 총회 종교 교육부 교사 양성 과정 목회(1933~1941)

백남과 정인과(鄭仁果, 1988~1972) 목사

백남의 총회 종교 교육부 교사 양성 과정 총무로 목회하게 된 데에는 정인과 목사를 먼저 말해야 한다. 솔내 민경배 교수는 '정인과와 그 시대'에서 "한국 교회가 일제 치하 그 어려웠던 수난과 수모의 길을 걸어갈 때, 경륜(經綸)과 경세(經世)의 남다른 신학을 가지고 우리 교회를 이끌어 갔던 한 인물, 그 사람이 정인과(鄭仁果, 1988~1972)이다"라 했다.

그는 최초의 선교사 언더우드(H.G.Underwood)가 입국하고 3년이 지난 때, 구한말 근대화의 물결이 기독교와 함께 몰려들기 시작할 때 1888년에 태어났다. 1882년생인 백남보다는 6살 아래였다. 1902년 14세 때 기독교를 믿었다. 1907년 평양대부흥 성령의 불길을 보면서 자란 정인과는 1911년 숭실전문대학 이전의 숭실대학을 졸업한 후, 미국으로 유학의 길을 떠나 샌프란시스코신학교에 입학하여 수학했다. 3·1독립운동을 미국에서 맞고, 상해 임시 정부의 요직에서 봉사하며, 도산 안창호를 만나 1913년에 조직한 흥사단(興土團)에 가입했다. 다시 프린스톤신학교에서 1923년 석사 학위를 받았다.

정인과는 1924년 6월 16일 스코틀랜드 글라스고(Glasgow)에서 회집된 세계주일학교대회에 한국 대표로 참석하고 1924년 11월에 귀국하였다. 그는 1925년 장로회 총회에서 대회에 참석한 보고를 하며 전국 주일학교연합회에서 일하기 시작했다. 당시 총회에 주일학교부가 있었고, 그것이 종교 교육부가 된 것은 1926년이었다. 종교 교육부에서 총무로 처음 임명한 것은 1932년의 일이다. 이때 정인과 목사의 추천

으로 백남은 양성과장이 되었다. (민경배, '정인과와 그 시대' p.27)

그런데 정인과 목사의 총회 활동과 백남의 총회 목회와 일치하는 부분이 많았다. 정인과 목사는 주일학교 교육과 교사 양성을 중시하였는데, 이것은 백남의 목회 방향과 일치하였다. 정인과 목사는 1928년에 총회 농촌부 부장이 된다. 1930년 9월 총회에서는 매해 10월 셋째 주일을 농촌주일로 지키기로 결의했다. 이 역시 백남의 목회 강조점과 일치한다. 또한 1933년 9월에는 종교 교육부 주관으로 새로운 찬송가 편찬 작업을 시작하였는데, 한글 목사로 이름이 난 백남은 물 만난 물고기에 비유할 수 있었을 것이다. 정인과 목사는 1935년에 장로교 총회장으로 피선되어 12월에 신편찬송가를 간행하는데, 백남은 찬송가 가사를 한글 맞춤법 통일안에 맞추어 출판하는 일에 적극적이었다.

이 당시의 상황을 만산은 이렇게 기록했다.

제24회 총회 임원일동(1935. 9. 6)
앞줄 좌로부터 홍택기, 정인과, 김성로, 나시산
뒷줄 좌로부터 김응순, 곽안련, 고한규, 곽진근

조선예수교 장로회 제24회 총회 임원일동, 1935년 9월 6일 사진이다. 앞줄 좌로부터 두 번째가 총회장이 된 정인과 목사이다.

"해방 전에 대한성서공회가 한글 통일안 맞춤법을 외면하고 자가류(自家流)의 맞춤법을 고집한 적이 있었다. 그때가 바로 개역성서(改譯聖書)의 출판을 서두르고 있을 때였다. 당시 총무 정태응(鄭泰應) 장로는 정태희(鄭泰熙) 목사를 한글 교정 책임자로 등용했으며, 정 목사는 타인의 출입을 금하고, 독 방에서 자기류의 철자법으로 개역성서의 한글 교정 작업을 진행 중에 있었다.

어느 날 백남이 대한성서공회에 들렀다가 우연히 정 목사의 독방으로 들어가서 그의 교정 현장을 목격하고 아연실색(啞然失色)하셨다. 왜냐하면 한글 통일안 맞춤법을 처음부터 무시하고, 자기 개인의 주장을 노골적으로 고집하고 있었기 때문이다. 총무에게 한글 교정의 부당성을 지적하고, 시정을 촉구했음에도 불구하고 시정을 거부할 뿐 아니라, 백남의 교정실 접근까지 의도적으로 막았다.

그러나 한글 보급에 남다른 관심을 가진 백남, '한글 큰 사전' 편찬 때 기독교 용어 전문위원으로 참여했던 백남은 물러설 수가 없었다. 이미 교정이 완료되어 인쇄된 창세기 단편(單篇)을 입수하여 통일안 맞춤법대로 붉은 잉크를 사용해서 다시 교정한 것이 얼핏 보아 새빨갛게 보일 정도였다.

백남은 새빨갛게 교정한 단편 창세기를 가지고, 남대문교회당에서 모인 경기노회 석상에서 또는 장로회 제34회 총회 석상에서 높이 들어 보이면서 대한성서공회의 오산(誤算)을 즉각 시정하도록 선처 해 달라고 호소했던 것이다. 그때 노회와 총회는 백남의 주장과 제안의 정당함을 인정해서 만장일치 (滿場一致) 가결로 찬송가(讚頌歌) 가사를 한글 맞춤법 통일안에 맞추어 개편하는 동시에, 대한성서공회 실무자들을 종용(慫慂)하여 한글 통일안 맞춤법대로 다시 교정하도록 했으며, 성경은 미루어 오다가, 해방 후에 결국 백남 자신에게 그 책임이 돌아왔으며, 그 후 고혈압으로 고생 불편을 느끼면서도 대부분을 친히 교정하셨으며, 말미 부분은 여의치 못하여 한글 제자 강석모(姜錫模) 장로를 자택으로 초치(招致)하여 자신이 보는 앞에서 교정을 마무리 짓게 하셨다. 그것이 바로 오늘도 사용하고 있는 1956년 한글판 '개역(改譯) 성경전서(聖經全書)'인 것이다."

신편찬송가(新編讚頌歌)는 장로교 총회 종교 교육부에서 1935년 11월 7일에 간행했다. 그런데 이 신편찬송가 간행에 여러 가지 한국 교회의 문제점이 드러났다. 민경배 교수가 쓴 '정인과와 그 시대'의 글을 발췌하여 살펴본다.

우리 한국 교회 최초의 찬송가는 1892년 북감리교 선교부 발행의 『찬미가』이고, 장로교에서는 언더우드(H.G.Underwood)—원두우(元杜尤) 발행의 『찬양가』였다. 1894년 간행이었다. 하지만 여러 문제들이 있어서, 1908년에 장로교 감리교 합동으로 『찬송가』를 간행하였다. 그런데 그 판권(板權)이 1918년에 조선야소교서회(朝鮮耶蘇教書會) 곧 오늘의 기독교서회에 넘어간다. 그리고 1931년 6월에 장감(長監)이 함께 쓸 수 있는 『신정(新訂) 찬송가』가 공간(公刊)되었다. 한국 교회 최초의 통일 찬송가였다. 그런데 발행 석달 만에 문제가 터지기 시작한다. 『기독신보』가 음악전문가들로 구성된 편찬위원에 신학자나 교회 관계 인사가 하나도 포함되어 있지 아니한 것을 문제 제기하였다. 1932년 총회에서 『신정(新訂) 찬송가』가 총회의 허락없이 출판되고 교열(校閱)이 없었던 점을 유감이라고 지적하면서 찬송가를 다시 개편하여 출판한다는 결의를 했다. 1934년 찬송가 편찬위원회의 결의를 받아들여 찬송가 단독 편찬을 종교 교육부에 맡기도록 가결하였다. 이렇게 막중한 책임이 정인과의 어깨 위에 메워지게 되고, 종교 교육부와 정인과에게 위탁된 것이다. 이렇게 해서 "장로교회 전용(專用)" 『신편찬송가』가 간행되었다.

　이 『신편찬송가』는 허다한 문제를 남겼다. 총회 안의 어떤 지방 교회는 『신정찬송가』를 그대로 사용하기도 했다. 더 큰 문제는 예수교서회가 구판(舊版) 『찬송가』를 계속하여 판매하고 있었다는 점이다. 장로교 총회는 선교사 장악의 예수교서회와의 불편한 관계는 불가피하였다. 그때 서회의 총무 반우거(G.Bonwick, 班禹巨)가 안식년으로 귀국하여서 클라크(W.M. Clark, 康雲林)가 잠시 총무 서리 일을 보고 있었다. 서회가 정인과와 교섭하는 과정에서 자기들의 뜻이 수용되지 아니한다고 하여서, 구 찬송가를 싼 값에 전국에 판매하고 있었다. 판권이 『신편찬송가』에만 있었기 때문에 장로교 교단에 손해가 컸던 것이다. 이렇게 찬송가 문제가 한참 복잡할 때 정인과 계의 강병주(姜炳周)가 예수교서회의 클라크 총무를 노회에 고소한 사건이 있었다. 그런데 당시 정인과와 현상적인 반목 관계에 있었던 『기독신보』 사장 전필순(全弼淳, 1897~1977)은 강병주의 고소가 잘된 것이요, 선교사들은 이런 기회에 치외교권(治外敎權)을 포기하여야 할 것이라고 논평했다(宣敎師의治外敎權, 社說, 基督申報, 1936.7.22.日字). 적대적인 강병주를 옹호한 까닭이 강병주가 예수교서회를 공격한 까닭이었다면, 전필순의 동기가 전략적 조치였다는 것을 모를 사람이 없다.

　이 시대는 민족의 자주성을 교회 행정에서도 확립하여야 한다는 시대정신이 회오리바람을 일으키던 때인지라, 한국 교회와 선교사들은 사소한 일에도 피차 감정이 다치곤 하였다. 정인과 계의 김현정(金顯晶)은 선교사들의 우월감을 치토(致討)하였다. 가시가 돋쳐 있었다.

　　"종교교육부가 출판권을 양도함을 얻어 가지고 『신편찬송가』를 발행한 것임에도 불구하고, 예수교서회는 자신의 영업 중 제일 이익이 되던 찬송가를 총회 사업으로 빼앗긴 것을 분개하여 … 종교 교육부를 시기하여 각종 방법으로 찬송가 탈취를 꾀하다가 성사가 되지 못하매, 이제 와서는 구 찬송가를 인쇄 하야 발매하고 있으니, 이 어찌 언어도단이 아니리오."(김현정, 『신편찬송가』출판문제에 대하여, 基督敎報, 1936. 9. 8. 日字)

한국 교회는 선교사들의 은공을 감사하면서도, 그들의 진실을 우리들 요구와 필요에 충당시키는 방식으로 조절하고 싶어 한 것이다.

강병주는 찬송가나 성경의 새로운 한글 맞춤법 적용을 강력히 추진하여 "한글목사"라는 명성을 얻고 있었다. 성경과 찬송가가 한국 사회에서 발행되고 또 읽혀지는 범위를 생각하면 이것은 한글 발전에 실로 엄청난 영향을 미친 일이라 아니할 수 없다. 그의 공로 때문이었다.

정인과와 총회의 종교 교육부에 속한 이들은 한국 교회 안에서 실제로 손꼽히는 엘리트들이었다. 그때 종교 교육부의 상설 기관에서 힘과 능력을 다 기울여 한국 교회의 원대한 미래를 위해 손잡고 헌신하고 있었다.

종교교육부의 총회 안에서의 위상은 미국 북장로교 선교본부 선교 백주년을 기념하여 가지는 축하회에 우리 장로교회 대표를 보내는데, 그 대표 선정권을 종교 교육부에 일임한 데서도 나타난다. 그때 대표로 파송되도록 선정된 인사는 백낙준(白樂濬, 1895~1985)과 이용설(李容卨, 1895~1993)이었다. (민경배, 정인과와 그 시대, p.109, p.114~127 발췌인용)

백남과 정인과 목사의 만남

만산은 백남과 정인과 목사의 만남에 대하여 증언하기를, "백남이 풍기교회를 목회하는 중에 평양신학교 종교 교육과를 졸업하자, 경안노회는 백남을 노회 종교 교육부 및 농촌부(農村部) 총무로 임명했다. 총무로 임명받은 백남은 1928년도라고 추측된다. 경안노회 제1회 주일학교대회를 안동(安東) 법상동(法尙洞) 교회당(현 中央)에서 열고, 5일간 대성황을 이루었다. 이때 강사로 정인과(鄭仁果) 목사가 있었는데, 백남이 주관한 대회가 알차고 성공적이었으므로 객관적으로도 높이 평가를 받았다. 이 대회의 초청 주강사인 총회 종교 교육부 총무 정인과(鄭仁果) 목사(1888-1972)는 백남의 조직적이고 활동적인 비범한 능력에 크게 감탄하는 동시에, 백남의 중앙 진출 길을 열어주어야 하겠다고 내심 다짐했다. 그래서 1933년 백남은 정인과 목사의 추천으로 총회 종교 교육과 교사 양성과 과장직을 맡게 되었다"고 했다.

성내교회 100년사에도 "강병주 목사는 총회가 종교 교육부 교사 양성 과정의 총무를 맡아달라고 청빙했기 때문에, 강 목사는 1932년 11월에 경안노회에다 풍기교회 담임목사 시무 사면을 청원했다"라고 하였다.(성내교회 100년사 p.91) 백남을 총회에서 일하도록 누가 청빙했을까? 정인과 목사였다.

이후, 백남의 총회 목회는 주일학교 교사 양성 활동, 농촌부 지원 활동, 『신편찬송가』 출판과 개역성경 출판 준비, 각종 총회 발행 문서 활동과 발행 등이었는데, 정인과 목사의 총회 활동과 긴밀하게 연계되었다.

백남의 총회 문의 사건

1884년에 입국한 최초의 선교사 알렌(Horace Newton Allen)의사가 1885년 재동에 광혜원(廣惠院) 병원을 세우고 의료선교를 시작할 때 태동(胎動)하기 시작한 제중원 교회가 1909년에 남대문 밖에 70평의 건물을 짓고 남대문교회로 독립적인 교회가 되었다. 창립 70주년에 '남대문교회 교회사'(남대문교회사 편찬위원회, 박효생 집필, 1979년 발행)를 박효생 목사가 집필하여 발행했다. 남대문교회 교회사 p.173~176에 백남의 1934년 제23회 총회에 문의한 사건이 기록되어 있다. 이 사건을 살펴본다. 한국

종교시보에 실린 백남의 인사 소식이다

교회사에 중요한 사건의 배경이 된 일인데 "창세기(創世記) 저작(著作) 문제"에 대한 문의였다.

"김영주 목사(남대문교회 담임목사)의 고향 함경북도는 캐나다 연합교회의 선교 지역으로써 그 신학적 배경이 자유스러운 신학사상에 의하여 움직였으며, 1926년(새문안 70년사 1973년, p.199) 서고도(徐高道 Scott)가 선교회의 회장이 되면서부터 함경도 지방의 자유주의적 경향은 더욱 고조되고 있었다.

김영주 목사는 이런 분위기에서 성장하다가 일본의 관서학원 신학부(關西學院神學部)에서 신학교육을 받았다. 그의 신학적 훈련이 학문적으로 강화된 셈이다. 장로회 총회의 평양신학 출신 이외의 일본이나 구미(歐美)에서 신학교육을 받은 자에 대한 경계는, 목사후보생이 반드시 평양신학교에서 정치와 교리의 교육을 받기 위하여 입학하라는 지시에서 명료히 나타났다. 당시 서울 목사로서 이러한 과정을 밟았던 사람이 김영주를 비롯하여 전필순, 최거덕, 최석주와 같은 분들이었다. 한국 교회가 총회에서 이러한 비보수계(非保守系)의 신학 경향을 근절할 생각으로 이들에 대한 총회적인 타격을 가한 것이 1934년 제23회 총회 때의 일이다. 이때 제기한 문제는 성진(城津)교회의 김춘배(金春培, 1904~1946) 목사의 여권(女權) 문제와 남대문교회 김영주 목사의 창세기의 모세 저작(著作)의 문제였다.

남대문교회 김영주 목사의 창세기 저작 문제가 1934년 제23회 총회에서 강병주(姜炳周, 새문안교회 강신명, 용산제일교회 강신정 목사의 부친이며, 강신정 목사는 해방 전에 남대문교회 교인으로 집사이었다.) 목사의 문의에 의하여 발단되었다. 이 문제는 성서의 고등비평(高等批評)과 자유주의 신학이 총회적으로 문제화된 최초의 사건이었다. 총회는 이 문제의 해답을 위한 연구위원을 선정하여 그것의 답안을 작성하여 보고할 것을 결의하였다. 이 연구위원은 장로회 신학교 교장 나부열(羅富悅)과 선교사 불(W.F.Bull, 부위염(夫衛廉), 교수 박형룡(朴亨龍, 1897~1978) 염봉남, 윤하영 등 평양신학교 교수진을 중심으로 구성되었다.

1930년대 미국 북장로교의 프린스톤 신학교에서 일어난 진보와 보수 두 진영 사이의 신학 논쟁의 결과로 근본주의적 보수파가 분리하여 웨스트민스트 신학교로 분립하여 나왔을 때 평양신학교 교수들은 모교의 신학사상에 추종했었다. 그러나 이들의 신학은 역시 보수적이었고 현대 신학을 소개하지는 않았다. 김영주 목사 문제의 총회 연구위원들은 대부분 이런 분위기의 평양신학교 교수로 구성되었다.

이 위원회는 여러 차례에 걸쳐 진지한 연구 토의 끝에 답안을 작성하여 다음 해인 1935년 총회에 제출되어 원안 그대로 통과 됨으로써 모세의 창세기 저작을 부인하는 목사는 신조 제1호에 위반하는 자이므로 우리 교회의 교역자 됨을 거절함이 마땅하다는 것을 선포하게 되었다. 문제의 장본인인 김영주 목사는 총회의 견해에 순종하여 본인의 뜻을 취소하였으므로 이 문제는 일단락을 보았다.

모세오경(五經, Pentateuch)의 학문적 연구는 18세기 이후 아이히호른(J.C.Eichhorn)이 야훼와 엘로힘의 두 신(神)의 명칭을 지적하고 문제 삼았고, 그 후 벨타우젠, 아이스펠트에 의하여 문서설을 주장하게 되어 J.E.D.P.문서로 구분하였다. 오경의 문헌 분석했던 치중했던 연구와는 달리 궁켈은 고고학의 학문적 공헌에 의존하여 새로운 연구를 하였다. 이러한 구약학의 연구에 대하여 신학적 입장을 밝힌 김영주 목사의 창세기 저작 문제는 학문적 연구에 대한 교권주의자들의 지나치게 성급하고 과민한 반응이었음을 오늘날에 와서는 시인하지 않을 수 없다.(李章植, 韓國敎會의 어제와 오늘, 大韓基督敎出版社, 1977, p.175)"

다음은 조사위원회(위원장 라부열)가 총회에 제출한 연구 보고의 내용 중 김영주 목사에 관한 내용만을 옮긴 것이다.

챵(창)세기 저작자 문제와 김춘배 목사 성경해석문제 연구위원회 보고서

위원 등이 표제의 문제에 대하야 각각 연구하옵고 금년 3월 14일, 9월 6일, 9월 9일, 합 3차 평양신학교 내에 집회하야 회의를 거듭한 결과 여좌히 답안 작성 보고하나이다.

1935년 9월 9일

위원장 라부열

조선예수교장로회 총회장 전

一 창세기 저작자가 모세가 아니라 하는 목사가 우리 장로교회 목사 일 볼
　수 있느냐 하는 문제에 대한 대답

구약의 첫 5권은 성경에 항상 집합적(集合的)으로 〈률법〉, 혹 〈주의 률법〉,
혹 〈률법책〉, 혹 〈하나님의 률법책〉, 혹 〈주의 률법책〉이라고 불럿나이다.
(여호수아1장 7,8절, 8장 31절, 24장 26절, 렬왕기상2장3절, 력대하 17장
9절, 31장 3절, 에스라 7장 6절, 마태 5장 17절, 누가 2장 22절, 23절). 이
사실은 그 5권이 본래 한 책으로 인정되었던 것을 표시하며 구약의 히브리
어 사본에 그러케 되어 있나이다. (5부분에 나누어서 각 부분에 첫 글자로
그 부분을 지명하여 온 것은 사실이지마는) 그럼으로 오경(五經)의 저작자
문제를 의논함에 잇서서 창세기나 기타 어느 한 권을 따로 떼여 가지고 의
논하기는 어렵고 오경 전부의 저작문제를 의논할 수밧게 업나이다. 따라
서 창세기가 모세의 저작이냐 아니냐 하는 문제는 오경이 모세의 저작이
냐 아니냐 하는 문제와 갓흔 것으로 취급하게 되나이다.

이것은 모든 성경학자간에 통행하는 방법이요, 성경 비평가들도 취하는
방법이웨다. 창세기가 모세의 저작이 아니라고 하는 반대론은 근대의 파
괴적 성경 비평가들의 주장하는 이론인 바 그들은 과연 창세기의 모세 저
작을 부인하는데 멋지안코 오경 전부를 모세의 저작이 아니라고 주장하며
모세 시대로 부터 여러 세긔 후대엇던 인물들이 기록한 위조 문서로 돌리
나이다. 또 그들은 오경뿐만 아니라 구약 다른 여러 책과 신약 여러 책을
후대인의 위조 문서로 인정하며 그 기록의 내용에 신화와 고담과 미신과

허설과 각종 오루(誤陋)가 있다고 지적하여 냄으로 성경 대부분의 파괴를 도모하는 것이웨다. 그럼으로 조선장로교회 안에서 창세기를 모세의 저작이 아니라고 가라치는 목사들도 창세기만 아니라, 오경 전부 내지 신구약 성경 대부분의 파괴를 도모할 것이 분명하웨다. 그러나 파괴적 성경 비판가들이 제출한 모든 비평적 리론이 보다 정통성경학자들의 변해에 의하여 일일이 반박되엿고 성경이 참되다는 증거는 여전히 확립하여 있나이다. 그중에 창세기를 포함하는 오경이 모세의 저작이라는 사실은 무엇보다도 오경 자체의 증거와(출애굽 17장 14절, 24장 4절, 33장 27절, 민수기 33장 2절, 신명기 27장 3절, 28장58절, 31 장24절) 구약 다른 여러 책의 증거와 (여호수아1장7,8절, 8장 31−35절, 24장 24절, 렬왕기상 2장 3절, 에스라 3장 6절, 6장 18절, 7장 6절, 느헤미야 8장1−18절, 다니엘 9장 10절, 1장 14절) 신약에 그리스도의 증거(마가 7장 8절, 참고 출애굽 21장 17절, 레위기 20장 7절, 마가 13장 15절 참고 신명기24장 1절, 3절, 12장 19절, 26절, 누가 2장 2절,18절, 마태 22장 24절, 누가 24장 22−44절, 요한5장 45−47절) 신약 다른 책들의 증거(로마서10장 참고 레위기18장 5절, 로마서 10장 19절, 참고 신명기 3장2−21절, 사도행전 3장 22절, 참고 신명기 18장 15절) 등에 의하야 명확히 드러나이다. 그리고 기타 성경 각 부의 참됨이 다 명확한 증거를 가지고 잇나이다. 그러므로 우리 교회는 복음을 처음 밧을 때로부터 밋어온 그대로 우리 교회의 신조에 가라친 그대로 오경과 기타 신구약 모든 책을 다 포함하는 성경 전서를 하나님의 말씀이요 신앙의 본분의 정확 무오한 법측으로 밋기를 조곰도 주저할 리유가 업스며 모든 교역자로 하여금 이 본래 밋던 바 또는 신조에 가라친 바의 성경에 대한 확신을 확집하야 변함업시 가라치게 함이 당연하웨다. 그리고 모세의 저작이 아니라고 가르치는 교역자는 이상에 설명한 바와 갓치 크게 말하면 오경 전부 내지 성경 대부분의 파괴를 도모하는 사람이오 적게 말하더라도 오경의 증거와 구약 다른 여러 책의 증거와 예수 그리스도의 증거와 신약 여러 책의 증거를 거짓말로 성경의 권위와 그리스도의 권위를 무시하며 능욕하는 사람이니 〈신구약 성경을 하나님의 말삼이니 신앙과 본분에 대하야 정확 무오한 유일의 법측이니라〉(조선예수교장로회 신조 제일조)고 밋고 가라치는 우리 장로 교회는 용납할 수가 업나이다. 그런 사람은 우리 교회 신조 제일조에 위반하는 자 임으로 우리 교회의 교역자됨을 절함이 가하다 하나이다. (대한예수교장로회총회록, 제24회, 1935, pp.83-85)

이 시기 한국장로교회의 신학적 분위기와 또한 신학적 갈등의 서막이 열림을 강력히 표출해 주는 내용이 아닐 수 없다. (새문안교회 100년사, p. 296)

결국 연구위원회는 다음과 같은 경고로서 신학적 진보에 대한 철퇴를 가하고 있다.

성경의 파괴적 비평을 가르치는 교역자들과 성경을 시대 사조에 맞도록 자유롭게 해석하는 교역자들을 우리 교회 교역계에서 제외하기 위하여 총회는 각 도회에 명령하야 교역자의 시취문답을 행할 때에 성경 비평과 성경 해석 방법에 관한 문답을 엄밀히 하야 조금이라도 파괴적 비평이나 자유주의의 해석 방법의 감화를 받은 자는 임직을 거절케 할 일이오며 이미 임명을 밧앗던 교역자가 그런 교훈을 하거던 노회는 그 교역자를 권징조례 제6장 제42조, 43조에 의하야 처리케 할 일이웨다. (제24회 총회록 p.89)

1935년의 제24회 총회는 이 두 사건 이외에도 '아빙돈 단권 주석문제', '적극신앙단문제' 등을 다루어 정제하는 등 신학보수 유지의 경계를 강화했다. 사태가 여기에 이르자 김영주 목사는 자신의 견해를 철회하고 이를 석명(釋明)함으로써 면직의 위기를 넘겼다.

해암(海岩) 김영주 목사의 남대문교회의 목회(1934~1944년)로 교세는 날로 부흥되어, 교인 수가 새문안교회보다 더 많았다.(남대문교회 95년사, p.172) 그런데 새문안교회의 사태가 심각하게 되어 어려움에 허덕이자 새문안교회를 수습할 인물은 김 목사 뿐이라는 노회의 권유를 받고 새문안교회의 청빙을 수락했다.

새문안교회 제3대 위임목사 김영주 목사는 6·25 전쟁 와중에 1950년 8월 23일 소집을 빙자하여 편지를 들고 온 공산당에게 끌려 납치되어 남북되었다.(새문안교회 100년사, p.327 부인 전금옥 권사의 증언) 그때 송창근, 남궁혁, 박현명, 양주삼 등 교계 지도자들도 함께 잃었다.(남대문교회 95년사, p.173) 김영주 목사를 이은 새문안교회 제4대 위임목사는 강신명 목사이다.

김영주 목사가 새문안교회에 부임한 시기는 새문안교회가 교회 내적으로 매우 어려운 때였다. 교회 내의 혼돈을 수습하기 위해 영육간에 능력을 갖춘 교역자를 절실하게 요구했다. 김 목사는 이러한 점에서 적격이었다. 그는 목회자로서의 영적인 능력뿐만 아니라 뛰어난 행정력과 지도력을 갖추고 있었던 장로교계 중견 목회자로서 일정한 자리를 잡고 있던 터였다.

김영주 목사는 진보적인 신학 노선을 천명하는 등 자유분방하게 활동해 온 목사였다. 보수적 한국장로교에 자유로운 신학 사상으로 파문을 던진 '창세기 모세 저작 부인 사건'을 일으킨 장본인이며, 1939년의 조선신학교(현 한신대학교 전신) 설립 운동에 적극 참여한 것도 그의 진보적인 신학적 입장과 맥(脈)을 같이 한다고 할 수 있다. 김영주 목사는 어떻게 새문안교회의 위임목사가 되었을까? 전통적으로 새문안교회의 강단(講壇)은 비교적 보수적이었다는 점을 감안할 때 김 목사의 청빙은 얼핏 보아 의외라는 인상을 주기에 충분했다. 그러나 이러한 의문은 새문안교회의 당시 시기를 생각하면 풀린다. 일제의 '전쟁놀이'가 최악의 상태에 빠져있던, 따라서 한국인을 향한 일제의 착취와 탄압이 극에 이르러 미래에 대한 희망을 좀처럼 품기 어려웠던 '질곡(桎梏)의 시대'인 1944년 1월에 부임하였다. 새문안교회는 좌절과 실의에 빠져 있는 교인들에게 믿음에 대한 확신과 함께 시대에 대한 희망을 불어넣어 줄 능력 있는 교역자를 어느 때보다 필요했던 것이며, 적임자로 김영주 목사를 택했던 것이다.(새문안교회 100년사, p.291)

내가 백남의 문의 사건을 주목하는 이유는, 1953년 제38회 총회에서 한국 장로교가 대한예수교장로회(후에 한국기독교장로회, 기장)와 예수교장로회(예장)로 분열하는 아픔의 사건의 예고였기 때문이다.

장로교 분열의 역사를 '새문안교회 100년사'에 기록된 내용을 옮긴다.

8·15에서 6·25를 거치며 한국 교회는 계속된 교단 분열로 매우 큰 상처를 입었다. '출옥 성도'를 중심한 '고려파' 분열 외에 우리 교회와 직접 관련이 깊은 '예장'과 '기장' 간의 분열이 그것이다.
분열의 발단은 1947년 조선신학교(朝鮮神學校)의 일부 학생들이 김재준(金在俊 1901~1987) 교수의 강의가 "우리가 어린 시절(時節)로부터 믿어오던 신앙과 성경관(聖經觀)이 근본적으로 뒤집어지는 것"이라고 하여 총회에 진정서를 제출한 것이 문제의 시발이 되었다. 이듬해 우리 교회에서 제34회 장로교 총회가 열렸는데 바로 이 문제가 심각하게 논의되었고, 다음 해 제35회 총회에서는 이러한 '진보적 신학'을 경계하기 위해 장로회 총회가 직영하는 새로운 신학교를 설립할 것을 가결함으로써 기존 조선신학교에 대한 불신을 나타냈다. 이후 사정은 점점 악화되어 6·25 직전 대구에서 열린 제36회 총회에서는 이 문제를 둘러싸고 난투극이 벌어지는 사태까지 일어났다. 그리고 전쟁 중인 1951년 부산에서 개최된 제37회 총회에서는 총회 산하에 오직 하나의 직영 신학교인 '총회신학교'만을 둔다고 결정함으로써 조선신학교를 장로회 총회 차원에서 부인하기에 이르렀다.

그런데 이 문제에 가장 민감한 반응을 보인 노회가 바로 우리 교회가 속한 경기노회(京畿老會)였다. 여타 노회에 비해 특별히 경기노회가 이 문제에 예민한 반응을 보인 데는 그럴만한 상당한 이유가 있었다. 우선 문제의 발단이 된 김재준 목사가 이 노회에 소속되어 있을 뿐만 아니라 그동안 조선신학교를 설립, 육성하여 온 것이 경기노회였던 것이다. 이 밖에도 경기노회는 가장 넓은 구역과 많은 회원을 갖고 있는 노회로써 가장 영향력이 있는 서울 지역 장로교 모든 교회를 포함하고 있어 사실상 중앙노회적 성격을 띠고 있어 전국교회에 절대적인 영향력을 미치는 사실상 장로교의 대표적 노회였다. 그렇기 때문에 총회에서 김 목사에 대한 치리가 결정되자 1952년 5월 서울에서 열린 제57회 경기노회에서는 총회가 '불법 결정'을 취소할 때까지 총회에 대표를 파견하지 말라는 의견이 대두되어 총회와 정면 대립의 위기까지 이르렀다. 이러한 초기 노회의 강경한 입장은, 그후 후퇴하여 일단 총회에 '불법 결정'을 시정해 줄 것을 요구하는 선에서 문제를 마무리하려 하였다.

그러나 이후 문제는 더욱 확대되었다. 총회의 입장이 단호했던 것이다.

1953년 4월 대구에서 열린 제38회 장로교 총회에서 "목사 김재준(金在俊) 씨는 제36회 총회 결의를 무시(無視)하고 성경유오설(聖經有誤說)을 계속 주장하였음으로 권징조례(勸懲條例) 제6장 42조에 의하여 목사직(牧師職)을 파면(罷免)하고 그 직분(職分)을 주(主) 예수의 이름과 그의 직권(職權)으로 금(禁)한다"는 초 강경한 결정을 내려 김재준 목사를 목사직에서 파면하기에 이르렀던 것이다. 그러자 경기노회에서는 총회에 총대를 파송하는 것을 보류하는 한편 목사 임면권은 각 노회에 있으므로 그 같은 결정은 총회에서가 아니라 노회에서 이루어져야 한다는 입장을 다시 총회에 헌의하였다.

한편 조선신학교 측도 총회의 결정에 맞서 서울의 한국신학대학(조선신학교는 1951년 3월 문교부로부터 명칭 변경 인가를 받았다. 민경배, 한국 교회사, p.466) 강당에 모여 자신들이야말로 한국 장로교 법통의 총회라 선언하고 제38회 총회를 열어 "형해(形骸)만 남은 총회를 반정(反正)하기 위하여 분열이 아닌 갱신"을 선언하였다. 이같은 양측의 팽팽한 대립의 결과는 불을 보듯 장로교회의 분열을 예시하였다. (새문안교회 100년사, p.338-339)

장로교 분열의 발단이 1934년 백남이 총회의 문의한 내용과 일치한다. 총회는 1935년의 '창세기 저작자가 모세가 아니라 하는 목사가 우리 장로교회 목사 일 볼 수 있느냐 하는 문제에 대한 대답'으로 '신학적 진보'에 철퇴를 내리쳤다. 이런 과정에서 문제점이 노출되는데, 조사위원회 구성부터 근본주의적 보수파 교수들로만 이루어졌다는 점이다.

또한 김재준 목사의 목사직을 파면하고 조선신학교를 총회 차원에서 부인한 결정을 내리는데 그 배후에도, 1934년에 구성되었던 평양 신학교 출신 교수들의 영향력이 자리하고 있었다는 점에서, 교권을 쥔 세력의 일방적인 폭력적인 '불법 결의'였다고 하겠다.

김명구 교수(서울장신대학교 한국 교회사)는 '소죽 강신명 목사 평전'에 이 당시 상황의 배경을 설명했다. 내용 중에 형제(小竹과 晩山)에 대한 것이 있어 옮긴다.(p.151~153)

한국 교회사에서 보면, 한경직과 박형룡은 그 신학 노선으로 인해 1930년대 이후 언제나 갈등의 자리에 있었다. 그것은 한경직이 프린스턴(Princeton Theological Seminary)을 졸업했고 거기에서 연구한 신학을 신봉한 반면(한경직은 메이첸이 프린스턴을 떠날 당시에 유학을 하고 있었다. 그래서 한국인 목회자로서는 보수와 진보의 갈등을 제일 처음 겪었다고 할 수 있다), 박형룡은 프린스턴의 신학을 거부한 메이첸(J. Trdsham Machen)을 따른 뒤부터의 일이었다. 1935년의 아빙돈 단권 주석 사건(1934년, 선교50주년을 기념하여 성경 주석서, 아빙돈 단권 주석)을 출판하였다. 먼저 감리교 교육국 총무였던 유형기 박사가 전체 편집을 책임지고 양주삼, 정경욱, 김창준, 전영택, 변형규 등이 주축을 이루어 번역하였다. 이어 장로교의 송창근, 김재준, 채필근, 한경직 목사도 이에 찬동하여 번역에 동참하여 번역본이 나왔던 것이다. 그런데 박형룡은 이 주석서가 "모든 자유주의 신학사상의 집대성"이라는 결론을 내렸고 일부의 선교사들과 길선주 목사 등 보수와 정통을 주장하던 이들이 여기에 합세하여 이 주석서를 이단서라고 규정하였다. 이들은 여기에 참여한 한경직 등을 처벌하라고 총회에 건의하였다. 이듬해인 1935년에 열린 제24회 예수교 총회에서 이 문제는 정식 안건으로 상정되었고, 이 책의 번역과 집필에 관여하였던 목사들을 소환하여 심문하였다. 총회의 결정에 대해 네 사람은 각기 다른 반응을 보였던 것으로 알려져 있다. 채필근은 자신이 잘못했고 다시는 집필하지 않을 것이며 재판이 되면 자신의 글은 빼겠다는 다짐을 하였다. 그러나 김재준, 송창근, 한경직 등 세 사람은 따로 성명서를 발표하지 않았다. 그러다 교단의 압력이 심해지자 장로교 신학교 기관지였던 〈신학지남〉의 남궁혁의 권유로 성명서를 발표하였다. 그러자 총회 측에서도 일단은 덮어두고 넘어가기로 하였다. 1935년의 아빙돈 단권 주석 사건에 연루되었던 한경직은 박형룡에 의해 정죄될 뻔 했다. 또한 1952년 4월 대구 서문교회당에서 모인 제37회 총회에서의 김재준 면직의 결정에 대해 한경직이 노골적으로 부정적 입장을 표명했기 때문에 두 사람은 사이가 더욱 벌어졌었다.

1954년 3월, 강신명은 김재준이 장로교에서 분리해 나가 세운 한국신학대학 졸업식에서 "네 발의 신을 벗으라"는 제목으로 설교하였다. 그는 그 설교에서 "신학에서 무엇을 배웠던지 거기 집착하지 말고 하나님의 의를 가지고 선교하라"고 했다. 어떠한 신학보다 선교, 복음 전파하는 것이 모든 신학의 우선이라는 주장이었다. 그러한 이유에서 그의 동생 강신정이 기장(基長)의 목사가 되는 것을 조금도 개의치 않았다. 그런데 이것은 박형룡의 신학에 대한 분명한 거절이었고 동시에 한경직과 신학적, 정치적 입장을 같이 한다는 분명한 선언이었던 것이었다. 한신(韓神) 설교에 갔었다는 소식을 듣고 옛 스승인 박형룡이 나무랄 때도 강신명은 담담했다. (김명구, '소죽 강신명 목사 평전' p.151~153)

장로 교단 분열의 때가 어떤 때였나? 1950년 발발한 6·25 전쟁이 1953년 7월 27일에 휴전되었다. 온 나라가 전쟁 중이었다. 국가가 심각한 위기에 직면하고 있었는데, 1953년 4월에 개회된 장로교 총회는 교권 다툼으로 분열하였다. 지방색이 포함된, 오래되어 뿌리 깊은 반복된 '진보와 보수' 다툼이었다는 점은 너무나 부끄럽고 개탄(慨嘆)할 일이라 생각하지 않을 수 없다.

나의 백부 강신명 목사는 예장 총회장을(1963년 제48회), 선친은 기장 총회장을(1980년 제65회) 역임하였다. 형제가 각기 다른 교단에서 총회장을 역임한 경우는 한국 교회에서 유일하다. 그러나 되새겨보면 나의 가정사 안에는 한국 교회 장로교 분열의 아픔이 고스란히 담겨 있다.

소죽은 총회장이 된 직후, "부족한 사람이 총회장에 당선된 것은 다만 감개무량할 뿐입니다. 우리 교회는 아직도 분열 상태에 있는데 가급적 같은 신앙노선에서 어떻든 모든 오해가 풀려지고 합해지는 길이 열리기를 바랍니다. 민족의 당면 문제를 생각할 때 교회가 하나가 되어 난국 타개의 선봉에 서야만 될 것입니다"라 했다. (강신명 당선 소감, 기독공보, 1963년 9월 24일 자)

만산에게 장로교단이 기장과 예장을 분열될 때, 왜 기장 편에 섰느냐고 질문에 "불법을 행한 목사들이 사과하고, 총회가 불법을 철회하지 않는 한, 나는 장공(長空)을 지지한다"라고 했다.

1953년 교단이 분열되었을 때 기장과 예장은 헌법이 동일했다. 그런데 기장은 1962년부터 여러 차례 헌법을 전면 수정하였다. 예를 들면, 헌법에 제38회 호헌총회 선언서를 삽입하였고(1978년 제63회 총회), 위임목사 제도를 담임목사 제도로 바꾸고, 세례교인이 되려면 학습 과정을 거치게 한 것을 '학습' 과정을 생략했다. 1962년이 지난 어느 해, 만산은 "이제 교단 통합은 물 건너갔구나"라 하며 장탄식(長歎息)하였다. 헌법이 바뀌면 조직과 제도가 달라지는데, 기장과 예장이 통합할 수 있는 통로가 막힌 것이라 하였다.

　여기에서 백남은 왜 '김영주 목사의 창세기 해석 문제'에 대하여 총회에 질의했는지에 대한 물음에 답을 찾아보려 한다. 이에 대한 답을 얻으려면, 백남과 정인과 목사와의 관계에서 이해해야 할 것이다. 백남은 정인과 목사와의 관계에서 벗어날 수 없었다. 종교 교육부 총무로 일하던 정인과 목사는 1935년 9월 6일 평양의 서문밖교회에서 모인 장로교 제24회 총회에서 총회장으로 선임되었다. 그리고 1915년에 창간된 장로교의 '예수교회보'와 감리교의 '그리스도회보'를 통합한 교회 연합 주간지 '기독신보(基督申報)'가 비서북계의 장로교와 감리교 필진으로 "교회 건덕에 방해되는 기사를 게재하고 있다"라고 1934년 제23회 총회록에 기록하며 점진적인 자유주의화를 비난하고, '기독교보(基督敎報)'를 창간하면서 제25회 총회에서 총회 기관지로 승인했다(제25회 총회록 p.76). 정인과 목사는 '기독교보'의 편집위원 7인에 백남을 선정했다. 집필진에는 박형룡(朴亨龍, 1897~1978)을 비롯한 서북계(西北系) 교권(敎權)의 계보가 잡혔다. 67명의 집필진 명단에는 채필근, 길진경, 한경직, 정재면, 윤하영, 백낙준, 유재기, 우동철, 김치선, 김마리아 등등 당시 교계 쟁쟁한 인사들이 있었다.(민경배, '정인과와 그 시대' 한국 교회사연구원, 2002, p.113) 정인과 목사는 '신편찬송가' 편찬을 장로교 단독으로 진행하고, 창세기 저작 문제와 아빙돈 주석 불매 결정 등의 총회 내 문제들을 처리하면서, 보수주의와 서북교권의 총수로서의 위치를 지키려 했다.(Ibid.,98)

　그런데 백남은 정인과 목사와 총회의 일을 하였지만, 신앙의 근본은 달랐다고 할 수 있다. 김명구 교수는 '소죽 강신명 목사'(서울장신대 출판사, 2009)에서 '백남 신앙의 토양'인 '영주의 기독교'를 말하면서 "강신명의 고향이었던 영주의 기독교는 기청(畿淸)과 서북(西北)의 신앙 형태, 그 어느 한쪽에 치우치지 않고 양자를 통합하는 독특성을 갖고 발전하였다. 북장로교 스테이션이 담당하고 있었던 다른 지역, 곧 서울이나 평양과 차별성이 있었던 것이다"라 하며, 강신명 사상의 독특성, 바로 어느 한 쪽에 치우치지 않는 통일과 일치 의식, 그 사상의 발원이 영주 기독교로부터 시작되었다. 그는 한국기독교의 중심에 서서 서북과 비서북, 그리고 한국 교회의 통합과 일치를 추구했다."(Ibid., p.41) "한국사회의 중심에서 다양한 방식으로 남다른 활동을 할 수 있었던 것은 모두 강병주로부터 유전된 기질, 남다른 학구열과 복음적 정열, 민족사랑, 기독교교육에 대한 강병주의 깊은 신뢰 때문이라고 말할 수 있다"라 했다.(Ibid., p.48) (김명구, '소죽 강신명 목사' 서울장신대 출판사, 2009년, p.31~33, 41, 48)

김명구 교수는 소죽을 통해서 백남을 알 수 있다고 말한 것이다. 이렇게 볼 때, 나는 백남이 누굴 정죄하기 위하여 창세기 저작 문제를 총회에 질의하였다고 생각하지 않는다. 무엇이 바른 것인지를 물은 것이다. 교권을 얻으려는 욕심이 없었던 백남은 올바른 신앙을 세우려고 했음이 분명하다. 오직 하나님 앞에서 바르게 서려고 했다. 그러나 교회 정치는 성서를 해석하는 방법으로 백남이 지키려 했던 주님의 교회를 분열하였다. 백남은 정인과 목사가 총회의 공직에서 물러난 후, 교단 정치 중심부에서 교회 현장으로 돌아왔다.

5. 경동제일교회 목회(1941~1945)

제3대 강병주 목사의 사역(1941-1945)

1) 강병주 목사가 부임하기까지

하나님께서 예비하신 새로운 목회자는 다음과 같이 선택되었다.

"1941년 10월 21일 본 당회가 봉화현 예배당에서 회집할새 회장의 기도로 개회하다. 후임 교역자 선택건을 위하여 시찰을 청하여 협의하고 공동의회를 10월 26일 주일에 하기로 가결하다. 동 26일 오전 9시 본 당회가 강영환 장로 댁에서 시찰과 합석 회집할새 회장의 기도로 개회하다. 목사 투표는 김경덕, 강문호, 강병주 3씨를 공천하여 투표하기로 하고 동 12시 공동의회로 모여 투표한 결과 46표로 강병주 목사가 선택되어 강병주 목사를 교섭하기로 하다."(경성 봉화현교회 당회록 1941. 10. 12)

용희창 목사는 비록 봉화현교회를 떠났지만 시찰회의 요청으로 임시당회장으로서 본 교회 공동의회의 사회를 맡게 되었다. 그는 공동의회를 개회하고 세 분의 목사에 대하여 설명을 하였다. 요즘처럼 세 목사가 한 주일을 잡아 선보는 식으로 설교하는 것이 아니라 주의 사자로서 예우를 지키면서 얼굴도 보지 않고 투표에 임하게 되었다.

새로 봉화현교회에 청빙을 받게 된 강병주(1882-1955) 목사는 경상북도 영주에서 출생하였다. 한때 수도승이 되고 싶어서 영주 골짜기를 다니면서 수도에 열중하던 중 어느 전도자의 전도를 받고 기독교로 개종하였으며, 부모의 권유와 선교사의 도움으로 대구에 있는 계성학교와 대구 사범학교를 각각 졸업하였다.

고향 영주에 돌아간 강병주는 곧 사재를 털어 영주 내명학교를 설립하고 교육에 힘을 기울이기도 하였으며 또한 성경에 대한 지식을 얻고자 대구성경학교(3년 간)와 평양에 있는 장로회신학교(3년 간)에서 각각 소정의 과정을 마치고 1922년에 장로회신학교를 졸업한 후 1923년에는 경북 풍기교회에 청빙되어 경북노회에서 목사안수를 받았다.

그의 실력을 고려하여 총회에서는 총회 종교 교육부 총무와 농촌부 총무를 각각 역임케 하였으며 그중 농촌부 총무로 일할 때 수많은 농민들이 문맹의 처지에 있음을 안 강병주 목사는 그 길로 농촌계몽 운동에 참여하면서 특히 한글 보급 운동에 힘을 기울였다. 이것이 인연이 되어 한글학회 회원으로서 '한글목사'란 별칭도 받았다.

그런가 하면 한글운동 못지않게 농사 개량사업을 직접 지도하기도 하였으며 뽕나무 재배, 낙화생, 고구마 등 과수 재배를 적극 권유하여 잘사는 농촌을 만들어야 한다면서 쉬는 시간도 잊은 채 바쁜 세월을 보냈다. 1938년 총회가 신사 참배를 결의하자, 이를 반대하다가 일경에 체포, 투옥된 일도 있었다. 이러한 점에 매료되어 세 분 중에서도 강 목사가 봉화현교회의 담임목사로 청빙 받게 되었음을 짐작케 한다.

2) 봉화현교회에서 경동제일교회로

1942년 10월 13일 13시에 본 당회가 제65회 회집하여 회장이 기도하고 개회하다. 회원은 목사 강병주, 장로 강용환 제씨더라. 본 교회 명칭을 '경동제일교회(京東第一敎會)'라 칭하기로 하고 노회에 청원하기로 가결하다.

당회의 결의로 안건을 상회에 상신했을 때, 노회원 전원은 만장일치로 가결하였다. 교회명의 개칭으로 말미암아 당회를 비롯한 전교인은

"수도의 동쪽에 위치한 으뜸가는 교회"라는 이름에 걸맞은 훌륭한 교회를 이루어야겠다는 의지를 굳건히 하게 되었다.

3) 강병주 목사의 사역

(1) 교회의 부흥

강 목사는 당시 가장 의식이 있는 목사로서 그의 한글 보급 운동은 일본 제국주의에 대한 도전이었으며 그는 신사 참배 반대 운동을 하다가 옥살이를 한 경험이 있었기에 교인들에게는 그 어느 때보다도 민족의식을 강하게 가질 수 있는 기회가 되었다. 그는 앞장서서 일본 제국주의에 대항하는 일을 밖으로 나타내지 않으면서 훗날 나라와 민족을 위해 큰 역할을 담당할 것으로 믿고 많은 교인들을 지도하였다.

그는 교인들과 함께 농촌 운동에 힘을 기울이며, 교회 생활에 대한 엄격한 관리를 하였다.

> 최승일 씨는 주일에 오랫동안 오지 않았음으로 성찬정지하기로 가결하다. 아래 네 사람은 교회에 출석치 않으므로 제명하기로 가결하다. 유아세례인 중 최광범 씨 2녀는 교회에 나오지 않음으로 제명하기로 가결하다. 별세하였으므로 제명하다. 아래 14인은 교회에 나오지 않으므로 제명하기로 가결하다. (당회록 1942. 3.29)

당시 봉화현교회의 신자들이 얼마나 철저하게 교회 생활을 준수하고, 교인에 대한 관리에 심혈을 기울였는가를 알 수 있다. 또한 강 목사가 부임한 후, 얼마 안 되어 타지에서 이명해 오는 교인들이 생겨나게 되었다. 그 예로 만주 간도성에서, 일본 거주 동포들도 귀국하여 등록하는 등 교회명 개칭 후 4명의 당회원을 세우는 등 더욱더 부흥하였다.

(2) 일제에 의해 흘린 눈물

한편 강 목사는 이미 자신이 체험한 일제의 잔학성을 잘 알았기에 자신의 신앙과 함께 민족교회의 마지막 보루를 지키겠다는 의지를 갖고 일제가 요구하는 모든 행위를 최대한 거부하면서 경동제일교회를 지켜왔다.

일제는 1937년 중일 전쟁을 일으키면서 한국인을 더욱 압박하기 시작했으며, 다시 1941년 태평양전쟁을 일으켰고 한반도에 살고 있는 모든 백성을 괴롭혔다.

내선융화 이름 하에 황민화 정책이 진행된 것이다. 신사 참배의 강제, 황국신민의 서사 강요(1937년 10월), 학교 교육에 있어서 조선어 사용 금지(1938년 3월), 창씨개명 강행(1939년 11월) 등에서 보는 대로였다. 일본은 한국인을 전력으로 동원하기 위해서 육군지원병 제도(1938년 2월), 해군지원병 제도(1943년 5월), 징병령(1943년 8월)을 실시하였으며, 노동력으로 이용하기 위해서 국민 징용(1939년 7월) 이후 여러 가지 방법으로 강제 연행을 실시하였다.

그래서 일제의 강압에 의해 대부분의 한국 교회에서는 매 주일 예배 시간 전에 일본 천황이 기거하고 있는 동경을 바라보면서 동방요배를 실시하였으며 천황을 위하여 싸우다 전몰한 일본군의 영혼을 위한 묵

도도 실시하였다. 여기에 황국신민으로서의 서사도 매 주일 외우게 하였다. 그러나 경동제일교회만은 이러한 일을 행하지 않았다. 매주 양주 경찰서 고등계 형사가 감시하려고 올 때마다 강 목사는 그를 잘 설득하여 돌려보내는 일이 한두 번이 아니었으며, 전쟁 말기에는 전선의 전력 보강을 위하여 인력이 모자라게 되어 그나마 감시도 못하였기에 다행스러운 일이었다.

그러나 여행을 한다든지 배급을 탄다든지 소학교나 상급학교에 진학하려면 창씨개명을 했는가를 반드시 확인하였다. 이러한 일이 본 교회에까지 밀려와서 강요와 감시가 철저하였으므로 피눈물을 삼키며 한글 목사라는 별명의 강 목사와 모든 교인들은 일본식 이름으로 창씨개명을 해야 하는 서글픈 역사 앞에 움츠리고 말았다.

> 1944년 8월 6일 12시 45분에 본 당회 제75회가 본 교회 예배당에서 회집되어 강병주 목사가 기도하고 개회하다. 회원 목사 大山武志, 장로 大山榮煥, 大山光燮, 金井淸 氏러라.(당회록 1944. 8. 6)

이상에서 밝힌 회원 목사 대산무지(大山武志)는 강병주 목사, 대산영환(大山榮煥)은 강영환 장로, 대산광섭(大山光燮)은 강광섭 장로, 김정청(金井淸)은 전택열 장로의 창씨개명이다.

[창씨개명에 대하여, 만산의 기억과 경동교회95년사의 기록에 다른 점이 발견된다. 경동교회 1944년 8월 6일 당회록에는 백남이 대산무지(大山武志)로 창씨개명을 하였다. 그런데 만산은 백남이 창씨(創氏)는 하였지만 개명(改名)은 하지 않았다고 했다.

'만산이 쓴 백남'에서 "本意는 아니지마는, 改名은 하시지 않으시고 創氏는 하였다. 本貫인 晉州 鳳山洞 뒷 山이 大鳳山이므로 鳳字만 省略해서 大山으로 지었으며, 鳳山詞는 數年前에 國庫補助로 크게 再建했다. 始祖 高句麗 兵馬元帥, 諱 以式님을 모신 祠堂이다."

일제 강점기부터 기록된 호적 사본을 보면, 만산은 창씨만 하고, 개명하지 않고 신정(信晶)을 그대로 사용하여 대산신정(大山信晶)이라 했다.

만산은 자신의 이름이 개명되지 않은 것을 미루어 짐작하여, 백남이 창씨는 할 수 없이 했지만, 개명은 하지 않은 것이라고 이해한 것으로 짐작된다.]

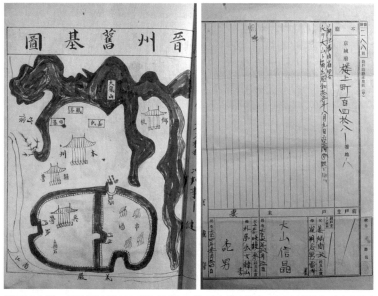

왼쪽은 족보에 그려진 '대봉산(大鳳山)'을 중심으로 한 강씨 선영 배치도이다. 오른쪽은 만산의 창씨(創氏)한 호적초본이다.

그런가 하면 징용법이 생기면서 경동제일교회 청년 몇 사람이 남양군도로 끌려가기도 하였으며, 그중 이한순은 해양기지 건설에 투입되어 근로작업을 하다가 미군의 어뢰를 만나 기적적으로 살아서 귀환하기도 하였다. 한편 여자 정신대를 모집할 때도 경동제일교회로서는 여간 걱정이 아니었다. 일제의 마수는 교인 가운데 미혼인 여자 한 사람을 근로정신대라 하여 끌어갔는데 일본군의 전선에서 헤매다가 해방을 맞아 귀국하게 되었고, 그립던 고향 땅에 얼마 동안 머물다가 가정을 이루면서 마을 떠난 일도 있었다. 이러한 일들을 겪으면서 강 목사와 당회원들은 모든 교인과 같이 성전에 모였고 하나님께 울부짖으며 기도할 때 통곡하여 흘린 눈물이 강물과 바다를 이루었을 것이다.

강 목사는 비록 일제가 제정해 놓은 국민의례 순서를 지키면서 목회를 하였지만 경동제일교회가 가야 할 길만은 똑바로 보고 전진해 가도록 하였고, 가난하게 살아가고 있는 많은 주의 백성들을 사랑하면서 신앙의 공동체를 더욱 뜨겁게 보살피고 있었다. 그래서 매년 신앙생활을 잘못한 신도라도 발견하게 되면 불러다가 권면하였으며 만일 듣지 않고 계속 세상적으로 나간 교인들이 있는 경우에는 당회를 열어 근신 등을 내림으로 질서를 유지하였다.

또한 신실한 신앙으로 착실하게 생활하는 신도가 있으면 영수로, 서리집사로 임명하고 훈련을 시키면서 은혜로운 교회를 가꾸어 가자고 몇 번이고 다짐하였던 것이다. 그리고 주일학교 운영에 대하여도 남다른 관심이 많았다. 이미 그는 총회 종교 교육부의 총무로 재직한 바 있었기에 교육이 얼마나 중요한가를 잘 알고 있었고 장차 자라나는 청소년들이 미래의 경동제일교회를 이끌고 갈 일꾼임을 확실하게 파악하고 있었다.

이렇게 열심히 노력하며 헌신한 강 목사는 4명의 장로와 영수 및 서리집사들의 적극적인 협조로 교회가 성장해 가는 것을 바라보며 대단히 기뻐하였다. 그러나 그는 더 이상 목회를 하지 못하고, 1945년 5월에 사임한 후 구 성결교신학교 터(서대문 영천)에 동흥실업학교를 설립하고 그 학교에서 후학들을 양성하면서 교육에 힘쓰게 되었다.

한편 강 목사의 아들 강신정은 전도사로서 본 교회에 시무하고 있었다. 1944년 10월 1일 주일 아침 예배 시 성찬식을 거행할 때에 회중 대표 기도를 강신정 전도사가 맡았으며, 찬송가를 인도했다고, 그의 이름이 기록되어 있다. (당회록 1944. 10. 1)

일제 말엽 전쟁이 한창 치열할 때에 강신정 전도사는 경동제일교회 전도사로 부임하게 되었으며, 그는 강병주 목사의 둘째 아들이었다. 강신정 전도사는 자연히 아버지의 신앙에 따라 대구 계성학교를 졸업하고 상경하여 서울에 있는 학교 교회와 남대문교회에서 집사로 각각 봉사한 일이 있었으며, 그의 열심에 감동한 옥호열(H. Voelkel) 선교사는 그를 조선신학원(서울 승동교회를 교사로 사용)에 진학시켰다. 그는 조선신학원에 재학하면서 경동제일교회에서 봉사하였으며, 1945년 3월에는 조선신학원을 졸업하고 아버지의 뒤를 이어 경동제일교회 전도사로 부임하게 되었다.(기독교대백과사전 1권, p. 339)

8·15해방의 기쁨과 교회의 재건

1945년 8월 15일 광복 직후 한국 역사의 진공기(眞空期)에 기독교회는 민족사적 저력과 윤리적 규준으로 국민 정신의 확립과 국가 건설의 대업을 수행할 구체적 요청을 받고 있었다.(서울600년사 제5권, p.1171)

최초로 진행된 작업이 일제 말기에 형성되었던 단일 교단(單一敎團)의 존속 여부에 대한 논의였다. 결국 1945년 9월 8일 서울 새문안교회에서 남부 대회라는 명문 아래 모인 교단대회가 실패로 돌아가면서 교파교회로의 회귀가 본격적으로 이루어지게 되었다. 이것은 사실상 총독부에 의해 성립된 단일 교회, 즉 기독교조선교단(基督教朝鮮敎團)이 식민지 기간 동안에 행한 폭력적 행위들에 대한 저항이라고 볼 수 있다. 1946년 6월 12일에는 남부 장로교 총회가 서울 승동교회에서 열려 회장에 배은희(裵恩希), 부회장에 함태영(咸台永)을 선출해서 한국 기독교회 장로회의 전통을 계승하였다. 한편, 이 대회에서 과거 얼룩졌던 신사참배를 취소하고 새 모습으로 교회를 만들어 가야 한다고 역설하였다. 그때의 의결 사항은 다음과 같다.

1) 헌법은 남북이 통일될 때까지 개정하지 않고 그대로 사용한다.
2) 제27회 총회가 범죄한 신사 참배 결의는 이를 취소한다.
3) 조선신학교를 남부 총회 직영 신학교로 한다.
4) 여자 장로의 설정 문제는 남북 총회 시까지 보류한다.

이 남부총회는 미·소 양대 강국에 의해서 분단된 남한만의 대표기구였기에 남북통일이 이루어지는 그날까지는 남부 대회라 명명하기로 하였으나, 점점 높아지는 남북 분단의 벽을 느끼던 교회 지도자들은 1947년 4월 대구제일교회에서 모인 제2회 남부 대회를 1942년 일제의 강압에 의해서 해체된 대한예수교장로회 제31회 총회를 계승하여 제33회 총회로 개회할 것을 결정하면서, 장로교회의 총회를 계승해 오게 되었다.

경동제일교회는 1945년 9월 22일 당회록에, "본 당회 제83회가 본교회 예배당에서 회집되어 회장 강병주 목사가 기도하고 개회하다. 회원은 목사 강병주, 장로 강영환, 강광섭, 김기수 제 씨더라, 오는 10월 제1차 주일에 성찬식을 거행하기로 가결하다. 동 50분에 김기수 장로 기도로 폐회하다"라고 기록했다.

해방 후 처음으로 예정된 1945년 10월 첫째 주일 아침 예배 시 강병주 목사의 집례로 성찬 예식을 거행하였으며 참석한 교인들은 매주 예배 때마다 국민의례라는 미명 아래 일제에 굴복했던 과오 등을 철저히 회개하고 감동의 눈물을 한없이 흘렸다.

성찬 예식을 집례한 강 목사의 마음은 더욱 착잡하기만 하였으나 그리스도의 피 흘리신 그 사랑으로 용서함을 받고 떳떳하게 해방된 조국과 교회를 위해서 일할 수 있는 좋은 기회라고 성찬에 참여한 모든 교인에게 희망과 용기를 불어넣어 주었다.

제4대 강신정 목사의 사역(1945-1949)

1) 강신정 전도사의 목사안수

강신정 전도사는 강병주 목사의 아들로서 본 교회 전도사로 사역을 하다가 해방을 맞이하게 되었다. 그는 1945년 3월에 조선신학원을 졸업하고 계속해서 본 교회에서 목회사역에 임하던 중 1946년 봄에 개회되는 경기노회에서 목사안수를 받게 되었다. 당회에서 목사 청빙을 결의하고 다시 제직회와 공동의회를 거쳐서 그를 담임목사로 청빙하게 되었다.

당시의 신학교육의 체계를 살펴보면, 한편에서는 친일적인 채필근 목사와 몇몇 총회 총대 목사들이 모여서 평양신학교를 재건하여 총회 직영 신학교로 운영하게 되었고, 다른 한편 서울에서도 1939년 기호

지방의 목사를 중심으로 서울 승동교회 교실 한 칸을 빌려서 대표자격인 김재준 목사가 조선신학원을 설립하게 되었는데, 이때 총회에서는 두 신학교 중 어느 신학교를 졸업하든 목사안수를 받을 수 있는 자격을 주었다.

강신정 전도사는 이렇게 총회가 인정하는 조선신학원(현 한신대학교 신학과)을 졸업했기 때문에 경기노회에서 목사안수를 받을 수 있었고 곧 본 교회 담임목사로 부임하게 되었다. 그리하여 마침내 해방을 맞이한 경동제일교회와 경동시찰을 새롭게 이끌고 가기 위해서 부단히 노력 경주할 좋은 기회를 맞게 되었다.

전통적으로 한국 교회에서는 1년에 봄과 가을 두 차례에 걸쳐서 부흥사경회를 개최해 왔다. 그러나 일제말엽에는 이러한 사경회를 통해서 민족 의식이 고취된다고 하여 일제가 부흥사경회 활동을 중지시키고 말았다. 해방 후 한국 교회는 다시금 부흥사경회 운동의 붐을 일으키게 되었는데, 본 교회에서도 제86회 당회를 통해 교회의 갱신과 부흥을 이루기 위해 목초 북교동 성결교회에서 시무하는 부흥사 이성봉 목사를 초청하기로 결정했다.

1) 금년 동기 본 교회 부흥사경회 강사는 이성봉 목사를 초청하기로 가결하다.
2) 경동시찰 구역 연합제직회를 조직함이 가한 줄 알고 본 교회 당회가 발기체가 되어 산파역을 하기로 가결하다.

당시 부흥사로는 이성봉 목사를 비롯해서 감리교회의 박재봉 목사 등이 알려져 있었다. 전국적으로 유명한 부흥사인 이성봉 목사를 초청하여 사경회를 개최한다는 소식이 어느덧 봉화산 아래에 사는 모든 주민들에게 알려지게 되었고, 그 동안 교회에 몇 차례 출석하였으나 일제의 종교 탄압 때문에 지속적으로 출석하지 못하던 이웃들도 부흥사경회에 큰 관심을 보이게 되었다.

2) 강신정 목사의 사역과 구역 조직

목사안수를 받고 경동제일교회에서 사역한 지 1년이 지난 1946년 11월 22일 강신정 목사는 본 교회당에서 당회를 개회하고 새로운 일꾼을 선택하게 되었다. 그러나 이번에는 일꾼들을 과거처럼 임명하지 않고 공동의회에서 투표에 의해 선출하기로 결의하였다. 그리고 이러한 선거 방식은 이후 매년 같은 방법으로 시행되었다.

해방 직후라 정치, 사회적으로 몹시 어수선한 시기였지만 강 목사를 중심으로 당회가 힘을 합하여 지역 복음화를 위해서 열심히 일하였다. 또한 당회는 교인들을 잘 치리하면서 바른 신앙을 갖고 생활하도록 지도하였다.

> 치리는 가혹할 정도로 엄하였는데 불법 이혼한 교인이나 결혼 잔치에서 술을 대접하는 일은 가차 없이 해당자를 당회에 소환하여 그 사실을 확인 후 출교도 불사하였으며, 신앙의 행위에 그리 크게 영향을 주지 않았던 경우는 경미한 책벌을 가하였다.(당회록 1948. 3. 17)

강 목사는 구역 활동을 조직화하였는데, 구역 예배는 구역장의 인도로 진행되었다. 교회에서는 가능하면 시간을 낼 수 있는 장로에게 그 직무를 수행하도록 하였다. 한편 권찰 중 남자 집사에게는 장로와 영수들이 예배를 인도하는 것을 배우게 하여 나중에 구역장으로 활동할 수 있도록 하였다.

한편 강 목사는 1년에 1회 실시하는 학습, 세례 문답을 통해서 많은 신앙인을 양육하였다. 유아세례는 매년 실시하지 못하다가 **1949년 6월 19일 아침예배** 시 박창규 어린아이를 비롯해서 엄종국, 최훈식, 강신호, 노병홍, 박정옥, **강석찬** 등이 세례를 받았는데, 이들은 모두 전날에 부모가 어린아이를 안고 당회원의 입회하에 세례문답을 거쳐야 했으며, 이에 합격된 경우에만 예고된 주일 대예배 시 **유아세례**를 받을 수 있었다.

강신정 목사는 양평읍교회의 청빙을 받고 갑자기 사임하였다.

(경동제일교회 95년사, p.p.79−90, 93−101 발췌)

경동제일교회 95년사에 게재된 백남과 만산 사진

제3대 강병주 목사
(1941-1945)

제4대 강신정 목사
(1945-1949)

역대 교역자

8 · 15해방을 맞아 일제에 의해 중단되었던 부흥사경회를 다시 열고 교회의 갱신과 성장을 도모하였다(1946).

1946년 일제에 의해 중단되었던 부흥사경회를 열고

강신정 목사의 위임식 광경(1946. 6. 30). 강 목사는 제3대 강병주 목사의 아들로서 본 교회에서 전도사로 사역하다 목사 안수를 받고 그 뒤를 이어 담임목사로 사역하게 되었다.

강신정 목사의 위임식(1946. 6. 30)

백남(白南) 강병주 목사의 행적을 찾아서

07 백남의 설교, 글

백남이 남긴 글은 많지 않다.

만산은 조선 예수교 장로회총회(長老會總會)
종교 교육부(宗敎敎育部)가 소화(昭和) 7년(1932
년) 12월부터 발행한 월간(月刊) 종교시보(宗時
報)를 묶어서 보관했다. 종교시보는 총회에
서 발행해 온 『敎會敎育』의 이름을 바꾸어 발
간하게 된 것이다. 종교 교육부 제1대 총무가
된 정인과(鄭仁果) 목사는 '긴한한 말슴'(緊辭一

言)으로 宗敎時報의 발간사를 통해 '교회교육'이라는 제한된 사업의 범
위를 '종교교육운동'으로 넓힌다는 뜻을 밝혔다. 백남은 장로회총회 종
교 교육부 교사 양성과 과장으로 근무하기 시작했다. 宗敎時報 第二號
昭和八年 二月六日에 아래 같은 人事消息(인사 소식)을 광고했다.

宗敎時報 第二號 昭和八年 二月 六日

● 人事消息(인사소식)

● 姜炳周牧師는 慶北安東豐基敎會에서 일보시든바 지난번 本部事務局會

議에서 決議한대로 養成科와 講習科를 맡으시기로 하고 一月 一日부터 上京하시엇다. 沈滯되엿든 養成科와 講習科는 인제부터 新面目을 나타내일 것이며 앞으로 큰 活動이 잇스리라고 企待하는 바이다

백남은 1933년 2월호부터 집필자로 여러 글을 '종교시보'에 실었다.

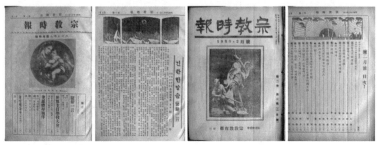

왼쪽부터, 종교시보 창간호 표지, 정인과 총무의 발간사, 백남의 글이 실리기 시작한 1933년 2월호 표지와 목차

백남은 종교시보를 통해 설교, 교사 양성과가 주최하는 전조선 주일학교대회 안내, 규정, 등을 소개하였는데, 정말 귀한 자료는 **'한글첩경 교안'**을 찾은 것이다. 이 원고는 한글을 가르치는 구체적인 교안이다. 이 자료에서 백남의 한글 교육이 어떤 것이었는지를 알 수 있다.

백남의 글을 발표된 날 순으로 정리하였다.

1933년(昭和 8년) 종교시보 제2권 제2호(2월호)

"중생(重生)하자"

강백남(姜白南)

1. 머리말

바리새교인 중에 니고데모라 하는 사람은 밤에 예수님을 방문하여서 종교 문제나 혹은 정치문제 같은 것을 가지고 자문하려고 하나님이 함께 계시는 선생님이라고 예찬의 말을 하였습니다. 그러나 예수님은 벌써 그 사람의 마음을 아시고 그 사람의 제일로 요구되는 문제를 가르치기 위하야 거듭나는(重生) 문제로 말씀하시니 니고데모는 평생의 처음 듣는 말씀이라 무엇이라고 하여야 좋을지 말을 수습치 못하고 엉겁결에 하는 말이 두 번 어미 배속에 들어갔다가 다시 날 수 있습니까? 라고 무식한 억단(臆斷)으로 반문하였습니다. 니고데모는 어떠한 사람이며, 중생이라는 것은 어떠한 것인가? 또 그가 왜? 중생을 그처럼 몰랐는가를 잠깐 소개하겠습니다.

2. 니고데모는?

1) 바리새교인이올시다. 바리새교는 무엇인가? 선민(選民) 중에 특별히 청결하다고 스스로 인정하는 거룩하고 깨끗한 무리로 규합하여 있는 단체 곧 종교 단체로서 가장 교만합니다. 그 이유는 그 조상 아브라함 때 택함을 받고 세욕(世慾)을 끊어버리는 뜻으로 할례를 행하여 할례받지 못한 이방 사람을 개라고 불러왔습니다. (예수님이 수넴 여인에게 하신 말씀 참조) 그

가운데에서도 청결당이 조직되어 바리새라고 하였습니다. 그것은 바울 선생의 말씀 중에 "나는 율법에 의로는 바리새교인이라" 하신 말씀을 보아도 넉넉히 알 수 있습니다. 이러한 좋은 종교의 지도자로서 선생을 모르고 새로운 생활을 하지 못하게 됨은 유감천만 이올시다.

2) 유대국의 관원이올시다. 이 관원은 칠십 인으로 조직되어(장로 24인 제사장 24인 서기관 22인) 유대민족의 정치문제에 대한 단체적 운동과 종교문제에 대하여 지배하여 가는 기관이올시다. 씨는 적어도 유대민족의 생존을 담보하고 있는 인물임은 사실일진대, 그러한 중진으로서 중생을 몰각(沒覺)하고야 민족의 생활을 새롭게 할 수 있을까? 그 민족을 위하여서는 불행이 아니라고 할 수 없습니다.

3) 이스라엘 선생이올시다. 이 선생 "랍비"야 말로 참 중진이오, 요긴한 직임이올시다. 왜? 그것은 성경을 가지고 모든 민중을 지도하는 까닭이올시다. 예배할 때 성경을 낭독하며 해석도 하며 강의도 하여서 일반대중을 지도하며 또는 청소년과 아동들에게 매일 주간학교에서 성경을 가르칩니다. 이러한 자리에 서서 자기부터 중생치도 못하고 중생의 명사조차 모르고서 천하보다 귀한 생명을 담보한 그의 태도야말로 참 공포의 마음을 느끼지 아니할 수 없습니다.

4) 나이 많은 노숙한 경험가이올시다. 나이 많으면 자연히 본 것도 많고 겪어온 것도 많으니까 그것이 다 경험이올시다. 연소한 젊은이한테 비하면 참으로 보배로운 것이 그 마음속에 많이 감추어 있을 것입니다. 그러나 이 노인은 아직도 중생치도 못하고 중생이 무엇인지를 깨닫지도 못하여서 늙은 몸이 이제 다시 어미 배속에 들어갔다가 날 수 있느냐고 이치에 부당한 말로 중생에 대하여 아무 경험이 없음을 스스로 증거하고 말았습

니다. 중생에 대하여 몰각된 선생의 말을 노숙한 경험가의 말이라고 믿기는 대단히 위태하다고 생각합니다.

3. 중생이란 무엇인가

1) 중생은 세상의 것을 의지하여 얻는 것이 아니기 때문에 정치적 수완으로 얻을 수도 없고 학술이 우월해서 교육을 잘 시키는 것으로도 얻을 수 없고 노인이라도 얻을 수 없는 것이올시다. 그런고로 니고데모가 제 아무리 여러 가지 구비한 세상 것을 다 가졌다고 할지라도 중생 하나는 얻지 못할 것이올시다. 그때만 그런 것이 아니라, 오늘날 교회 현상을 잘 관찰한다면 이 니고데모 같은 이가 없다고 못할 줄로 생각합니다. 오늘날 조선 교회가 침체 부진한 그 원인이 교인의 무성의한 데도 없지 않지마는 대부분은 지도 계급에서 교단 혹은 성단을 차지하고 있는 랍비 중에 니고데모 같은 이가 있어서 그렇다고 말하고 싶습니다. 중생이라면 낡은 옛 사람을 벗어버리고 새사람의 생활이 나타나야겠는데, 이때까지 낡은 사람의 형태를 뒤집어쓰고 남을 가르치고 인도하고 낡은 생활을 그대로 계속하니 신성한 교회가 어찌 전진할 수 있으며 부흥될 수 있으리오. 참으로 통탄할 배올시다. 어폐가 될지 모르나 교단 혹은 성단에 앉아서 성도를 지도하시는 분 중에 원망의 낡은 옷을 입은 이가 없습니까? 핑계의 낡은 옷을 입은 이가 없습니까? 거짓된 말과 거짓된 행동의 낡은 옷을 입은 이가 없습니까? 시기의 낡은 옷을 입은 이가 없습니까? 탐욕의 낡은 옷을 입은 이가 없습니까? 이것들을 감행하면서 누구를 향하여 회개하여 거듭난 사람이 되라고 고조(顧助)하십니까? 이런 것들은 새사람의 선봉(先鋒) 되시는 예수님께 속한 사람이 아니요, 곧 옛사람 아담과, 이에 속한 자, 곧 먼저 온 자

에게 속한 사람이올시다.

애독자 여러분은 이 글을 읽으실 때 자기 흉금에 비추어 목사끼리, 장로끼리, 전도사끼리, 집사끼리, 전도 부인끼리, 선생끼리, 형제끼리, 자매끼리, 원망, 핑계, 속임, 시기, 사욕 이런 것들이 있었나 없었나를 반성하여 돌아서서 금년 새해에 새사람이 되어 새 생활을 하십시다.

2) 그러면 중생은 무엇으로 얻을 수 있을까? 힘으로나 능으로나 도무지할 수 없습니다. 다만 성신의 능력으로만 되는 것이올시다. 성신이 아니면 성경 말씀과 격언이나 잠언이 있어도 할 수 없고, 책망과 형벌이 있어도 사람 되기는 절대 불가능한 일이올시다. 성신께서 사람의 마음에 오시면 성경을 깨닫고, 죄와 허물을 깨닫고, 하나님의 사랑과 예수님의 공로를 깨닫게 하며, 선악을 분별하는 지혜를 주셔서, 교만, 시기, 나태, 음란, 아첨, 간사, 탐심, 거짓, 이 모든 것들이 마음에 들어올 때 성신께서 곧 책망하사 곧 거룩한 자리로 돌아서게 하십니다. 이런 사람이야말로 참으로 새 생활을 하는 새사람, 곧 예수께 속한 사람이오, 명예를 위하여 사업하는 사람과는 판이한 사람이올시다.

4. 결론

개인으로 온 세계까지 낡은 껍질을 벗어버리고 새사람이 되어 구원을 얻어 천국에 들어가려면 종교의 미명, 정치의 수완, 교육의 문화운동, 노숙한 경험으로만은 결코 될 수 없습니다. 그런고로 위에 말한 일곱 가지의 낡은 사람을 벗어버리고, 새로운 자리에서 대중을 인도하여 세계 인류를 천국으로 인도합시다.

① '종교시보'(宗敎時報)는 1932년(昭和7年) 12월에 제1호를 長老會總會 宗敎敎育部에서 발행하였다.

② 이 글은 1933년 2월호로 발행된 '종교시보'에 게재되었다.

③ '白南'은 姜炳周목사의 호이다.

④ 강병주 목사는 1933년 長老會總會 宗敎敎育部 總務 鄭仁果 牧師의 推薦으로 종교 교육부에서 敎師養成科 科長職을 맡아, 주일학교 교사를 양성하여 조선의 교회들이 말씀을 바탕으로 한 부흥과 성장을 할 수 있도록 기초를 놓았다.

⑤ 백남은 1931년에 한글학회(前 朝鮮語學會) 명예회원으로 推薦되어, 1934년 장로회 총회에서 한글 맞춤법에 의한 개역성경과 찬송가 개편에 책임 감수를 하였다.

⑥ "중생하자" 원문에서 옛말의 표현들은 일부 현대 어법과 띄어쓰기에 맞추어 고쳤다.

1933년 3월호 종교시보 제2권 제3호

"신국운동(神國運動)에는 교사 양성(敎師養成)이 제1선(第一線)"

양성과장 강병주(姜炳周)

경향을 물론하고 교회마다 선생이 없어서 신국운동, 곧 확장 주일학교와 주간학교와 하기아동성경학교와 가정종교교육이 모든 것을 잘할 수 없다는 것이 언필칭(言必稱)이다. 고기를 보고 흠선(欽羨)만 하고 섰으면 그 고기가 어찌 입에 들어올 수 있으랴. 빨리 들어가서 그물을 던져야만 할 것이라는 옛말과 같이 교사 없음을 한탄만 하지 마시고 교사 양성을 시작하는 것이 첫째 역할이라고 생각한다.

보라. 이스라엘이 쇠퇴하던 시대에는 선지 학교는 폐쇄되고 청년 양육은 없어졌으며, 학교를 설립하고 청년 자제를 양육함에 주력하던 결과는 민족적으로 국가적으로 교회는 거룩하게 부흥되었던 것을 역사가 힘 있게 증거하고 있다. 어찌 그뿐이랴 진리의 도리로 인재를 양육하지 아니하던 흑암 시대에 교회의 부패야말로 다 할 수 없으리만치 되었었고, 교회가 갱생하는 시대와 진흥되는 시대는 진리의 말씀으로 인재를 많이 양육하였던 것이다.

그것이 사실이라면 우리 조선 교회에는 그것이 어찌 전체가 되지 아니하겠는가! 그렇다면 침체부진한 반도 교회를 진흥케 하려면 신국운동자 곧 종교 교육 지도자라는 교사를 양성함이 초미의 급무라고 아니할 수 없다. 문장이 되려면 글을 배워야겠고, 부자가 되려면 돈을 벌어야 될 것은 웅변을 기다릴 것도 없이 알 수 있다. 그와 같이 교회진흥을 바랄 것이면 불가불 새로이 들어오는 교인에게 생명의 요소가 되는 성경의 진리를 가르쳐 주어야 목적한 바를 수확하겠고, 자녀를 진리의 말씀으로 양육시키어야 우리의 동경하는 이상을 얻어서 민족 전체가 거룩한 자리로 옮기어야 산 사람들이 될 터인데, 이 같은 필요성을 가지고 있는 교사 양성사업을 어찌 등한히 볼 수 있으랴! 큰 소리로 외치노니 조선 교회를 키우려면 인재 양성에 주력하자.

선각자 여러분께서 벌써 많은 노력으로 업적을 드러내심을 충심으로 치하하기를 마지않는다. 그러나 앞으로 더한층 힘쓰셔서 교회진흥 운동과 문화운동이 민족 전체로 화(化)해지기를 갈망한다.

배우지 못하면 진리를 알 수 없고, 진리에 소매하면 소경이다. 소경이면 일할 수 없다. 일 못하는 자들이 모인 사회는 이 세상에서 자연도태를 면치 못하는 것이 원칙이다.

선배 여러분이시여. 후진 청년들을 힘써 양성하셔서 집과 교회를 상속시킬 때 염려할 것 없이 안심하고 맡길 수 있게 하길 간절히 애원한다.

근역에 있는 남녀 청년들아. 떠 넣는 밥만 받아먹으려 하지 말고 하루 바삐 용단하고, 자발적으로 배울 수 있는 기관을 조직하라. 한글 보급 운동으로 시작하여 한글을 알게 되거든 교사 양성과에 입학하여 훌륭한 과정 성경교수법, 조직법, 심리학, 유치부 초등부 소년부 동화연구법, 이 모든 과정을 배울 기회가 앞에 있다. 꾸준히 전진하고 낙심치만 아니하면 우리의 기대하는 그것이 멀지 않은 장래에 올 것은 필연의 일이다.

1933년 종교시보 3월호

"하기아동성경학교(夏期兒童聖經學校)에 대한 일언(一言)"

백남(白南)

1. 하기아동성경학교가 조선에서 경영한 지 벌써 12년이나 맞이하게 되었습니다. 1922년에 시작하던 때는 한 곳 뿐이었는데, 1932년 곧 작년에는 1천(千)여 곳이 되었으니, 장족의 발전이 아니라고 할 수 없으나, 4천(千)이나 가까운 교회에서 4분지 1에 해당한 교회만 경영함이 어찌 만족하다 할 수 있으랴. 주일학교에서 1년 동안 성경 배우는 시간이 52주일에 매주일 30분씩 26시간밖에 아니 됩니다. 그러나 하기휴가 중 두 주일 동안

만 성경을 배우더라도 36시간이나 됩니다. 이 얼마나 필요한가를 이론을 붙이지 아니하여도 누구든지 넉넉히 알 수 있습니다.

2. 교회마다 이 하기성경학교를 경영하지 않고 왜 4분의 1만 하게 되는지 그 이유가 나변에 있는가를 더듬어 보면 다른 까닭도 여러 가지가 있겠지마는 대부분은 첫 번 선전이 편협한데 있었다고 생각됩니다. 그것은 방학 동안 중등학생을 이용하여 하기성경학교를 경영할 수 있다고 하였음으로 중등 정도의 학생이라야 성경학교를 인도할 수 있다는 일반의 인식이 되어서, 중학생 없는 교회에서는 하기성경학교를 아주 할 수 없는 것으로 알고, 경영할 생각을 하지 아니합니다. 이것이 크게 잘못된 생각이올시다.

우리 장로회만 주일학교가 3,360여 곳인데 그중에서 하기성경학교 경영하는 곳은 겨우 680여 곳이오니 어찌 이 같은 큰 차이를 가질 수 있을까? 이것이 처음 선전이 편협하였던 결과라고 볼 수 있습니다.

3. 하기성경학교에서 성경 가르치는 교수법이 주일학교에서 성경교수법과 조금도 다른 점이 없사오니 오해를 일절 던져버리시고 금년 여름에는 그전에 하기성경학교를 경영치 아니하던 2,680곳 교회에서도 반드시 최하 두 주일 동안 식이라도 경영하여 보시오. 그리하여 보시면 진작 경영치 못하였다는 후회가 날 것이올시다. 그런데 경영하시던 교회에서는 더욱더 분발적으로 계속하시어 진흥 운동과 확충운동에 많은 업적이 나타나기를 갈망하나이다.

4. 하기성경학교가 필요하다고 사족을 붙일 필요가 없으나, 작년도에 그 경영한 결과를 잠깐 소개하려 합니다. 믿지 않는 아이로써 하기성경학교에 와서 배운 수효가 31,626명이오, 그중에서 믿기로 작정한 아이 수효가 11,616명이나 됩니다. 이 얼마나 큰 수확입니까!

우리의 목적한 바는 우리의 자녀들에게 성경의 진리를 가르치려고 함이오나, 거기에서 따라오는 부산물만도 이렇게 굉장한 것이 우리 목전에 나타났습니다. 주를 순종하는 자 머리가 되고 꼬리가 되지 않으리라는 하나님의 허락하신 대로 이 보고가 뿌려질 세계주일학교 대회에 제출되매 세계 하기성경학교 중 첫째 자리를 점령하게 되었다고 합니다.

오는 여름에는 3천여 교회에서 빠짐없이 다 경영하여서 하나님께서 우리에게 주시려고 허락하신 그것을 만족히 받아 영원토록 누리기를 간절히 바라고, 동역하시는 여러분께 정곡으로 한 말씀드리고, 다음 기회를 기다리겠나이다.

1933년 종교시보 4월호

"예수의 부활과 인류의 소망"

1. 하나님께서 인생을 지으사 세상에 두심은 비극을 연출시키려 하심이 아니오, 자기의 자녀로 자기의 영광을 드러내려 하심이었으나, 인류가 자유로 행하다가 범죄 함으로 타락되어 죄의 종이 되고 하나님과 원수 되어 마귀의 권세 안에서 비참한 생활을 하게 되고, 우환질고와 시비원망으로 일을 삼아 아무 소망이 없이 의미 없는 생활을 하다가 죽으면 그만이라 하였다. 이 어찌 한심치 않으랴. 인생들은 처음 타락된 원인도 모르고서 어찌하면 이 사망을 면하여 볼까 하는 사람들이 퍽 많았다. 그러나 우물에 든 고기요, 함정에 든 범과 같아서 죄의 그물에 걸린 인생이 자기의 힘으로 어찌 그 그물을 벗어날 수 있으랴. 죽음에서 벗어나려고 무한히 애를 쓰던 이들도 그 무덤이 우리 눈앞에 뚜렷하다. 그런고로 죄에 상관없는 이

가 있어야 능히 죄인을 구원할 것이다.

2. 하나님의 자비하신 마음으로 인류를 멸망 자리에 버리지 아니하시고 처음 약조대로(창 3:15) 죄 없으신 임마누엘이신 예수 그리스도를 여인의 후손으로 동정녀의 몸을 빌려 탄생하셔서 인생의 갖은 고생을 맛보시면서 성년 때부터 구원의 사업을 착수하시었다. 복음을 두루 전하시며 마귀에게 잡힌 사람을 놓으시고 병이 들어 신음하는 자를 고쳐주셨다. 그리하여서 천국은 불원(不遠)한 장래에 실현될 줄로 일반은 기대하면서 예수를 따르는 자 많았다. 좌정승 우정승을 걸구한 자도 있었고, 대장, 대신을 동경하는 자, 내각 총리를 꿈꾸는 자도 있었다. 이제 기사를 행하신 뒤에 즉위식을 간청하던 자도 있었고, 나귀 타시고 예루살렘에 들어가실 때에 호산나를 부르고 옷을 벗어서 길에 깔던 그 모든 것이 천국실현을 갈망하는 것이라고 볼 수 있다. 마귀는 이것을 보고 자기의 왕국이 속히 무너질까 염려하여서 여러 가지 위증을 사용하여 예수님을 죽여 매장하면 천국이 함께 매장될 줄로 생각하고 골고다 우뚝한 곳에서 십자가에 못 박아 죽이어 무덤에 장사하고 개가를 불렀다.

3. 그러나 생명의 주인이신 예수를 영영히 무덤에 묻어둘 능력은 가지지 못하였다. 예수 말씀하시기를 나를 믿는 사람은 죽어도 살고 살아서 믿는 사람은 영원히 죽지 않으리라 하시었다. 그러하신 생명주를 누가 능히 매장할 수 있으랴. 그럴 수가 없는 것이다.

사셨네, 사셨네, 예수 과연 무덤에서 삼일 만에 다시 사셨네.

지명에 사는 인생들, 사형선고 받고 교수대로 나아가든, 범죄 한 사람들아 천군천사 노래한다 할렐루야 찬송하자. 사망 안에 갇혀 있던 소망 없는 인생들은 우리 구주 예수께서 우리 죄를 대신하사 십자가에 죽으시고 영생 소망 주시려고 무덤에서 부활하셨다.

이로부터 모든 인류는 믿음으로 천국인 영생세계로 점점 나아가게 된다. 이것이 인생이 범죄 함으로 잃은 낙원을 예수께서 다시 찾아 회복하심이다. 말로 참 둘이 없는 기쁨이오, 오직 하나인 소망이다.

4. 예수의 부활하심에 대하여 학자들의 구구한 해석이 퍽 많다. 그러나 필자는 여러 가지 해석을 좇아 따라갈 마음이 없다. 학자들의 해석보다 예수님의 행적이 훨씬 더 명확하기 때문이다.

보라. 엠마오에서 두 제자와 함께 음식을 잡수시었다. 음식은 육신이 없으면 먹을 수 없다. 혹이 말하기를 예수께서 육신으로 부활하셨으면 어찌 문 열지 않고 들어오셨느냐고 반문한다마는 예수께서 육신 몸이라도 하나님이시니 그 몸을 크게 하실 수도 있겠고, 작게 하실 수도 있을 것이다. 도마에게 대하여 말씀하시기를 네 손을 내밀어 내 손과 옆구리를 만져보아라. 영은 뼈와 살이 없으되 나는 뼈와 살이 있다 하시었다. 뼈와 살을 가지시고 부활하셨으면 그것을 무엇이라고 해석할까? 새 신학자들이여. 랍비의 자리에서 천진스러운 양들 앞에 올무를 놓지 말라. 그대의 아는 것이 얼마나 많고 커서 성경을 뒤집으려 하는가.

사도들이 부활하신 생명의 주 예수와 함께 먹기도 하고, 이야기도 하고, 고기도 잡고, 눈으로 보고, 귀로 듣고, 손으로 만져보았다고 하였다. 이후 천국에 들어갈 우리들도 그와 같이 부활도 하고, 변화도 하여서 주를 만나면 유형적 신체를 가지신 예수를 만나 뵈올 줄로 확실히 믿고 요동치 않는다. 이로써 우리 인류는 사망의 벌 안에서 지옥불만 기다리던 것이 예수님의 부활로 말미암아 그 형벌을 면하고 안락스러운 생명 세계를 들어갈 소망이 확실하게 되었다.

(1933. 3. 16 신천온천(信川溫泉)에서)

"종교와 어머니(宗敎와 母)"

1. 종교와 어머니는 떠나지 못할 관계를 가지고 있으며, 피치 못할 필요성을 띠고 있다. 옛사람의 말에 "세 살 버릇이 여든 살까지 간다." 하였으며, 서양 어떤 철학자는 말하되 "세 살까지 배운 것이 세 살 후부터 여든 살까지 배운 것보다 더 많다." 하였으니 그 얼마나 놀랠 만한 말이며, 유년 교육에 어떠한 자극을 주는 말일까. 참으로 전율할 만한 말이다. 그렇다고 하면 자식에게 대한 어머니의 책임과 의무가 무겁고 큰 것을 알 수 있다. 혹이 말하되 공중에 떠서 왕래하는 구름이 강보에 누워 잠자는 아이의 맥박을 감동시킨다 하였다. 그런즉 출생부터 어머니 품을 떠나기까지 적어도 5, 6년이란 세월은 전연히 어머니 행동과 인격 감화를 줄 기회임은 말할 것도 없다.

2. 아이가 처음으로 출생하면 아무 의식과 사상이 없다. 갑자기 공기에 부딪히게 되어 이상한 감각을 맛보게 됨을 따라 본능적 행동이 시작되어 울기도 하고, 느끼기도 하고, 놀래기도 하고, 손을 흔들기도 하고, 발버둥치기도 하고, 빨기도 하여 여러 방면으로 경험을 얻으려고 쉬지 않고 노력한다. 이때를 잃지 말고 유순한 음성으로 좋은 말과 평화로운 노래로 귀에 들려주고, 거룩한 행동으로 눈에 보여 주고, 정숙한 태도와 다정한 손으로 수종 들어준다면, 말할 수 없는 감화를 느낄 것이다.

그렇다면 그 책임과 그 의무를 누가 감당할까? 불가불 어머니가 그 책임과 그 의무를 담당할 수밖에 없다. 이런 이유 때문에 아이 어머니의 책임이 무겁고 의무가 크다고 한 것이다. 한 걸음 더 나아가서 어머니가 아이를 태에 가졌을 때부터 평화로운 태도와 거룩한 마음을 먹고 시와 찬미와 신령한 노래를 부르며 시편 같은 성경을 낭독하여서 특별히 조심할 것이면 90%는 좋은 아이가 될 것이다. 여기서부터 기초가 굳어지면 유년 교육에도 현저한 효과가 배나 나올 것이라고 생각한다.

3. 유치 시대에 유치원에 입학시키어 여러 가지 재미있고 재롱스러운 유희를 배워왔으나 어머니가 그 방면에 소매하면 유치원에서 배운 바가 죄다 소멸할지니 유치원 보모의 노력은 수포가 될 것이다. 다시 보통학교에 다니면서 도덕 방면과 수신 예절을 잘 배워왔으나 여전히 그 어머니는 보통교육에 소매하여 그대로 불규칙하고 몰경우(沒境遇)하게 굴면 그 아이의 학교교육 받은 효과를 다 상실할 것이니 그 얼마나 안타까울까. 그런즉 어머니 되신 분은 아이에게 대한 책임, 예를 들건대 모세의 어머니, 어린 모세를 품에 품고 하나님의 택하신 백성 이스라엘 민족임을 절실히 가르쳤음으로 이스라엘의 구주요 그 나라의 창립자가 되었으며, 사무엘의 어머니는 아들을 낳기도 전에 주께 드리기로 약속하고 거룩하게 양육하여 하나님께 바쳐 이스라엘 나라를 중흥시키고, 종교를 개혁한 훌륭한 인물이 되었다.

위대하다 어머니의 세력이여. 하나님을 알리는 데는 어머니를 제하고는 어릴 때부터 종교 인물이 되게 할 수 없다. 그런즉 우리 조선의 어머니들이여. 이것을 상속받을 6백만의 어린이들이 당신의 손에 있지 않은가! 그 책임과 그 의무를 감당하고자 할진대 끊임없는 노력 정력을 다하여 이상적 조선, 곧 천국적 새 조선을 만들어서 행복스러운 어머니라는 찬하를 받게 되기를 갈망하나이다.

(양성과장 **강병주**)

한글첩경교안

白南

이 교안은 한글첩경을 교수하는 선생들의 참고로 쓰게함이니 한글첩경을 교수하는 선생들은 반드시 이 교안을 한번 본 뒤에 교수하되 세 주일이나 네 주일동안 교수하기로 하엿스니 참고하시압

1. 교재

『한글첩경』은 첫주일 동안은 홀소리(母音) 닿소리(子音)의 합하는 것을 다 가르치고 둘째 주일 동안은 홀소리나 닿소리의 거듭된 것과 바침까지 가르치고 셋째 주일 동안은 새바침과 글 읽는 것을 가르치고 넷째주일 동안은 응용 곳 연습을 많이 식힐 것

2. 교수법

제1일 홀소리의 읽는 법은 아래와 같음

ㅏ아 ㅑ야 ㅗ오 ㅛ요 ㅜ우 ㅠ유 ㅡ의 ㅣ이

(설명)

1. 학생들로 책에 글짜는 보이지 말고 선생이 먼저 칠판에 ㅏ짜로 시작하여 한자식 써서 가르칠 것
2. 다만 읽게만 하지 말고 발음 할 때 입 모양과 동작하는 것을 자세히 보일 것(가령 입을 벌이던지 입술을 오무리던지 하는 것)

3. 홀소리 글짜를 칠판에 쓰인 뒤에는 한자식한자식 따라 읽게 함

4. 이렇게 五六차를 한 뒤에 책(한글경첩)을 펴게 하고 칠판에 쓰인 것과

   비교하여 보이며 책을 보고 읽게 함 책에 잇는 글짜를 손까락으로 꼭

   꼭 짚으며 읽게 할 것이요 연속하는 것은 절대로 말게 할 것

5. 다시 칠판에 한자식 써서 매명에게 묻고 연필로 쓰게 할 것(혹 손까락

   으로써 땅에 그리게 하기도 함)

6. 학생이 너무 어려서 한꺼번에 다 가르치기가 어려울 때는 그 정도에

   따라 적게 가르치는 것이 좋음

7. 아 글짜는 잇섯스나 지금은 우리 음에서 도태됨을 가르칠 것

   제2일 닿소리 ㄱ그 ㄴ느 ㄷ드 ㄹ르 ㅁ므 ㅂ브 ㅅ스 ㅇ으 ㅈ즈 ㅊ츠

   ㅋ크 ㅌ트 ㅍ프 ㅎ흐, 혹은 ㄱ 기억 ㄴ느 은 이렇게 발음하느니도 잇

   스나 여기는 순전히 초성(初聲) 곳 첫 소리만 발하여 홀소리와 합할

   때에 학생의게 생각에 혼난함을 면케 한 것이다. ㄱ그 와 ㅏ아를 합

   하여 처음에는 천천히 시작하여서 차차 자조하여서 한낱 소리를 낼

   때에는 완전한 가짜소리가 날것이니 이와 같이 ㄱ ㅑ는 갸 로 ㄱ ㅓ는

   거 로 ㄱ ㅕ는 겨로 ㄱㅗ는 고 로 ㄱㅛ 는 교 로 ㄱㅜ는 구 로 ㄱㅠ는

   규 로 ㄱㅡ는 그 로 ㄱ ㅣ 는 기 로 이법대로 하면 틀림이없슴

1. 이날에 가르칠 것을 시작하기 전에 앞에 배운 홀소리를 한자식 칠판

   에 써서 다 알거 든 ㄱ 짜를 칠판에 쓰고 가르칠 것

2. 홀소리와 닿소리를 확연히 분별하기 위하여 칠판에 쓸 때에 닿소리

   는 붉은 토필노 쓰고 홀소리는 백묵으로 써서 가르침이 좋음

3. 합한 글짜(곳 가갸 ……)를 한자식 짚어가며 읽게 하고 연속하지 못하

   게 할 것

4. 연습난에 잇는 글짜는 한자식 칠판에 쓰고 물어서 학생으로 하여금 기어히 알도록 할 것이며 결코 선생이 먼저 가르처주지 말 것

제3일 ㄴㄷ의 읽는 법 ㄴ느 ㄷ드는 전에 것과 같이 하고 이 아랫 것 도 또한 이와 같은 법으로 가르칠 것

1. 이날부터 정도가 차차 높아 감을 따라 닿소리는 몇 자식 더 가르치게 됨

2. 연습난에 단어와 장어 두 가지를 두엇스니 각기 분간하여 가르칠 것

제4일 ㄹㅁㅂ의 읽는 법은 ㄹ르 ㅁ므 ㅂ브

제5일 ㅅㅇㅈㅊ의 읽는 법은 ㅅ스 ㅇ으 ㅈ즈 ㅊ츠

제6일 ㅋㅌㅍㅎ의 읽는 법은 ㅋ크 ㅌ트 ㅍ프 ㅎ흐

(설명) 닿소리와 홀소리가 합한 것(반절)은 이날로써 끝남. 만일 한주 일만 하는 곳은 여기까 지만 가르쳐 마치고 앞에 남은 것은 따루 누구의게던지 물어서 읽어 보라고 부탁하여 둘 것

제7일 짝소리(거듭닿소리) ㄲ ㄸ ㅃ ㅆ ㅉ 의 읽는 법은 ㄲ끄 ㄸ뜨 ㅃ쁘 ㅆ스 ㅉ쯔로 가르치 고 ㄱㄷㅂㅅㅈ는 무른소리요 ㄲㄸㅃㅆ ㅉ는 된소리인 것을 비교하여 가르칠 것

1. 먼저 ㄱ 짜를 써서 발음하여 보이고 다음에 또 ㄲ 짜를 그 옆에다 써 놓고 ㄱ 가 한 게 잇을 때가 소리가 더 강하게 난다는 이유를 설명한 후에 가 짜와 까 짜를 다시 비교하여 발음할 것

2. 된스웃법으로 쓰는 곳 ㅅㄱ ㅅㄷ ㅅㅂ ㅆ 몇자를 써서 보이고 이렇게 많이 쓰나 그것은 잘못된 것이니 절대로 된스웃법은 쓰지 말게 할 것

제8일 거듭홀소리 ㅐ ㅒ ㅔ ㅖ ㅚ ㅟ ㅝ ㅕ 의 읽는 법 ㅐ애, ㅒ애, ㅔ에, ㅖ예, ㅚ외, ㅚ외, ㅟ위, ㅝ위, ㅕ어 의 먼저 홀소리 두 개가 합하

여 한소리가 된 것을 가르치고 다음에 그것이 닿소리와 합하여 한소
리가 된다 함을 가르칠 것

제9일 전일과 같음

제10일 거듭홀소리 ㅘ ㅝ ㅙ ㅞ 의 읽는 법은 ㅗ ㅏ 가 합하야 한소리가
나도록 빨리 자조하면 자연히 ㅘ 와의 발음이 됨 ㅝ 워 ㅙ 왜 ㅞ 웨가 다 그
렇게 됨

제11일 바침 ㄱㄴㄹㅁㅂㅅㅇ의 읽는 법 ㄱ윽 ㄴ은 ㄹ을 ㅁ음 ㅂ읍 ㅅ웃
ㅇ응 이렇게 끝소 리만 발음하여서 학생의 생각을 혼난케 함을 면케할 것

1. 가 짜에 ㄱ을 붙이여서 각. ㄴ을 붙이여서 간. ㄹ을 붙이여서 갈.
   ㅁ을 붙이여서 감. ㅂ을 붙이여서 갑. ㅅ을 붙이여서 갓. ㅇ을 붙이
   여서 강.

2. 가 짜줄에서 하 짜줄까지 가르치되 하로에 다 가르치지 못하리니 이
   것은 2, 3일쯤 논아 가르침이 좋음

   제12일 새바침 ㄷㅈㅋㅌㅍㅎ의 읽는 법도 녯바침과 같이 학생의 생
   각이 혼난을 면케 하 기 위하여 끝소리만 발하여 ㄷ웃 ㅈ웃 ㅊ웃
   ㅋ웃 ㅌ웃 ㅍ읍 ㅎ웃 이같이 할것이면 ㄷㅈㅊㅋㅌㅎ의 대신 ㅅ을 쓰
   고 ㅋ의 대신 ㅅ을 쓰고 ㅍ의 대신 ㅂ을 씀이 편리하 지 아니하느냐
   고 할것이나 남은 음이 발하지 아니하면 그럴듯도하나 그바침 아래
   홀소리의 글짜가 잇을 때에는 그남은 음이 아래로 나려오는 때문에
   없어서는 원만 히 우리의 말법에 맞게 할수 없음
   제13일 쌍바침 ㄲ ㄳ ㄵ ㄶ ㄻ ㄺ ㄼ ㅄ ㄾ ㄿ ㅀ ㅄ ㄽ 한글첩경13공
   과를 잘 살펴 활용할 것

1. 학생으로 하여곰 가급적 연습을 많이 식히도록 할지니 그 방법은 선생의 능률에 맡길 것 이나 참고로 몇 가지를 들면

   1) 칠판에 써서 읽에 하는 것

   2) 두터운 마분지로 카드를 만들어 가지고 거기에 홀소리와 닿소리를 한자식 써서 논아 주고 그것을 맞후에 합자되게 할 것

   3) 연습난에 잇는 단어로 짧은 이야기 하여 주어 흥미를 일으키게 할 것

2. 성경 이름 조선지리 조선역사 읽어 줄 것

3. 기도문은 여러 번 연습하여 암송케 할 것

4. 찬송가 곡조를 따라 가르칠 것

5. 각 공과 연습에 단어를 한짜로 대역하게 할 것

   한글첩경 13공과 참조

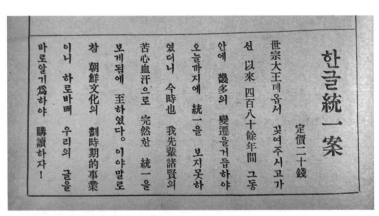

종교 시보에 게재한 광고

짧은 광고문이지만, 백남의 한글 통일안 맞춤법에 대한 긍지와 우리말에 대한 자랑을 느낄 수 있다. 백남은 우리글과 말을 하루 바삐 한 사람도 빠짐없이 배우기를 바랐다. 문맹(文盲)을 깨치는 것이 나라와 민족이 살 길이라고 믿었기 때문이다.

1933년 종교시보 7월호

"수양의 필요"

사업의 성질과 형편을 따라 기계와 인물을 요구한다. 정계에 쓰고자 하면 정치 방면에 수양이 있는 이를 요구할 것이며, 상업을 경영하고자 하면 상업에 수양이 있는 이를 요구할 것이며, 토목공사를 경영하고자 하면 토목공사에 수양이 있는 자를 요구할 것이며, 목공을 경영함에는 거기에 대한 기계가 필요하고, 철공을 경영함에는 거기에 대한 기계가 필요하고, 석공을 경영함에는 거기에 대한 기계가 필요하고, 재봉을 경영함에는 재봉틀이 필요함을 알 수 있다.

이와 같이 우리 교회에서도 인재를 선용하고자 하면 먼저 인재를 수양시키지 아니하면 안 될 것이다. 아이들 부르는 동요를 들어 보라. "청산 속에 묻힌 옥도 갈아야만 광채 나고 낙락장송 큰 나무도 깎아야만 동량 되네" 하였다.

이 말을 가지고 실제로 조사하여 보자. 산하에서 여러 가지로 정교하게 안경을 만들어 근시하는 속에 묻혀 있던 옥은 아무 볼 모양이 없는 돌덩어리뿐이다. 그러나 그것을 장인이 쪼고, 갈고 하여서 여러 가지로 정교하게 안경을 만들어 근시하는 사람에게는 멀리 보게 하고, 근시 못하는 사람에게는 근시하게 하고, 난시하는 사람에게는 시선을 집중시켜서 잘 보이게 한다. 이것이 전혀 같은 돌이로되 장인의 연마에 따라서 이처럼 여러 가지 방면으로 필요하게 사용하되 연마의 우열을 따라서 가치가 아무리 좋은 재목이라도 치목하기 전에는 본질을 나타내지 못하나 장인이 끊고 켜고 밀고 연마에 연마를 거듭하면 그 본질을 나타내며 훌륭한 그릇이 될 것이다.

어찌 석재와 목재에만 그치랴. 인재도 또한 그렇다고 아니할 수 없다. 그러기 때문에 옛적에도 선지 학교니 수도원이니 하는 것들은 인간의 수양하는 기관들이다. 지금도 유치원으로부터 전문대학 연구 등까지 모두가 수양과 훈련의 기관이다. 여기서 수양 받은 자들은 정치, 경제, 문학, 예술 등 각 방면으로 적당한 곳에 사용될 것이다.

그런데 우리 교회에는 2천3백만의 생명을 담보하고 7백2십만의 뒤따르는 어린이들을 인도할 지도자들은 자기를 돌아보자. 대중을 인도할 수양이 있는가? 모방한 것 가지고 남을 속이는 자인가? 그만한 수양을 가지고 인도한다면 대중은 열복하리라고 생각한다. 그러나 그들이 열복치 아니한다면 그것은 지도자들에게 속지 아니함이라고 말하고 싶다. 왜냐하면 모조한 옥은 닳으면 닳을수록 광채가 점점 감하여지고, 참 옥은 닳으면 닳을수록 광채가 더욱 찬란하여지는 것이다. 이와 같이 재주 있는 사람이 여기서 보고 저기서 들은 것들을 가지고 모조품으로 얼마 동안은 사람을 속일 수 있으나 세월이 흐르는 대로 모조품은 발각이 된다. 그러므로 그 사회에서 도태당하게 되는 것이다. 그러나 하나님을 배경을 하고서 물질적 방면과 정신적 방면과 영적 방면에 수양에 수양을 거듭하여 골수에 사무쳐서 수양 받은 그것이 그 사람과 동화되어지면 거기서 나오는 그것은 언제든지 사람에게 존경을 받을 것이며, 모든 사람이 연모하게 되는 것이다. 이것을 귀감 삼아서 금년 여름부터 자신 있는 수양을 끈기 있게 하여보자.

수양의 길은 여러 가지가 있다. 강의록과 잡지와 기타 서적으로 또는 강습회와 수양회와 성경학교와 신학교와 이 모든 기관은 여러분의 수양을 위하여 벌써부터 건설되어 있다. 죽은 조선을 살려낼 방침은 나 하나가 모방적 모조품에서 탈출하여 성스럽고, 참답고, 거짓이 없는 인격 감화를 줄 수 있는 지도자가 되는데 있다고 고함을 치고 싶다.

아ㅡ, 반도 교회여. 지도자 여러분이여. 사경회, 성경연구회, 강습회. 수양회, 성경학교, 사범 공부 석상에서는 당신은 만나보지 못하였다. 어찌된 세음입니까? 금년부터는 이상에 말씀한 모임에는 꼭꼭 만나보기를 고대하고, 위선 7월 27일에 금강산 수양관에서 만나 뵙기를 갈망한다.

백남(白南)

1933년 종교시보 제9호

"종교교육 진흥 운동"

1. 어떤 종교를 물론하고 그 종교에 종지되는 이치를 가르치고 훈련한 뒤에야 그 종교에 생명을 계속하는 것이 철칙이라고 생각한다. 그렇다면 기독교 종교만 진리를 가르치지 않고 의지의 훈련이 없이 그 종교의 생명이 존속될 이치는 만무할 것이 아닌가. 이것을 전제로 하고 우리 그리스도 종교 교육을 진흥시키기로 운동을 일으키는 소이라고 생각한다.

2. 그리스도 종교 교육 진흥이 이야기대로 실현된다면 거기서 무슨 결과가 생길 것인가? 개인에게 완전한 인격이 건설되고 가정에는 평화가 가

득하고 사회는 이상적으로 조직될 것이다. 이러한 사회와 가정과 재인이 건설된다면 어떻게 교회진흥이 되지 아니할 수 없을 것이다. 그런즉 불가불 그리스도 종교 교육은 피치 못할 사명이요, 아니할 수 없을 필요성을 가졌다.

3. 이 종교 교육 기관은 이미 건설되어 있으므로 재론할 여지가 없다. 그곳은 가정종교교육, 주간 성경학교, 주일학교, 하기아동성경학교, 남녀 성경학교, 남녀사경회 등등이다. 이러한 기관에서 여러 십 년 동안 종교 교육을 하여 오는 것을 이제 와서 새삼스럽게 진흥 운동은 무슨 의미를 지적하는가? 그것은 각자가 자기 뜻대로 혹은 당회 혹은 노회 혹은 가정, 이와 같이 부분적으로 하기 때문에 전국적으로 통일되지 못할 뿐만 아니라 종교 교육에 좋은 자료를 공급하는 원천이 없고 지도하는 감독기관이 없어서 천차만별의 상태를 형성하고 있음은 현상이 증거한다. 총회가 이것을 느끼어 종교 교육부로 하여금 이 사업을 착수케 하였다. 신설이니만큼 여러 가지 미비한 중에 가장 긴급히 할 일은 우리 30만 명의 정신 집중과 사업비 융통이라고 생각한다.

4. 종교 교육의 좋은 결과의 실례를 들것 같으면, 영국 여왕 빅토리아는 나라가 부강한 비결을 묻는 이웃 나라 대신에게 대답하기를 성경을 가르쳐서 그렇다 하였으며, 아메리카 합중국은 창업주 되는 조지 워싱턴이 말하기를 우리가 얻은 이 귀중한 이것은 성경 진리로 얻은 것이니 우리 자손들에게 이 진리를 가르치지 아니하면 끝까지 보존할 수 없을 것이라고 하였으며, 덴마크의 부활과 체코슬로바키아의 부활들도 이 종교 교육으로 된 것이며, 러시아 교회의 쇠퇴와 북아프리카 교회의 멸절과 로마의 교회 부패와 그리스 교회가 미약해진 그 원인이 나변에 있느냐 소고하여 본

다면 지자의 말을 기다릴 것 없이 성경 진리를 바로 가르치지 못한 관계라고 고함을 치겠다.

5. 이처럼 중차대하고 아니할 수 없을 필요성을 띠고 있는 종교 교육을 등한시할 수 없어서 총회 종교 교육부 사업에 찬성하는 진흥회원을 모집하여 종교 교육에 정신 통일을 가지게 하고 회원의 의연금으로 총회 종교 교육부 기본금으로 세우고 재료공급과 지도 감독을 철저하게 하여 경영한다.

현재 직원 3만 명으로 교사 양성과에 입학하게 하여 성경 교수에 능란하게 하는 동시에 매년 3천 명씩 되는 주일학생 고등부 졸업생들로 입학시켜서 양성하기를 영세토록 계속할 것이며, 종교시보를 발행하여 교회 정신통일을 시키는 동시에 예배 인도자에게 자료를 공급하여 건조한 농촌 교회에 신령한 양식을 제공하여 윤택케 하며 주일학교 선생들에게 보충 교재를 주기로 힘쓰며, 24개 노회 내에 백여 곳 시찰 구역을 순회 강습을 시켜 농촌 교회의 주일학교에 발전을 도모하고자 한다. 이 사업이 성공되기는 장년 주일학교 선생 학생 유년 주일학교 선생들이 진흥에 속히 입회함에 있다. 입회금은 보통회원 1원 이상, 특별회원 5원 이상, 명예회원 20원 이상, 평생회원 50원 이상, 공로회원 백 원 이상, 사업회원은 한 가지 사업을 전담하여 진행하는 회원, 입회는 돈의 유무를 불구하고 할 수 있고, 입회금은 추후라도 지불할 수 있으니 주저치 말고 하루바삐 입회하사 침체 중에 있는 조선 교회를 도울진저.

1933년 종교시보 제2권 제9호에는, 1933년 9월 8일(금요)에 선천읍남 예배당에서 개회되는, "조선예수교장로회 총회에 대한 각(各) 인사(人士)

의 기대(企待)"의 글이 게재되었다.

이 글에, "여성운동의 장래는"에 대하여, 강병주 목사는 "이번 총회에 한남노회에서 여자의 교회치리권 운동 안이 헌의된다 하는데, 이에 대하여 가부를 말함은 아니로되, 현재 이 운동은 소수의 운동에 불과하지마는 자주자주 운동하면 필경에는 다수의 운동으로 되어 지리라고 생각한다. 또 총회록 한번 읽어 보고 오시오. 그리하면 작년 일을 잘 알아서 처리하기 쉽습니다"라 하였다.

1935년(昭和 10年) 11월 강병주 목사 설교

"해갈지책(解渴之策)"

요한복음 4:3-19

예수께서 사마리아를 지내시다가 수가성 우물가에서 앉아 쉬실 때 물 길러 온 여인에게 물을 조금 달라고 청하시는 중에 세상이 주는 물은 아무리 먹어도 다시 목마르지마는 내가 주는 물은 한번 먹으면 영원히 목마르지 아니하리라 하시니 그 여인이 듣고 이런 물을 먹여 주셔서 다시 여기 와서 물을 길지 않게 하소서 하니 내가 주는 물을 먹으려면 네 남편을 데려와야겠다고 예수께서 말씀하셨습니다.

Ⅰ. 세상이 주는 물은 먹어도 목마르다. 이 물은 무엇을 가르친 것입니까.

1. 지식으로 해갈하려는 사람이 많이 있으나, 그러나 많이 배울수록 점점 목이 더 말라 가는 것뿐이고 해결이 없는 것이 세상의 학문이올시다. 학교에서 공부해 보지 못한 사람은 소학생을 부러워하고 소학생은 중학생

을 부러워하고 중학생은 대학생을 부러워하고 대학생은 학사 박사를 부러워합니다. 박사들은 난제 해결을 궁구하느라고 머리를 앓고 있으니 언제나 지식으로 갈증을 면하리까. 세상에는 없습니다.

2. 권세로 해갈하려는 사람이 많이 있습니다. 그러나 권세는 얻을수록 부자유합니다. 아무 권세 없을 때에는 자유이니 부자유이니 하는 것이 어떤 것인지 몰랐으나 조그마한 권세 자리를 하나 얻은즉 그 윗자리에서 누르고 윗자리를 얻으니 또 그 윗자리 차차 이같이 하여 독일에 카이제루는 만승천자가 만족하지 못해서 세계를 독차지하려다가 연합국에 눌리어서 실패하고 말지 않았습니까. 언제나 권세에 갈증을 면하리까. 세상에는 없습니다.

3. 금전으로 해갈하려는 사람이 많이 있습니다. 그러나 돈이 있을수록 목이 더 갈합니다. 돈이 없을 때에는 돈에 그다지 애착심이 없었는데 돈을 모으기 시작하면 정신없이 덤빕니다. 경제 방면에 모든 부도덕한 일은 모두 금만가에서 연출시키고 있습니다. 큰 재벌 밑에는 소자본의 상업가가 얼마나 희생을 당합니까. 돈이 많아질수록 도덕, 인정, 체면이 다 없어집니다. 언제나 돈으로 갈증을 면하리까. 세상에는 없습니다.

4. 아들이 많음으로 해갈하려는 사람이 많이 있습니다. 그러나 아들이 많을수록 괴롬이 더 많아집니다. 다윗의 아들들을 보시오. 언제나 아들 많은 것으로 갈증을 면하리까. 세상에는 없습니다.

5. 장수하는 것으로 해갈하려는 사람이 많이 있습니다. 삼신산 불로초와 승로반에 이슬 같은 것을 애써 요구함은 오랫동안, 이 세상에서 살려 함이나, 백 세를 살아도 산데 없고 천년을 살아도 만족이 없음은 오래 사는 것으로 갈증을 면하는 방도가 되지 못하는 것이올시다.

6. 모양을 얌전케 하여서 해갈하려는 사람이 많이 있습니다. 그리해서 귀한 금전을 아까운 줄 모르고 많은 돈을 드려서 양복 모닝코트 대례복 구두 각종 소지품을 사서 아름다운 몸맵시를 내는 남자가 많고, 얽고 검은 낯을 분칠로 가리우고 땀 냄새, 노린 냄새는 향유로 가리우고 빠진 눈썹은 연필로 그리고 푸른 입술에는 붉은 연지로 빛을 내고 넘어지기 쉬운 뾰죽 구두로 몸에 율동을 일으키며 큰길 거리로 횡횡함은 이쁜 모양을 나타내고자 함이올시다. 이것으로 갈증을 면하려 한들 갈증은 점점 더 심하여 갑니다. 언제나 화장과 몸맵시로 갈증을 면할까. 세상에는 없습니다.

Ⅱ. 예수께서 주시는 생명수를 먹은 사람은 언제나 만족을 느끼고 있습니다.

1. 생명수를 먹은 사람은 무식해도 만족합니다. 왜? 그런고 하니 세상의 지식을 부러워하지 아니함은 세상 지식은 배울수록 모르는 것이 많으나 하느님 나라의 오묘한 광경은 생명수 먹은 자만 알게 되니 박사가 부럽지 않고 만족합니다.

2. 생명수를 먹은 사람은 권세 없어도 만족합니다. 잠깐 되는 이 세상에서 미약하게 지낼지라도 오래지 아니한 장래에 천하에 모든 권세 잡았던 자들을 낱낱이 심판 하겠으니 그 얼마나 유쾌하겠습니까?

3. 생명수를 먹은 사람은 가난하여도 만족합니다. 이 세상에 재물은 뜬구름 같아서 광풍이 부는 대로 밀려가겠으나 하늘에 있는 보화는 한번 얻으면 영세무궁토록 누리고 유쾌한 생활을 하겠는데 이것은 생명수 먹은 사람에게만 가지는 특권이 있으니 얼마나 기쁘겠습니까. 말로 다 할 수 없습니다.

4. 생명수를 먹은 사람은 아들이 없어도 만족합니다. 육신의 자녀들은 열이면 열 다 부모에게 걱정꺼리가 되겠지마는 신령한 아들과 딸들을 많이 두면 하늘에 가서 즐거움을 받을 터인데 그 즐거움이야말로 참 생명수 먹은 자만이 누릴 행복이올시다. 진실로 만족합니다.

5. 생명수를 먹은 사람은 요수(夭壽)해도 만족합니다. 이것은 땅에 사는 것 보담 하늘에 가서 사는 것이 훨씬 더 평안하고 기쁜 생활을 하겠는데 무궁무진한 행복이야 어찌 말로써 다 형용할 수 있을까. 괴로운 자리에서 하루라도 일찍이 가는 것이 얼마나 만족할는지 이루 측량할 수 없습니다.

6. 생명수를 먹은 사람은 인물이 잘 못나도 만족합니다. 모양이 잘 못생겨도 잠시 잠깐 후에 창조주 되신 예수님을 뵈올 때 예수님과 같게 영화로운 모양이 될 터이니 무슨 염려와 불만이 있으리까.(빌 3:21, 요일 3:2) 아주 만족하겠습니다.

그렇다면 불가불 이 생명수를 먹어야겠습니다.

Ⅲ. 이 생명수를 먹으려면 남편을 다려와야 먹겠습니다. 옛 남편 다섯과 지금 남편 하나를 다려 오지 않고는 절대로 생명수를 먹을 수 없습니다. 그런즉 그 남편들은 누구 누구오니까?

1. 시기라는 남편을 주 앞에 다려다 바쳐야겠습니다. 처음으로 주를 믿을 때에는 조그마한 죄라도 범하기를 무서워하지마는 하느님의 집을 맡은 일꾼들 중에 고금을 통하여 시기하는 자 그 수효가 얼마나 많은가 이것을 마음에 품고는 생명수 먹을 수 없습니다.

2. 교만이라는 남편을 주 앞에 다려다 바쳐야겠습니다. 모든 불만과 불평은 교만에서 생기는 것입니다. 존비귀천을 막론하고 교만은 없는 이가

없습니다. 천사도 교만으로 타락하여 마귀가 되었습니다. 이것을 품에 품고는 생명수를 먹을 수 없습니다.

3. 탐심이라는 남편을 주 앞에 다려다 바쳐야겠습니다. 회개 잘하였다는 훌륭한 신사도 금전 거래를 해 보면 그 속에 말로 다 형용할 수 없는 흉악한 것이 나타나 보입니다. 아담, 아간, 유다도 다 여기서 떨어졌습니다. 여기서 타락한 사람을 어찌 이루 다 헤아릴 수 있으리까. 이것을 품에 품고는 생명수를 절대로 먹을 수 없습니다.

4. 거짓이라는 남편을 주 앞에 다려다 바쳐야겠습니다. 모든 거짓말하는 자는 유황불 붙은 구렁텅이에 들어가리라 함에도 불구하고 거짓말을 공공연하게 하면서도 죄 인줄로 모르는 자가 많습니다. 아브라함이 한마디 거짓말로 그 자손이 사백 년 동안이나 종노릇을 하였습니다. 이 까닭에 생명수를 먹지 못하게 되었습니다.

5. 원망이라는 남편을 주 앞에 다려다 바쳐야겠습니다. 아담이 하느님을 원망하다가 천추만세에 중한 벌을 남겨 놓았고 이스라엘이 원망하다가 그 시체가 광야에 엎어졌습니다. 이것을 가지고는 생명수를 절대로 먹을 수 없습니다.

6. 핑계라는 남편을 주 앞에 다려다 바쳐야겠습니다. 아담이 이 죄를 짓고 생명 세계에서 쫓겨났고, 해와도 가인도 사울도 모든 잘못된 사람들의 심리를 해부해 보면 거의 다 핑계하는 죄로 낭패를 보았습니다. 이 죄를 쉽게 보는 자는 마귀와 촌수가 멀지 않다고 생각합니다. 이것을 품에 품고는 생명수를 절대로 먹을 수 없습니다.

이러한 남편들을 품에 품고서 생명수를 먹으려 하는 자는 나무에 올라가서 물고기 잡으려는 자와 다름이 없습니다.

(결론)

사마리아 여인이 남편을 다려다가 주 앞에 바치고 큰 교회가 설립되었습니다. 오늘도 강단을 차지한 지도자들이 자기의 사랑하는 남편들을 주 앞에 갖다 바침이 교회를 부흥시키는 첫 방침이라고 생각합니다.

(장로회 총회 종교 교육부 발행, 목사 대설교집 p.p. 57-61, 1935년(昭和 10年) 11월 발행)

姜 炳 周 牧師

1883年 3月 9日 慶北 榮州郡 出生

1906年 4月 信主

1910年 10月 受洗

1915年 大邱啓聖學校4年修業

1922年 12月 平壤神學校卒業

1923年 慶北 榮州郡 豐基敎會牧師(10年間)視務

1928年 平壤神學校 宗敎敎育硏究科修業

1925年과 1932年 慶安老會長으로 被任함

1933年 長老會 總會宗敎敎育部 敎師養成科 科長 視務

1936년 11월 8일 남대문교회 설교(Preach for Sunday school worship)

"너희 자녀를 위하여(For your children)"

누가복음 23:26-29

십자가를 지시고 골고다를 향하여 나가시는 예수님을 바라보던 경건한 예루살렘의 부녀(婦女)들이 가슴을 치고 애통(哀痛)하며 따라올 때 주님은 무슨 말씀을 하셨습니까? 지금(只今) 자기(自己)의 비참(悲慘)한 최후(最後)를 슬퍼하는 저 사랑하는 부녀(婦女)들을 향하여 무엇을 말씀하셨습니까? "예수께서 돌이켜 그들을 향하여 가라사대 예루살렘의 딸들아 나를 위하여 울지 말고 너희와 너희 자녀를 위하여 울라" 이 무엇을 의미함입니까? 장래(將來) 환란(患亂)을 생각하심인 줄 압니다. 이제 예수님의 당하시는 고난(苦難)이 어렵기는 어려우나 그러나 이 앞에 당도(當到)할 환란(患亂)에는 더 큰 어려움이 올 것입니다. 국민적(國民的)으로 올 고난(苦難)이 큰 것을 의미(意味)함입니다. 그러나 단순(單純)히 그것만 의미하였다고 나는 생각지 않습니다.

보다 더 큰 것을 말함이라고 생각합니다. 주님은 예루살렘을 한번 바라보시매 거기에는 멸망(滅亡)이 오겠는데 그 무서운 멸망(滅亡)을 가져오는 것이 죄악(罪惡)이라는 것을 보신 것입니다. 이 아름답고 화려한 예루살렘이 죄악(罪惡)으로 말미암아 일조일석(一朝一夕)에 망할 것을 보신 것입니다. 다시 한번 바꾸어 말한다면 예루살렘의 아들과 딸들이 죄(罪) 가운데서 죄(罪)를 먹고 마심으로 죄(罪)의 종이 될 것을 슬퍼하심인 줄 압니다. 그런고로 주님은 이것을 생각하고 계셨기 때문에 저들의 장래(將來)에 대하여 염려(念慮)하는 맘이 간절(懇切)하기 때문에 지금 죽음을 목전에 두시고도 오히려 저들을 불쌍히 여기는 맘이 더함으로 "나를 위하여 울지 말고 너희와 너희 자녀를 위하여 울라"라고 부탁(付託)하신 것입니다. 다시 말하면 나보다도 더 큰 것이 너희 자녀들을 가르치라 하는 것입니다. 나는 하나님의 크신 경륜(經綸)을 이루러 나가는 길이니 슬퍼할 것이 없고 오히려 기뻐하여야 할 일이다. 그러나 급선무(急先務)는 너희 자녀들의 장래 겪을 환란(患亂)을 막는 것이라는 것입니다.

소돔 성(城)에 의인(義人)이 열 사람만 있어도 오늘날까지도 그 성(城)은 남아 있었을 것입니다. 예루살렘의 자녀들이 그리스도를 못 박은 후라도 저들의 맘을 완패(頑悖)하게 하지 말고 회개하고 예수를 믿었던들 예루살렘은 주후(主後) 70년에 함락(陷落)되지 않았을 것입니다. 그러나 그것은 이미 지나간 역사적 사실(歷史的事實)이 되고 말았습니다. 예수님께서 십자가(十字架)에 죽음을 목전(目前)에 두고 정신(精神)을 수습하지 못해서 아무 가치(價値)도 없는 말을 한 줄 아십니까? 죽음이 겁나서 정신없이 이 말씀을 하신 줄 아십니까? 아닙니다. 주님은 염두(念頭)에 새겨 있는 생각을 최후(最後)에 유언(遺言)으로 예루살렘의 부녀(婦女)들에게 부탁(付託)하신 것입니다. 여러분 오늘 주(主)께서 우리 가운데 오신다면 무슨 말씀을 하실까요?

나는 이렇게 생각합니다. 조선(朝鮮)의 예루살렘이라 하는 평양성(平壤城)의 부녀(婦女)들아, 평양(平壤)의 기독교신자(基督敎信者)들아, 너희 자녀(子女)들을 진리의 말씀으로 교육(敎育)하라 말씀하실 것입니다. 왜 그런고 하니, 이 자녀 교육 문제(子女敎育問題)는 가장 큰 것이기 때문입니다. 옛사람도 말하기를 자녀(子女)에게 천금(千金)을 주는 것이 교육(敎育)함만 같지 못하다는 것도 역시(亦是) 이 자녀 교육 문제(子女教育問題)가 중대(重大)함을 증명(證明)하는 것이라 할 수 있습니다. 이제 이 자녀 교육 문제(子女教育問題)가 어찌하여 이처럼 중대성(重大性)을 띠고 있는가? 다음의 몇 가지 방면(方面)을 들어서 생각하여 봅시다.

첫째로 이 자녀 교육 문제(子女教育問題)가 우리들의 가정(家庭)에 얼마만한 관계(關係)를 가지고 있는가 생각하여 봅시다. 한 가정이 잘되려면 두말할 것 없이 자녀 교육(子女教育)을 하여야겠다는 것을 여러분께서 이미 다 잘 아시고, 자녀(子女)들을 학교(學校)에 보내는 것이 아니겠습니까? 자녀들을 가르치지 않고서 누거만(累巨萬)의 재산(財産)을 준다고 하여도 그 아들들이 그 돈을 쓸 곳에 쓰지 못할 것입니다. 아니, 그 돈으로 말미암아 보통(普通) 사람 이하(以下)의 사람이 될 것입니다. 예로부터 배우지 않고 돈만 가지고 잘 되었다는 말은 듣지 못하였으나, 어려운 가운데서라도 공부하여서는 잘 된 사람이 얼마나 많은지 우리는 그 수를 능히 헬 수도 없는 것입니다. 여러분 모세를 훌륭하다고 보십니까? 그에게는 40년의 교육시기(教育時期)가 있었던 것입니다. 아니, 그것보다도 어머니의 무릎에서 배운 바가 있었던 것입니다. 오늘날 역사상(歷史上)의 누구누구 하는 인물(人物)들이 다 교육(教育)을 통(通)하여 일가문(一家門)을 빛내었던 것입니다. 그들도 교육(教育)받지 못하였다면 일개(一介) 우부우부(愚夫愚婦)에 불과(不過)하였을 것입니다. 그러나 집이 가난하고 주위 환경(周圍環境)이 어려웠어도 교육(教育)받았으매 오늘의 저들의 명망(名望)이 높게 된 것입니다.

교육 문제(教育問題)가 한 가정에 이처럼 중대(重大)한 영향(影響)을 가지고 있다면, 둘째로, 우리들의 개개인(個個人)이 합(合)하여 형성(形成)된 사회(社會)에 있어서도 같은 중대성(重大性)을 띠고 있을 것입니다. 교육(教

育)이 있는 사회(社會)는 진보(進步)와 발전(發展)과 향상(向上)이 있는 것입니다. 우리는 우리의 사는 사회(社會)가 잘되기를 바라면서도 때로는 이것과 배치(背馳)되는 행동(行動)을 감행(敢行)하게 되는 때가 있게 되는 것입니다. 오늘의 교육(敎育)이 없는 사회(社會)는 세상(世上)의 존재여부(存在與否)를 의심(疑心)할 만치 되는 것입니다. 교육(敎育)이 있는 사회(社會)일수록 세상(世上)에 그 존재(存在)가 일층(一層) 더 명료(明瞭)하게 되는 것입니다. 그것보다도 교육(敎育)하지 않는다면 사회(社會)의 일군을 얻을 수 없는 것입니다.

사회(社會)를 위한 위대(偉大)한 일군이 다 교육(敎育)의 산물(産物)이 아닌가? 비록 그것이 학교(學校)에서 배웠든지 자습(自習)으로 학득(學得)하였는지를 막론(莫論)하고 교육(敎育)을 통(通)하여 위대(偉大)한 인물(人物), 사회(社會)의 봉사자(奉仕者)가 배출(輩出)되는 것입니다. 고려말(高麗末) 충신(忠臣) 정몽주(鄭夢周)를 생각할 때 그의 곧은 절개(絶介)를 사모(思慕)하는 것입니다. 우리는 흔히 정몽주만을 추포(推布)하게 되는 것입니다. 그러나 우리는 한 걸음 더 들어가서 볼 때 그 어머니의 주밀(周密)한 주의(注意)와 부단(不斷)한 교육(敎育)이 있었다는 것을 잊을 수 없는 것입니다. 어릴 때 저의 옷을 지어 입힐 때, 겉은 푸른 물결 빛을 택(擇)하고 속은 붉은 빛으로 하여 언제나 저에게 무언(無言)의 교육(敎育)을 주었던 것입니다. 조금 자란 후, 시조(時調)를 지어서 교육(敎育)하였던 것입니다. "가마귀 싸우는 골에 백로야 가지마라 성낸 가마귀 흰 빛을 새오나니 창파에 조히 씻은 몸을 더러힐까 하노라" 이것은 우리가 잘 아는 시조로써 몽주(夢周)의 모친이 저를 교육(敎育)하시던 글입니다. 이와 같이 교육(敎育)은 큰 힘을 가지고 있는 것입니다. 거기에는 국가(國家)를 위(爲)하는 위대(偉大)한 정치가(政治家)와

위인(偉人)이 많이 있게 되는 것이며 좋게는 가정적(家庭的)으로 일가(一家)의 명예(名譽)를 떨치게 하는 인물(人物)이 선출(選出)되는 것입니다.

일반교육(一般敎育)의 가치(價値)도 이러하거늘 하물며 종교 교육(宗敎敎育)이리오. 교회(敎會)의 장래(將來)를 생각할 때 우리는 어린이에게 종교교육(宗敎敎育)을 시행(施行)할 것입니다. 인물(人物)을 육성(育成)할 것입니다. 교역자(敎役者)를 육성(育成)할 것입니다. 나는 근자(近者)에 어떤 친구(親舊)와 대화(對話)하는 중(中)에 얻은 감상(感想)이 있습니다. 어떤 주일학생(主日學生)이 예배당에 와서는 의례히 건강(健康)할 줄 알았는데 병(病)으로 죽게 되자, 주교선생(主校先生)과 목사님(牧師任)을 청(請)하여 죽기까지 예수를 믿겠다고 하였다는 말을 들었습니다. 비록 그 당시에는 결과(結果)가 없었으나 마침내 나타난다는 것입니다. 그 친구(親舊)의 말을 들으면 그 못된 장난꾸러기 아해(兒孩)가 마지막 죽을 때 믿지 않는 자기 부모(父母)에게 예수 믿으라고 권하면서 마지막 숨질 때까지 주의 이름을 부르고 마쳤고, 오늘날 그 부모(父母)는 교회(敎會)에 열심(熱心)으로 출석(出席)한다고 합니다. 이것은 꾸며낸 이야기가 아니라 평양 근촌(平壤近村)에서 있었던 사실담(事實談)입니다. 보십시오. 주일학교(主日學校)에 올 때 그 학생(學生)은 장난꾸러기였고 장래성(將來性)이 있어 보이지 않았습니다. 그러나 하나님의 섭리(攝理)는 이상(異常)합니다. 하나님의 경륜(經綸)은 가(可)히 측량(測量)할 수 없는 것입니다. 우리의 부족(不足)한 역할(役割)을 통(通)하여 주님은 위대(偉大)한 결과(結果)를 가져오게 하시는 것입니다.

중세기(中世紀) 로마교(敎)의 교부(敎父)들은 다음과 같이 말하였습니다. "우리에게 이 세상(世上)에 있는 어린아이들을 7세까지만 맡겨주면 이 세상(世上)을 로마교(敎)로 화(化)할 수 있겠다"라고 했습니다. 무슨 말이냐 하면, 7세까지 로마교(敎)의 신앙(信仰)을 넣어주면 그 후에는 어떠한 환경 속에서 지내든지 그 사람은 반드시 로마교(敎)의 신자(信者)가 될 것이라는 것입니다. 여기에서 우리가 보는 바는 어려서 교육(敎育)받는 것이 그의 일생(一生)을 통(通)하여 얼마나 큰 역할(役割)을 하고 있다는 증거(證據)가 되는 것입니다. 어려서 좋은 교육(敎育)을 받은 자는 위대한 유명(有名)하고 유익(有益)된 사람이 될 수 있으나, 그와 반대(反對)로 좋지 못한 교육(敎育)을 받은 자는 이 세상(世上)과 오는 세상(世上)에서 용납(容納)할 수 없는 악한(惡漢)이 되는 것입니다. 죄인(罪人)이 되는 것입니다.

(천사(天使)와 악마(惡魔)의 얼굴 이야기)

그런즉 우리가 교육(敎育)하여야 될 것은 잘 아실 줄 압니다. 물론(勿論) 제가 오늘 말씀 안 한다고 하여도 여러분들은 이미 자녀(子女)를 교육(敎育)시키는 중(中)에 있으니 이미 교육(敎育)이 필요(必要)하다는 것을 인식(認識)하셨을 줄 압니다. 그러나 이상(異常)한 것은 이것입니다. 우리의 자녀가 학교(學校)에 가는 것은 잘 가나 아니 가나 감독하시면서도, 우리의 자녀가 주일학교(主日學校)에 가나 아니 가나를 상관(相關)하지 않는 분이 많은 것입니다. 우리가 언필칭(言必稱) 이 땅의 장래(將來)가 말이 아니다? 혹(惑)은 우리 교회(敎會)의 장래(將來)가 대단히 염려(念慮)된다고 하면서도 내 자녀를 예배당(禮拜堂)에 보내지 않으니 그 무슨 까닭인지 모르겠습니다. 다시 말하면 세상의 과학(科學)은 가르쳐주면서 하나님을 알리어 주지 않으니 그 무슨 까닭인지 모르겠습니다.

이러고도 대중(大衆) 앞에서는 무슨 우국지사(憂國之士)나 되는 것처럼 교회(敎會)와 국가(國家)의 장래(將來)를 운운(云云)하시렵니까. 과학(科學)만 발전(發展)되고 하나님을 모르는 사회(社會)에는 평화(平和)가 없습니다. 살벌(殺伐)의 천지(天地)가 되고 마는 것입니다. 하나님 없이 행(行)하는 교육(教育)은 살인(殺人)과 강도(强盜)를 가르치는 것입니다. 어떻게 하면 다른 사람을 누르고 높은 자리에서 남을 지배(支配)하는 자(者)가 될 수 있을까를 공부(工夫)하는 것입니다. 혹(惑) 좋은 것을 발명(發明)할 수가 있기는 하지만 보다 더 좋지 못한 것만을 연구(研究)하고 산출(産出)해 내는 때가 많은 것입니다. 그러나 하나님을 알고 하나님을 배운 자들은 그렇지 않은 것입니다.

간단한 이야기 하나 하겠습니다. 워싱턴 중앙교회 목사 니딕스의 충성(忠誠)한 이야기입니다. 미국 대통령 캘빈 쿨리지(1923-1929), 비서관 대신(大臣)을 주일학교(主日學校)에서 기독교(基督教) 교인으로 성장시켰습니다. 한 사람이 충성(忠誠)되게 하나님의 말씀으로 어린이를 교육(教育)함으로 이와 같이 위대(偉大)한 결과(結果)가 오게 되었거든, 현대(現代)의 모든 주일학교(主日學校) 선생(先生)이 니딕스와 같이 책임감(責任感)을 가지고 어린이를 주의 말씀으로 교육한다면 얼마나 귀한 일이겠습니까? 또 때로는 디모데 한 사람을 위하여 로이스와 유니게의 전적노력(全的努力)이 필요(必要)하였던 것처럼 한 사람의 착실(着實)한 하나님의 아들을 얻기 위하여 우리들의 교회(教會)가 총동원(總動員)을 하여 이 운동(運動)에 가담(加擔)하여야 할 것입니다. 그리하여 우리의 성력(誠力)을 다하여야 할 것입니다. 그 결과(結果)는 우리의 알 바가 아닙니다. 힘껏 일할 것 뿐입니다. 직접, 간접으로 이 주일학교(主日學校)를 도와야 할 것입니다. 아이가 예배당(禮拜堂)에 가나 아니 가나를 감시하든지, 또는 직접 시간을 내어서 주일학교 일을 도와주던지 하여야겠습니다. 이 일은 교역자(教役者) 한 사람이, 주일학교(主日學校) 선생(先生)만이 할 것이 아닙니다. 우리들의 가정에서 하나님께 예배하는 제단도 쌓아야 할 것입니다. 주일학교에 보내고, 도와주셔야 할 것입니다. 나만 예수 믿어 구원 얻겠다는 것은 소극적(消極的)입니다. 소극적(消極的) 행동(行動)은 때로는 자멸(自滅)을 초래(招來)할 때가 종종 있습니다. 예수를 믿되 적극적(積極的)으로 믿어야 할 것입니다. 나도 믿어야 하겠거니와 내 자녀(子女)의 세대(世代)도 생각하여야겠습니다. 우리는 신앙(信仰)의 일년지계(一年之計)만 세울 것이 아니라, 십년지계(十年之計)도 부족(不足)합니다. 적어도 백년(百年), 천년(千年), 만년지계(萬年之計)를 세워야 할 것입니다. 우리만 예수 믿다가 죽고 만다면 우리들의 자녀 시대(時代)에 믿는 사람이 없겠습니다.

현대(現代)의 급선무(急先務)는 불신자(不信者)에게 전도(傳道)하는 것이라면, 그와 마찬가지로 우리의 자녀를 잘 교육(敎育)하여서 기독교(基督敎) 신자(信者)가 되게 하는 것도 급(急)합니다. 주일학교(主日學校) 선생(先生)님이여, 여러분들의 책임(責任)이 중(重)합니다. 자녀를 가진 부모님들이여, 여러분의 책임이 중(重)합니다. 여러분들이 힘을 쓰면 교회(敎會)는 왕성(旺盛)할 것입니다. 그러나 한갓 취미(趣味)로 오락(娛樂) 삼아 주일학교(主日學校) 일을 본다면 그 결과(結果)는 여러분들이 넉넉히 짐작하실 수 있는 것입니다. 기독교(基督敎) 신자(信者)된 이들이여, 주의 말씀으로 자녀를 교육(敎育)합시다.

"예루살렘의 딸들아, 너와 너희 자녀를 위하여 울라"라는 주의 성훈(聖訓)을 다시 한번 기억(記憶)합시다.

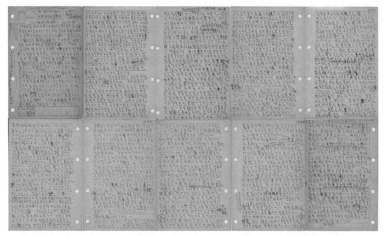

1936년 11월 8일 남대문교회, 백남의 자필 설교원고

1939년 10월호 십자가 제3권 제10호

삼위(三位)의 경륜(經輪)을 찬미(讚美)하자

에베소서 1:3–14

1. 성부(聖父)의 경륜(經輪)은 하느님의 영광(榮光)을 찬미(讚美)하시려고 중자(衆子)를 부르심(3–6)

(1) 언제 부르셨는가? 곧 창세 전에 택하셔서 우리에게 사랑으로 옷을 입히시고 하느님 앞에 거룩하고 흠이 없게 하시려고 예정하사 자기의 아들들이 되게 하심은 이는 곧 그 크신 영광을 찬미하게 하시려는 것이다.

(2) 어디서 부르셨는가? 만세 전에 그리스도 예수 안에서 우리를 택하시고 미리 정하시고 그의 풍성하신 사랑 안에서 부르셨으니 이는 곧 그의 크신 은혜의 영광을 찬미하게 하시려는 것이다.

⑶ 우리에게 무엇을 보시고 부르셨는가? 우리에게는 아무것도 볼 것이 없다. 다만 하느님의 기쁘신 뜻대로 미리 택하시고 미리 정하시고 우리로 하여금 사랑 안에서 그의 거룩한 아들, 그의 흠이 없는 아들이 되어 하느님의 값없이 주시는 은혜의 영광을 찬미하게 하시려는 것이다.

⑷ 무엇하시려고 부르셨는가? 이것은 곧 찬미하게 하시려고 부르셨다. 무엇을 찬미할까? 하늘에 속한 신령한 복을 주셨으니 찬미할 것이다

우리 구주 예수 그리스도 안에서 만세 전에 예정하시고 택하시고 불러 주심을 찬미할 것이다. 사랑하는 주님 안에서 거룩하고 흠이 없는 아들이 되게 하셨으니 찬미할 것이다.

이 모든 것을 값없이 주셨으니 찬미할 것이다.

2. 성자(聖子)의 경륜(經綸)도 하느님의 영광(榮光)을 찬송하게 하시려고 중자(衆子)를 부르심(7-12)

⑴ 성자되시는 하느님이 우리를 왜 부르셨는가? 우리의 많은 죄를 사하여 주시려고 부르셨다. 성자께서는 죄 없는 자신의 피로 우리 뭇 죄인의 죄를 담당하시고 남은 은혜가 풍성하사 억만 대에 억만 명의 죄를 사하셔도 그 은혜의 풍성함이 일호도 감함이 없을 것이니, 우리는 그 은혜의 영광을 찬송 아니할 수 없을 것이다.

⑵ 천국의 비밀을 어떻게 우리 미련한 자들로 하여금 알게 하셨는가? 지식에 넘치는 지혜와 총명을 우리에게 값없이 거저 주시기로 예정하시고 그리스도 안에서 그의 하늘의 모든 경륜을 알게 하셨으니,

우리가 그 은혜의 영광을 어찌 찬송하지 아니할 수가 있을 것인가.

(3) 무엇하시려고 우리를 부르셨을까? 하늘에 있는 것이나 땅에 있는 것이나 다 통일을 이루어 하느님의 원하신 대로 그 뜻을 따라 예정함을 입은 대로 그리스도의 기업을 삼으시려고 부르셨으니, 우리 같이 비천한 인생이 이 같은 은혜를 입고 어찌 찬송 아니 할 수가 있을까.

3. 성령(聖靈)의 경륜(經綸)도 하느님의 영광(榮光)을 찬미(讚美)하게 하시려고 부르심(13-14)

(1) 성령 되시는 하느님이 왜 우리에게 진리의 말씀을 어떻게 알게 하셨을까? 먼저는 우리로 하여금 죄를 깨닫게 하시고, 죄의 벌을 겁나게 하시고, 죄를 슬퍼하게 하시고, 죄를 고칠 기회를 주시고, 천당의 영복을 깨닫게 하시고, 천당의 영복을 얻는 데는 예수만 믿는 것밖에 다른 도리가 없는 것을 깨닫게 하셨으니, 미련한 우리라도 불가불 찬미할 수밖에 없다.

(2) 성령 되시는 하느님이 어찌 이 소원을 성취하게 하시는가? 이것은 성령이 우리와 약속하시기를 우리 마음의 죄를 회개케 하시고 우리의 빈 마음에 성령으로 도장을 찍어서 그 인이 영원히 도말 되지 못하도록 때때로 새롭게 하사 늘 우리의 마음을 청결 시키시고 새 힘을 주심으로 모든 시험과 죄악을 대적하여 이기게 하시니, 연약한 우리라도 권능 많으신 하느님께 찬미 아니할 수 없을 것이다.

(3) 성령 되시는 하느님이 우리의 튼튼한 보증이 되셨으니 가난한 우리라도 만석꾼이 부럽잖게 만유 주 하느님 곧 성령께서 우리에게 보증

이 되셨으니 무슨 걱정, 무슨 근심이 있겠는가? 천지가 없어진들 근심걱정 하나 없이 억수 만년 무궁토록 영생 생활에 부족함이 하나 없이 모든 일에 풍성하고 튼튼하겠으니 어찌 우리가 찬미하지 않을 수 있으랴.

찬미하세. 찬미하세. 성부, 성자, 성령님께, 쉬지 말고 찬미하세.

일만 입이 내게 있으면 그 입을 다 가지고 내 구주의 주신 은혜 항상 찬송 부르겠네.

1940년 7월호 십자가 제4권 제7호

고객(孤客)의 희락(喜樂)

히브리서 11:13-16

무어강산주인(無語江山主人)되고, 왕래인간(往來人間) 나그네라 하는 속담과 같이 이 세상은 진실로 나그네 세상이라고 함이 합당하다고 생각한다.

필자의 경험으로 보더라도 사십 년 전에 보던 장년들은 한 사람도 만나지 못하게 됨은 그들은 다 나그네로서 벌써 고향으로 가신 관계라고 생각한다. 외로운 손님에게 무슨 즐거움이나 기쁨이 있으랴? 생각되지마는 외로움 중에도 기쁨이 있음을 체험한 것 몇 가지 기술하려 한다.

1. 여중(旅中)에서 수신(受信)함이 희락(喜樂)이 되는 줄로 생각한다. 나그네 된 몸이 외롭기도 하고 슬플 때도 없지 않아 많을 것이나 그중에서도 즐거운 일이 무엇이 있을 것인가? 외롭고 쓸쓸한 때에 체전부가 전하여

주는 편지는 얼마나 기쁠까요? 말로 다 할 수 없는 기쁨이라고 생각한다.

(1) 가정으로부터 아내의 편지를 받은 그 남편의 마음이 어떠하랴? 자녀의 소식, 경제에 대한 소식, 기타 여러 가지 소식을 알 때 그 기쁨이 얼마나 할까? 그뿐만이 아니라 그 편지 속에는 여비에 곤란한 자에게 넉넉한 돈표까지 들어 있었다.

(2) 에덴 낙원 같은 사랑의 보금자리를 떠나 시집살이하는 신부도 일종의 나그네와 비슷한 생활 중에서 친정으로부터 오는 편지를 받은 그 마음이 얼마나 기뻤을까? 아버지가 어떠하시고, 어머니, 오빠, 동생, 아우들 사랑의 소식으로 그 신부의 마음이 어떠하였을까? 붓으로 다 기록할 수 없을 것이다.

(3) 미국에 한 처녀가 오 원으로 큰 책, 소설을 한 권을 사서 읽어 보니 재미없어 몇 번이나 집어던졌다가 저작자를 찾아보니 뜻밖에도 그 소설의 저작자는 자기와 약혼한 남자이었다. 그 처녀가 다시 읽어볼 때 너무 재미가 많아서 쉬지 않고 다 읽고야 말았다 한다.

우리의 가정 편지, 우리의 친정 편지, 우리의 남편 편지가 곧 성경이 아닌가! 우리는 재미있게 읽어 보자.

2. 여중(旅中)에서 발신(發信)함이 희락(喜樂)이 될까 생각한다. 외로운 줄 알 때 자기의 사정을 가정에나 애인에게나 친구에게 알려줄 마음이 간절한 것을 경험한 일이 있었다.

(1) 옥중에 갇혀 있을 때 편지하고 싶은 그 마음이 어떠하였을까? 그것은 경험하지 않고는 알 자가 누구랴? 십일 만큼 한 번씩 하는 편지가 어찌도 그리운지 말로 다 할 수 없을 것이다.

출옥 즉시, 오전 세시에도 가정으로 전보를 쳤다는 말을 들은 일이
있다. 편지 한 장 보내는 기쁨이야말로 다 형언할 수 없을 것이다.

(2) 동경 지진재난 때에 유학생들의 말을 듣건대, 발신 기관이 없어져서
　　편지 보내지 못하여 방성대곡한 사람도 있었다 한다. 편지 보내고
　　싶은 마음이 얼마나 하였을까? 얼마 후에 발신 기관이 생기자 유학
　　생들의 편지가 한 사람에게 평균 이십 장씩이나 되었다 한다.

(3) 학교 졸업 때에 발송하는 편지 수효, 또 신부들의 친정으로 보내는
　　편지의 수효가 얼마나 될까? 참으로 발신할 마음이 간절하고 발신
　　한 다음에야 마음속에 만족을 느끼는 것이다.

그런고로 우리는 친구에게 복음 책을 보내어 믿게 하든지, 친척에게나
일가에게나 편지를 보내어 구원을 얻는 사람의 수효가 많음을 따라 그 기
쁨은 정비례가 될 것이라고 생각한다.

3. 여중(旅中)에서 소포(小包) 받음이 희락(喜樂)이 될까 생각한다. 객지
에 있는 나그네의 괴로움과 곤란함은 이루 다 측량할 수 없을 것이다.

(1) 외로운 나그네의 객지 생활하는 중에 의복이 남루하게 될 때 그 괴
　　로움이 심하여 견디기 어려울 것은 말할 것도 없다. 그런 때에 소포
　　를 받아 본즉 그것은 좋은 바지저고리와, 훌륭한 두루마기가 들어있
　　었다. 그 기쁨이 어떠하랴? 말로 다 할 수 없을 것이다.

(2) 속담에 집 난 나그네는 꿀밥이 달다는 말과 같이 주린 창자에 맛난
　　음식 냄새가 코를 찌를 때에 그 정형이 어떠하랴? 이러한 때에 소포
　　속에는 음식 문제도 해결시키는 것이 들어있었다.

(3) 기타 일용품이라든지 또는 사업자금도 문제는 해결이 되었다 한다.

우리는 모든 난문제를 해결하지 못하여 둘이 모여도 걱정, 세 사람이 모이어도 걱정, 백 명이 모이어도 걱정뿐이다. 그러나 은혜를 풍성히 받아 성령이 충만하기만 하면 예배당 지을 걱정, 교역자 청빙할 걱정, 기타 모든 사업에 자금 걱정이 다 해소되고 모든 일에 풍성하여 기쁜 찬송을 부를 것이다. 이 기쁨이야말로 측량할 수 없을 것이다.

4. 여중(旅中)에서 교우지락(交友之樂)이 있으리라고 생각한다. 친구는 유익이 있는 친구도 있고 손해를 끼치는 친구도 있을 수도 있을 것이다. 그러나 나그네로서 외로운 중에서 친구를 사귐은 많은 기쁨이 되리라.

(1) 동양에 성인이 말하기를 붕우(朋友)가 자원방래(自願訪來)하니 불역 락호(不易樂好)라 하였으니, 이것을 보아도 친구의 사귐이 즐겁거든 하물며 외로운 나그네에게랴? 말할 수 없는 즐거움이 있을 것이다.

(2) 헬라의 철인도 말하기를 세상에 제일 불쌍한 사람은 친구 없는 사람이라고 하였다. 그런즉 친구가 얼마나 좋은 것인가. 옛사람이 말하기를 네 가지 기쁨 중에 천리타향에 친구 만나는 것이 한 가지 기쁨이라 하였다.

(3) 모든 걱정과 근심되는 일을 말할 곳이 어디인가? 다만 친구 밖에는 다시없다고 생각한다. 통정할 곳이 없다가 친한 친구를 만나서 모든 사정을 말하고 의론하면 그 아니 기쁠 것인가! 그 기쁨은 말로 다 할 수 없으리라고 생각한다.

우리는 외로운 이 세상에서 위로받을 곳이 없지마는 우리의 친구 되신 예수님을 사괴어서 모든 서러운 사정과 답답한 형편을 기도로 통정할 때에 그 기쁨과 즐거움이 얼마나 할까? 말로 다 할 수 없으리라 생각한다.

5. 여중(旅中)에서 고향(故鄕)으로 돌아가는 것이 희락(喜樂)이 될까 생각한다. 괴로운 객지에서 외로운 나그네는 고향으로 돌아갈 때 그 기쁨은 말로 다 할 수 없는 것이다.

(1) 집에 돌아갈 준비하는 것이 기쁜 일이다. 최봉석 목사께서 평양신학교에서 한 학기 공부를 마치고 집에 돌아갈 준비로 짐을 꾸리고 있을 때, 길선주 목사께서 곁에서 보다가 "최 형님, 지금 주님께서 공중에서 어서 승천하라 하시면 어떻게 하시겠소?" 한즉 최 목사는 머뭇머뭇하다가 대답하는 말이 "집에 잠깐 다녀오겠습니다, 하지요." 하였다니, 고향에 가는 것이 얼마나 즐겁고 기쁠 것인가. 그 기쁨은 말로 다 할 수 없을 것이다.

(2) 오랫동안 시집살이하던 신부가 근친 갈 준비가 그 얼마나 기쁜가. 이런 이야기를 들었다. 어떤 집 며느리에게 시부모에게서 친정에 가라는 명령이 내렸다. 그래서 너무 즐거워서 음식을 만들어도 친정 생각뿐, 상을 차려도 친정 생각, 걸어가도 친정 생각, 그래서 시아버지의 밥상을 들어다가 시동생인 어린아이 앞에 갖다 놓고 "아버님, 진지 잡수세요." 하였다 한다. 이것을 보아 고향에 가는 것이 기쁜 것을 잘 알 수 있다고 생각한다.

결론

우리는 나그네 같은 이 세상에서 받은 편지, 성경을 기쁜 마음으로 애독하여야 하겠으며, 기쁜 소식 곧 복된 소식을 절망 속에 있는 친구들에게 전하는 기쁜 마음, 그 얼마나 즐거울 것인가! 성령의 충만한 은혜를 모든 생활에 부족함 없이 넉넉하게 지내며 많은 친구를 사귀는 중에 특별히 예수님을 친애하는 즐거움을 얻어서 우리의 고향인 천당에 오래지 않아서 우리의 신랑이 되시는 예수님이 맞이하실 때, 기쁘고 즐겁게 무궁무진 누리기를 기대하는 바이다.

장로회 총회 종교 교육부 성경통신과 과장

강병주 목사

08 백남에 대한 논문과 글

백남의 행적을 찾는 과정에서 소중한 분을 만났다.

내매교회 담임목사인 윤재현 목사이다. 윤재현 목사는 영남신학교를 졸업한 후 안동대학교 국어국문학과에서 공부했다. 영남신학대학교 신학대학원에서 목회학 석사 과정, 동 대학 일반대학원에서 역사신학 논문으로 석사 학위를 받았다.

그가 내매교회에 처음 부임한 것은 1999년이었다. 전도사로 4년 8개월간 시무하고, 2013년 내매교회에 담임목사로 부임해서 현재(2024년)까지 섬기고 있다. 내매교회에 부임하였을 때 교회는 영주댐 건설로 수몰 예정지였고, 12명의 교인이 남아 예배하고 있었다. 그는 첫 번째 해야 할 일로 교회를 옮기는 일과 역사 보존이라고 판단했다. 역사 보존은 사립 기독 내명학교의 교사(1909년)를 옮기고, 교회의 유물들을 보존하는 일이며, 내매교회의 역사 가운데 한국 교회에 영향력을 끼쳤던 인물들을 발굴하여 역사 앞에 내놓는 일이었다. 기도 끝에 영주, 봉화, 춘양지역의 첫 번째 교인이요, 내매교회 설립자 강재원 장로의 묘소가 있는 골짜기를 옮길 교회 터로 선택했다. 이 골짜기를 '내매골'이라 부르며 한국 교회의 성지가 될 것이라 확신했다.

내매교회를 건축했고, 기독내명학교 교사를 이건(移建)했다. 당회록과 제직회록, 공동의회록, 세례명부, 교인명부, 여전도회 회의록, 재정 장부, 앨범들, 등을 보존하였다. 심지어 옛 교회터에 남아 있는 돌하나 기왓장 한 장도 버리지 않고 보존했다.

그는 1906년 이후 내매교회가 자랑하는 훌륭한 인물들의 발굴하기 시작했다. 학술 대회를 통해 지금까지 5명, 한글목사 강병주 목사, 에큐메니칼운동의 선구자 강신명 목사, 삼성전자 강진구 장로, 유재기 목사, 강재원 장로의 인물을 연구했다. 내매교회는 목사, 전도사가 32명이 배출되었고, 장로도 셀 수 없을 정도로 많다. 한국기독교장로회 총회장 강신정, 우리나라 최초의 피츠버그 오케스트라 비올라 연주자 강신성, 독립운동가 강신창, 독립운동가 강신충, 순교자 강문구 목사, 조사 강석초, 선비 목사 강석진, 계명대학교 설립자 강인구 등이다.

내매교회는 한국 교회에서 유일하게 한 마을 전체가 집단 개종하여 신앙촌을 만든 교회이다. 물론 해외 사례로 만주에 명동촌이 있지만 국내에는 유일한 사례라 하겠다. 한국 교회는 몇 명의 인물을 배출한 교회는 많지만, 진주 강씨라는 한 문중에서 이렇게 많은 신앙 인물을 배출한 곳은 찾아보기 어렵다.

윤재현 목사는 앞으로 계획하는 일이 더 많다고 한다. 인물 연구를 통해 한국 교회의 대안으로 제시하고 싶어 한다. 내매교회 역사 보존을 위해 "내매사람들 모임"이라는 출향(出鄉) 성도를 중심으로 한 고향 교회의 역사성과 믿음의 역사를 알리고 후원하는 모임을 만들었다.

윤재현 목사를 통해 손산문 교수(영남대학교 겸임교수)와 임희국 교수(장로회신학대학교 명예교수)를 만나게 되었다. 영주문화원이 주최한 제11회 영주역사인물 학술 대회(2020년 11월 9일)에서였다. 흔쾌히 자신의 논문을 신게 허락하여, 고마운 마음을 표한다.

그리고 백남의 행적(行蹟)을 찾는 동안, 우리나라에 설립된 지 100년이 넘는 교회를 직접 400여 개가 넘게 방문하여, 발굴한 믿음의 이야기를 『믿음 그 위대한 유산을 찾아서, 1』 책으로 남긴 전영철(全英撤) 소장을 만났다. 자신의 글을 사용하도록 허락하여 고마운 마음을 표한다.

이분들의 글, 논문이 기초가 되어 이 책이 될 수 있었다. 산실(産室)이 되었음을 밝혀 둔다.

기독교대백과사전(기독교문사 발행) 1981년 9월 11일 재판, 제1권 p.333~334

강병주 姜炳周 1882-1955. 장로교 목사. 한글 학자. 호는 백남(白南).

경북 영주 출생. 산천을 다니며 수도(修道)하던 중 전도자의 전도를 받고 그리스도교에 입신하게 되었다. 1910-15년에 대구 계성중, 사범학교를 졸업하고, 1916-25년 영주 내명학교를 설립하고 교육에 종사하였다.

이와는 별도로 1919년 대구 성경학교를 졸업하고 1922년 평양신학(16회)을 졸업하여, 1923년에 목사안수를 받으면서 목회자의 길을 나섰다. 풍기교회(1923-32), 경동제일교회(1941-45) 등에서 시무하였으며 안동 경안중학교 교장도 역임하였다(1924-25). 경안노회에 소속되어 있으면서 종교교육부 및 농촌부 총무(1923-33년), 노회장(1925, 1931, 1936년)을 역임하고 총회 종교 교육부 교사 양성과장도 역임하였다(1933-41년). 1931년에 한글학회 명예회원이 되었고 1938년에는 신사 참배 거부 운동 혐의로 구속되기도 하였다. 1943년에는 동흥(東興) 실업학교를 설립하기도 하였다.

그의 업적은 목회 외에도 한글 운동 및 농촌 운동으로도 빛난다. 한글학회의 유일한 목사회원으로 「큰 사전」 편찬에 그리스도교 전문위원이 되었으며 특히 1934년 장로회 총회에서 한글 맞춤법에 의거한 성경 및 찬송가 개편을 강력 주장하여 찬송가는 실현을 보았고, 성경도 해방 후 실현을 보게 되었다. 평소에 한글에 대한 애착심이 깊어 길을 지나가다가도 맞춤법이 어긋난 간판을 보면 찾아가 시정을 촉구하여 주위에선「한글 목사」란 별칭을 듣게 되었다.

이에 못지않게 농촌 운동에도 공헌이 큰데 그는 실제로 농장을 두고 농사 개량을 실천에 옮겼으며 노회 농촌부 총무로 재직하는 중에도 뽕나무, 낙화생, 고구마 등 과수 재배를 적극 장려하였다. 그러나《청년》(靑年)지 (1939년 3월 p.8)에「조상숭배는 우상이 아님」이란 글을 실어 물의를 일으키기도 하였다.

그의 아들 강신명(姜信明, 서울 새문안교회 시무), 강신정(姜信晶, 서울 용산 제일교회 시무)이 목회의 대를 잇고 있다.

[주요저서] 정조14석수확법(正租14石收穫法), 면화맥작다수확법(棉花麥作多收穫法), 채소다수확법(菜蔬多收穫法), 한글500문답철자법해설(한글500問答綴字法解説), 신선동화법 등
[참고문헌] 한국사대사전; 인명3; 크리스챤신문, 1963년 3월 4일자 3면; 기독교회사; 경안노회사; 한국기독교사.

내매교회와 강병주 목사 이야기

전영철

    선비의 고장으로 유명한 경상북도 영주에 작은 교회가 있다. 1906년 영주시 평은면 내매 마을에 세워진 내매교회는 자그마한 시골 교회지만 교계와 학계, 재계 지도자들을 많이 배출했다. 계명대학 설립 추진위원장 강인구 목사, 대한예수교장로회(통합) 총회장 강신명 목사, 한국기독교장로회 총회장 강신정 목사, 삼성반도체 강진구 회장, 마산 창신대학 설립자 강병도 장로 등이 그들이다.

    내매교회는 신앙촌 건립을 위한 향약 6개조를 만들어 실천했는데, 기독교 정신에 바탕 한 신앙 교육과 이웃 사랑을 그 내용으로 하고 있다. 내매교회가 얼마나 모범적이었던지, 당시 전국적으로 부흥회를 다니던 김익두 목사는 가는 교회마다 "교회를 보려면 내매교회를 가서 보라"고 했을 정도다. 그래서 산골 작은 마을에 세워진 작은 교회가 전국적으로 소문이 나자 많은 사람들이 내매교회를 찾았다. 조그만 시골 교회가 전국에 유명해질 정도로 내매교회는 모범적인 신앙생활을 하는 교회였다.

작은 시골 교회인 내매교회는 많은 기독교 지도자들을 배출했는데, 그중에 대표적인 사람이 한글학자인 강병주 목사이다. 강병주 목사는 젊은 시절 삶에 대한 회의를 가지고 방황을 하기도 했다. 어려서 결혼을 했으나 오랫동안 자식이 없자 그는 한때 세상을 등지고 승려가 되기 위해 해인사로 향하기도 했다. 그러다가 도중에 고종 황제의 강제 퇴위에 항거하는 의병들을 만나 입산을 포기하고 고향으로 다시 발걸음을 돌렸다. 고향으로 돌아온 강병주는 내매교회에 출석하면서 신앙생활을 시작했는데. 기독교인이 되고나서 그는 전혀 새로운 사람으로 변화되었다. 오죽 했으면 그의 아버지가 "저런 불한당 같은 놈이 예수를 믿고 사람이 변화되다니!"하면서 아들의 변화된 삶에 감명을 받아 스스로 기독교인이 되기를 자청할 정도였다.

계성학교와 대구 성경학교, 평양신학교를 졸업한 강병주 목사는 풍기교회에서 목회를 시작했다. 농촌에서 목회를 시작한 그는 농민들의 삶을 높이기 위한 농촌계몽 운동을 시작했고, 〈벼 다수확법〉 등 많은 농업기술서적을 발간했다. 또한 조선어학회 명예회원으로 추대될 정도로 한글사랑과 실력이 뛰어났던 강병주 목사는 한글학회에서 〈한글 큰 사전〉을 펴낼 때 참여하기도 했고, 한글 및 맞춤법과 관련한 책을 저술하기도 했다.

강병주 목사의 후손들은 4대째 목회자가 되어 믿음의 가문을 이어가고 있다. 한때는 승려가 되려고도 했던 한 사람이 복음 안에서 변화된 결과였다.

내매교회와 강병주 목사를 찾아서

내매교회를 찾아서

몇 년 전 1월에 우연히 시청한 TV에서 영주의 한 교회가 수몰 위기에 처해 있다는 사실을 접했다. 설립된 지 100년이 넘는 내매교회가 영주댐 건설로 인해 다른 곳으로 옮겨야 한다는 것이었다. 평소 사라져가는 것들에 대해 관심을 많이 가지고 있던 필자가 이 교회를 찾은 것은 필연이었다.

내매교회가 배출한 인물 중에는 기독교 지도자로서는 강병주 목사와 그의 두 아들 강신명 목사와 강신정 목사가 있다. 필자의 방문목적은 기독교 지도자였으니 자연스럽게 관심은 교회 설립자와 그의 후손, 그리고 교회가 배출한 목사와 장로들에 집중되었다.

먼저 강병주 목사를 비롯한 그의 후손들에 대한 자료 수집을 시작했다. 쉽지 않았다. 고향을 떠난 지가 벌써 오래 전이었기 때문이다. 그러다가 인터넷에서 내매교회 출신인 배용우 목사의 블로그를 찾은 것이 계기가 되어 배용우 목사의 부친인 원주 신림교회 배제호 장로와의 만남이 이루어졌다. 배제호 장로 가문은 경북 의성 출신으로서 할아버지 때에 신앙의 자유를 찾아 북쪽으로 가다가 이곳 내매 마을에 정착한 가문이다. 내매교회에서 3대째 교회를 섬기며 장로 장립을 받았던 배제호 장로는 1970년대 중반에 원주로 이사 와서 신림교회를 개척한 인물이다. 그는 자신이 보관하고 있던『내매교회 100년사』를 비롯하여 각종 자료를 필자에게 건네주었다.

강병주 목사를 찾아서

강병주 목사 가문의 신앙 역사를 제대로 파악하기 위해서는 적어도 강병주 목사의 맏아들 강신명 목사, 그리고 둘째 아들 강신정 목사와 관련된 자료를 수집하는 것이 중요한 일이었다. 강병주 목사 후손 중에 제일 먼저 통화한 사람은 바로 강신명 목사의 넷째 아들 강석공 목사였다. 그는 경기도 광주시 광야교회 담임 목사로 할아버지와 아버지의 뒤를 이어 3대째 목회자의 대를 이어가고 있다. 그가 보내 준 강신명 목사의 자서전인 『小竹 강신명 목사』는 강병주 목사 가문을 이해하는 데 많은 도움을 주었다.

강병주 목사의 둘째 아들인 강신정 목사에 대한 궁금증은 그의 넷째 아들 강석찬 목사와의 예상치 못한 전화통화에서 실마리를 찾게 되었다. 추풍령제일교회(김홍일 목사)를 방문하여 교회 역사와 인물에 관한 자료를 찾던 중에 그 교회의 설립자인 정철성 영수의 후손 정병우 장로가 출석하는 초동교회로 전화를 걸었다. 놀랍게도 전화를 받은 사람은 바로 필자가 통화하고 싶었던 강신정 목사의 아들 강석찬 목사(지금은 초동교회를 사임하고 '예따람'을 섬기고 있음)였다. 정철성 영수의 손자 정병우 장로가 바로 필자가 찾던 강신정 목사의 아들 강석찬 목사가 사역하는 초동교회에 출석하고 있었던 것이다.

몇 달 후 한국기드온협회가 주관하는 양평지역 성경배포 행사를 마치고 양평교회(백창기 목사)를 방문했다. 이 교회는 1902년 감리교 소속의 서원보 선교사와 구연영 전도사에 의해 설립되었다가 1909년 지금의 장로교 소속으로 이관된 교회다. 양평교회가 설립 100주년을 기념하여 발간한 『양평교회 100년사』에는 두 차례에 걸쳐 담임 목사로 사역한 강신정 목사에 대해 상세하게 기록되어 있었다.

뜻하지 않은 하나님의 인도하심으로 얻은 더욱 풍성한 자료와 증언들이 내매교회와 강병주 목사 가문의 역사로 나를 점점 더 흥미진진하게 이끌어주었다.

내매교회의 역사와 강병주 목사의 생애

대구에서 복음을 영접한 강재원, 고향에 내매교회를 설립하다

19세기 말 대구에 머무르던 내매 출신 강재원이 배위량 선교사가 전해준 복음을 받아들였다. 고향에서 유교적인 교육을 받고 살았던 그는 기독교를 받아들인 후 대구제일교회에서 개최된 사경회에 1주일 참석하여 복음을 영접하였다.

뜨거운 가슴을 안고 고향마을로 돌아온 강재원은 인근 마을 지곡에 살던 강두수와 함께 안동의 방잠교회에 출석하였다. 방잠교회는 1905년에 세워진 교회로써 1902년에 설립된 국곡교회, 풍산교회와 더불어 초기 안동 지역의 모교회의 역할을 한 교회다.

강재원은 칠십리(28Km)나 멀리 떨어진 방잠교회에 출석하면서 마을 사람들을 열심히 전도하였다. 내매 마을에서 예수를 영접하는 사람이 생기자 강재원은 1906년 유병두의 사랑방에서 내매교회를 시작했다. 이듬해에는 자신의 집으로 예배 처소를 옮겨 마당 앞에 십자가가 달린 깃대를 높이 달고 감사하며 예배를 드렸다. 초대 교인으로는 강재원을 비롯하여 유병두, 강신유, 강석구, 강석복 등이었다. 이처럼 1906년 영주 지역에 최초로 세워진 내매교회는 선교사의 도움 없이 세워진 교회다. 강재원과 함께 방잠교회에 출석하며 신앙생활을 하던 강두수는 자기 마을에 지곡교회를 설립했다.

내매교회 설립에 앞장섰던 강재원은 이웃 마을들을 돌아다니며 열심히 복음을 전하였다. 그는 내매교회에서 장로로 임직을 받아 교회를 섬겼을 뿐만 아니라 영주 지역에서 여러 개의 교회를 설립하는 데 기여를 했다. 그의 후손들은 대를 이어 장로로 하나님을 섬기고 있다.

믿음의 사람 유병두, 자기 집을 내매교회 예배 처소로 내놓다

자기 집 사랑채를 내매교회의 예배 처소로 제공했던 유병두는 믿음의 사람이었다. 그는 맏아들 유맹열을 내매교회 부설 기독내명학교 1회로 입학시켜 성경과 신학문을 익히게 했다. 영주 시내로 이사한 그는 1907년에 설립된 영주제일교회에서 장로로 임직받아 신앙생활을 했다.

유병두 장로의 후손들은 믿음의 대를 이어가고 있다. 그의 손자인 유시춘 장로는 영주 동산교회의 원로장로이다. 그는 자기 할아버지 집에서 영주 지역 최초의 교회인 내매교회의 첫 예배가 드려졌다는 사실을 자랑스럽게 여긴다. 뿐만 아니라 유시춘 장로는 어머니 김금선 전도사의 신앙생활 지침을 늘 기억하며 살아가고 있다. 일제 강점기에 신사 참배를 거부하다 안동 형무소에서 6개월간 옥고를 치르기도 했던 그의 어머니가 늘 들려주던 "주의 종을 잘 섬겨라. 설교를 평가하지 마라"는 훈계를 잊지 않고 있다. 남편을 일찍 여의고 혼자서 자녀를 키웠던 어머니의 말씀을 가슴에 새기며 살아온 그는 어머니가 부탁하신 말들을 자녀들에게 전해 주는 것을 보람으로 느끼며 살아가고 있다.

승려가 되려던 강병주, 회심하고 내매교회에 출석하다

강병주 목사는 1882년 목수였던 강기원과 이성곡의 맏아들로 태어났다. 그가 태어난 경상북도 영주시 평은면 천본리는 경북 북부 지역에서도 오지에 속한 시골이다. 그는 어릴 때부터 유교적인 환경에서 성장하면서 한학을 배웠다.

15세에 결혼을 했으나 20세가 넘도록 자식을 얻지 못하자 삶에 대한 깊은 회의에 빠졌다. 세상을 등지고 승려가 되기 위해 해인사로 향하던 강병주는 도중에 의병을 만났다. 고종 황제의 강제 퇴위에 항거하여 군대를 일으켜 일제에 대항하던 의병을 만난 그는 입산을 포기하고 고향으로 발길을 돌렸다.

고향으로 돌아온 강병주는 전도를 받고 내매교회에 출석하며 신앙생활을 하였다. 그때가 내매교회가 설립되고 나서 1년 뒤인 1907년이었다. 기독교인이 된 강병주는 전혀 새로운 사람이 되었다. 그의 변화된 삶에 감명을 받은 아버지는 "저런 불한당 같은 놈이 예수를 믿고 사람이 변화되다니!"라고 놀라, 결국은 자기 자신도 기독교를 받아들이고 내매교회에 출석하였다.

방황자의 자리에서 교인의 자리로 돌아온 강병주에게 1909년은 뜻깊은 해였다. 결혼 후 그렇게도 기다리던 자녀가 태어난 것이다. 교회에 출석하고 나서 귀한 맏아들을 얻은 강병주는 누구보다 열심히 신앙생활을 했다. 결혼 12년 만에 얻은 맏아들이었다. 강신정은 1913년에 태어났다. 강병주는 이웃을 돌아다니며 예수를 전하는 한편 잘사는 마을을 만들기 위해 발 벗고 나섰다. 마을 사람들을 설득하여 부엌과 우물을 개량하고 도로를 만들었다. 마을의 초가집을 기와집으로 바꾸고 누에치기를 장려하여 주민소득을 올릴 수 있도록 권장했다. 1960년대에 정부가 주도했던 '새마을운동'을 몇 십 년 앞서서 실천한 선각자였다.

내매교회와 내명학교를 세워 수많은 교계, 학계, 재계 지도자들을 배출하다

내매교회가 설립될 당시 미국 북장로회 대구선교부에서는 각 교회에 부설로 학교를 세우도록 장려하면서 건축비 일부를 지원하였다. 내매교회 인근의 교회들이 교회 부설로 초등학교를 설립하자 강병주를 비롯한 내매교회 교인들도 힘을 합쳐 학교를 설립하였다.

내매교회 교인들은 선교부의 지원에 만족하지 않고 여전도회를 중심으로 전답 40두락을 기본자산으로 하여 정식으로 학교를 설립하였다. 이렇게 해서 1910년 4월 5일 기독내명초등학교가 설립되었다. 1913년에는 조선총독부 학제 1542호로 인가를 받아 9월 1일 개교하였다.

초대 교장은 내명학교 설립에 앞장서서 일했던 강병주가 맡았다. 현재의 목사 사택이 바로 학생들이 기숙사겸 교실로 사용하던 건물이다. 50여 가구가 모여 살던 시골의 작은 마을에 사립 기독 학교를 세우자 교인들의 자녀는 물론이고 이웃 마을의 아이들까지 내명초등학교에 입학을 하여 작은 시골마을에는 신학문을 배우는 아동들로 넘쳐났다.

1915년 첫 졸업생 5명을 배출한 이후 기독내명학교는 1945년 해방을 맞이할 때까지 사립초등학교로 지역 인재를 양성하였으며 공립 학교로 전환할 때까지 326명의 졸업생을 배출하였다. 내매교회 부설 내명초등학교가 일으킨 배움의 열정은 내매교회 출신들이 기독교와 교육계 및 경제계의 지도자를 많이 배출하는 커다란 밑거름이 되었다.

기독내명학교와 내매교회 출신 중에는 계명대학 설립 추진위원장을 맡았던 강인구 목사, 대한예수교장로회 총회장 강신명 목사, 삼성반도체 강진구 회장, 마산 창신대학 설립자 강병도 장로, 영주 영광교육재단의 이사장 강석일 장로 등이 있다.

마을을 살리기 위한 내매교회의 향약 6개조

내매교회는 마을의 복음화를 위해 교인들이 향약(鄕約) 6개조를 만들었다. 이러한 일들을 적극적으로 추진할 수 있었던 배경은 첫째는 신앙으로 하나가 되었다는 것과, 둘째로는 진주 강씨 집성촌이었기에 가능한 일이었다. 오랜 세월 동안 변방에 머물렀던 내매 마을에 기독교가 전파되고 새로운 세상에 대한 눈이 열리자 마을 사람들은 지도자를 중심으로 변했던 것이다.

사립기독내명학교의 설립에 이어 신앙촌 건립을 위한 향약 6개조의 실천은 기독교 정신에 바탕한 신앙 교육과 이웃 사랑이다. 6개조의 내용은 다음과 같다.

첫째, 우상 숭배와 선조 제사를 금지하고, 구습 타파와 미신을 일소한다.

둘째, 동민 전체가 술과 담배, 장기, 바둑, 도박, 주막 출입을 엄금한다.

셋째, 일제의 앞잡이인 경찰관 지원을 엄금한다.

넷째, 신, 불신을 막론하고 빈약한 관혼상에는 자비량하여 협조한다.

다섯째, 소 이외의 가축 사육을 금지하며 깨끗한 신앙촌을 만든다.

여섯째, 주일은 성수하며 우물 문을 잠그고 전날에 준비한다.

"교회를 보려면 내매교회를 가서 보라"

내매교회 교인들이 만들었던 향약 6개조를 완벽하게 실천하지는 못했지만, 그 정신은 계속 이어졌다. 이를 통하여 그들은 건전한 신앙생활의 기초를 확립하였고, 시골에 세워진 내매교회가 훌륭한 인물을 많이 배출하는 교회를 이루었다.

이러한 영향으로 내매교회는 전국적으로 좋은 소문이 났다. 그들의 삶이 얼마나 모범적이었는가를 대변해 주는 일화가 있다.

당시 전국적으로 부흥회를 다니던 김익두 목사는 가는 교회마다 "교회를 보려면 내매교회를 가서 보라"고 했을 정도였다. 그래서 사람들이 산골 작은 마을에 세워진 작은 교회가 전국적으로 소문이 나자 사람들은 하나둘씩 내매교회를 찾았다. 그러나 내매교회를 찾아온 사람들은 "들을 내매지 가 볼 내매는 아니다"라고들 했다. 들리는 소문으로는 대단한 교회였지만 실제로 가서 보면 조그만 시골 교회에 불과했기 때문이었다. 이렇게 조그만 시골 교회가 전국에 유명해질 정도로 내매교회는 산골의 작은 교회지만 모범적인 신앙생활을 하는 교회였다.

농촌계몽 운동의 선구자 강병주 목사

한때 승려가 되기 위해 집을 떠나기도 했던 강병주 목사는 예수를 믿고 나서 내매교회 부설 내명초등학교를 설립하는 데 앞장섰고 자신이 교장을 역임하였다. 아이들을 교육하면서도 늘 자신의 부족함을 메우기 위하여 공부에 매진하던 그는 가족을 고향에 남겨 두고 대구로 갔다. 33세가 되던 1915년 미국 북장로회 선교사가 세운 대구계성학교

사범과를 졸업하고, 신학을 공부하기 위해 대구성경학교에 입학하였다. 성경학교에 다니는 동안에는 고향에서 가까운 영주제일교회에서 조사(助師)로 사역하였다.

1919년 대구에서 3·1만세 운동에 참가하여 만세를 부르다가 체포되어 8개월간 옥고를 치르기도 한 강병주는 평양신학교에 진학하여 신학을 공부한 후 1922년 12월에 평양신학교를 제16회로 졸업했다.

1923년 1월에 목사 안수를 받은 강병주는 영주시 풍기읍에 있는 풍기교회(현 성내교회)의 담임목사로 부임하여 목회를 시작하였다. 그는 복음을 전하는 일에 전념을 하면서도 무지하고 가난한 농민들을 위한 사업을 시작하였다. 목사가 되기 전 내매 마을에서 그의 이론에 반신반의하는 사람들을 위해 직접 농사를 지으면서 솔선수범했던 적이 있던 그는 제일 먼저 농촌의 환경 개선에 앞장섰다. 가난한 시골 출신으로 도시인 대구와 평양에서 공부하면서 새로운 학문을 접하고 인생의 폭을 넓혔던 그는 농민들의 삶의 질 개선을 우선적으로 추진하였다.

강병주 목사는 고향에서 내명학교 교장으로 일한 경험을 되살려 경안노회 주일학교 교육에 많은 기여를 했다. 풍기교회에 부임하던 1923년에는 경안노회 주일학교 발전을 권장하는 '권장위원'을 시작으로 1928년 말까지 '경안노회 주일학교협의회'의 총무로 일했다. 경안노회 산하 주일학교 발전을 위한 강병주 목사의 노력은 많은 결실을 맺게 되자 노회에서는 그를 가리켜 '경안노회 주일학교의 아버지'라고 부르기도 하였다.

고향마을에서 잘사는 마을 만들기 사업을 펼치기도 했던 그는, 농촌발전을 위한 농촌 운동에도 앞장서서 일했다. 1925년 이후로 해마다 거듭된 천재지변으로 인해 농민들이 어려움을 겪게 되자 1929년에는 '경안노회 농촌부 협의회' 총무를 맡아 수고하였다. 주로 농사에 종사하는 교인들을 위해 경안노회에서는 사경회가 열리는 기간을 이용하여 낮에는 지역에서 농촌계몽 운동 교육을 실시하고, 저녁에 사경회를 개최하였다. 농사를 짓는 교인들에게는 기도로 농사를 시작하고 기도로 하루 일을 마치도록 권면하여 농사일과 신앙생활을 병행하도록 했다.

경안노회에서는 농촌계몽 운동과 더불어 직접 '경안농원'을 운영하는 동시에 『농민생활』이라는 잡지를 발간하여 새로운 농법을 확산하기도 했다. 이와 같이 농업용 도서를 발간하여 농민들의 의식구조를 개선하고 농사법을 개량함으로써 농가소득을 올리고 농가를 살리고자 노력했다.

농사법을 비롯한 각종 농업관련 도서 발간은 경안노회 농촌부 총무였던 강병주 목사가 책임자가 되어 진행했다. 그는 자신의 농사 경험을 바탕으로 일반 농민들을 위해 『벼 다수확법』, 『보리 다수확법』, 『채소 다수확법』 등과 같은 농업기술 서적을 발간하여 보급하는 데 앞장서기도 했다. 그중에서도 『채소 다수확법』은 그 당시 값싼 중국 채소의 수입으로 어려움을 겪고 있던 농민들에게 인기가 좋았다. 그 외에도 경안노회 농촌부가 발간한 토지 개량법, 종자 선택법, 비료 제조법 등에 관한 농사 관련 서적들은 피폐해진 지역 농민들에게 큰 도움을 주기도 했다.

이처럼 강병주 목사는 복음 전파에 힘을 쏟는 한편, 백성들의 의식을 개혁하고 빈궁한 살림을 타파하여 잘사는 농촌을 만들려고 노력하였다. 강병주 목사는 1933년 정인과 목사의 추천으로 총회 종교 교육부 교사 양성과 과장에 임명되어 풍기교회를 떠나기까지 10년 동안 경안노회장을 세 번 역임하는 등 경안노회의 발전과 농촌부흥을 위해 많은 활약을 했다.

목사요 한글학자였던 강병주 목사

젊은 시절 삶에 대한 회의로 방황했던 감병주 목사는 원만한 대인관계를 유지하였다. 그에게는 양반과 천민에 대한 차별이 없었다. 자신은 줏대 높은 진주 강씨 양반의 후손이지만 교인이나 지역민들의 과거 신분 고하에 구애받지 않고 평등하게 대했다. 심지어는 당시 천민층에 속했던 백정들의 이웃에 살면서 그들을 '형님' 혹은 '누님' 등으로 부르며 존댓말을 사용하였다. 이러한 언행은 유교적 전통이 강하게 남아 있던 영주 지역의 일반 정서와는 반대되는 것이었다. 강병주 목사는 말로만이 아니라 모든 인간은 하나님 앞에서 평등함을 직접 실천하였다.

강병주 목사의 나라 사랑은 한글의 보급과 발전을 위한 노력에서도 나타난다. 그에게 있어서 한글 사랑은 나라 잃은 백성들을 사랑하는 또 하나의 표시였다. 일례로 맏아들 강신명이 집을 떠나 타향에서 공부할 때 집으로 보내는 편지글에서 맞춤법이 틀린 부분을 발견하면 붉은 잉크로 고쳐 써서 다시 보내 주기도 했다. 1931년에 발족한 조선어학회(한글학회 전신) 명예회원에 추대 될 정도의 강병주 목사의 한글 사랑과 실력은 두루 인정을 받았다.

그는 한글학회의 유일한 목사회원으로 『큰사전』을 편찬할 때는 기독교 용어 전문위원으로 활약하였으며, 1934년 장로회 총회에서 한글 맞춤법에 의한 성경 및 찬송가 개편을 주장하였다. 경기노회 고시부장 시절에는 목사, 전도사 등 자격 고시에는 반드시 한글 공부를 보충해서 다시 응시하도록 하였고, 찬송가를 새 맞춤법으로 고쳐 발간하는데 기여하기도 했다.

8·15 해방 후에는 체신부 산하 공무원의 한글 교육을 담당하기도 했다. 그는 목회에 병행하여 한글과 관련하여 다양한 책을 저술하였다. 그중에는 『한글 맞춤법 통일안 500문답 해설』을 비롯하여 『신철자법 해석』, 『신선동화집』 등이 있다.

강병주 목사는 영주 내매교회 부설 내명기독초등학교의 설립에 이어 1943년에는 서울 아현동에 지금의 송암여자고등학교 전신인 동흥중학교를 설립하였다. 해방 후 1948년까지는 그의 사위 이종형이 운영을 하였고 그 후로 1951년 한국전쟁 중에 학교 건물이 전소되어 학교가 폐쇄될 때까지 그의 맏아들 강신명 목사가 교장을 맡아서 운영하기도 했다.

새문안교회 담임과 서울장신대 교장을 지낸, 장남 강신명 목사

강병주 목사의 맏아들인 강신명 목사는 내매 마을에서 1909년에 태어났다. 강병주 목사가 결혼 12년 만에 얻은 맏아들이었다. 강신명은 아버지가 교장으로 있던 기독내명학교를 졸업(9회)한 후 풍기초등학교, 공주 영명학교, 서울 배재학교, 대구 계성학교에서 신학문과 성경을 배웠다. 대구 계성학교에 다닐 때는 가정형편이 어려워 동생 강신정과 함께 학교 근로장학생으로 일하면서 공부하기도 하였다. 내명학교 교사였던 이영신 선생과 결혼하여 슬하에 4남 1녀를 두었다.

강신명 목사는 1934년 평양 숭실전문학교 영문과에 다닐 때 학교 친구들과 평양의 빈민촌을 돌며 봉사 활동을 펼치기도 했다. 대표적인 빈민촌이었던 서성리와 보통강을 끼고 평양시 서편 강국에 토굴을 짓고 그 속에서 생활하던 사람들의 처참한 삶의 현장에서 강신명 목사는 기독교의 박애정신을 실천하였다. 숭실학교를 졸업한 그는 평양신학교에 입학하여 신학생이자 조사로 평양의 서문밖교회와 선천남교회를 섬겼다. 강신명 목사는 신사 참배 거부로 평양신학교가 폐교당하던 1938년에 제33회로 졸업하였다. 그의 평양신학교 동기생 41명 중에는 순교자인 여수 애양원의 손양원 목사를 비롯하여 익산 황등교회의 계일승 목사, 순천 매산학교 교장 김형모 목사 등 교단의 거목들이 있다.

강신명 목사가 선천남교회에서 동사목사(한 교회에서 두 명의 목사가 동등한 권리를 갖고 사역하는 목사)로 사역을 하던 1938년 수양동우회(修養同友會) 사건이 발생했다. 수양동우회는 1926년에 수양동맹회와 동우구락부가 통합되어 조직된 단체다. 서울에 본부를 두고 평양과 선천 등지에 지부를 둔 단체로서 표면적으로는 인격 수양 및 민족의 실력 배양을 표방하였지만 평양과 선천 지방의 기독교계의 실권을 장악하고 있던 회원들은 독립 정신을 고취하고 민족 운동을 전개하였다. 1937년 재경성기독교청년면려회에서 금주 운동을 계획하고 그해 5월에는 '멸망에 함한 민족을 구출하는 기독교인의 역할'이라는 인쇄물을 각 지부에 발송한 것이 발각되었다. 배후 세력이었던 정인과 목사를 비롯하여 이용설 목사와 유형기 목사 등이 체포되어 심한 고문을 받았다. 이로 인해 평양, 선천지회 관계자 93명을 포함한 181명이 체포되어 재판에 회부된 사건이다. 1936년부터 선천남교회에서 동사목사로 사역을 하던 강신명 목사도 이 일로 인해 선천경찰서로 불려가 구류를 당했으며 벌금을 물고나서 석방되었다.

수양동우회 사건은 선천북교회에도 일대 혼란을 불러왔고 평북노회는 일본 동경신학교 유학을 마치고 선천남교회에서 사역을 하던 강신명 목사를 선천북교회에 보냈다. 젊은 강신명 목사의 교인 화합 노력은 좋은 결실을 맺어 교회는 평온을 되찾고 발전해 나았다. 그러나 해방 후 북한에서 '조선기독교연맹'이 결성되고 공산정권의 압력이 심해져 교회의 본질이 훼손되자 강신명 목사는 북한에서의 사역을 마감하고 가족을 데리고 서울로 내려왔다.

월남 후에 영락교회에 출석하며 성가대를 지휘하던 강신명 목사는 한경직 목사의 요청으로 1947년부터 9년 가까이 동사목사로 재직하였다. 6·25 전쟁이 발발했을 때 두 사람은 공산군이 서울을 점령하고 3일 만에 한강을 건너 피난을 하였다. 전쟁 중에는 한경직 목사가 '대한기독교구국단'의 일을 하는 동안 강신명 목사는 부산과 대구에 설립된 영락교회를 돌보는 목회를 하였다. 두 사람은 숭실전문학교와 평양신학교, 프린스턴신학교의 선후배 사이로 오랫동안 대한민국 기독교계를 위해 협력하였다.

영락교회의 동사목사를 사임한 강신명 목사는 새문안교회에 담임목사로 부임하여 1955년부터 1979년까지 24년 동안 새문안교회를 섬겼다. 그는 새문안교회 담임으로 재직하던 1963년에는 대한예수교장로회(통합) 총회장을 역임하는 등 교단의 발전을 위해서도 많은 노력을 하였다.

강신명 목사는 교육에 관심이 많았던 아버지 강병주 목사의 영향을 많이 받으며 자랐다. 어릴 때 고향 영주의 내명기독교학교를 시작으로 24년 동안 8개 학교에서 교육을 받았다. 목사 안수를 받은 후에는 일본 도쿄 신학교에서 수학하였고 한국전쟁 후에는 미국 프린스턴 신학대학에 유학하여 신학석사 학위를 취득했다.

강신명 목사는 교육에 관심이 많았던 아버지의 뒤를 이어 1948년부터 아버지 강병주 목사가 설립한 동흥중학교에서 교장으로 3년간 일했다. 새문안교회 담임 목사로 사역을 하던 기간 중에는 숭실대학교 이사장과 총장, 연세대학교 이사장, 계명대학교 이사, 창신학원 이사 등을 역임하였다. 대한기독교교육협회장을 세 번 역임하는 등 기독교 교육을 위해 많은 공헌을 했다. 정부에서는 강신명 목사의 교육사업에 대한 공로를 인정하여 1970년 국민훈장 모란장을 수여하였다.

강신명 목사가 특별히 관심을 가졌던 학교는 바로 서울장신대학교였다. 그는 학교가 재정적으로 어렵던 시절에는 자신이 섬기던 새문안교회 교육관을 학교로 사용하도록 해 주었다. 학교의 존폐 위기가 닥쳤던 1962년에는 서울장로회 신학교 2대 교장으로 취임하여 학교 발전을 위한 토대를 마련했다. 서울장신대학교 교훈은 강신명 목사 자신이 가장 좋아하던 성경 구절인 "한 알의 밀알이 땅에 떨어져 죽지 아니하면 한 알 그대로 있고 죽으면 많은 열매를 맺느니라"(요 12:24)를 따라 '한 알의 밀알'로 정한 것이다. 그는 교훈 그대로 서울장로회신학교 교장으로 20년 동안 재직하면서 자신을 학교 발전을 위한 밀알로 바쳤다. 학교가 숭인동과 경기도 광주에 캠퍼스를 조성할 때 자신의 사재를 모두 털어 헌납했다. 서울장신대학교에서는 강신명 목사의 숭고한 헌신과 신앙을 기념하여 2009년 4월에 '개교 55주년 기념예배 및 강신명 목사 탄생 100주년' 기념행사를 가졌다. 이듬해인 2010년 4월에는 '서울장신대학교 50주년 기념관' 내에 300석 규모의 '강신명 홀'을 마련하여 서울장신대학교 발전을 위한 강신명 목사의 노력을 기리고 있다.

강신명 목사의 목회와 관련된 일이나 기독교계와 관련된 사항들은 그의 자서전『小竹 강신명 목사』편에 상세하게 기록되어 있다.

기장 총회장을 지낸, 차남 강신정 목사

강신정 목사는 1913년 강병주 목사의 둘째 아들로 출생하였다. 형 강신명 목사와 함께 대구 계성학교를 다니며 성경을 공부하며 신학문을 배웠다. 서울에서 남대문교회 집사로 출석하며 신앙생활을 하던 강신정은 옥호열 선교사(H. Voelkel)의 추천을 받아 조선신학원에 입학하여 공부하였다.

1945년 3월 조선신학원을 졸업한 그는 경동제일교회 전도사로 사역을 하다가 아버지 강병주 목사의 뒤를 이어 경동제일교회 담임목사가 되어 목회를 하였다. 경동제일교회에서 안정적으로 사역을 하던 중 1949년 어려움에 처해 있던 경기도 양평교회의 청빙을 받았다.

경동제일교회에서의 목회경험은 양평교회의 문제 해결에 많은 도움이 되었다. 교회의 각종 제도를 개선하여 교회의 안정을 도모했다. 먼저 학습 세례자를 철저하게 교육시켰다. 서리집사의 임명도 교인 전체의 의견을 묻는 공동의회에서 투표하여 선정하는 방법을 채택하여 불필요한 잡음을 없앴다. 뿐만 아니라 구역장 및 권찰 교육에 중점을 두어 성도를 관리하였고, 이명자(移名者)에 대한 서류도 철저하게 다루었다. 교회의 질서를 어지럽히는 책벌자(責罰者)에 대해서도 엄격한 기준으로 징계를 함으로써 교회를 바로 세우는 데 기여했다.

그러다가 한국전쟁을 맞았다. 공산군의 갑작스런 남침으로 미처 피난을 가지 못한 강신정 목사는 예배당 강단 마루 일부를 뜯어내고 그 밑에 판 토굴 속에서 지내야 했다. 공산당들의 삼엄한 감시 속에서도 주일 예배는 이른 아침 일반 사람들이 활동하기 전에 성도들과 약속하여 조용하게 드렸다.

그러던 어느 날 인민군 복장을 한 군인이 교회에 나와 기도를 하고 가는 사람이 있었는데 그는 바로 강신정 목사의 아버지 강병주 목사가 평안북도 벽동교회에서 사역을 할 때 젊은 시절을 함께 보낸 차모 장로였다.

강제 징용을 당해 인민군에 속해 있던 그는 "처남도 함께 양평에 주둔하고 있으니 두 사람을 부디 살려달라"고 했다. 강신정 목사의 아내 이원숙 사모는 강신정 목사 대신에 그 두 사람을 토굴 속에 숨겨주고 민간인 옷으로 갈아입히고 음식을 제공하였다.

그 외에도 양평교회에는 가끔 인민군 복장을 한 군인들이 보리쌀을 가지고 와서 "저는 북에서 신앙생활 하던 교인입니다. 밥을 좀 지어주실 수 있으세요?" 하면서 도움을 요청하는 사람들도 있었다.

1·4 후퇴가 시작되고 중공군과 인민군이 또 다시 물밀듯이 밀려오자 강신정 목사 가족들은 대구까지 걸어서 피난을 했다. 그곳에서 강신정 목사 가족들은 피난민들을 수송하는 차량으로 거제도로 실려갔다. 거제도 포로수용소에서 자신에게 신학을 권했던 옥호열 선교사를 만나게 되어 포로들에게 복음을 전하는 군목으로 일하게 되었다. 이로 인해 양평교회를 사임한 강신정 목사는 전쟁이 끝날 때까지 포로수용소에서 군목으로 사역을 하였다.

1962년 말 양평교회에 다시 부임한 강신정 목사는 세 가지 일에 전념하였다. 첫째는 낡은 예배당을 건축하기 위한 건축위원회를 구성하였다. 둘째는 일꾼을 세우고 훈련하는 일에 전념하였다. 셋째는 성도들의 영적 각성을 통해 전도인들을 길러 전도운동을 일으키는 일이었다.

1981년에는 한국기독교장로회 제65대 총회장을 역임하였고, KNCC 회장, 한신대 동문회장, 경서노회장, 충북노회장 등 교단의 발전을 위해 노력했다. 한편으로는 한신대 이사, 연세대 이사 등을 역임하였다. 은퇴 후에는 기장총회, 용산제일교회의 원로목사로 추대되기도 했다.

그의 넷째 아들 강석찬 목사는 아버지 강신정 목사의 삶을 한마디로 '제자리에'라고 기억하고 있다. 하나님의 말씀 앞에 자신을 바르게 세우려 하니, 가난한 목회의 길을 인내하였고, 불의한 일에 불같이 노하였고, 바르지 못한 것을 눈뜨고 보지 못하여 바르게 세우기 위하여 노력하며 '용기 있는 화해자'로의 역할을 시대, 총회, 노회, 교회, 여러 인간관계에서 보였다. 이러한 강신정 목사의 사상은 자신의 설교집 『용기있는 화해자』에 실린 글(전국교역자 선교 대회 개회 예배 설교, 1981년 8월 17일)에 잘 나타나 있다.

"국토가 분단되고, 민족이 분열된 지 어느새 36년의 고비를 넘었으며, 3년이 지나면 이 땅에 복음의 씨가 심어진 지 100주년이 됩니다. 그러므로 오늘 우리들은 어떤 비싼 대가를 치르고서라도 '하나'가 되지 않으면 안 되는 중대한 전환점에 서 있는 사람들입니다.

그러므로 '하나'가 되는 길에 일치와 융합을 가로막고 있는 일체의 장애물은 용기를 가지고 과감하게 제거해야 합니다. 저해하는 일체의 요소를 끊어버리는 작업을 간과하고 '하나'로 뭉쳐 놓는다 해도 그것은 보다 더 무서운 분열과 파괴를 초래하고 말 것입니다."

강신정 목사는 자녀들을 신앙으로 양육하면서도 결코 강요하지 않았다. 어린 자녀들이 가정예배에 참석하여 힘들게 기도할 때도 웃으며 기다려 주었고, 청년이 된 후에는 온전한 자유를 허락하고서는 곁에서 묵묵히 기다려주고 지켜보았다.

4대째 목회자의 대를 이어가는 믿음의 후손들

강병주 목사가 기독교 복음을 받아들이고 난 후, 그의 가문은 복음의 영향 안에서 대를 이어가고 있다. 그의 두 아들은 우리나라 기독교계의 지도자가 되었고, 손자와 증손자들이 대를 이어 목사가 되어 하나님을 섬기는 믿음의 가문이 되었다.

우리나라 기독교 역사 중에서 형제가 주요 교단의 총회장을 한 경우는 보기 드물다. 강병주 목사와 최영주 사모의 맏아들 강신명 목사는 대한예수교장로회(통합)의 총회장을 역임하였고, 둘째 아들 강신정 목사는 한국기독교장로회 총회장을 역임하였다. 비록 교단은 달랐지만 두 형제는 한국기독교의 발전을 위해 헌신한 목사들이다.

강병주 목사 가문에는 4대째 목사가 배출되었다. 맏아들 강신명 목사의 넷째 아들 강석공 목사는 3대째 목사로 사역하고 있다. 둘째 아들 강신정 목사의 넷째 아들 강석찬 목사도 3대째 목사로 사역하고 있으며, 그의 아들 강승구 목사가 2013년에 목사 안수를 받아 4대째 목회자의 대를 이어가고 있다. 강신정 목사의 둘째 아들 강석영의 아들 강민구 목사도 4대째 목회자로 캐나다연합교회에서 하나님을 섬기고 있다.

이렇듯 한 사람이 회심하여 하나님의 자녀가 되고 나서 100년이 넘는 세월 동안 한 가문에서 복음의 열매가 이어지고 있는 것은 하나님의 크신 은혜임에 틀림이 없다. 경상북도 영주의 작은 산골마을 내매에 떨어진 복음의 씨앗은 가문의 복음화에 이어 지역과 민족의 복음화로 이어지고 있다.

수난도 당하였으나 영주 지역 복음화의 못자리가 된 내매교회

일제의 모진 고난의 세월을 벗어나 자유로운 신앙생활을 하던 내매 마을에 6·25는 큰 상처를 남겼다. 1950년 9월 29일 공산군이 북쪽으로 퇴각하기 전 교회를 불태우고 교인들을 학살하였다. 희생자들로는 강석건, 강석명, 강석면, 강선희, 강신학, 강석보 등 6명이었다.

우주봉 전도사 한 사람만 겨우 목숨을 건진 이 사건은 내매교회의 커다란 인적, 물적 손실이었다. 1953년이 되어서야 강재원 장로를 중심으로 강신유, 배세란, 강신종 등이 협력하여 20칸짜리 목조 예배당을 세워서 예배를 드리게 되었다.

내매교회가 세워질 당시만 해도 교회가 세워진 음지 내매 마을 사람들은 강 건너 양지 내매 마을 사람들보다 못살고 배움도 짧았다. 그러나 복음의 씨앗이 뿌려지고 100년이 지난 지금은 음지 내매 마을은 잘 사는 마을이 되었다.

무엇보다 작은 시골 마을에 세워진 내매교회에서 우리나라 기독교 지도자와 교육계 지도자 및 경제계 인물들이 많이 배출된 것은 하나님의 은혜로 기록되어야 할 것이다. 교회 설립 120여 년 동안 내매교회는 평은교회를 비롯하여 10여 개의 교회를 설립함으로써 영주 북부 지방의 복음의 모판교회로서의 역할을 잘 감당하고 있다.

그러나 참으로 안타까운 것은 지금의 내매교회 자리가 영주댐이 완공되면 호수로 잠기게 된다. 개발의 필요에 따라 댐을 만드는 것은 어쩔 수 없겠으나 이로 인해 100년이 넘는 역사를 가진 소중한 교회가 사라진다는 것은 아쉬운 일이 아닐 수 없다. 비록 어렵고 힘들더라도 훌륭한 인재를 많이 배출한 역사적인 내매교회가 새로운 장소로 옮겨 지역 복음화에 더욱 쓰임 받기를 손 모아 기도한다.

(전영철 지음, 믿음, 그 위대한 유산을 찾아서 1. p.239-265, 도서출판 선교햇불 2013)

강병주 목사의 조상들의 묘소는 정리되었으며, 내매교회와 1910년에 세워진 기독내명학교는 2013년 7월 9일 대한예수교장로회 한국기독교 사적지 제11호로 지정되었다. 내매교회는 영주시 평은면 천존2리 1009-3번지에 새 예배당을 건축하여 2017년 10월 28일에 입당예배를 드렸다. 강병주가 설립한 기독내명학교는 이건(移建) 복원하였다.

여기에 현 내매교회 담임목사인 윤재현 목사의 수고를 기억하지 않을 수 없다.

강병주 목사의 농촌 선교 운동

윤재현 목사 (내매교회 담임)

I. 들어가는 말

19세기 말에서 20세기 초 조선의 농촌은 매우 피폐해 있었다. 이유인즉 제국주의의 침탈로 농민들의 대부분은 힘들게 살았다. 힘들여 농사를 지어 일부는 지주에게 바치고 또 남은 것은 전쟁물자와 세금으로 충당하니 남은 것은 가난뿐이었다. 경상북도 북부 지역도 예외는 아니었다. 농민과 함께 살아가는 지도자를 간절히 바라고 있었다.

구한말 한국 교회 농촌 운동의 선구자라 할 수 있는 강병주 목사는 농민의 대변자요, 농민을 사랑한 사람이다. 그럼에도 불구하고 그에 대한 연구는 미약하다. 선행 연구로는 장로회신학대학교 임희국 교수의 연구가 있고, 서울장신대학교 김명구 교수가 쓴『소죽 강신명 목사』연구에서 일부분 서술했고, 동 대학교 정병준 교수가『소죽 강신명 목사의 생애와 사상』이라는 책에서 백남에 대해 언급한 것이 있으며, 영남신학대학교 손산문 교수의 "한국 교회 농촌 운동 선구자 백남 강병주 목사 학술 포럼"에서 발표한 자료가 전부이다.

강병주 목사 가족사진

그의 목회 활동과 농촌 운동은 한국 교회의 표본이 되기에 충분하다. 백남 강병주 목사는 독립운동가, 한글 목사, 주일학교 부흥강사, 교육가(학교 교장) 등 다양한 이력이 있지만 무엇보다 '한국 교회 농촌 운동의 선구자'라는 별명은 꼭 기억해야 할 것이다.

이 글은 강병주 목사의 생애와 목회 활동, 그리고 농촌 운동 전반을 다루었다. 아직 연구된 정식 논문이 없었기에 글의 구성이 어색할 수도 있다. 그러나 기초 연구라고 생각하면서 '대경교회사학회' 편집팀에게 보낸다.

전체 구성은 I. 들어가는 말 II. 본 말 1. 농촌 운동 2. 농촌 선교 운동의 기초를 놓은 그의 활동을 기록하였다. 마지막으로 III. 나가는 말 부분에서 필자의 생각을 짧게 기록하였다. 이 글을 통해 한국 교회에 묻혀진 선각자들이 다시 한번 조명되기를 소망한다.

II. 본 말

1. 농촌 운동

● 가족과 교회

강병주 목사는 1882년 3월 9일(1955년 5월 30일 졸)에 진주(晉州)강씨 은

열공파(殷烈公派)인 아버지 강기원(姜祺元)과 어머니 이성곡(李星谷)[1]의 맏아들로 영주시 평은면 천본리 내매 마을에서 태어났다.

자녀로는 맏아들 신명(대한예수교장로회 48대 총회장, 이영신)을 비롯하여 둘째 신정(한국기독교장로회 68대 총회장, 이원숙), 셋째 신의(女, 윤광석), 넷째 신상(女, 이종영), 다섯째 신희(女, 박용구), 여섯째 신성(동양인 최초 미국 피츠버그 오케스트라 비올라 연주자, 임명자)이 있다. 특이할 것은 그의 동생 강병창 장로의 2남 4녀 중 첫째 딸(강신덕)과 안동교회 돌집을 건축한 5대 담임목사인 임학수 목사의 아들 임상경과 혼인하여 두 집안은 사돈 관계가 된 것이다.

백남 강병주 목사가 태어난 내매 마을은 1906년부터 기독교를 받아들여 동네 전체가 신앙공동체로 자리했다. 그도 이 무렵 내매교회로 출입한 것으로 보인다.

강병주 목사가 예수를 믿게 된 동기 중 재미있는 일화가 있다. 아버지 강기원의 생각으로, 15세 때 부인 경주최씨 최영주(崔永周)와 결혼했다. 몇 년이 지나도 자식이 없자 그는 해인사로 수도를 떠난다. 가는 도중 주막에서 의병과 일본군이 전투를 벌이고 있었다. 그는 살기 위해 담장 밑으로 숨었다. 그리고 담장 밑에서 급박한 기도를 드렸다. 아들(강신명)이 기억하는 아버지의 말씀은"하나님! 살려 주시면 예수 믿겠습니다"라고 했다고 한다. 그리고 고향으로 돌아와 예수를 믿게 되었다. 그는 장로가 되고 마을의 동장이 되어 동민들을 섬겼다.[2]

내매 마을은 친척인 강재원[3]이 대구에서 배위량(William M. Baird, 1862

---

1 이 글은 "농촌과 목회" 월간지에 발표하였으니 대경교회사학회 발표를 위해 일부 수정, 첨가하였다. 진주강씨 은열공파 족보책 참고(강병주)

2 강신명, "대부흥운동," 『강신명신앙저작집2』 (서울:기독교문사,1987), 554.

3 강재원은 이 지역에서 19개 교회를 직간접적으로 개척했으며 만주로 이주하여 교회를 세우고 복음을 전

년-1931년) 선교사에게 전도를 받아 예수를 믿고 고향으로 내려와 1906년에 내매교회를 세운 곳이다.

강병주 목사는 자신이 살기 위해 예수를 믿겠다는 급박한 신앙고백으로 시작하여 훗날 수많은 사람을 살리는 삶을 살았다. 내매교회의 설립 당시 주축이 된 인물을 경안노회록에는 강병주를 포함한 7인, 강재원, 강석진, 강병주, 강신오, 강호, 강신유, 강석초로 소개하고 있다.이들은 한국 교회를 섬기는 주체적 삶을 살아냈고 복음의 전초 기지 역할을 했다. 그 중심에는 청년 강병주가 있었다.

● 학교 세우기

그의 농촌 운동은 학교 세우기 운동에서 시작한다. 강병주 목사가 사립 기독 내명학교(1909년)[4] 초대 교장으로 재직 당시 나이는 27세(1882년생)였다. 사립 기독 내명학교는 영주 풍기지역에서 세 번째로 세워진 근대보통학교이다. 1906년 4월 7일에 풍기 순흥에 흥주학교, 1908년 5월 25일 풍기면 안정사립보통학교[5], 그리고 1909년 4월 10일에 사립 기독 내명학

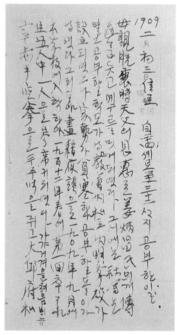

강신창 목사의 일기

했다. 해방 이후 고향으로 돌아와 장로로 섬겼다.

4 이 학교 제9회 졸업생으로 새문안교회 원로목사였던 고 소죽 강신명 목사가 있다. 그리고 순교자 강문구 목사 등이 있다.

5 경상북도 영주교육청, 『영주교육사』(도서출판 영남사 1997), .65

교가 세워졌다. 앞의 두 학교는 공립 학교인 반면 내명학교는 교회가 설립한 사립 학교이다.

지금까지 사립 기독 내명학교가 1910년에 설립[6]된 것으로 알고 있었다. 그러나 이 학교 제1회 졸업생 강신창 목사의 일기장이 필자에게 전달되면서 설립년도를 수정하게 되었다. 2017년 12월 3일에 손자가 되는 강현구 집사(영남이공대학교 교수)께서 내매교회를 찾아와 전해 주었다. 일기장에는 강신창 목사(1885년 12월 23일생)의 친필로 자신이 남의 집 머슴살이를 살다가 늦게 학교에 입학한 사실과 1909년 2월 3일 늦은 나이에 공부한 사실이 드러났다.[7] 다음 그림은 그의 일기 원본이다. 일기에서 보는 것처럼 설립자 강석진과 함께 강병주 목사는 내매교회(1906년)를 세우고 곧바로 사립 기독 내명학교(1909년)를 설립하였다.

사립 기독 내명학교의 설립 당시 재미있는 일화가 있다. 학교를 설립하려니 재정이 필요했다. 내매 마을은 유교를 신봉하는 진주강씨들의 집성촌이다. 재정 조달을 위해 문중 어른들과 의논하였다. 의논 끝에 문중 땅을 팔기로 한다. 그러나 예상과 다르게 땅 판 돈으로 문중의 어른들은 제사(祭舍)를 짓자고 하고 내매교회의 일원들은 학교를 짓자고 했다. 내매교회는 문중의 어른인 강재원이 속해 있었다. 그럼에도

---

6 위에 책, 65.
7 강신창의 아명은 사석이고 영주시 평은면에서 출생하였다. 아버지는 목수였고 4형제 중 막내였다. 10세에 그의 부친은 죽고 그 모친 석씨와 형들과 함께 살았다. 모친도 1905년에 병으로 세상을 떠나 집안이 매우 힘든 삶을 살게 되었다. 살기가 힘들어 안동의 권명필씨의 소개로 그의 당질 권경부씨의 머슴으로 3년을 살게 되었다. 어머니의 탈상으로 고향에 돌아와 살게 되었는데 그때부터 내매교회에 출석하게 되었다. 머슴생활은 풍기 임창업씨 댁에서 1년, 내매동네 일하댁에서 5년을 했다. 그의 고백에 의하면 "푸다죽, 낭타죽, 익숙지 못한 일로 눈물반, 콧물반 그 서러움과 고생은 다 일필난기야라"고 했다. 전도는 강병창(후에 목사가 됨)씨에게 받았다고 한다. 그 시절 사회에는 공부할 학교가 없고 교회내 사립 기독 내명학교가 설립되었으나 가세가 빈약하여 공부할 도리가 없었다. 그래서 주경야독하여 1909년 9월에 입학하여 1912년 봄 제1회 졸업생 5인중 1인으로 졸업하게 되었다. 사립 기독 내명학교 졸업 후 대구 사립계 성중학교에 입학하여 공부했고, 후에 평양신학교를 졸업하고 목사가 되었다.

불구하고 학교를 짓자는 것에 반대하는 분들이 많았다. 찬성파와 반대파의 의견은 팽팽했다. 결국 영주경찰서에까지 가서 판결을 받았다.

땅 판 돈을 둘로 나누라는 것이다. 단순한 결정을 어렵게 내렸다. 결과적으로 사립 기독 내명학교는 작지만 근대 보통학교라는 의미 있는 초가 3칸(측면 1칸 반, 정면 3칸)의 학교를 짓게 되었다.

후에 사립 기독 내명학교가 발전하고 학생수가 많아졌을 때 문중 어른 몇이 강병주 교장을 찾아왔다. 그들의 말인즉 "우리 아이도 여기에서 공부하면 안 되겠는가?"라고 했다 한다.[8] 당연히 받아 주었다. 강병주 목사의 아들 강신명 목사(새문안교회 원로목사)가 기억하는 학교 입학의 풍경은 더욱 재미있다. 직접 들어 보자.

"개화기에 한문서당에 다니던 초립동들은 신문화의 교육을 받겠다고 신식 학교를 찾아왔다. 나는 그들이 나의 선친이 세운 학교로 찾아와 입학하고 상투를 자르는 것을 보았다. 마지못해 상투를 자르겠다고 머리를 들이밀고 있다가도 막상 상투가 앞에 툭 떨어질 때 나이가 좀 든 사람은 눈물을 글썽거렸고 조금 어린 새서방들은 그야말로 닭똥 같은 눈물방울을 떨어뜨렸다."[9]

서당교육에서 근대보통학교의 교육으로 전환되는 과정은 매우 힘들었다. 문중 어른들의 반대에 시대정신을 이야기해야 하는 힘든 설득과 노력이 필요했다.

---

8 강록구 장로(내매교회) 증언(2014년 3월 녹취록1) 할아버지 강신유 장로(후에 내명학교 교장으로 봉사함)로부터 들은 이야기이다.
9 강신명, "새시대의 창조", 『강신명신앙저작집2』(서울:기독교문사, 1987), 600.

초기 사립 기독 내명학교 모습, 내매교회가 영주댐으로 수몰되어 옮겨 복원함

강병주 목사의 학교 설립은 여기에서 멈추지 않는다. 1922년 목사 안수를 받았다. 목사로 첫 사역지는 풍기교회였다. 이곳에서 목회하면서 강병주 목사는 영신학교를 세운다. 1925년 경안노회록을 보면 내명학교의 학생수는 70명, 영신학교는 20명이다.[10] 이는 내명학교가 어느 정도 부흥 발전했을 때, 풍기로 올라가 새로운 인재 양성을 도모했던 것으로 보인다. 또한 그는 후에 경안중학교의 교장으로 오랫동안 봉직했다. 일제강점기 말엽까지 그는 학교 세우는 일에 힘을 기울였다. 서울 경동제일교회를 사임하고 1945년 5월에 구 성결신학교 터에(서대문 영천) 서울 동흥실업학교[11]를 설립하여 교장으로 봉사했다.[12]

---

10 경안노회록 제8회 회의록
11 동흥실학교의 교사로 박용규 선생님이 있었다. 그는 문화예술평론가로 1914년 7월 2일 경북 영주군 풍기에서 태어났다. 평양고등보통학교 졸업, 일본 니혼 고등음악학교를 졸업, 1937년 일본 음악평론사 기자로 활동했다. 일본에서 '춘향전' '벌판' 등을 기획하여 무대에 올리기도 했다. 해방 후에는 최초의 음악 교과서 '임시 중등 음악 교본'과 '음악과 현실'을 썼다. 또한 서울 올림픽 개.폐막식 시나리오를 집필했다. 2016년 102세로 세상을 떠났다.
12 경동제일교회95년사 편찬위원회, 『경동제일교회95년사』 (서울:대한기독서회), 89.

학교 세우는 일은 그의 아들 강신명 목사(새문안교회 원로목사)에게도 유전되었는지 서울장로회신학대학을 설립하여 많은 목회자를 배출하였다. 강병주 목사는 일제 강점기 시대에 민족의 위기를 직감하고 후학을 양성하여 후일을 도모하고자 했던 것으로 보인다.

● 강병주와 3·1운동

백남 강병주 목사의 농촌 운동은 민족 운동과 무관하지 않다. 1919년 당시 강병주는 목회 수업을 하는 평양신학교 학생이었다. 방학을 고향 내매 마을에서 보내고 서울을 거쳐 평양으로 가는 중이었다. 마침 서울에서 3·1운동에 참여하게 된다. 일본 경찰에게 잡혀 대구형무소로 이송되었다. 8개월간의 형무소 생활은 청년 강병주에게는 견디기 힘든 시간이었다. 형무소 생활을 마치고 열차를 타고 고향으로 돌아왔다. 평은역에서 내려 신천 거리를 지나야 한다. 내성천을 따라 올라오는 길은 멀기만 했다.

내매교회 강록구 장로[13]는 그때의 상황을 그의 할아버지에게 들었다. 강 장로는 할아버지의 증언을 또렷하고 선명하게 기억하고 있다.

"강병주 목사님이 니어카(손수래)에 실려 왔데요. 신학교 갈 때는 건장하게 갔는데 올 때는 뼈만 남아 돌아 왔다고 우리 할아버지가 카데요. 그라고 일본 순사들이 동네에 들어와가 동네 청년들을 다 잡아 갔데요. 그때 우리 할아버지도 잡혀가가 욕봤다 카데요. 저 밑에 신천거리에서부터 니어카로 실어 오는데 애먹었다데요"라고 했다. 아들 강신명 목사는 그때 10세 정도

13 강록구 장로(내매교회) 증언(2014년 3월 녹취록1)

였는데 아버지가 겨울에 집으로 돌아왔는데 까까중이 되어 왔다고 한다. 그리고 일본 헌병대들이 자신의 집과 강석진, 강석초, 강신충의 집을 조사했다고 한다.[14]

내매교회 100년사에는 초기 신앙공동체의 향약 6개 조가 실려 있다. 눈여겨볼 것은 세 번째이다. 일본 순사를 대하는 태도이다. 교회 벽에 적어두고 온 교인들이 실천에 옮겼다고 한다. 다음은 내매교회 향약 6개 조이다.

첫째, 우상 숭배와 선조 제사를 금지하고 구습타파와 미신을 일소한다.

둘째, 동민 전체가 주초, 장기, 바둑, 도박, 주막 출입을 엄금한다.

셋째, 일제의 앞잡이인 경찰관 지원을 엄금한다.

넷째, 신, 불신을 막론하고 빈약한 관혼상에는 자비량으로 협조한다.

다섯째, 소(牛)외의 가축 사육을 금지하여 깨끗한 신앙촌을 만든다.

여섯째, 주일은 성수하며 우물 문을 잠그고 전날에 준비한다.[15]

50여 가구가 살던 내매 마을은 강병주 청년의 옥살이로 인해 반일 감정은 극에 치달았다. 오랜 후 1933년 그가 총회 종교 교육부 총무와 농촌부 회계를 맡았다. 그 후 경동제일교회를 목회하고 있었다. 이때가 1938년 한국 교회가 신사 참배를 결의할 때이다. 강병주 목사는 두 번째 감옥생활을 하게 되었다.[16] 3·1운동을 경험한 강병주 목사는 동흥

---

14 강신명, "대부흥운동", 『강신명신앙저작집2』, (서울:기독교문사,1987), 563.

15 강창기, 『내매교회 100년사』 (서울:에덴아트컴 2007), 144.

16 경동제일교회95년사 편찬위원회, 『경동제일교회95년사』, (서울:대한기독서회), 80.

실업학교를 세워 새로운 길을 갔다. 사람을 모았고 사람을 길렀다. 민족의 위기에 사람의 중요함을 깨달았던 것이다.

● 한글학회 운동

독립운동가, 한글학자인 한뫼 이윤재는 '한글 장로'의 별명을 얻었고 강병주 목사는 '한글 목사'의 별명을 얻었다. 이는 한글학자 최현배의 글에서 분명하게 설명하고 있다. 1962년 '신학논단'에 실린 "기독교와 한글"[17]을 읽어 보면 기독교가 우리 민족의 한글 보급에 중심에 있었음을 말하고 또한 그 중심에는 강병주와 이윤재가 있었음을 강조한다. 그의 말을 들어 보자.

> "성경의 공부는 가지가지의 방법으로 진행되었으니 개인적으로는, 가족적으로, 친구끼리로 이를 은밀한 가운데 전하고 익히기도 하였으며, 주일학교, 하기성경학교, 성경학원, 신학교 및 교육법에 의거하여 교회에서 차린 각급 학교(초등학교, 중학교, 고등학교, 대학교)와 같은 공공기관에서 한글로 된 성경과 각종 교재를 가르치었다. (중략)
> 이윤재는 교회의 장로로서 한글 운동에 최대의 열정을 기울였기 때문에 '한글 장로'의 별명이 있었으며, 장로교파 강병주 목사는 항상 한글 운동을 교리 전도와 함께 하였기 때문에 '한글 목사'의 별명을 얻었던 것이다."

강병주 목사는 1936년 한글학회로부터 '조선어학회'의 사업을 인수

---

17 최현배, "기독교와 한글", 〈신학논단〉 7집, (연세대학교 신과대학, 1962), 72-76.

받아 [우리말 큰사전]의 편찬을 주도하였다.[18] 그의 한글 교육은 곧 민족 운동이었다. 시대가 암울할 때 민족의 위기를 극복하는 방법은 말과 글을 지키는 것이었다. 때로는 언문, 암클, 규방 문자로 천대받던 한글이 강병주와 그의 동료들의 노력으로 중국의 글 한문보다 더 사랑받는 우리의 글이 되었다. 강병주 목사는 한글 사랑과 함께 정인과 목사, 배민수 목사와 총회 농촌부(1934년부터 회계로 섬김)를 섬겼다.

2. 농촌 선교 운동

● 목사안수와 교회학교 사역

강병주 목사가 안수 받기 전에 내매 마을 강석진 목사와 강신충 목사가 먼저 목사 안수를 받았다. 강석진은 경안노회가 경북노회로부터 분립될 때 한국인 목사 회원 2명 중 1명이었다. 1923년 1월 10일 강병주 목사가 안수를 받고 풍기읍교회로 청빙을 받았다. 경안노회록은 다음과 같이 기록한다.

> "신학준사 강병주, 장사성, 김인옥[19] 三씨의게 목사 장립하기로 결명하고 부회장 권찬영씨가 찬송 뎨92을 인도하고 성경 벳젼 5장 1–4절까지 보고 고생을 밧으라는 문데로 간한 권면이 잇슨후 목사장립하리 이게 회장 뎡제순씨가 셔약을 하엿스며 강신충씨의 권면이 잇슨후 목사 四인과 쟝로 十二인의 안수긔도로 악수례를 행하고 강석진씨의 긔도로 본 례식을 필하다."[20]

---

18 김명구,『소죽 강신명 목사』(서울:서울장신대학교, 2009), 46.
19 강병주와 김인옥은 목사안수 동기생인데 내매 마을과 사돈 관계를 맺었다. 김인옥의 손녀 김정숙 권사는 지금(2019년)의 내매교회 원로장로인 강록구와 결혼했다. 강 장로의 할아버지는 강신유 장로이다.
20 경안노회록 제1권, 제3회 회의록

목사 안수를 받은 후 강병주 목사는 경안노회에서 중요한 일들을 맡게 된다. 그중에서 가장 시급한 문제는 교육이었다. 일제강점기가 시작된 지 12년이 지난 시점에서 교회는 주일학교 교육이 시급함을 인식했다. 당시 경안노회 기록은 보통학교뿐 아니라 중학교, 고등학교까지 설립하기 위하여 모금을 준비하고 있었다. 경안노회는 주일학교 부흥을 위하여 특별히 평양으로 가서 전문 공부할 사람을 찾게 된다. 5년간 1개월씩 공부를 하는데 강병주 목사가 이 일을 맡게 되었다. 경안노회록을 통해 읽어 보자.

"주일학교 전문공부 갈 자는 강병주로 별 신학생은 정재순, 강석진으로 피선하다. 주일학교부는 주일학교를 위하여 5년간 1개월씩 평양에 가서 공부를 마친 후 헌신적으로 일하기 위하여 1인을 택정하되 그 학비는 각 주일학교에서 매명하에 1전 비례로 수합하여 지불할 것과 경안노회 내 주일학교를 위하여 2월에 유명한 아매트라트 선생이 와서 강습회를 열 때에 각 주일학교 직원은 다수 내청함을 청구하다"[21]

"주일학교부는 평양신학교 주일학교 강습과에서 수업한 강병주로 각 시찰 구역 내에 4일간씩 강습케 하기로 함을 보고하다.[22]

이후 강병주 목사와 강신충 목사는 경북 북부 지역 교회들을 순회하면서 주일학교 강습회를 개최했다. 이를 통해 주일학교의 부흥방법과 손유희, 찬양 등을 가르쳤다. 주일학교의 부흥이 민족의 앞날을 극

---

21 경안노회록 제1권, 제3회 회의록 참고, 양전백, 박용규 편집 『조선예수교장로회사기 하』(서울:한국기독교사연구소, 2017), 661-662.
22 위의 책 참고, 위의 책, 663.

복하는 길이라 믿었던 것이다. 강병주 목사에게 배운 학생들은 민족의 지도자로 나아갔고 독립운동과 민주화 운동에 앞장섰다. 경북 북부 지역의 주일학교 운동은 민족 운동이었다. 말과 글은 민족정신의 중심이라는 사실을 알았기에 주일학교 교육을 통해 찬송과 성경, 그리고 한글을 가르쳤다. 내명학교는 일제강점기 말엽까지 한글을 가르쳤다고 한다. 강록구 장로는 이렇게 말한다.

"우리가 다닐 때만 해도 한글을 배웠는걸요. 할아버지가 한글은 꼭 알아야 한다고 해서 배웠어요. 그건 내가 분명히 기억하는걸요."[23]

일제강점기 속에서도 한글 교육 운동이 지역의 교육 기관인 내명학교에서 이루어진 것이다.

이러한 사역 중에서 강병주 목사는 3번(첫 번째 1925년, 두 번째 1931년–1932년, 세 번째 1936년–1937년까지)의 경안노회장직으로 노회와 교회를 섬겼다. 풍기교회를 마지막으로 경안노회에서 약 26년(평신도 시절 포함)을 봉사했다. 이후 그는 총회 종교 교육부 교사 양성 과정 총무[24]로 봉사하게 된다.

● 농촌 선교 운동과 독립운동

농촌선교 운동은 민족 운동이었다. 3·1운동을 경험한 민중은 두 가지의 길을 각기 선택한다. 하나는 한반도 땅 밖에서 무장투쟁 운동을 벌렸다. 또 하나는 국내에 남아 있는 지도자들이 농촌계몽 운동을 펼

---

23 강록구 장로 내매교회 원로장로(2014년, 83세)
24 경안노회록 제1권 1932년 12월 20일

쳤다. 이것이 농촌 운동이다.[25] 이는 다수 농촌인구의 계몽 운동이 민족의 위기를 극복하는 길인 것을 인식한 선견자들의 결과로 보인다. 강병주 목사에게서는 내매교회에 설립한 내명학교가 있었다.

농촌선교 운동이라하면 농촌의 경제, 교육, 의식, 정치 등 다양한 방면을 말한다. 강병주 목사의 농촌 선교 운동은 한 명의 목회자로 농사하기, 농촌경제, 교육(주일학교), 의식 전환, 신앙, 정치 등 다양한 방면에서 진행되었다.

경상북도 북부 지역의 농촌 선교 운동이라 하면 유재기 목사(1905년생)를 떠올린다. 그러나 이보다 앞선 농촌 선교 운동의 선구자가 있었다. 그가 강병주 목사(1882년생)이다. 1세대 농촌 선교 운동이 강병주 목사라면 다음 세대가 유재기 목사인 셈이다.[26] 경북 북부 지역 농촌 선교 운동과 관련된 중요한 사건이 있다. 이 사건으로 인해 수많은 민족의 기독교 지도자들이 감옥에 가게 된다. 아래의 글을 보자.

"1938년 당시 의성을 중심으로 농촌기독청년들이 자체적으로 야학을 운영했다 … 중략 … 이들로 인해 농업협동조합을 만들고 농촌계몽 운동과 농촌의 경제를 살리고자 하는 연구모임이 만들었다. 농촌의 소득 증대와 생활 개선은 교회가 사회로부터 분리되지 않고 마을의 당면 과제를 해결하는데 참여하고자 하는 성경적 윤리의 문제였다. 그러나 일제는 이 모임을 반국가단체로 규정했다. 이 사건을 농우회 사건이라 한다. 농우회 사건으로 평양에서 의성으로 이송된 주기철 목사는 의성경찰서에 7개월간 옥고를 당하기도 했다. 그러나 일제는 농우회를 조선기독교도의 독립운동 음

---

25 한국민족문화 대백과사전 참고
26 강병주 목사와 유재기 목사는 23세의 나이 차가 난다. 차량으로 5분 거리에 옆 동네 출신이다.

모 단체로 보면서 농우회와 관련된 인사들을 체포하여 고문했다.”[27]

1938년 농우회 사건은 10년 전(1928년) 대한예수교장로회 총회 농촌부 조직과 무관하지 않다. 1928년 대구의 신정교회에서 개최된 총회는 전국적으로 농촌부와 여전도회를 조직하기로 결의했다. 경안노회(1921년 경북노회로부터 분립)는 전국에서 농촌 운동의 선두에 있었다. 강병주 목사는 경안노회 농촌부협의회의 총무로 섬기고 있었다. 총회가 농촌부를 조직하기 전에 경안노회 산하 교회들이 자발적으로 농촌 선교 운동을 실천하고 있었다.

● 경안노회 농촌부

경안노회에서는 1928년 12월 18일 발 빠르게 농촌부를 조직하였다. 농촌부 보고는 회장 장서성 장로가 하였고 서기 박룡하, 회계 황영규, 총무는 강병주[28]였다. 보고 내용에서 특별한 사항은 각 교회에서 농촌부를 둘 것과 토지개량과 종자 선택, 비료 제조법까지 노회 보고서에 실었다. 그리고 농사할 때 시종 기도로 할 것을 강조하였다. 경안노회록을 보자.

“좌와 여히 보고 하오니 조량 하심을 앙요 1. 각 교회에 농촌부를 두게 할

---

27 박혜근, 『대구서현교회 평생교육원이야기』 (대구:도서출판 그루 2019), “선비목사 봉경 이원영” 윤재현 편, 189.
28 경안노회록 1권, 제14회 회의록.
    총회 농촌부가 1928년 대구 신정교회에서 설립되어 10년 만에 강제 폐지되었다. 이는 농우회사건이 단초되었던 것으로 보인다. 일본은 농촌 운동을 독립운동으로 보았다. 주기철 목사를 평양에서 경북 의성으로 압송하여 유재기, 이원영 등과 함께 고문하였다. 이는 경상북도 북부 지역이 농촌 운동의 근거지였음을 말해 준다.

것 2. 전 노회에 농촌부 연합회를 조직케 할 것 3. 토지 개량과 종자 선택과 비료 제조법을 장려할 것 4. 농촌 생활로서 그리스도인의 생활을 표현케 하기 위하여 노동의 시종 마다 기도할 것 5. 농촌 사무국을 두어 사무국원은 4인을 두게 할 것 6. 농촌 사무비는 경안노회 구내 교인 도합 매 1인대 2전식으로 징수케 할 일(단, 노회록의 의함) 7. 본 사무록을 일정한 장소에 둘 일"[29]

각 교회에 농촌부를 만들어 총회-노회-교회라는 조직을 운영했다. 강병주 목사는 경안노회에서 자체적으로 농사에 필요한 책을 발간한다. "1권은 쌀 생산량을 높이는 농사기술 안내서인《정조 14석 수확법》또한 제2권이 채소 농사 안내서인《소채 3천원 수확법》이었다. 경안농원은 토지 개량법, 종자 선택 방법, 비료 제조법 등에 관한 안내서를 인쇄하여 집집마다 돌렸다."[30] 강병주는 이미 내매교회에서 농촌부를 운영하고 있었으며 교인들로 하여금 농촌계몽 운동에 참여케 하고 있었다. 농사에 관한 강의를 하였는데 토양 개량법, 원예술, 과수, 양봉 등을 가르쳤다. 내매 마을은 일찍부터 신문화를 배우면서 주변의 마을보다 뛰어난 농사 기술을 전파하고 있었다. 강록구 장로(내매교회, 2014년, 83세)가 할아버지로부터 들은 것은 "그때는 우리 마을에 사람들이 많았데요, 사과나무도 아버지 때부터 일찍 들어와서 심었어요, 저도 사과 농사를 지었어요, 사람들이 여기까지 농사 기술을 들으러 와가 교회에 꽉 찼데요, 일찍부터 신문화가 들어와가 우리 동네는 인물

---

29 위에 책 참고.
30 사단법인한국장로교총연합회(대표:채영남), 『대한민국을 빛낸 기독교인120인』(서울:쿰란출판사 2017년), 407.

이 많이 배출되고 교회를 중심으로 살았어요"라며 그때를 기억했다. 이처럼 강병주와 그의 동료들은 농촌 마을을 살리는 길을 다각도로 연구하고 실천했다. 그 결과는 풍기교회를 섬기면서 또 하나의 결실을 얻는다. 그것은 집단으로 농원을 운영하는 것이다.

● 경안농원 운영

1929년 12월 17일 경안노회 농촌부는 강신충, 강병주, 황영규, 양화석, 박희락, 김병석이었다. 농촌부 보고에 따르면 "농촌연합회 개최하였사오며, 농촌 강습회를 2일간 개최하였아오며, 종자 선택 방법을 인쇄하여 각 교회에 배부하였아오며, 경안 농원을 양호한 성적으로 진행 중이오며" 라고 하였다. [31]

특이한 것은 노회가 직접 경안 농원을 운영하였다.

풍기에 경안 농원을 운영

---

31 경안노회록 1권, 제16회 회의록

강병주 목사는 자신이 목회하는 풍기 지역에 교회에서 관리하는 농원을 두었다.(사진 참조[32]) 그는 자신에게 맡겨진 경상북도 북부 지역의 현실을 직시한 것이다. 1905년 러일 전쟁 이후 일본은 철길로 경상북도 북부 지방(의성-안동-영주)을 지나 연해주까지 가는 길을 만든다. 철길 주변의 농작물은 전쟁물자로 보급되었다. 의성과 안동, 영주는 그 중심에 있었다.

이로 말미암아 소작농들의 항의가 끊이지 않았다. 1928년에서 1933년까지 전국 강수량을 비교해 볼 때 대구 지역은 최하위에 머물렀다. 1929년 부산 1,442, 강릉 1,272, 전주 1,235, 인천 1,015인데 반해 대구는 955에 머물렀다.[33] 1933년 6월 23일 매일신보 기사는 이 지역 농촌의 가뭄의 현실을 매우 자세히 설명했다.[34]

"과거 4년간 경북에서는 한발(旱魃)이 계속하야 미증유(未曾有)의 대참해로 양식을 할 만한 농작물은 구경도 할 수 없는 비참한 상태로 그들의 농민은 문자 그대로 초근목피(草根木皮)로써 그날의 생명은 연하여 오는 것으로 도 당국에서는 이 구제로 토목사방 공사 등 각종 사업을 기공하야 그 임금으로써 생활케 하며 양식을 배급하는 등 직간접적으로 구제를 하야 지금까지 생활하야 오는터에 금년에 드러 경북도에서 제일 한재가 심하였든 의성군 일대에서 과반박해(過般雹害)로 인하여 농민의 참담한 생활상태는 상상한 이상 참혹한 바로 도 당국에서도 이 대책을 강구 중이다."

---

32   이 사진은 강병주 목사의 둘째 아들 강신정 목사가 보관하다가 손자 강석찬 목사가 필자에게 제공하였다
33   강정구 목사, 미간행 '경상북도 북부 지역 장로교 1세대 목회자 김인옥 연구'(2016년, 안동 지역기독교 역사포럼 발표)자료 참고
34   강정구 목사, 미간행 '경상북도 북부 지역 장로교 1세대 목회자 김인옥 연구'(2016년, 안동 지역기독교 역사포럼 발표)자료 참고

이처럼 경상북도 내에서는 가뭄의 피해와 전쟁물자 공급, 지주들의 착취 등으로 농민의 삶은 피폐해졌다. 마침 총회 농촌부가 1928년 만들어지고 교회는 발 빠르게 농촌 운동에 대처할 수 있었다.

강병주 목사는 그리스도 교회가 민족의 아픔을 달래는 방법을 찾았던 것이다. 지도자가 무엇을 해야 하는지 고민했다. 그래서 경안노회의 농촌부 지도자로 세워주신 의미를 깨달아 실천에 옮겼다. 세부 실천 방안을 만들고 그것을 조직화했다. 농촌목회의 지도자로 농민의 육의 삶과 영의 삶을 함께 돌봐야 한다는 사실을 인식했다. 그의 아들 강신명 목사의 증언을 들어 보자.

"(아버지는) 뽕나무를 심고 양잠을 하게 하고 부녀자들까지도 일하게 했다. 와공을 불러다 기와를 직접 구워서 지붕을 개량하고 농한기에는 젊은이들에게 새끼 고기와 가마니 치는 부업을 권장하여 경제 재건을 이룩했다. 또 낙화생, 고구마, 토마토 재배 등 농사를 개량하여 작은 농터를 최대한으로 이용하게 하였으며 야산을 개간하여 유실수를 심게 하였다."[35]

강병주 목사는 경상북도 북부 지역에서 농촌경제 살리기 운동을 펼치고 있었다. 농촌의 경제 문제에 관여한 것은 삶과 신앙을 분리하지 않은 그의 신앙 때문이었다고 판단된다. 그의 신앙은 삶의 문제를 도외시하지 않는다. 뽕나무와 토마토를 심고 더 나아가 신앙촌을 만드는 것은 마치 빈 들에서 배고파하는 5천 명의 민중들에게 빵을 나누어 주는 것과 부활하신 예수님이 베드로에게 찾아오셔서 물고기를 잡게 해 주시는 것과 같다고 할 것이다. 먼 곳에 있는 기독교가 아니라 삶과 함

---

35 강신명, "대부흥운동", 『강신명신앙저작집2』 (서울:기독교문사,1987), 554-555,

께 하고 삶의 일부가 기독교로 인식하였다.

● 총회 농촌부 예산 증액

회기	수입	지출	잔액(차기이월)	비고
제20회기 (1931)	126원 15전	86원 67전	39원 48전	
제21회기 (1932)	196원 86전	128원 63전	68원 23전	
제22회기 (1933)	154원 80전	66원 7전	88원 73전	
제23회기 (1934)	7,717원 87전	4,568원 86전	3,149원 1전	회계 : 강병주
제24회기 (1934)	5,115원 99전	5,114원 6전	1월 93전	회계 : 강병주

강병주 목사는 경안노회에서 노회장을 세 번(1925, 1931, 1936), 농촌부 총무, 등 다양하게 봉사하였다. 그리고 1933년 장로교 총회 농촌부 사무국에서 사역을 하게 된다. 제19회, 제21회, 제22회, 제23회 총회에 농촌부 부원으로 봉사했으며 제23회, 제24회 총회에서 회계[36]로 섬겼다. 이 시기 농촌부 재정은 상상하기 어려운 정도로 증액된 것을 알 수 있다. 당시 농촌부 결산 도표를 보자.[37]

---

36 제23회 농촌부 임원 - 부장 : 정인과 목사, 총무 : 배민수 목사, 서기 : 계희민 목사, 회계: 강병주 목사 였다. 강병주 목사는 농촌부 임원이면서 동시에 사무국 회계를 맡았다. 농촌부의 주요 사업은 농촌부 사업전문가를 초빙하였고 농보를 발간, 농촌학교 설립, 모범농촌을 설치하였다. 강병주 목사가 임원 으로 섬길 당시 5년간 '농민생활'의 발행 부수는 265,499부였다. 이는 제22회 총회에 보고된 교인 총수 281,918명과 비슷하다. 전국 교인들에게 나눠줄 수 있는 책을 발간하여 일제강점기 시대에 농촌이 할 일들을 알리려 했던 것으로 보인다. (2019년 5월 총회 배민수 목사 학술포럼, 사무총장 변창배 목사 발 표 자료 참고)

37 도표에서 보듯이 제20회-제22회까지는 200원을 넘지 않는 결산이었다. 그러나 제23회-제24회는 기존 의 예산보다 400배가 넘는 금액이 결산되었다. 이는 총무인 배민수 목사가 미국에서 모금하여 총회에 귀속시킨 금액이다. 여기에 총회 농촌부의 수고가 있었다. 제23회기의 7,717원은 현재 금액으로 환산 하면 약 9천만 원이며 지금의 물가와 비교한다면 약 20억이 넘는 금액을 농촌부가 집행했다. 당시 총

위의 도표가 말해 주듯이 지난 3년간 결산 금액은 매우 미약한 금액이다. 그러나 강병주 목사가 농촌부 회계로 활동하면서 약 400배의 증액이 되었다. 이는 여러 가지 이유가 있겠지만 무엇보다 농촌의 경제를 살리고 농촌 교회를 살리려는 총회 농촌부의 간절한 열망이 녹아 있다고 보여진다.

"1928년 예루살렘에서 국제선교협의회가 열렸다. 조선예수교공의회 대표로 감리교의 신흥우, 김활란, 양주삼과 장로교의 정인과, 그리고 감리교 노블(Noble) 선교사가 참가했다."

이보다 2년 전에 미국의 농촌사회학자 브룬너(Brunner)가 한국농촌 마을을 방문했다. 브룬너는 3개월 동안 12개 도를 다니며 농촌 교회와 농촌 상황을 세밀하게 조사하여 국제선교협의회에 보고서로 제출했다. 당시 농촌부 총무인 정인과 목사가 예루살렘 국제선교협의회에 한국 대표 중 1인으로 참석했다.[38] 그 결과 세계기독교가 한국에 집중하게 되었다. 위의 도표에서 말해 주듯이 도움의 손길로 총회 농촌부는 '농민생활'을 발간하여 농민들의 삶을 이야기하고 농민학교를 만들고 많은 새로운 시도들이 있어졌다.

농민의 일은 곧 하나님의 일임을 인식한 총회 농촌부는 피폐해진 농민을 살려야 한다는 일념 하에 모든 정책과 재정을 집중했다. 강병주 목사의 농촌 사랑은 그가 어디에서 활동했으며 어디에 열정을 내었는지를 보면 알 수 있다. 그는 고향인 내매교회에서 마을을 가꾸는 동장에서 시작하여 한국 교회 농촌부의 일을 맡는 큰일을 해냈다.

회의 1년 결산과 견줄만한 금액이다. (2019년 5월 총회 배민수 목사 학술포럼, 사무총장 변창배 목사 발표 자료 참고)

38 본 자료는 2019년 5월 총회 배민수 목사 학술 포럼, 사무총장 변창배 목사 발표를 참고 하였다.

III. 나가는 말

이 땅에 성육신하신 예수님은 자신의 몸을 육화했다. 다시 말해 육신이 되어 육신의 아픔을 알았다. 그리고 그것을 느끼면서 친히 육신의 고통으로 십자가의 죽음형을 받았다. 이는 당시 농경사회로 농민의 아픔을 이해했다고 말할 수 있다. 농민과 함께 하신 예수님을 말해준다.

강병주 목사는 성육신하신 예수님의 선포를 정확히 인식했다. 자신을 왜 죽음의 담장 밑에서 불러주셨는지 깨달았다. 피폐한 농민의 삶을 인식했다. 그래서 처음 사역은 작은 시골 마을 내매교회에서 학교를 세워 농민을 섬길 민족의 지도자들을 길러냈다. 노회를 섬기며 농촌을 사랑했다. 농민의 삶을 이해했다. 자신이 직접 경안 농원을 운영하면서 농민의 마음을 알았다.

강병주 목사 묘지 앞에 선 자녀들

농촌선교 운동(경제 살리기, 학교 세우기, 주일학교 운동, 3·1운동 참여, 한글 보급 운동, 구령 사업, 농촌 정책 만들기)으로 그는 한평생을 바쳤다.

강병주 목사가 총회 농촌부 회계를 맡고, 노회 농촌부 총무를 맡은 것은 그가 농민의 대변자가 되고자 하는 마음이었을 것이다. 그의 목회 활동은 농촌 선교 운동이라고 말할 수 있다. 그의 농촌 운동은 곧 선교 운동이었다. 한 영혼에 대한 간절함이 그들의 일그러진 삶을 돌아보게 되었다. 삶이 피폐해진 모습을 보았을 때 바른 하나님의 말씀과 정책으로 그들을 도왔다. 농촌 선교하기는 농촌 운동과 무관하지 않다.

선교의 문제는 인간의 삶의 문제로 귀결된다. 삶의 문제는 영적 삶과 육적 삶이 있다. 최근에는 전인적 삶이라고 부르기도 하고 통전적이라고 부르기도 한다. 최근 마을 목회를 대한예수교장로회 총회의 이슈로 삼고 있다. 이는 삶과 선교를 분리하지 않는 정책이라 생각되어진다. 영과 육을 따로 보지 않고 하나로 보는 정책이라 보여진다. 교회가 마을 안에 있고 마을이 교회와 함께 있다는 인식이 있는 정책이다.

하나님의 농촌 선교는 저 세상과 이 세계를 구별하는 이원론적 삶이 아니다. 저 세상이 곧 하나님의 현실인 차안이다. 그리고 얼마 있지 않아 우리가 고대하는 긍극적 하나님의 나라가 도래할 것이다. 더 나아가 이 하나님의 나라를 우리의 농촌에서 만들어 나가야 하는 사명이 우리에게 주어졌다. 지금은 희미하나 그때에는 목자이신 예수님이 우리에게 푸른 초장에서 풍성한 꼴을 먹여 주실 것이다. 그리고 그곳은 배고프지 않은 양식을 사시사철 먹게 될 것이다.

바라기는 백남 강병주 목사의 연구가 매우 미흡한 것이 사실이다. 대경교회사학에서 많은 연구자들이 나와서 일제강점기 시대에 교회를 지키기 위해 한평생을 바친 백남 강병주 목사의 삶과 신앙이 한국 교회에 알려지기를 바란다.

영주 지역 기독교 전래 및
강병주 목사의 기독교 수용과 민족 운동

손산문 목사 (영남신학대 겸임교수)

Ⅰ. 들어가는 말

지나 온 이 땅의 역사 가운데 많은 인물들이 훌륭한 생애와 업적으로 인구에 회자되면서 후손들의 칭송을 받아왔다. 특히 개화기로부터 시작해서 일제강점기와 해방 공간을 거치는 격동의 세월 동안 민족혼을 일깨우며 나라를 위하였던 선각자들과 지사들이 있었다. 뒷날 역사적 조명에 의해 이들의 사상과 행적이 민족적 교훈으로 기념 또는 연구되면서 여러 인물들이 역사의 전면에 부각되었다. 그러나 어떤 이들은 그 삶의 족적이 '역사적 개인'[1]으로 평가될 만함에도 그에 대한 조명을 제대로 받지 못한 경우도 있다. 이러한 경우는 주로 지역에서 활동한 인물들에서 많이 발견된다. 강병주 또한 그러한 범주에 속한다 하겠다.

---

1 '역사적 개인'이란 '우연적 개인'과 대별되는 개념으로 한 인물의 삶이 그가 살았던 시대를 선도했거나 또는 긍·부정의 영향을 미친 경우를 말한다.

강병주는 경상북도 영주 출신의 기독교인으로서 목사의 삶을 살았다. 동시에 교육자, 농촌 운동가, 한글학자로서 한국 근대사를 선도했던 영주 지역의 대표적인 인물이다. 기독교[2]는 그의 삶에 영적, 정신적 자양분을 제공하는 토대였고 그의 판단과 행동의 준거점이었다. 강병주는 이 기독교적 가치관을 가지고 일생의 대부분이었던 일제 강점기와 해방 공간을 지내오며 목회를 중심으로 대 사회적 활동을 감당했다. 건강한 종교는 사회적 기능을 가지고 사회 구조와 문제에 관여한다. 강병주의 삶에서 기독교는 바로 그런 종교였다. 따라서 그의 삶에 대한 이해와 평가에 있어서 기독교에 대한 선 이해는 반드시 필요하다.

19세기 말에 본격적으로 이루어진 기독교 전래와 수용의 역사는 한국 근대사와 맞물려 그 역사적 궤를 같이 하고 있다. 여기에는 다양한 원인적 요소들이 있겠으나 우선은 의식 있는 인물들이 근대 개화의 중추적 역할을 감당했던 기독교를 수용하고, 이를 통해 일제 치하 암울한 민족적 상황을 극복하고자 했기 때문이다. 이는 한국 근대사 인물 연구에 있어서 기독교인을 간과할 수 없는 이유이기도 하다. 이 글은 이러한 이유로 강병주에 주목하여 그의 기독교 수용 과정과 삶에 대한 역사적 조명을 통해 영주 지역 근대사 인물 연구에 일말(一抹)의 보탬이 되고자 한다. 이를 위해 그의 기독교 수용 과정과 민족 신앙을 중심으로 영주 지역 기독교 전래 역사와 그의 목회 활동을 함께 탐구해 보겠다.

---

2 기독교라는 용어는 가톨릭(Catholic)과 개신교(Protestant)를 모두 포함한다. 그러나 여기서는 개신교를 의미하기로 한다.

II. 영주 지역 기독교 전래

강병주는 영주 지역을 대표하는 기독교 인물이다. 그가 기독교를 수용하고 목회자가 되기까지는 자신의 신앙 체험이 무엇보다 중요하게 작용했다. 하지만 그에게 종교적 경험을 준 기독교 전통을 어떻게 만났는지에 대한 수용 과정도 중요하다. 왜냐하면 그 수용 과정을 통해 사회의 변화 과정이 개인의 삶에 어떤 영향을 미치는지, 또 그 반대로 개인의 변화된 삶이 사회에 어떤 영향을 주는지 그 순환적 상관관계를 파악할 수 있기 때문이다. 그리고 이를 통해 그 인물이 왜 역사적 개인으로 평가되어야 하는지를 파악할 수 있기 때문이다.

영주 지역에는 기독교 이전에 불교, 유교 등의 종교 전통들이 있어 왔다. 그러나 근대기에 접어들자 전통적 종교에 더하여 기독교가 유입되어 새로운 종교 전통으로 자리매김하자 지역 사회에 커다란 변화를 가져왔다. 강병주의 삶은 이러한 시대적 배경을 갖고 있다. 본 장에서는 그 이해를 위해 영주 지역 종교 문화적 배경을 불교와 유교를 중심으로 살펴본 후 기독교 전래의 특징을 알아본다.

1. 영주 지역의 종교 문화적 배경

영주의 대표적인 종교 유산이라 하면 부석사(浮石寺)와 소수서원(紹修書院)이 있다. 전자는 불교를, 후자는 유교를 각각 대표하는 유산이다. 이는 일찍부터 영주에 뿌리를 내린 종교는 불교와 유교였고 이 두 종교가 영주의 오래된 종교 전통으로 자리를 잡았다는 것을 상징한다. 여기에 18세기 무렵에 천주교, 19세기에는 개신교가 전래되면서 기독교가 기존의 종교 전통에 더하여졌다. 이로써 영주는 이전보다 훨씬 더 다양한 종교 문화를 가지게 되면서 근대 사회 특히 일제 강점기를 지나 해방을 맞았다. 해방 후에는 또 여러 새로운 신흥 종교들이 영주 지역에 전래되었으나 그 세력은 미미하여 종교 전통과 문화에까지는 이르지 못하고 있다.

먼저 가장 오래된 역사를 가진 불교를 살펴보자. 영주는 지정학적으로 과거 삼국시대 때 고구려와 신라의 경계로서 한때 고구려의 영토이기도 했다. 그러나 신라 진흥왕 12년에 거칠부(居柒夫)를 명하여 고구려를 공격케 하고 10군(영주, 순흥, 예안, 봉화 등)을 취하였다.[3] 이때부터 영주는 신라에 귀속되어 신라 불교 문화의 영향을 받았다. 그러나 과거 고구려와 신라의 각축장이며 교류 통로였던 죽령(竹嶺)을 통해 고구려 불교가 유입되었을 가능성도 배제할 수 없다. 순흥면의 어숙묘(於宿墓, 신라 고분)와 숙수사지(宿水寺址, 통일신라 사찰)에서 발굴된 연화도(蓮花圖)와 금동약사여래입상(金銅藥師如來立像) 등은 고구려 불교의 흔적으로 추정되고 있는 유물이다.

그러나 영주 지역의 보다 확실한 불교 전래는 신라 선덕여왕 12년 (643)에 건립된 희방사(喜方寺)로부터 비롯된다. 『희방사유지』(喜方寺遺誌)에 의하면 이미 신라 때 금강산 건봉사(乾鳳寺)에 이어 '정토만일염불법회'(淨土萬日念佛法會)를 개최했다는 기록이 남아 있다.[4] 희방사의 불교는 정토 신앙을 표방한다. 따라서 부석사보다 약 30여 년 전에 지어진 희방사의 존재는 초기 영주 불교의 특징이 정토 신앙에 있었음을 알려준다. 부석사는 676년 신라가 삼국을 통일할 무렵에 승려 의상(義湘)에 의

3   김부식/ 김종권 역, 『삼국사기』(서울: 명문당, 1986), 66.
4   영주시사편찬위원회, 『영주시사 3권』(서울: 홍익문화, 2010), 311.

해 건립되었다. 그는 화엄사상(華嚴思想)을 설파하여 부석사를 한국 불교 화엄종(華嚴宗)의 본산으로 만들었다. 물리적 통일을 이룩한 신라는 안정된 국가 운영을 위해 삼국민중의 정신적, 사상적 통일도 필요했다. 신라는 이를 불교를 통해 성취하고자 했고, 여기에 부석사의 화엄사상이 동원되었다. 이로써 영주는 통일신라 내내 국가사상의 요람이자 가장 비중 있는 종교적 구심점이 되었다.[5]

이러한 영주 불교는 고려 시대에 이르러 태조 왕건의 훈요십조(訓要十條)에 따른 불교 숭상 정책에 따라 더욱 발전한다. 고려는 건국 이래 왜구, 홍건적뿐만 아니라 거란, 몽골 등 대제국에 의한 크고 작은 외적의 침략에 시달렸다. 따라서 고려는 왕실 보전과 백성들의 안녕을 위한 국태민안(國泰民安)에 국력을 집중하였다. 이에 건국 초부터 국가 지배 이념으로 자리 잡았던 불교는 호국불교로서의 역할을 감당해야 했다. 사찰과 승려들은 국가로부터 많은 혜택과 지원을 받는 가운데 불교는 더욱 성장했다. 봉황산에 자리한 부석사도 화엄종의 본산답게 주변에 여러 크고 작은 사찰과 암자를 거느린 대사찰로서의 면모를 가졌다. 이와 같은 부석사의 존재는 고려 시대에도 여전히 영주 불교를 한국 불교의 중심에 있게 했다.

조선 시대에 이르러 불교는 소위 숭유억불(崇儒抑佛) 정책에 따라 변화를 맞게 되었다. 불교에 대한 배척은 고려 시대까지 불교계가 누렸던 사회경제적 기반을 박탈함으로써 새로운 왕조의 기반을 마련하고자 함이었다.[6] 이러한 정책은 조선 패망까지 지속됨으로 사회와 대중

---

5   영주시사편찬위원회, 『영주시사 1권』(서울: 홍익문화, 2010), 242.
6   한상길, "조선시대 불교사 연구와 조선불교통사," 「불교학보」 40(서울: 동국대학교 불교문화연구원, 2003), 2.

전반에 미친 불교의 영향까지는 어쩔 수 없었지만 분명 외형적인 쇠퇴는 가져왔다. 이에 따라 영주 불교도 부석사를 중심으로 여전히 지역 불교문화에 영향을 미쳤지만 외형적인 세력은 약화될 수밖에 없었다. 그 증거로 숙수사지에는 소수서원이, 정림사지에는 풍기향교가 대체되었다. 이렇게 조선 시대에 이르러 유교가 대세를 이루면서 영주는 이웃하는 안동과 함께 추로지향(鄒魯之鄕: 공자와 맹자의 고향)의 고장으로 불리게 되었다.

그러나 사실 영주의 유교 역사는 고려 시대로 좀 더 거슬러 올라간다. 대표적인 인물이 안향(安珦, 1243-1306)이다. 그는 순흥이 본관인 영주 출신으로 18세인 고려 원종 1년 때 과거에 급제했다. 그의 학문 수학은 대개 고향에서 이루어졌다. 이로 보아 이때 이미 영주에는 유학(儒學)이 존재하고 있었다고 짐작된다. 그리고 안향이 고려 충렬왕 15년(1289)에 중국에서 주자학(성리학)을 도입했기 때문에 영주는 한국 유교사에 중요한 고장이 되었다. 영주의 또 다른 고려 시대 유교 유산으로는 영주향교가 있다. 『영주지』에 의하면 영주향교는 1368년 당시의 지군사(知郡事) 하륜에 의해 세워졌다고 한다. 이 영주 향교와 관련된 자료 중에 정운경의 행장(行狀)이 있는데 이는 아들 정도전의 글로서 그의 고향 역시 영주이다. 조선 건국의 기초를 놓은 정도전을 흔히들 정치가, 경세가(經世家)로 말하지만 사실 그는 탁월한 유학자였다. 그 역시 부친에 의해 학문의 기초를 고향에서 다졌기에 영주 유교 역사의 뿌리를 적어도 고려 중기까지 거슬러 보게 한다.

이러한 영주의 유교는 조선 시대에 이르러 주세붕에 의해 또 다른 전기를 마련하게 된다. 그는 풍기군수로 부임하여 1542년 백운동(순흥)에 안향의 사당 회헌사(晦軒祠)를 짓고 이를 백운동서원이라 했다. 이로써 최초의 서원이 시작되었다. 이후 퇴계 이황이 풍기군수로 부임했다. 그는 백운동서원을 공인화하기 위해 조정에 요청하여 1550년에 명종으로부터 소수서원이라는 사액(祠額)이 내려졌다. 이때부터 백운동서원은 소수서원으로 불리며 최초의 사액 서원으로 서적, 노비, 전답 등의 국가 지원을 받게 되었다. 이는 소수서원이 우리나라 최초의 공인된 사립 교육 기관으로서 역사적인 역할을 수행하게 된 것을 의미한다.[7] 소수서원의 이러한 위상은 전국적인 서원 설립의 촉발을 가져왔다. 영주 지역에도 이산서원(伊山書院)을 비롯한 많은 서원들이 설립되었다. 영주 지역 서원 발전에는 이황의 영향이 컸다. 소수서원을 설립한 공헌자는 주세붕이었지만 실제 소수서원의 위상을 정립하고 서원으로서의 기능과 역할을 증대시킨 것은 이황의 공헌이었다.

서원의 중요 기능은 강학(講學)과 제향(祭享)이다. 또한 서원은 향촌 사림들의 정치, 사회 활동의 공간으로서도 활용되었다. 서원은 강학이라는 본질적인 교육 기능을 통해 인재 양성과 교화로 국가와 향촌 사회에 많은 기여를 했다. 그러나 시간이 지남에 따라 본질적 기능은 약화되고 서원 숫자도 과도하게 증가하였다. 향촌 유림들은 교육에 집중하기보다 지나친 정치, 사회 활동에 몰입했다. 이는 정치의 붕당화를 초래했고, 과도한 서원 증가는 국가 재정을 낭비하게 했다. 특히 서원의 붕당 거점화는 서원 기능의 변질이라는 점에서 핵심적 폐단으로 볼 수 있으며, 또한 훼철을 납득할 만한 일로 받아들이게 했다.[8] 결국 영조 때에 이르러 서원의 사액이 중단되고, 고종 때에 흥선 대원군에 의

---

7   영주시사편찬위원회, 『영주시사 1권』, 287.
8   김대식, "조선 서원(書院) 훼철 논의의 전개-인조부터 정조까지," 「교육사학연구」 24(1) (서울: 교육사학회, 2014), 4.

해 전국 47개 서원만 남기고 모두 철폐되었다.

그럼에도 불구하고 최초 서원으로서의 위상을 가진 소수서원은 건재하여 오늘날까지 영주의 유교와 유학 전통을 증거하는 유산이 되고 있다. 유교는 조선 시대를 주도한 통치 이념이자 사회 근간이 된 정신과 사상이었다. 이를 위해 그 토대로서의 학문적 성취를 이룬 여러 거유(巨儒)들이 있었다. 영주 지역에도 탁월한 족적을 남긴 선비들이 있었다. 황준량과 박승임은 영주와 풍기를 대표하는 학자로서 퇴계 이황의 제자들이다. 황준량은 존경받는 목민관이자 퇴계학파의 맏형으로서 성리학의 기본서로 읽혔던 『주자서절요』(朱子書節要) 10책을 간행했다. 박승임 또한 덕업과 문장이 당대의 으뜸이었던 천재적 성리학자로서 『성리유선』(性理類選), 『강목심법』(綱目心法), 『공문심법』(孔門心法) 등을 저술했다.

이러한 영주 유교의 특징은 선비(儒) 정신에 있다. 선비란 '어질고 지식이 있는 사람'으로 유교적 이념을 사회에 구현하는 인격체를 가리킨다.[9] 이에 더하여 영주의 선비 정신에는 절(節: 절개)과 의(義: 의리)의 정신을 함의한다. 이것은 단종 폐위 사건과 관련된 역사적 경험을 영주 지역이 갖고 있기 때문이다. 계유정난(癸酉靖難) 이후 금성대군은 왕자의 신분을 박탈당하고 경기도 광주에서 순흥으로 이배(移配)되어 위리안치(圍籬安置)를 당했다. 금성대군은 여기서 순흥 부사 이보흠과 단종 복위를 도모했다. 많은 지역 선비들과 백성들도 이 사건에 동참했다. 그러나 복위는 실패로 돌아가고 금성대군과 이보흠은 처형되었으며, 단종 또한 유배지에서 생을 마감한다. 실패의 후폭풍은 영주 지역에도 미쳤

---

9   영주시사편찬위원회, 『영주시사 3권』, 287.

다. 순흥부는 역적의 고장으로 폐쇄되어 행정 구역이 인근 지역에 분속(分屬)되었고, 많은 사민(士民)들이 화를 당했다.

그러나 이 사건은 의리(義理)를 중시한 조선 성리학의 학풍과 맞물려 지역 유림들에게 불의에 저항하는 절의 정신을 심어 주었다. 이러한 정신 유산은 향후 지역에서 일어난 위정척사(衛正斥邪) 운동이었던 영남 만인소(嶺南萬人疏), 일제의 국권 침탈에 맞선 의병 전쟁 등의 정신적 토양이 되었다. 그러나 조선 후기, 유교의 정신적 동력은 몰려오는 서구 열강들의 물리적 힘을 더 이상 이겨낼 수 없었다. 이에 뜻 있는 지사(志士)들 가운데 혁구유신(革舊維新)의 사상을 가진 혁신 유림들, 더 나아가 보다 적극적으로 신사상과 신문명을 수용하자는 개화론자들이 등장했다. 바야흐로 또 다른 시대 변화의 변곡점에 이른 것이다. 그 동안 불교와 유교의 정신적, 문화적 전통을 가진 영주 지역에도 이때를 당하여 새로운 변화를 요청하는 기운들이 있었다.

2. 영주 지역 기독교 전래와 특징

이상과 같은 영주의 전통적인 종교 문화적 배경은 지리적 요인과 함께 경북 타 지역에 비해 선교사에 의한 기독교 전래와 교회 설립이 다소 늦어지는 한 원인이 되었다. 대구·경북 지역의 첫 주재 선교사는 미 북장로회에서 파송된 베어드(William M. Baird, 裵偉良)였다. 그는 1893년 경상도 북부 지역을 순회 전도하고 난 후,[10] 대구에 선교부를 개설하고

---

10 이때의 여행은 부산을 출발하여 청도, 대구, 풍산, 안동, 의성, 영천, 경주를 거쳐 다시 부산으로 돌아간 여정으로 영주 지역은 방문하지 않았다. 손산문, "대구·경북 지역교회사의 관점에서 본 베어드 선교사 전도 사역의 의미-2차 순회 전도 여행을 중심으로-,"「경안논단」제11집(안동: 경안신학대학원대학교출판부, 2018), 104. 106. 참고.

자 했다. 1895년 12월 선교부 부지를 매입하러 다시 대구에 온 베어드는 이듬해 1896년부터 대구에 상주하면서 대구선교부의 토대를 마련했다. 그러나 갑작스런 전근으로 그해 12월 서울로 이동하게 되자 그를 대신하여 아담스(James. E. Adams, 安義窩) 선교사가 대구를 담당하게 되었다. 그리고 뒤이어 존슨(Woodbridge O. Johnson, 張仁車)과 브루엔(Henry M. Bruen, 傅海利) 선교사가 부임하면서 대구선교부는 1899년에 공식적으로 출발했다. 이때 안동을 포함한 경북 북부 지역도 대구선교부 지경에 속하였다. 그러나 아직은 선교사들의 방문이 이뤄지지 않다가 1902년 3월에 아담스 선교사가 이 지역을 처음으로 방문했다. 1901-02년 대구선교부 보고서는 당시 상황을 다음과 같이 전한다.

아담스 선교사는 봄철 동안 두 번의 개척 여행 후 세 번 째 여행을 시작했다. 처음 여행에서 그는 아직 선교부의 그 누구도 가본 적이 없는 경북 최북부 지역까지 방문했다. 9개 처 행정 구역을 방문하여 시장에서 책을 팔고 전도하였다. 이 일에 한 달 이상이 소요되었고 약 1천 권 이상의 책이 팔렸다. 그 후 우리는 이 지역에 두 명의 신앙고백자가 있다는 것을 들었는데, 한 명은 대구에서 우리를 두 번 찾아왔다. (중략) 안동은 이 지역의 중심으로 상 당한 규모의 중요한 도시인데 우리는 앞으로 이곳에 특별한 노력을 기울일 작정이다.[11]

이 기록에 따르면 '영주'란 정확한 지명은 나오지 않아 단언할 수는 없지만 '경북 최북부 지역과 9개 행정 구역'을 방문한 것으로 보아 아

11 Harry A. Rhodes, *History of the Korea Mission Presbyterian Church U.S.A. Vol. I. 1884-1934* (Seoul: The Presbyterian Church of Korea Department of Education, 1984), 348.

담스가 영주 지역을 방문한 최초의 선교사로 추정된다. 이때의 여행은 본격적인 지역 전도를 위해서라기보다는 차후 복음 전도 사역을 위한 일종의 정탐 여행으로서의 성격이었다. 그러나 이 여행이 갖는 중요한 의미는 이를 통해 안동선교부가 개설되었고 비로소 본격적인 영주 지역 담당 선교사가 파송되었다는 것이다.

안동선교부 설립은 당시 평양에서 가진 미북장로회 24회 연례모임에서 결정되었다. 이에 따라 대구선교부는 안동선교부 개설에 대한 예비 작업으로 이미 조성된 기금으로 안동에 숙소를 매입하고자 했다. 또 대구에 소속된 한 회원을 안동 지역 사역을 위해 임명하여 아담스와 카긴(Edwin H. Kagin, 桂君)과 더불어 위원회를 구성한 후, 앞으로 발전시킬 선교 사역의 계획을 내년 연례 모임 때 보고하게 했다.[12] 새로운 선교부 개설을 위해 임명된 대구의 한 회원은 소텔(Chase C. Sawtell, 史佑大) 선교사였다. 아담스와 카긴이 다른 일로 인해 위원회에 참여하지 못하자 소텔은 브루엔 및 다른 두 명과 함께 1908년 12월 1일에 안동을 방문하고 숙소용 집을 매입했다. 하지만 소텔은 안동선교부 개설을 위해 준비하다 장티푸스로 사망하고 말았다. 그리고 교계예양(敎界禮讓)[13]에 따라 미북장로회는 1909년 원주 지역을 감리교에 넘겨줌에 따라 앞서 그곳에 파송되었던 웰본(Arthur G. Welbon, 吳越璠)과 플레처(Archibald G.

---

12 *MINUTES AND REPORTS OF THE TWENTY-FOURTH ANNUAL MEETING OF THE KOREA MISSION OF THE PRESBYTERIAN CHURCH IN THE U.S.A. HELD AT PYENG YANG AUGUST 23-SEPTEMBER 1 1908* (1908), 44.

13 이는 '선교 지역 분할 협정'을 말하는 것인데 '각 교파, 교단의 선교 마찰과 중첩을 피하고 돈과, 시간과 힘의 낭비를 줄이기 위한 것'으로 1892년 미북장로회와 미감리회 사이에 처음으로 이루어졌다. 장로교 선교회들 간의 협정은 '장로교연합선교공의회'를 통해 이루어졌는데 1893년 남장로회는 충청도와 전라도 지역, 1898년 캐나다장로회는 함남과 원산 지역, 1909년 호주장로회는 부산을 중심한 경남 지역을 맡게 되었다. 한국기독교역사연구소, 『한국 기독교의 역사 Ⅰ』(서울: 기독교문사, 2003), 213-215. 참고.

Fletcher, 鼈離秋) 선교사를 그해 11월 안동으로 이동케 했다.[14]

이로써 안동선교부가 1910년 공식적으로 개설되었는데, 여기에는 대구선교부의 역할이 결정적이었다. 애당초 안동 지역은 베어드가 2차 순회 전도 여행 때 방문했던 곳으로, 이 여행의 결과 대구선교부가 개척되었다. 그리고 대구선교부는 대구로부터 3일 길에 있는 북부 지역 사역이 빠르게 발전함에 따라 자연스럽게 안동에 새로운 선교부를 설치할 필요성에 직면했다. 이로 미루어 볼 때 보다 원활한 내륙 선교를 위한 안동선교부 개설은 이미 동일한 내륙 선교 목적으로 설립된 대구선교부 사역의 연장 또는 확장의 결과라는 것을 알 수 있다. 그리하여 안동선교부는 경북 북부 지역 선교의 요람이 되었고, 따라서 영주 지역에도 담당 선교사를 임명하게 되었다.

안동선교부는 주변 시골 지역을 3개 순회 구역으로 나누고 북서 지역은 웰본, 북동 지역은 크로더스(John Y. Crothers, 權燦永), 남쪽은 레니크(Edwin A. Renich, 黎羅基, 延威得) 선교사로 하여금 담당케 했다. 이들은 새로운 교회를 형성하는 3년 동안 각각의 지역들을 돌보았다.[15] 이로써 아담스의 전도 정탐 여행 후 본격적으로 영주 지역을 담당한 선교사는 웰본이 되었다. 그는 1910년도에만 순회 전도를 위해 영주를 비롯한 14개 지역을 방문했고 500마일 이상을 다녔다.[16] 영주 내매(乃梅) 마을에서 인도한 사경회(査經會)는 그 사역 중의 하나이다.

내매라는 작은 마을에서 6일 동안 공부반이 열렸습니다. 내매는 안동 북쪽

---

14 Harry A. Rhodes, *History*, 350-351. 참고.
15 앞의 책, 353. 참고.
16 김명구, 『영주제일교회100년사』(영주: 도서출판 서림사, 2013), 122.

에 있고 약 270명의 남자들이 참석했습니다. 그들은 공부하는 법을 알지 못했고 공부하고 있는 내용도 거의 알지 못했습니다. 그러나 그들은 배우려고 열성적이었습니다. (중략) 그 지역 전체가 메시지를 들을 준비가 되어 있었습니다.[17]

웰본은 1910년 내매 마을에서 6일 동안 270명의 남자들을 대상으로 성경공부를 실시했는데 내매교회는 당시의 사진을 지금도 보관하고 있다. 이 사진을 보면 크로더스와 커(William C. Kerr, 공위량) 선교사도 함께 했음을 알 수 있다. 또 웰본이 영주 지역을 담당한 것을 알려 주는 자료로는 「제2회 경상노회록」(1912)이 있다. 기록에 의하면 "오월번 씨의 지경은 안동 서북편, 영양 서편, 봉화, 순흥, 풍기, 예천, 문경, 함창, 상주 북편, 영천"이라고 되어 있는데 순흥, 풍기, 영천(영주) 등은 오늘날 모두 영주 지역에 포함된다. 영주군은 1914년 일제에 의한 행정구역 개편 전까지 영천군(榮川郡)으로 불렸다.

이상과 같이 선교사에 의한 복음 전래 외에 영주 지역은 또 다른 전래 과정이 있었음을 주목해야 한다. 이는 바로 토착 한국인에 의한 과정으로써 그 대표적 인물이 내매 마을 나장골 출신의 강재원(姜載元, 1874-1927)이었다. 『내매교회100년사』는 그의 기독교 수용 과정을 다음과 같이 증언하고 있다.

강재원(姜載元)은 고향을 떠나 대구(大邱)에서 잠시 생활하고 있었는데, 그곳 약령시(藥令市)에서 미국 북장로회에서 파송한 배위량(裵偉良, W.

---

17 *The Opening of the Andong Presbyterian Mission 1909-1911: From the Papers of Sadie and Arthur Welbon,* 361. 이교남, 「오월번과 한국선교」(예천: 한국기독교교회사 주영연구소, 2015), 56. 재인용.

297

08 백남에 대한 논문과 글

M. Baird) 선교사의 전도를 받고 그날 이후부터 신앙을 갖게 되었다. 그는 대구(大邱) 지역에 최초로 세워진 대구제일교회 예배당을 세울 때, 비로소 거기서 신앙을 갖게 되었다. 강재원(姜載元)은 그 이후 고향 마을 내매에 돌아와 신문화(新文化)를 펼치며 지곡리(芝谷里)에 사는 강두수(姜斗秀)와 함께 40km 떨어진 안동(安東) 예안면(현 와룡면) 소재 방자미교회(현 방잠교회 芳岑教會)에 출석하며 방잠회(芳岑會)에 참석하는 등 믿음의 열정을 키워나갔다.[18]

강재원은 대구에서 베어드 선교사에게 복음을 받았다. 위의 자료에 따르면 강재원의 복음 수용 년도는 베어드 선교사가 대구·경북 순회 전도 여행 당시 약령시에서 복음을 전한 1893년이 된다. 하지만 이 내용은 베어드가 대구에 상주하면서 전도 활동을 한 1896년으로도 볼 수 있다. 따라서 이 증언으로는 강재원의 복음 수용 시기를 두 시점에서 생각해 볼 수밖에 없다.[19] 그러나 어떤 시점에서든 분명한 것은 강재원이 영주 지역 최초의 신자인 것은 분명해 보인다. 때문에『영주노회의 역사』,『용상교회80년사』등 영주 지역 교회사에는 대부분 강재원을 영주 사람으로는 최초로 예수 믿는 신자가 되었다고 증언하고 있다.

이렇게 영주 지역 최초의 기독교인이 된 강재원은 대구에 거주하면서 대구제일교회(남성정교회)에서 신앙생활을 했다. 이후 고향에 돌아와 안동 방잠교회에 출석하며 내매 마을에 신문화와 복음을 전하면서 신앙생활을 이어갔다. 그런 가운데 강재원은 1906년 같은 마을 유병두

---

18 내매교회,『내매교회100년사』(서울: 에덴아트컴, 2007), 134-135.
19 박선경의 연구에는 1896년이나 1897년으로 추정하고 있는데 1897년은 베어드가 대구를 떠난 시점이기 때문에 타당하지 않다. 박선경, "영주 지역 기독교 전래사 연구,"「대구교회사학」 창간호(대구: 도서출판 한빛, 2011), 22.

의 사랑방을 빌려 예배하다 이듬해 1907년 자기 집을 예배 처소로 하여 내매교회를 세웠다.[20] 이후 강재원은 내매 마을을 넘어 주변에까지 열정적으로 기독교를 전파하여 영주 및 봉화 지역 초기 교회들 설립에 직·간접적으로 커다란 영향을 미쳤다. 『내매교회100년사』에 의하면 대구에서 복음을 수용한 강재원은 영주로 돌아와 지곡리의 강두수에게 복음을 전했다고 한다. 그들은 함께 방잠교회를 다니며 신앙 열정을 키워나갔다. 강두수는 영주 지역 초기 교회 중 하나인 지곡교회를 설립한 인물이다.

지곡교회는 1907년 설립된 교회로서 『조선예수교장로회사기』에 보면 "선시(先是)에 강두수, 임재봉(林在鳳) 등 수십 인이 신종(信從)하고 방잠교회에 내왕(來往) 예배하더니 지시분립(是是分立)하니라"[21]고 말한다. 여기서 '선시'란 '이에 앞서'란 의미로 강두수, 임재봉 등은 1907년 이전에 이미 믿음을 가졌다는 말이다. 특히 임재봉(1875-1950)은 강재원처럼 외부에서 기독교를 수용하고 돌아와 고향 주민들에게 복음을 전한 인물이다. 〈지곡교회 창설 백주년 기념비〉 글을 작성한 강신중의 증언에 의하면 임재봉은 영일(영일군)로 이사 간 지인을 방문했다가 그곳에서 복음을 듣고 기독교에 귀의, 고향에 돌아와 기독교를 전파하였다. 그리고 강두수와 함께 방잠교회를 출석하다 이후 자신의 집을 예배 처소로 마련하였다.[22]

영일에 복음이 전래된 것은 대구보다는 늦기 때문에 임재봉의 기독

---

20   내매교회, 『내매교회100년사』, 135. 이에 대해 『조선예수교장로회사기 상』(1928)과 『경북교회사』(1924)는 내매교회 설립년도를 1908년이라고 기록하고 있다. 이러한 차이는 교회의 시작을 신앙공동체로부터 보는가 아니면 보다 조직된 교회로부터 보는가에 따른 것이다.
21   『조선예수교장로회사기 상』(1928), 285.
22   강신중 장로 증언 참고.

교 수용은 강재원보다는 뒤의 일이다. 하지만 보다 중요한 것은 영주 외부로부터 복음을 받고 돌아와 영주 지역에 기독교를 전파했다는 점이다. 이는 영주 지역 더 나아가 경북 북부 지역 기독교 전래사에서 강재원과 임재봉의 역할이 갖는 중요성을 말해 준다. 다시 말하면 영주 지역에 선교사 사역이 이루어지기 전, 외부에서 기독교를 수용한 토착 지역민들에 의해 복음이 전파되고 예배 모임이 형성되기 시작했다는 것이다. 이는 1902년 최초로 영주 지역을 순회한 아담스 선교사의 방문 이전에 이미 '두 명의 신앙고백자'[23]가 있었다는 것으로도 확인된다. 이러한 전도의 기초는 계속된 선교사들의 선교적 관심[24]을 갖게 했고 결국 경북 북부 지역 선교 거점인 안동선교부의 설립을 가져왔다. 그리고 선교부 설립을 통해 비로소 영주 지역 담당 선교사를 임명함으로써 본격적인 교회 설립과 기독교 확산이 이루어졌다.

한국 교회는 선교사에 의한 기독교 전파 이전에 토착 한국인에 의한 '자력전도'(自傳, Self-Propagation) 활동이 중요한 기초가 되었다. 이러한 부분이 바로 영주 지역 기독교 전래사를 통해서도 발견된다. 따라서 강재원과 임재봉에 의한 토착 지역민의 전도 활동은 영주 지역 기독교 전래사를 선교사들의 활동만으로 제한할 수 없는 특징을 갖게 했다. 특히 위정척사 정신이 강한 영주 지역은 외세에 대한 반감이 있어 선교사들에 의한 전도로는 일정 부분 한계가 있을 수밖에 없었다. 이런 상황에서 강재원, 임재봉 같은 토착 전도인들의 활동은 바로 그 한

---

23 Harry A. Rhodes, *History*. 348. 두 명의 신앙고백자가 정확히 누구인지는 알 수 없지만 그 중의 한 명은 강재원이 아닐까 추정된다.

24 이러한 관심은 아담스 선교사에 이어 1903년에도 바렛(Willam M. Barrett, 朴緯廉)과 브루엔 선교사의 여행이 이어졌고 맥파랜드(Edwin F. McFarland, 孟義窩), 어드만(Walter C. Erdman, 魚塗萬) 선교사 등이 안동선교부 설립 이전까지 북부 지역을 담당하였다. 앞의 책, 348-349. 참고.

계를 완충하는 의미가 있었다. 이는 초기 한국 교회 형성 과정의 특징이기도 하다. 그리고 또 강재원에 의해 설립된 내매교회, 임재봉에 의해 설립된 지곡교회는 영주 지역을 대표하는 초대 교회로서 향후 영주제일교회와 안동교회 설립에 영향을 미친다.[25] 이는 토착 지역민의 전도 활동으로 인해 도시(중심)로부터 농촌(주변)으로 이어진 일반적인 선교 과정이 오히려 농촌(주변)으로부터 도시(중심)로 이어진 영주 지역 기독교 전래의 또 하나의 특징이라 할 수 있다.

III. 강병주 목사의 기독교 수용과 민족 신앙

강병주는 영주의 외딴 시골 나장골 내매 마을 출신이다. 한 인물의 성품과 인간됨은 본래 가지고 태어나는 소위 천성(天性)이라고 하는 내재적 요인 외에 외부의 환경적 요인 또한 상당한 영향을 미친다. 그 가운데 출생과 성장 과정의 인적, 물적 환경은 특히 그러하다. 때문에 역사적 인물 탐구에서 그 성장 환경과 배경을 우선적으로 살펴보는 것은 중요하다. 강병주의 출생지이며 성장지였던 내매 마을은 위에서 살펴본 것처럼 강재원에 의해 지역 최초로 기독교를 수용한 마을로 영주 기독교 전래사에서 중요한 위치에 있다.

유교적 전통을 삶의 기반으로 하는 재래적 씨족 마을이 마을 구성원 대부분의 개종으로 기독교 신앙촌으로 변화되어 갔다. 이러한 마을의 종교적 변화는 강병주라는 한 개인의 삶에 중요한 성장 환경을 제공하

---

25 지곡교회 설립 초기 임재봉의 집에서 예배 모임을 가질 때 강복영, 권중락, 원화순, 정선이 등은 안동에서 내왕한 사람들로 안동교회 초기 개척 교인들이다. 안동교회90년사편찬위원회, 『안동교회90년사』(안동: 포도원출판사, 1999), 10.

였고 결국 그의 전 생애를 기독교인의 삶, 더 나아가 목회자의 삶으로 변화케 했다. 때문에 내매 마을은 강병주의 정신과 행동 기반의 뿌리였다. 여기서는 목회자 강병주를 품은 요람이 된 내매 마을과 그의 기독교 수용 과정을 살펴본다.

1. 기독교 신앙촌 내매 마을

내매 마을이 위치한 영주시 평은면(平恩面)은 조선 태종 13년(1413)에 영천군(영주군) 천상면(川上面)과 진혈면(辰穴面)으로 구분되었다. 이후 1914년 일제강점기 행정구역 개편에 따라 2개면이 통합되어 평은면으로 개칭되었다.[26] 영주시 남쪽에 위치한 평은면은 안동과 봉화에 인접한 낮은 산악분지로 용각천(龍角川)과 내성천(內城川)이 흐른다. 내성천을 끼고 있는 내매 마을은 예로부터 마을 모양이 매화 같다 하여 매화낙지(梅花樂地)라 하였다. 또한 내매 동리 사람들은 내성천을 사이에 두고 동쪽 마을은 음지내매(陰地乃梅), 서쪽 마을은 양지내매(陽地乃梅)라고 불렀다.[27]

내매 마을은 진주 강(姜)씨 나경공파(羅慶公派)의 집성촌이다. 진주 강씨는 우리나라 10대 성씨 중 하나로 고구려의 병마도원수(兵馬都元帥)를 지낸 원수공(元帥公) 강이식(姜以式)을 시조로 한다. 후손들은 고구려 멸망 후 남쪽으로 이거하여 신라 말엽에 태중대부(太中大夫) 판내의령(判內議令)을 지낸 강진(姜晉)이 진양후(晉陽候)에 봉해지면서 진주를 강씨의 본

---

26 〈영주시청〉홈페이지 〈http://www.yeongju.go.kr/design/main/index.html〉
27 내매교회, 『내매교회100년사』, 132-133. 참고.

관으로 삼았다.[28] 진주 강씨는 크게 5계파(博士公派, 少監公派, 侍中公派, 殷烈公派, 仁憲公派)로 나누어지는데 그 중 인헌공파를 제외한 4계파는 진주를 본관으로 삼았다. 인헌공파는 고려의 명장 강감찬의 호인 인헌을 따른 것으로 그의 출생지를 따라 금천 강씨라고도 부른다.

나경공파는 박사공파의 파조(派祖) 강계용(姜啓庸)을 중시조(中始祖)로 하는 바, 강계용은 고려 원종 때 국자박사(國子博士)를 지냈고 여·몽연합군의 일본 정벌 때 통신사(通信使) 서장관(書狀官)으로 출병한 후 진산부원군(晉山府院君)에 봉해진 인물이다. 영주 내매 입향조(入鄕祖)인 나경공 강정(姜貞, 1537-1616)은 중시조 박사공 강계용의 13세손으로, 임진년(壬辰年, 1592) 때 왜란을 피해 내매로 은거하여 오늘날 영주 강씨의 뿌리가 되었다.[29] 그는 특별한 벼슬이나 명예에 관심을 갖지 않고 한적한 시골 마을에 은둔하며 일생을 보냈다. 이때로부터 내매 마을은 영주 강씨의 세거지가 되어 지금까지 약 400여 년의 역사를 갖게 되었다.

나경공 강정의 내매 마을 입향 동기는 왜란을 피한 것 외 다른 이유에 대해서는 알려진 바가 없다. 그러나 원래 영주·봉화 지역은 조선 전기 때부터 현실 정치에 절망한 지식인들이 낙향 또는 입향을 선호했던 곳이라는 점을 주목할 필요가 있다. 여기에는 이 지역이 중앙과 어느 정도 거리가 있을 뿐만 아니라 자연적 조건도 뛰어나 은거의 적지로 손꼽혀 왔다는 점도 어느 정도 영향을 미쳤다.[30] 나경공의 내매 마을 은거에도 이런 영향이 있었을 것으로 보인다. 강정은 현실 정치 또는 가문의 중심에 있었던 인물은 아니었다. 때문에 안동과 더불어 대

---

28 진주강씨박사공파대종회, 『진주강씨대동보 상권』(서울: 창문사, 2009), 28.

29 『晉州姜氏羅慶公譜』, 1-3. 참고.

30 박원재, "임란기 영주봉화지역의 유학과 학맥," 「국학연구」 31(안동: 한국국학진흥원, 2016), 496.

표적인 유림 지역인 영주에서 영향력 있는 문벌 또는 향촌 세력으로는 자리를 잡지 못한 것으로 사료된다. 이는 당시 조선 사회 신분 변화의 한 단면을 보여 주는 것이기도 하다.

조선 후기의 신분제 변동은 흔히들 임진왜란 이후의 사회상으로부터 논의를 시작한다.[31] 임진왜란 이후 조선 후기 사회는 전근대적인 신분 제도에 균열이 일어나 양반 신분의 구성에도 계층적 변화가 일어난 시기이다. 어떤 양반은 향촌 사회 내에서 여전히 그 지위를 유지하는 반면 또 어떤 양반은 그 세(勢)를 유지하지 못하고 하층 양반[32] 또는 일반 농민층으로 전락하는 경우도 있었다. 임진왜란 이후 내매 마을에 들어와 집성촌을 이룬 진주 강씨 나경공파는 하층 양반 중 신향(新鄕: 다른 고장에서 이사 온 향족) 또는 농민으로 쇠락한 가문이었다. 이러한 가문의 후손들은 19세기 말 사회가 격변하는 근대 전환기에 전근대적 관습이나 전통에 얽매이기보다 무엇인가 새로운 변화에 관심을 많이 가졌다. 이는 종교 전통에 있어서도 마찬가지였으며, 내매 마을에는 나경공 강정의 8세손인 강재원이 바로 그러했다.

앞서 말한 바와 같이 강재원은 신학문을 위해 대구에 갔다가 베어드 선교사로부터 전도를 받았다. 그리고 고향 내매 마을로 돌아와 주변에 복음을 전함으로 영주 지역 첫 기독교인이자 전도인이 되었다. 그가 내매교회를 세울 때 당시 신자로 일가친척들인 강병주, 강병창, 강

---

31 김성우, "조선 후기 사회를 어떻게 볼 것인가-조선 후기의 신분제-해체국면 혹은 변화과정?,"「역사와 현실」48(서울: 한국 역사연구회, 2003), 6.

32 문벌 가문이 조선 향촌 사회의 지배 조직에 참여했던 재지사족(在地士族)의 후예라면, 하층 양반(향족, 鄕族)은 신분적으로는 양반이었지만 지배 조직에 참여할 수 없었던 신향(新鄕), 향반(鄕班), 향품(鄕品), 토반(土班) 등으로 불리던 계층이었다. 정진영, "조선후기 사회를 어떻게 볼것인가 II-향촌사회에서 본 조선후기 신분과 신분변화,"「역사와 현실」48(서울: 한국 역사연구회, 2003), 63. 참고.

신옥, 강신유, 강석구, 강석복 등이 있었다.[33] 이들은 모두 서양 종교인 기독교 개종을 통해 미신과 구습을 타파하고 개화를 추구했다. 처음에는 유교적 종교 전통에 가로 막혀 애로가 있었으나 차츰 교인들이 증가했다. 이에 쿡(Welling Th. Cook, 鞠裕致), 웰본, 윈(Roger E. Winn, 印魯節), 크로더스 등의 선교사들이 엄응삼을 비롯한 여러 조사들과 내매교회를 섬기면서 짧은 기간 동안 이 지역 복음화 사역을 헌신적으로 감당했다.[34] 이로써 내매 마을은 교회를 통해 서서히 종교 전통의 변화가 일어나기 시작했다.

교회를 통한 내매 마을의 또 하나의 변화는 내명학교 설립이었다. 내명학교는 1910년 강석진(姜錫晉)[35]에 의해 설립되었다. 내명학교는 '교회 안 학교'인 주일학교(Sunday School)가 아니라 '교회 옆 학교'[36]인 일종의 교회부설학교(Church-Affiliated School)였다. 그는 내매교회 옆에 기숙사 겸 교실로 사용할 교사를 마련하고, 강병주를 초대 교장에, 안광호를 교사로 세워 내명학교를 영주 지역 최초의 신문화 교육의 발상지로 출발케 하였다. 이어서 1913년 7월 4일 조선 총독부 학제 1542호 인가를 받고 '사립기독내명학교'로 공식 개교를 하였다. 내명학교는 일제의 감시와 핍박 아래서도 민족 교육과 근대 교육을 꾸준히 실시하여 원근 각처에서 수많은 학생들이 몰려들었다.

1915년 3월 15일에 제1회 졸업생 5명을 배출한 이래 계속적인 발전

---

33 내매교회, 『내매교회100년사』, 135.

34 앞의 책, 135. 참고.

35 내명학교 설립자 강석진(1885-?)은 1921년 평양장로회신학교를 졸업(14회)하였다. 경북노회에서 안수를 받은 후 내매교회에서 시무하였으며, 경안노회 초대 서기를 거쳐 세 차례 노회장을 역임하였다. 기독교대백과사전편찬위원회, 『기독교대백과사전』(서울: 기독교문사, 1983), 336.

36 이는 '교회 안 학교'인 주일학교와는 달리 당시 우리 사회가 잘 감당하지 못했던 근대 교육 기관으로서의 학교를 말한다. 교회의 대사회적 역할을 감당한 교회사적 의미가 있다.

으로 1925년에는 교사를 신축하여 교무실 1칸과 교실 2칸으로 확장했다. 당시 어려운 경제적 형편과 신분의 장벽으로 산골 마을 사람들이 신교육을 받는다는 것은 결코 쉬운 일이 아니었다.[37] 그럼에도 불구하고 나장골 내매교회를 중심으로 주변 지역의 망월, 간운, 용상, 평은, 문수 등의 마을 어린이들까지 내명학교에 다니기 시작했고, 그로 인해 내매교회 주일학교 어린이들의 수가 많아져 크게 부흥하였다.[38] 이후 내명학교는 1942년 사립 내명학교로 개칭되었고, 해방 후 1946년에 공립 내명국민학교로 승격되어 1955년 폐교될 때까지 그 명맥이 이어졌다.

일찍이 강재원이란 한 사람이 선교사를 만나 복음을 수용하고, 이로부터 교회가 세워지자 진주 강씨 집성촌이었던 산골마을이 마을 사람 대부분이 개종하는 신앙촌으로 변화되었다. 또 '교회 옆 학교'를 통해 근대 교육과 민족 교육이 이루어짐으로써 봉건적 구습에서 벗어나 개화된 마을이 되었고, 암울한 일제 강점기 동안에도 오롯이 민족정신을 잃지 않게 했다. 이는 신앙과 교육을 통해 한 마을을 변화시켜 나간 기독교 이상촌 운동이었다. 이에 대한 증거로 당시 내매 마을에서 행해진 향약 6개조를 들 수 있다. 다음은 그 내용이다.

첫째, 우상 숭배(偶像崇拜)와 선조 제사(先祖祭祀)를 금지하고 구습 타파

37 강신명 목사는 당시 내명학교의 분위기를 다음과 같이 소회하였다. "개화기에 한문서당에 다니던 초 립동들은 신문화의 교육을 받겠다고 신식 학교를 찾아왔다. 나는 그들이 나의 선친(강병주 목사·필자 주)이 세운 학교로 찾아와 입학하고 상투를 자르는 것을 보았다. 마지못해 상투를 자르겠다고 머리를 들이밀고 있다가도 막상 상투가 앞에 툭 떨어질 때 나이가 좀 든 사람은 눈물을 글썽거렸고 조금 어린 새 서방들은 그야말로 닭똥 같은 눈물방울을 떨어뜨렸다." 강신명, "새 시대의 창조," 『강신명 신앙저작집 2』(서울: 기독교문사, 1987), 600.
38 내매교회, 『내매교회 100년사』, 137.

(舊習打破)와 미신(迷信)을 일소(一掃)한다.

둘째, 동민 전체가 주초, 장기, 바둑, 도박, 주막 출입을 엄금한다.

셋째, 일제의 앞잡이인 경찰관 지원을 엄금한다.

넷째, 신, 불신을 막론하고 빈약한 관혼상에는 자비량하여 협조한다.

다섯째, 소(牛) 외의 가축 사육을 금지하며 깨끗한 신앙촌을 만든다.

여섯째, 주일은 성수하며 우물 문을 잠그고 전날에 준비한다.[39]

이처럼 내매 마을은 교회를 통해 마을 구성원들이 개종을 하고 '교회 옆 학교'의 근대 교육을 통해 유교적 전통 마을에서 기독교 신앙촌으로 탈바꿈했다. 이런 변화 과정은 한국 교회 최초의 마을 개종(집단 개종)의 역사가 일어난 중국 만주의 명동촌(明洞村)에 비견할 만하다. 명동촌은 1899년 회령 출신의 유명한 한학자였던 규암(圭巖) 김약연(金躍淵)이 142명의 친인척과 이웃들을 이끌고 함경북도 회령과 종성에서 만주 장재촌(長財村)으로 이주하여 형성한 한인 마을이다. 원래 유교적 이상향을 꿈꾸었던 김약연은 자신부터 기독교로 개종하여 목사가 되었다. 그리고 마을 안에 명동교회와 명동학교를 세우고, 이를 중심으로 마을을 신앙촌으로 변화시켜 나라와 민족을 위한 많은 인물들을 배출했다. 민족 시인 윤동주가 바로 이 마을 출신이다.

지금까지 한국 교회 역사에서 집단 개종을 대표하는 마을로서 주로 만주의 명동촌을 일컬어왔다. 그러나 내매 마을 또한 명동촌 못지않은 집단 개종의 역사를 간직한 마을로서 기독교 신앙촌의 모본(模本)을 이루었다. 마을 중심에 교회와 학교를 두고, 이를 기반으로 일제강점기,

---

39 『내매교회 100년사』, 144.

6·25 동란 등 억압과 격동의 세월을 지나는 동안 사회 각 분야의 발전에 공헌한 많은 인물들을 배출했다. 특히 교계와 지역 사회 발전에 이바지한 목회자만 하더라도 현재까지 32명에 이른다. 이는 단일 교회로는 한국 교회에서 가장 많은 숫자로서 그만큼 내매 마을이 한국 교회사 및 근대사적으로 차지하는 비중이 크다는 것을 반증한다. 강병주 역시 그 가운데 한 사람으로 일제강점기 및 해방 공간 시기의 내매 마을을 대표하는 인물이다.

2. 기독교 수용과 민족 신앙 형성 과정

강병주(字 文佑, 號 白南)는 1882년 3월 9일(1955년 별세) 평범한 목수였던 부친 강기원(姜祺元)과 모친 이성곡(李星谷) 슬하에 2남 2녀 중 맏아들로 내매 마을에서 태어났다. 그가 태어났던 시기의 조선은 국외적으로는 1876년 강화도조약(朝日修好條規)에 따른 일본의 강압적인 문호 개방 이후 본격적인 외세의 압력과 침략에 시달렸다. 또한 국내적으로는 대원군과 민비(명성황후)의 첨예한 권력 암투 가운데 임오군란, 갑신정변 등의 정치 혼란과 탐관오리들의 학정으로 백성들의 불만이 증폭하였다. 급기야 1894년에는 농민들이 거국적으로 봉기(동학농민혁명)하였고, 이를 빌미로 청일 전쟁이 발발하여 국가의 운명이 풍전등화의 상황이었다.

강병주의 어린 시절에 대한 기록된 자료는 거의 없다. 다만 그 자녀들의 부친에 대한 증언과 단편적인 글들이 있을 뿐이다. 그의 둘째 아들 강신정 목사는 아버지의 어린 시절에 대한 기억을 다음과 같이 글로 남겼다.

어려서부터 총명(聰明)이 출중하여 마을 어른들의 감탄(感歎)이 컸다. 서당(書堂)에서 배운 글이 스크린의 자막(字幕)처럼 언제나 눈앞에 보였다고 할 정도였다. 소년기(少年期)에는 어른들이 짜증을 낼 만큼 탐구심(探究心)이 대단했으며, 성년(成年)이 되자 학구열(學究熱)이 더욱 불탔으나……[40]

이에 따르면 강병주의 어린 시절 배움의 기초는 서당에서 배운 한학이었음을 알 수 있다. 즉, 그때까지는 근대 교육의 혜택을 받지 못하고 옛 학문이라 할 수 있는 유학의 전통 속에 있었다. 그리고 총명함이 남달라 성장 과정에서 새로운 지식과 진리에 대한 탐구열이 상당했다. 이런 그의 지적 욕구는 아직까지 유학 전통 속에 닫혀 있는 외딴 시골 마을에서는 해결할 수 없는 문제였다. 이 과정에서 강병주는 많은 정신적 갈등을 한 것으로 보인다. 내면의 욕구가 현실의 벽에 부딪혀 실현되지 못할 때에 오는 정신적 방황이었다. 그의 부친은 아들의 이런 방황을 결혼을 통해 해결해 보고자 경주 최씨 가문의 최영주와 혼인을 하게 했다. 그러나 그럼에도 불구하고 강병주의 정신적 갈등과 방황은 여전히 해소되지 않았다. 이어지는 강신정 목사의 증언을 살펴보면,

한때의 인생에 대한 고민(苦悶) 때문에 입산수도(入山修道)에 뜻을 두어 결심하고, 산수(山水)를 벗하매, 전국(全國) 명찰(名刹)을 찾아다니다가 명(名) 사찰(寺刹)인 해인사(海印寺)로 향하던 중, 기독교(基督敎) 전도인(傳導人)을 접(接)하게 되어 전도(傳道)를 듣고 기독교(基督敎)가 진리(眞理)의 종교(宗敎)임을 시인(是認)하며 심기일전(心機一轉)하여 1907년 26세 때

40 이 자료는 만산(晚山) 강신정 목사의 증언 '백남 강병주'를 그의 아들 강석찬 목사가 정리한 것이다.

그리스도교에 귀의하였다.[41]

위의 내용에서 강병주의 인생에 대한 고민이 정확히 무엇이었는지는 알 수 없다. 그러나 분명한 것은 그가 세속적 욕망을 내려놓고 입산수도를 결심했다는 것이다. 그리고 전국의 명찰을 전전하다 해인사를 향하던 중 기독교를 접하고, 그의 나이 26세에 기독교로 개종을 했다는 사실이다.

조선 후기 사회의 종교적 특징은 종교 생활에 심한 허탈감을 경험하고 있었다. 한국 역사를 통해 성행했던 선(仙)이나 불교 및 유교의 정신적 자원이 고갈하고, 그 형식과 명분만으로 무게 없는 반복만 되풀이하던 종교적 신앙과 정신생활의 전례 없는 진공기였다.[42] 때문에 당시 대부분의 한국인은 유·불·선 3교와 샤머니즘(shamanism)을 상황에 따라 선별적으로 실천하는 다종교적 성향을 가지고 있었다. 그리고 대부분의 지식인들은 입신양명을 위한 관직, 권력, 재물 등이 있을 때는 유교적 입장을 취했지만 야인으로 은둔하거나 세속적으로 실패했을 때는 불교 또는 도교에서 위안을 찾는 경우가 많았다. 강병주 역시 쇠락한 양반 가문의 후손으로 세속적 이상 실현에 여러 가지 어려움과 장벽이 있었다. 때문에 이러한 현실 문제로부터 겪는 정신적 방황이 바로 그의 인생의 고민이었으며, 강병주는 이를 불교라는 종교적 피안(彼岸)을 통해 해결하고자 했다.

그러나 강병주는 해인사로 가는 도중에 전도인을 만나 기독교를 전해 들었고, 또 영주 지역에서 일어났던 의병 전쟁으로 인해 그의 입산

---

41 앞의 증언 중에서 인용.
42 민경배, 『한국기독교회사』(서울: 연세대학교출판부, 2000), 116.

수도 계획에 변동이 생기고 말았다. 당시 전국에는 을미의병(1895년) 이후 을사늑약(乙巳勒約, 1905)으로 재차 의병이 봉기하였다. 경북 지역에도 신돌석(영덕), 정환직·정용기(영천), 김도현(영양), 이하현(진보) 등이 활동했다. 특히 영주에는 1908년 11월 15일 강원도와 경북 북부 지역에서 활동하던 이강년 부대가 남하하여 신돌석 부대와 합세하여 순흥읍에서 일본군과 일대 전투를 벌였다.[43] 이때 일본군의 대대적인 의병 소탕 작전에 읍 전체가 전소되고 말았다. 이 와중에 주막에 몸을 숨기고 있던 강병주는 생명의 위협을 느끼고 예수 믿는 것을 담보로 그의 안전을 위해 기도했다.[44]

이때의 목숨을 구한 경험이 강병주에게는 귀중한 신앙 체험인 동시에 민족의 역사적 실존과 현실을 자각하는 동기가 되었다. 이로써 1908년은 강병주에게 기독교인으로서 새롭게 출발하는 인생의 전환점이 되었다. 급변하는 근대 개화기, 초기 한국 교회 상황에서 지역 교인들의 기독교 수용 과정에는 개인의 내적인 종교적 각성 외에 또 다른 요소들이 개입되었다. 즉, 그들이 살았던 시대의 사회 경제적 상황과 자신들의 삶의 터전인 향촌 사회의 속성 등도 기독교 수용의 중요한 외적 요소들로 작용했다.[45] 강병주의 기독교 수용 과정에도 바로 이런 부분을 엿볼 수 있다.

앞서 언급하였듯이 임진왜란 이후 내매 마을에 이거하여 집성촌을 이룬 강병주의 가문은 조선 후기 양반 신분 구성의 계층적 변화가 일

---

43 영주시사편찬위원회, 『영주시사 1권』, 322. 참고.
44 '나경회' 회원들의 증언. 나경회는 강신명 목사를 중심으로 내매 마을 출신 강씨들의 서울 지역 모임이다.
45 송현강, "한말 기독교수용주동층의 존재와 그 성격-중·남부 지역을 중심으로," 「한국기독교와 역사」 25(서울: 한국기독교역사연구소, 2006), 19. 참고.

어나던 시기에 하층 양반 또는 농민으로 쇠락한 가문이었다. 그 이유는 지역에서 대대로 터를 닦은 재지사족(在地士族)의 문벌 가문이 아니라 외부로부터 옮겨온 신향이었기 때문에 문벌적으로도 경제적으로도 그 세력을 유지하기가 쉽지 않았기 때문이다. 이러한 하층 양반의 후손들은 근대 개화기에 보수적인 관습이나 전통보다는 새로운 변화에 관심을 많이 가졌다. 이는 종교 전통에 있어서도 동일하여 당시 새롭게 전파되고 있던 기독교 또한 그들의 관심의 대상이었다.

내매 마을 진주 강씨 가문의 후손들 중에는 강재원이 바로 그런 인물이었다. 그는 새로운 변화를 수용하려고 신학문을 배우러 대구로 갔다가 선교사를 통해 기독교를 수용했다. 그리고 고향에 돌아와 기독교를 전파했다. 이때로부터 내매 마을은 전통적 씨족 마을에서 기독교 신앙촌으로 변모되기 시작하였다. 강재원은 마을 공동체 안에 지역민들의 종교적 전향(轉向)을 고무·격려·지원하는 배후의 인물이 됨으로써 지역민들의 기독교 수용은 개인의 정신적 각성뿐만이 아니라 마을 공동체 내부의 권위 있는 지도력의 유인(誘引)에 의해서도 이루어지게 되었다.[46] 이러한 향촌 사회의 변화는 강병주의 기독교 수용에도 커다란 영향을 미쳤다.

이와 같이 강병주의 기독교 개종 과정에는 정신적 각성이란 내적 요소 외에 그의 삶을 둘러싼 외적 요소 즉 당시의 변화된 사회 상황과 고향 마을의 속성 또한 커다란 작용을 했다. 다시 말하면 강병주는 기독교에 대한 신앙적 자각을 경험하기 전, 사회와 마을의 변화된 상황이 그의 개종에 선제적 작용을 했다는 것이다. 쇠락한 가문의 후손으로

---

46 앞의 논문, 7-8. 참고.

세속적 입신양명에 한계를 느낀 그는 인생의 방황을 해결하고자 해인사를 향하던 중 기독교인을 만나 전도를 받았다. 그러나 이것이 그와 기독교의 첫 접촉은 아니었다. 강병주는 이미 고향 마을에서 강재원이란 권위 있는 종교적 배후 인물[47]에 의해 기독교로의 개종을 권유 받았기 때문이다. 이러한 선제적 접촉이 있었기에 의병 전쟁 와중에 일본군에게 생명의 위협을 느꼈을 때 기도를 통해 비로소 신앙적 각성을 경험할 수 있었던 것이다.

한국 사회에 기독교가 전파되던 초입에 기독교를 수용했던 주된 사회적 계층은 하층 양반, 부민층, 농민, 하층민 등의 부류였다. 특히 하층 양반이나 부민층 가운데 향촌 사회에서 어느 정도 경제적인 능력을 갖춘 유력한 인물들은 지역(마을) 교회 설립의 주체가 되기도 했다. 내매 마을 또한 강재원이란 유력 인물에 의해 내매교회가 세워졌고, 그로부터 종교적 전향을 권유받은 강병주와 진주 강씨 일가친척들은 자연스럽게 마을 교회 개척 신자들이 되었다. 때문에 강병주는 그의 기독교 수용 과정에서 문중의 저항에 부닥치는 어려움은 없었다. 이러한 점은 그와 동시대를 살았고, 퇴계 이황의 14대손으로 대표적인 유림 문벌 가문에서 개종한 안동의 이원영(李源永, 1886-1956) 목사와는 다른 점이다.

영주는 안동 못지않은 유림의 고장이다. 특히 강병주가 기독교를 수용할 당시 경북 북부 지역은 위정척사 사상을 바탕으로 개화 정책에 반대하여 1881년 1만 여 명의 영남 유생들이 상소를 올린 '척사만인소'(斥邪萬人疏, 영남만인소)의 진원지이다. 위정척사란 서구의 종교, 사상,

---

[47] 강재원과 강병주는 나이 차이가 8살 밖에 되지 않지만 강재원은 강병주에게 집안 아저씨뻘이 된다.

문물을 배척하고 유교의 전통 질서를 수호하자는 뜻이다. 그러므로 서양 종교인 기독교는 향촌 사회에서도 당연히 배척 대상이었다. 그리고 이런 경향은 재지사족의 문벌 가문이 있는 향촌 사회일수록 더욱 그러했다. 그 대표적인 실례가 3·1운동 후 개종한 이원영 목사가 자신의 마을에 섬촌교회를 세우는 과정에서 발생한 문중과의 대립이었다.[48]

이와는 달리 강병주는 아버지 강재원도 아들을 따라 개종할 정도로 집안이나 문중과의 갈등은 없었다. 그 이유는 19세기 말, 봉건적 사회에서 근대적 사회로의 전이(轉移)가 요구되는 시대 상황 속에서 상층 양반 문벌 가문은 여전히 위정척사의 입장을 고수한 반면 하층 양반으로 쇠락한 가문은 개화를 통한 신사상, 신문물 수용에 보다 적극적이었기 때문이다. 임진왜란 후, 영주 내매 마을로 은거한 진주 강씨 나경공파는 소박한 집성촌을 이루며 쇠락한 가문이 되었지만 역설적으로 이런 가문의 변화가 기독교를 수용하기에는 더 좋은 환경이 되었다. 이런 환경 가운데 기독교인으로 개종한 강병주는 보다 신실한 신앙인이 되어 1910년 내매교회 부설학교인 내명학교 교장을 맡게 되었다. 그리고 이와 더불어 신종교뿐만 아니라 신학문도 수용하고자 대구계성학교 사범학(師範學)에 입학하였다.

계성학교는 아담스 선교사가 1906년 중등교육을 위해 설립한 미션학교이다. 이 학교는 정규 과정(별과 2년, 고등보통과 4년) 외에 사범학 및 직조과(織組科)를 부속 과정으로 두었다. 사범학은 경상도 소재 각 교회의 소학교 교사를 위하여 1911년 6월에 개설하였고, 직조과는 근로 장학생을 위하여 1914년 7월에 설치하였다.[49] 강병주는 내명학교를 맡아

48 『조선예수교장로회사기 하』(1968), 386-387. 「경안노회 제2회 회록」(1922. 6. 14.) 참고.
49 계성100년사 편찬위원회, 『계성백년사』(서울: 다락방, 2006), 58.

교장과 교사로 섬기다가 전문적인 교사 교육의 필요성을 깨닫고 1911년 때마침 개설된 계성학교 사범학을 지원했다. 수업은 원칙적으로 여름방학(또는 동절기) 중 1개월간씩 하였고 수학 연한을 7년간으로 하였으나 소학교 교사나 혹은 그에 상당하는 학식을 갖춘 사람에 한하여 일정한 시험을 치른 후 수업 연한을 따로 정해 주기도 했다.[50]

이 과정은 강병주로서는 처음으로 접하는 체계적인 근대 교육 과정이었고 또 미션 학교였기 때문에 그의 의식과 신앙 정신에 적지 않은 영향을 미쳤다. 지난 의병 전쟁 시 일본군들의 잔혹성을 목격한 강병주는 그때 민족의 역사적 현실을 체감했다. 그리고 계성학교에서의 수학 과정을 통해 민족 실존에 대해 좀 더 명확한 의식을 갖게 되었다. 왜냐하면 그의 입학 시점은 일제에 의한 국권 침탈이 이루어졌을 때인데 이런 민족 현실을 고민한 그의 동문들과 교사들에 의해 계성학교는 민족 의식이 강한 학교였기 때문이다. 계성학교의 이런 특징은 향후 대구 3·8만세 운동이 일어났을 때 거의 전교생이 시위 주동자로 나서게 되고, 또 혜성단(惠星團)이란 비밀결사를 조직하여 국내외 독립지사들과 연계하면서 민중들에게 독립의식을 고취시켰다.

또한 계성학교는 미션 학교로서 신앙 교육에 철저했기 때문에 이때의 수학 과정은 그의 신앙 삶에도 커다란 변화의 계기가 되었다. 1915년 계성학교를 졸업한 강병주는 보다 전문적인 신앙 교육의 필요성을 깨닫고 대구성경학교에 입학하였다. 1913년 개교한 대구성경학교는 아담스 선교사가 1903년에 실시한 조사(助事, Helper) 사경회(Bible Institute)로부터 출발했다. 3년제로 1년에 2개월씩 공부하고 나머지는 현장 사

---

50 계성100년사 편찬위원회, 『계성백년사』, 58. 참고.

역에 중점을 둔 교역자 양성 과정이었다. 이때 강병주는 경북노회로부터 조사 직분을 받고,[51] 사역과 학업을 병행하며 내매교회와 내명학교를 열심히 섬겨나갔다. 그리고 이런 섬김 가운데 신앙의 깊이가 한층 성숙해지면서 신학 공부에 뜻을 두었다.

1919년 대구성경학교를 졸업한 강병주는 그의 인생 최대의 전환점이 될 중요한 결단을 하고, 목회자가 되기 위해 평양장로회신학교에 입학하였다. 그러나 평양으로 상경하던 중 마침 서울에서 봉기한 3·1운동에 참여했다가 일본 경찰에 피체(被逮)되고 말았다. 대구형무소에 이송되어 갖은 고문으로 8개월의 옥고를 치루는 동안 그의 심신은 만신창이 되었다. 당시 상황을 내매교회 강록구 장로(은퇴)는 할아버지에게서 들은 얘기를 통해 다음과 같이 증언한다.

강병주 목사님이 리어카(손수레)에 실려 왔데요. 신학교 갈 때는 건장하게 갔는데 올 때는 뼈만 남아 돌아왔다고 우리 할아버지가 카데요. 그라고 일본 순사들이 동네에 들어와가 동네 청년들을 다 잡아 갔데요. 그때 우리 할아버지도 잡혀가가 욕봤다 카데요. 저 밑에 신천거리에서부터 리어카로 실어오는데 애먹었다데요.[52]

이를 통해 강병주가 겪은 수감 생활의 고통과 내매 마을 전체의 수난을 알 수 있다. 그는 일찍이 영주 의병 전쟁 시 일제의 만행을 목도한 후 민족의 현실을 자각했다. 또 계성학교와 대구성경학교의 수학 과정

---

51 「경북노회 제6회록」(1919. 6. 17.)
52 윤재현, "강병주 목사의 농촌 선교 운동," 「대구·경북 기독교역사 연구회 정기발표회 자료집」(2020), 9. 재인용

을 통해 더욱 깊어진 신앙 안에서 민족 의식을 갖게 되었다. 그리고 3·1운동과 그로 인한 옥고를 치루면서 보다 분명하게 일제에 대한 저항 정신과 민족 자주 독립에 대한 의지가 그의 신앙 안에 자리하게 되었다. 신앙과 민족 현실이 결부된 이런 강병주의 신앙 모습은 평양장로회신학교 생활에서 더욱 영향을 받아 민족 신앙의 양태로 나타난다.

평양장로회신학교는 목회자를 양성하는 신학교였지만 평양 지역 3·1운동을 비롯한 민족 운동의 중심 역할을 한 민족 학교이기도 했다. 당시 서북 지역 일대는 일제의 국권 침탈에 맞서 신민회를 비롯하여 기독교인들을 중심으로 애국 애족의 신문화 운동과 항일 독립 운동들이 전개되었다. 이에 일제는 그들의 조선 식민지화 과업을 위해 안악사건 및 105인 사건을 날조하여 기독교인들을 대대적으로 검거·탄압함으로써 기독교 세력을 와해시키려 했다. 특히 105인 사건으로 양전백, 김창건, 변인서, 강규찬 등 다수의 평양장로회신학교 졸업생들과 학생들도 고초를 당했다. 뿐만 아니라 일제는 교장인 마펫(Samuel A. Moffett, 馬布三悅) 선교사까지도 105인 사건의 연루자로 날조하여 학교를 탄압했다. 이는 평양장로회신학교가 그만큼 일제에 저항하는 민족 의식이 강한 학교였음을 반증한다.

평양장로회신학교의 민족 학교로서의 정체성은 3·1운동 당시 33인의 민족 대표 가운데 5명(이승훈, 길선주, 양전백, 유여대, 김병조)이 이 학교 출신임을 통해서도 알 수 있다. 그리고 평양 지역 3·1운동이 전개되었을 때 평양장로회신학교가 가장 주도적인 역할을 했다는 것에서도 나타난다. 따라서 이런 관점에서 보면 평양장로회신학교의 위상은 단순히 신학 교육 기관으로 위상에 그치는 것이 아니라 복음을 통한 민족 지도자의 양성 기관이라는 위치에 있었으며, 평양장로회신학교 출신자들은 이러한 위상에 걸맞은 활동상을 보여 주었다.[53] 그들 가운데 강병주 또한 신앙 지도자인 동시에 민족 지도자로서의 면모를 앞으로의 목회 생활 전반을 통해 나타내게 된다.

강병주의 이런 지도자적 활동의 신앙 동력은 이른바 초기 한국 교회 신앙 특징이라 할 수 있는 민족 신앙으로부터 비롯된다. 이는 신앙과 민족의 현실 문제가 접합(articulation)[54]된 것으로 좀 더 구체적으로 표현하면 애국 애족 신앙이라 할 수 있다. 한국 교회 교인들에게 독립 운동은 애국 애족의 민족 신앙을 바탕으로 한다. 여기서의 민족 신앙은 배타적 민족주의(Chauvinism 또는 Jingoism)를 내포한 국수주의적 신앙을 말하는 것이 아니라 민족의 시련기에 신앙으로 민족적 위기 상황을 극복하며 나라와 민족을 지켜나가는 신앙을 말한다. 다시 말하면 개신교 선교 초기에 우리 민족을 한말 서구 열강들이 식민화하려고 했을 때, 기독교 신앙으로 우리 민족을 지켜나가려 했던 신앙 형태와 아울러 일제의 폭압 속에서 신앙으로 민족과 나라를 지키려 했던 기독교 신앙 형태를 민족 신앙이라 한다.[55]

한국 교회 교인들은 이러한 민족 신앙을 일제에 의한 국권 상실이라는 특수한 민족적 상황 가운데 애국 애족 신앙으로 더욱 구체적으로 표현하려고 했다. 강병주 또한 그러했는데 그의 민족 신앙 모습은 의도적이라기보다 나라를 빼앗긴 민족의 현실에서 자연스럽게 나타난

---

53 유준기, "1910년대 기독교 민족독립운동: 평양신학교를 중심으로," 「총신대논총」 19(서울: 총신대학교, 2000), 101.

54 민족주의의 복잡성과 이에 대한 기독교의 다양한 상호관계들을 고려할 때, 기독교 민족주의는 접합 (articulation)의 맥락에서 이해되어야 할 필요가 있다. 이질적인 기독교와 민족주의가 본질적으로 결합되었다기보다는 상황적으로 연결되었다고 보는 것이 적절하기 때문이다. 최영근, "근대 한국에서 기독교와 민족주의 관계 연구," 「한국기독교신학논총」 104(서울: 한국기독교학회, 2017), 132.

55 정경호, "대구31만세 운동을 주도한 생명평화의 일꾼, 이만집의 민족 신앙과 삶," 『함께 부르는 생명평화의 노래』(서울: 한들출판사, 2009), 238.

현상이라고 할 수 있다. 민족의 정체성이 '내적 자기 정의와 타자에 의한 구속, 즉 내적, 외적 변증법'[56]인 것처럼 강병주의 민족 신앙 또한 신앙의 내연(內燃)이 외부의 환경적 요인에 부딪혀 구국이라는 외연(外延)으로 나타나는 변증법적인 신앙 구조를 가진다고 할 수 있다. 다시 말하면 강병주에게 신앙과 민족은 '내적 자기 정의'이다. 반면 일제는 공히 '타자에 의한 구속'이 되었다. 신앙과 민족이라는 내적 자기 정의가 종교적, 정치적 타자에 의한 구속을 만나 변증법적으로 나타난 현상이 민족 독립 운동, 즉 국권 회복이다. 그런 의미에서 강병주의 민족 신앙의 결과물은 좀 더 구체적으로 애국 애족 신앙의 형태로 나타난 것이라 할 수 있다.

IV. 강병주 목사의 목회와 민족 운동

강병주는 목회자이다. 따라서 그의 삶의 반경은 주로 목회 생활에 한정되어 있다. 그러나 그렇다고 해서 그 삶이 목회적인 것으로만 의미 지을 수는 없다. 목회자는 자신의 목회 철학과 신념에 따라 성(聖: 교회)과 속(俗: 세상)을 구분하기도 하지만 교화(敎化)를 위해 성과 속을 함께 어우르기도 하기 때문이다. 특히 일제 강점기와 같은 불의함이 세상을 주도할 때 목회 영역의 일이라 하더라도 그에 대한 저항으로 나타날 수 있다. 일제 강점기를 오롯이 살아냈던 강병주의 목회 삶은 전적으로 목회적인 관점과 영역으로만 해석할 수 없다.

타자의 구속이 항상 내적 자기 정의를 위협하는 상황이 존재했던 시

---

56 Tim Edensor, *National identity, popular culture and everyday life*, 박성일 역, 『대중문화와 일상 그리고 민족정체성』(서울: 이후, 2008), 68.

기가 일제 강점기였다. 강병주는 목회자가 되기 전부터 이에 대한 체험을 가지고 있었다. 그리고 이 체험이 개종 이래 신앙 교육을 받는 과정에서 신앙과 접합되어 민족 신앙의 모습으로 나타났다. 따라서 그의 목회를 좀 더 시대 정황 속에서 살펴보면 어떤 사역들은 일제에 저항한 민족 운동으로도 해석할 수 있다. 본 장에서는 강병주에 대한 좀 더 깊은 이해를 위해 그의 목회 여정과 그 가운데 나타난 교육, 농촌, 한글 운동을 민족 운동의 관점에서 살펴보고자 한다.

1. 목회 사역 여정

강병주는 1923년 19명의 동기생들(장사성, 함태영 등)과 평양장로회신학교를 16회로 졸업했다.[57] 그리고 같은 해 경안노회에서 목사 안수를 받았다.[58] 평양신학교 재학 중에는 영주읍교회(현 영주제일교회) 조사로 시무했고,[59] 목사 안수 후에는 풍기교회(풍기성내교회) 담임목사로 부임하여 약 10년(1923-1932) 동안 시무했다. 강병주의 부임으로 풍기교회는 새로운 전환점을 맞게 되었다. 그동안 선교사가 담임으로 교역하던 시대가 마감되고 지역 출신의 토착인 목사가 부임했기 때문이다.[60] 풍기교회에 재임하는 동안 강병주는 교회가 운영하는 영신학교 학생들에게 민족정신을 일깨워주었고 신자들의 신앙 육성에도 진력하였다. 그의 헌신적인 사역 가운데 교회는 크게 부흥하여 북문동에 있던 예배당

---

57 朝鮮耶蘇敎長老會總會 宗敎敎育部, 『耶蘇敎長老會年鑑』(京城: 大同出版社, 昭和一五年), 117. 참고.

58 "신학쥰ᄉ, 강병쥬, 쟝사셩, 김인옥 三씨의게 목소 쟝입ᄒ기로 결뎡ᄒ고 (중략) 강신충씨의 권면이 잇ᄂ 후 목소 四인과 쟝로 十二인의 안수긔도로 악수례를 행ᄒ고 강셕진씨의 긔도로 본 례식을 필ᄒ다" 「경안노회 제3회 회록」(1923. 1. 10.)

59 「경안노회 제1회 회록」(1922. 1. 18.)

60 임희국, 『성내교회 100년사』(서울: M프린트, 2009), 48.

이 현재의 성내동으로 옮겨졌다. 아래는 풍기교회를 시무하던 당시 그의 목회 생활을 알려주는 신문 기사 내용이다.

月收 百二十一圓

자녀 다섯을 공부 식혀가며 아홉 식구가 넉넉히 살어가 (풍기시 강병주)

이 예산 수입부에는 본인 월급과 본인의 며나리 리영신의 월급과 합한 것이고 곡물대금과 양돈, 양계, 소채 대금들은 일년 총합하야 매달 평균한 것이올시다. 지출지부는 우리집 가족이 우리 부부와 장남 두 부부 차남 딸 셋 고용 하나 합이 아홉 사람이올시다. 그중에 장남은 공부가고 팔 인의 용비로 매달 백미 사십 되가 드는 그중에는 속미와 소두가 포함되엿고 소채와 어육대금은 소고기 두 근과 고등어 다섯 마리나 흑청어 한 갓이나 조기 한 뭇 이외에는 산채와 무배채를 먹슴니다. (중략) 인부 임금은 논 십이단보 경작하는 인부비와 비료대금까지 포함하엿스며 통신비는 우리집에 편지쓰는 사람은 둘인데 그중에 한 사람은 편지 잘 하기로 유명하기 때문에 매달 륙십 장 이상이나 쓰는 고로 그럿케 됩니다. 예비비는 불의의 일이 발생하엿을 때에 쓰는 것임니다. 그런데 뎨일 유감되는 것은 저축이 업서서 장래가 말 아닙니다. 그래서 이후부터는 지출부를 조금 곳처서 저축의 과목을 넛키로 가족회의에서 결의까지 하엿슴니다. 그리만 되면 장래 자녀 교육에는 별노히 우려할 것이업겠다고 생각함니다.[61]

당시 강병주의 생활은 기사 제목처럼 실제 그리 넉넉하지는 않았던 것 같다. 왜냐하면 월수입 121원은 며느리의 수입과 직접 농사를 지은

61 「동아일보」(1927. 6. 28.)

수입을 합친 것으로 그의 목회 사례비로는 아홉 식구가 풍족할 수 없기 때문이다. 그래서 농사도 겸했는데 강병주는 목회자인 동시에 탁월한 농부였다. 대구성경학교를 다닐 당시 경상북도 잠종(蠶種, 누에) 포상 2등을 받을 정도였다.[62] 그의 이러한 재능은 향후 경안노회와 총회 농촌 운동에 크게 쓰임을 받게 된다. 그리고 이때 큰 아들 강신명이 평양 장로회신학교를 다니고 있었으니 2남 3녀(막내아들 태어나기 전)의 자녀들 교육비도 만만치 않았을 것이다. 때문에 저축할 여력이 없어 장래 자녀 교육을 걱정할 정도의 빠듯한 생활이었음을 알 수 있다. 그럼에도 넉넉하다 표현한 것은 목회자로서 하나님 안에서 자족하는 모습이라 하겠다.

강병주가 풍기교회를 사역하던 1920년대는 한국 교회가 신학적 갈등, 사회주의의 도전, 독립교회 운동, 문화정치를 표방한 일본의 이간과 회유 등으로 전반적인 위기에 봉착했던 시기이다. 특히 농촌 교회는 일제의 경제 수탈로 더한 위기를 겪고 있었다. 이때를 당하여 강병주는 조선 교회의 부진과 위기에 대해 교역자의 무성의와 평신도의 신앙 불충실을 지적했다.[63] 이는 교회 위기의 진단을 밖에서보다 우선 안에서 찾은 것인데, 무엇보다 교역자와 평신도의 신앙 성찰과 사명 의식이 중요하다는 것이다. 강병주는 교회가 맞은 시대의 위기—교회의 경제적 위기까지도 이러한 신앙 중심의 내적 자기 변화를 통해 타개할 수 있다고 보았다. 비록 단편적인 예이지만 앞선 생활 기사와 함께 연결해 보면 목회자 강병주의 면모를 어느 정도 가늠케 한다.

강병주는 풍기교회 사역과 더불어 1924년 경안노회 부설로 설립된

---

62 「매일신보」(1918. 3. 5.)
63 강병주, "현하 조선교회 부진의 원인과 그 대책," 「신학지남」 10(1) (서울: 신학지남사, 1928), 52.

경안중학원 교장을 겸임하였고, 또 경안노회 회장을 3차례(1925, 1931, 1936) 역임했다. 그리고 경안노회 종교 교육부와 농촌부 총무를 맡아 교육 계몽 운동, 농사 개량운동 등을 추진하여 교계뿐만 아니라 지역 사회 발전에도 크게 이바지했다. 특히 교회학교 발전에 노력하여 주일학교 권장위원, 주일학교협의회 총무 등을 맡아 풍기교회뿐만 아니라 경안노회 전체 주일학교를 크게 성장시켰다. 이때의 주일학교는 아동에서부터 성인에 이르기까지 모든 교인들이 모여서 성경을 배우는 모임이었다. 이는 사경회와 더불어 한국 교회가 '성경 기독교'(Bible Christianity)로 불리는 토대가 되었다. 아래 기록은 주일학교를 위한 그의 활약상을 엿보게 한다.

> 거년 춘긔에 쥬일학교 강습회 위원 강병쥬 씨가 평양신학교 내에서 一개월간 공부한 후에 각 시찰디방 내 즁앙 된 곳을 뎡ㅎ야 一쥬간식 강습식힘으로 만흔 주미가 잇스옵고 각 교회 쥬일학교가 젼진ㅎ는 즁이오며 미국계신 탐손 박ㅅ와 평양계신 방위량 목ㅅ와 강병쥬 목ㅅ 제시가 안동읍 법상동 례배당에서 一쥬간 강습식히는 즁 진급훈 학생이 百명이오 방청 인 三十여 명이 주미있게 공부ㅎ엿스오며 강병쥬 시를 평양쥬일학교 강습회에 일년 일ㅊ식 보내여 공부ㅎ는 비용금은 각 교회 쥬일학교 학생 매명 하 일젼식 담당 지출ㅎ기로 ㅎ엿스 오며…….[64]

주일학교 강습회 명강사로서 강병주의 활약에 고무된 노회는 그로하여금 평양신학교 종교 교육과를 5년 동안 계속 공부하여 수료하게

---

64 「경안노회 제6회 회록」(1924. 5. 26.)

했다.[65] 그 이유는 경안노회 주일학교부 유급 총무를 맡겨 주일학교 운동을 더욱 진작시키기 위해서였다. 강병주의 총무 부임으로 경안노회 주일학교는 더욱 활성화되어갔다. 특히 1928년 개최된 경안노회 제1회 주일학교 대회는 1주일간 2천여 명이 모이는 대성황을 이루는 성과를 거두었다.[66] 강병주의 경안노회 사역 가운데 또 하나 주목할 점은 농촌부 활동이다. 일제의 농촌 경제 수탈로 1920년대 한국 농촌과 교회는 유례없는 몰락 위기에 봉착하였다. 이에 대한 대응으로 경안노회는 1928년 농촌부 연합회를 조직하였는데 총무는 강병주였다.[67] 그는 이듬해 노회에서 운영하는 경안농원을 맡아 피폐한 농촌 경제 회복을 도모했다. 그는 농사 개량, 농산물 다수확 등에 힘을 쏟고 농민들에게 필요한 농사 안내서도 발간했다.

이러한 풍기교회 및 경안노회에서의 사역은 그의 나이 50대 초반에 새로운 전환점을 맞이하였다. 앞서 언급한 경안노회 제1회 주일학교 대회를 성공리에 치루자 이를 눈여겨보았던 총회 종교 교육부 정인과 목사가 그에게 총회에서 일해 줄 것을 요청했기 때문이다. 그리하여 강병주는 풍기교회를 사임하고 대한예수교장로회 총회 종교 교육부 교사 양성과 과장으로 약 9년(1933-1941) 동안을 봉직하게 되었다. 이제 충분한 경험을 쌓은 강병주는 목회 황금기를 맞아 천부적 사명감으로 열정을 다해 총회 사역을 감당했다. 이전까지는 주로 경안 지역의 교회 지도자로 이름이 알려졌지만 총회 일을 하면서부터는 종교 교육 명강사로 전국적인 지명도를 높였다. 그가 교사 양성과장으로 재임하

---

65 「경안노회 제12회 회록」(1927. 6. 16.)
66 「경안노회 제14회 회록」(1928. 12. 18.)
67 앞의 회록

백남(白南) 강병주 목사의 행적을 찾아서

는 동안 주일학교 교사 교육을 이수한 사람이 수 천 명에 달하였고, 전국 경향 각지를 돌며 가진 사경회와 교사 강습회도 수백 회가 넘었다. 특히 평북노회에서 그의 명성이 자자하여 훗날 아들 강신명 목사가 선천 남·북교회에서 목회할 수 있게 된 원동력이 되기도 했다.

강병주의 종교 교육 운동은 단순히 종교적인 차원에만 그치는 것이 아니었다. 이는 일제 식민으로 살아가는 조선의 암울한 현실을 미래 세대의 교육을 통해 극복하고자 하는 또 하나의 민족 운동이었다. 일제의 철저한 감시 속에 민족 교육을 드러내 놓고 할 수 없는 환경에서 기독교는 선교사들에 의해 어느 정도 울타리가 되었다. 그래서 강병주는 전국적인 기독교 교육 강습회의 기회를 놓치지 않고 틈나는 대로 한글 보급과 농촌 계몽 운동을 펼쳐나갔다. 이는 3·1운동 후 독립 운동의 성격이 해외에서는 무장 독립 투쟁으로 국내에서는 실력 양성운동으로 바뀌면서 후자의 경우 한국 교회가 여기에 상당한 역할을 한 것과 맥을 같이 하는 것이었다.

강병주의 목회 사역 가운데 나타난 민족 운동은 민족 신앙으로부터 비롯된 것인데 이는 일제의 신사 참배 강요에 대한 저항으로도 나타났다. 신사 참배는 기독교의 우상 숭배 금지 계명을 위배하는 것으로 신앙 문제인 동시에 일제 지배에 대한 저항이기도 했다. 이로 인해 1938년 그는 3·1운동에 이어 또 다시 일본 경찰에 구속되어 고초를 당하였다.[68] 그러나 일제에 의한 이러한 고난은 역설적으로 봉화현교회(경동제일교회)가 그를 담임목사로 청빙하는 좋은 조건이 되었다.

1941년 강병주는 봉화현교회는 3대 담임목사로 부임했다. 교회가

---

68 기독교대백과사전편찬위원회, 『기독교대백과사전』, 334. 참고.

세 사람의 청빙 지원자 중에 강병주를 택한 이유는 한글 보급 운동을 통한 일제에 대한 도전, 신사 참배 반대 운동으로 인한 옥살이 경험 등으로 교인들에게 민족 의식을 강하게 교육할 수 있는 의식 있는 목사였기 때문이었다.[69] 당시 한국 사회와 교회는 그 어느 때보다도 민족 의식 교육이 필요했다. 왜냐하면 일제가 중일 전쟁(1937) 이후 황국신민화정책을 더욱 구체화시켜 신사 참배, 동방요배, 황국신민서사, 창씨개명, 조선어 사용금지 등을 강요했기 때문이다. 강병주가 봉화현교회에 부임한 1941년은 일제의 태평양 전쟁 돌입으로 이에 대한 감시·강요가 더욱 심해졌다. 그는 이미 체험으로 일제의 잔학성을 잘 알고 있었기에 자신의 신앙과 민족 교회의 마지막 보루를 지키겠다는 의지를 갖고 일제가 요구하는 모든 행위를 최대한 거부하면서 교회를 지켜나갔다.[70]

그의 부임 후 1942년 봉화현교회는 '봉화를 피어 올리는 마을에 세운 교회'에서 '수도 동쪽에 위치한 으뜸가는 교회'라는 의미의 경동제일교회로 명칭을 바꾸었다.[71] 또한 강병주는 가난한 학생들의 실업 교육을 위해 1943년 서울 서대문 영천시장(구 서울신학교 터) 옆에 동흥중학교를 설립했다. 경동제일교회는 강병주의 재임 동안 주일학교 운영과 만주, 일본 등지에서 이주한 교인들의 가세로 점차 성장하였다. 그러나 일제 말엽, 한국 교회가 '일본 기독교 조선교단'으로 예속 및 통폐합되어가는 과정 속에서 강병주는 더 이상 목회를 하지 못하고 1945년 5월 경동제일교회를 사임했다. 이후 자신이 설립한 동흥중학교 교장 일

---

69   경동제일교회 95년사 편찬위원회, 『경동제일교회 95년사』(서울: 대한기독교서회, 2000), 81. 참고.
70   앞의 책, 86.
71   앞의 책, 81. 참고.

에 전념하다 6·25 동란을 맞게 되었다.

전쟁의 와중에 둘째 아들 강신정 목사를 따라 거제도로 피난을 갔다가 전쟁 후에는 큰 아들 강신명 목사가 서울 영락교회 동사 목사로 있을 때 부친을 모셨다. 그러나 얼마 지나지 않아 1955년 향년 75세에 노환으로 영락교회 사택에서 별세했다. 생전에 3남(信明, 信晶, 信晟) 3녀(信義, 信祥, 信義)의 자녀를 두었다. 장례 후 망우동 묘지에 안장되었으나 후에 새문안교회 동산묘지로 이장되었다. 아래 표는 그의 목회 여정 가운데 외부 집회 강사로 남긴 설교이다.

집 회	설교제목	장 소	출 처
영주청년회 강연회	早婚의 弊害		동아일보(1920. 7. 9.)
영주기독청년 면려회강연회	靑年아! 하자		동아일보(1925. 7. 6.)
일요집회	人類에게 주는 有益	종로중앙기독교 청년회	중앙일보(1933. 2. 12.)
일요강화	豊恩의 一般	하교교회	동아일보(1933. 5. 21.)
일요강화	하느님 사랑	남대문외교회	동아일보(1934. 6. 17.)
일요강화	信仰의 表現	남대문외교회	동아일보(1935. 3. 17.)
일요강화	交通은 生命	남대문외교회	조선중앙일보(1935. 9. 29.)
일요강화	餘의 生涯	남대문외교회	동아일보(1936. 2. 9.)
일요강화	勝餘의 生涯	남대문외교회	조선중앙일보(1936. 2. 9.)
일요강화	水性的 基督	남대문외교회	동아일보(1936. 5. 17)
일요강화	靑年의 修養	남대문외교회	매일신보(1937. 7. 4.)
일요강화	예수는 누구의 親舊	남대문외교회	동아일보(1937. 10. 17)

경북 영주 내매 마을에서 태어나 기독교로 개종을 하고 목회자가 된

후, 그의 신앙 삶과 사역은 일제강점기 민족의 고난과 함께 하는 것이었다. 의병 전쟁, 3·1운동, 신사 참배 등 역사적 사건들을 몸소 체험하며 내재된 그의 민족 의식은 기독교 신앙과 어우러져 그의 목회 사역을 민족 운동의 성격을 갖게 했다. 그 대표적인 사역이 근대 교육을 통한 민족 운동과 농촌 계몽 및 한글 보급을 통한 민족 운동이었다.

2. 근대 교육 운동

19세기 말 조선 사회를 근대화하는 데에 교육의 역할을 간과할 수 없다. 아직 구식 체계에 머물러 있던 교육에 변화가 일어난 것은 1894년 갑오개혁부터이다. 이때로부터 근대 교육에 대한 제도화가 모색되었는데 그 주체 세력은 정부, 개화파 인사, 기독교 선교사 등이었다. 여기에 국권 침탈 후 일제가 새로운 주체 세력으로 등장하면서 조선의 근대 교육은 새로운 국면을 맞게 되었다. 일제는 1911년 제1차 '조선교육령'을 공포하여 제국주의식 근대 교육을 강제했다. 그리고 이에 반하여 독립을 지향하는 민족 지사들에 의한 근대 교육이 모색되었다. 여기에 더하여 기독교를 기초로 한 근대 교육이 나름의 입장을 유지해왔다.[72]

1884년 고종의 선교 윤허[73]로 의료와 교육으로부터 출발한 개신교 한국 선교는 초기부터 선교사들이 근대화의 중요한 주체 세력 중 하나가 되었다. 특히 선교사들은 마을마다 '교회 옆에 학교, 학교 옆에 교회'란

---

72 이성전/ 서정민·가미야마 미나코 옮김, 『미국 선교사와 한국근대교육』(서울: 한국기독교연구소, 2007), 89-90. 참고.

73 이때는 복음 전도를 제외한 교육, 의료 분야만의 제한된 선교 허락이었다. "奏許美商航內海事, 及許美國人設立病院及學校事, 及許設電信事"(임금께서 미국 상선의 내해 항해하는 일 및 미국인의 병원과 학교 설립하는 일 그리고 전신을 설치하는 일을 허락하셨다). 국사편찬위원회 편, 『윤치호 일기 1』 한국사료총서 제19집(과천: 국사편찬위원회, 1968), 81.

선교 정책으로 학교들을 세워나갔다. 이렇게 마을 교회를 통해 설립된 기독 사립 학교들은 구식 교육 기관이었던 서당[74]을 대신하여 개화·계몽에 앞장섬으로써 근대화를 위한 기초 교육 기관이 되었다. 뿐만 아니라 이 학교들은 자유, 평등, 해방이라는 기독교적 가치관과 맞물린 신교육을 통해 구한말과 일제 강점기를 지나면서 민족 교육, 민족 운동의 산실이 되었다. 내명학교 또한 이런 영향 가운데 교회 옆에 세워졌다. 당시 영주 지역에서는 순흥면의 흥주학교(1906), 풍기면의 안정사립보통학교(1908)에 이어 3번째로 세워진 근대 보통학교였다.[75]

강병주는 기독교로 개종한 후 목회자 이전에 이미 교육자로서의 삶을 먼저 시작했다. 그의 첫 교육자 생활은 내명학교 교장이었다. 앞 장에서 먼저 살펴본 바에 의하면 내명학교는 강석진에 의해 1910년 설립되었다 했다. 『내매교회 100년사』, 『영주교육사』 등 기존 자료들의 내용은 모두 이를 뒷받침한다. 그러나 이 학교 1회 졸업생인 강신창 목사[76]의 일기 증언에 의하면 내명학교는 이보다 앞선 1909년에 세워졌고 강병주는 초대 교장이었을 뿐만 아니라 학교 설립에도 상당한 영향을 미쳤음을 알 수 있다.[77] 이러한 강병주의 존재는 내명학교가 기독 학교인 동시에 민족 학교로서의 정체성을 갖게 했다.

민족 의식과 민족 신앙을 가진 그의 영향은 곧 내명학교의 교육 과정에 나타났다. 강병주는 일반적인 지식 과목 외에 성경, 한글, 농업

---

74 근대화 이전 공립 교육 기관으로 성균관(중앙)과 향교(지방)가 있었고 사립 교육 기관으로 서원과 서당이 있었다.

75 경상북도 영주교육청, 『영주교육사』(안동: 도서출판 영남사, 1997), 65. 참고.

76 강신창 목사는 웰본 선교사에게 세례를 받고 내매교회를 서리집사로 섬겼다. 이후 대구계성학교와 평양장로회신학교를 졸업(1928)하고 경북노회에서 목사 안수를 받았다. 기독교대백과사전편찬위원회, 『기독교대백과사전』, 339-340. 참고.

77 윤재현, "강병주 목사의 농촌 선교 운동," 7.

등의 교육에도 중요성을 두었다. 이 교육들은 내명학교가 일제 강점기를 지나는 동안 온갖 탄압과 감시 속에서도 기독교와 민족 정신을 놓치지 않는 근간이 되었다. 학교의 정신은 교과서에 있다는 말이 있듯이 그 과목들 하나하나는 내명학교의 정신이 담겨 있었다. 성경은 기독교 정신과 근대 의식을, 한글은 일제의 국권 침탈 가운데 민족의 정체성을, 농업은 일제의 경제 수탈에 맞서 경제 주권 회복을 도모하는 중요한 과목이었다. 강병주의 이러한 교육 구국 정신은 그대로 학생들의 민족 의식 함양에 전이(轉移)되었다.

이와 같은 기초로 다져진 내명학교는 일제 강점기를 지나오는 동안 일제로부터 많은 규제와 핍박을 받았다. 일제는 1908년 '사립 학교령'을 공포하여 식민지를 획책하는 교육 정책의 일환으로 사립 학교들을 규제하려 한 이래, 1911년 '제1차 조선교육령', 1915년 '개정사립 학교 규칙', 1922년 '제2차 조선교육령' 등을 계속 공포하였다. 이는 민족 정신 말살과 일한동화(日韓同化)를 노리는 소위 일본식 제국주의 근대 교육을 강요한 것이었다.[78] 이러한 탄압 가운데 많은 학교들이 폐쇄되었지만 굴하지 않고 명맥을 유지해온 학교도 있었다. 내명학교는 1913년 사립 기독 내명학교로 인가된 후, 일제의 온갖 회유와 압박을 견뎌내고 기독성과 민족성의 정체성을 잃지 않았다. 여기에는 교육 구국을 중시한 강병주의 지도력의 공헌이 컸다.

그리고 해방 후 1946년 사립 기독 내명학교는 공립 내명국민학교로 승격되어 운영되어오다 농촌 인구의 도시 유입으로 1995년 폐교되었다. 이는 대부분의 초기 기독 사립 학교들이 일제 강점기 동안 그 자취

---

[78] 이성전/ 서정민⊠가미야마 미나코 옮김, 『미국 선교사와 한국근대교육』, 90. 참고.

를 감추는 데에 반해 내명학교는 해방 후 산업화 시기에 이르기까지에
도 존립하여 또 다른 시대적 사명을 감당해 왔다. 참고로 과거 1902–
1910년 사이 조선 정부 학부대신(문교부장관)의 인가를 얻어 교회 내에 설
립된 대구·경북 지역 기독 사립 학교(소학교)들을 살펴보면 아래와 같다.

1902–1910년 사이 조선 정부로부터 인가·설립된 대구·경북 지역 기독 사립 학교[79]

지 역	교회 및 학교	설립 및 폐교 연대	비 고
대구	대구제일교회 사립대남학교	1900–현 종로초등학교	
대구	대구제일교회 신명여자소학교	1900	
김천	송천교회 양성학교	1903–1918	
선산	죽원교회 장성학교	1903–1918	
선산	괴평교회 선명학교	1903	
선산	숭례교회 영명학교	1905	
선산	성상교회 광성학교	1905–1909	
경산	신기교회 계등학교	1905–1911	
경산	송서교회 보경학교	1906–1919	
김천	유성교회 사숙	1906	
칠곡	숭도교회 보흥학교	1907–1909	
선산	월호교회 영창학교	1907–1915	
선산	오가교회 광명학교	1907	
선산	상모교회 사숙	1907	
김천	파천교회 사숙	1907	
고령	개포교회 개포학교	1907–1915	
경산	송림교회 당리학교	1907	
칠곡	죽전교회 사숙	1907	

---

[79] 대구제일교회90년사 편찬위원회, 『대구제일교회90년사』(대구: 대명인쇄소, 1983), 55-57. 참고. 이 자료는 필자가 약간 보완하였다.

의성	실업교회 사숙	1907	
영천	평천교회 기독양덕학교	1907-1912	
영덕	장사교회 장사학교	1908-1912	
영천	신령교회 흥화학교	1908	
청도	다동교회 사숙	1908	
김천	월명교회 장성학교	1908	
김천	유성교회 광륜학교	1908-1915	
김천	대양교회 영흥학교	1908-1914	
김천	복전교회 기독명성학교	1908	
경산	봉림교회 기독도명학교	1908	
경산	동호교회 계남학교	1908	
경산	전지교회 진신학교	1908	
경산	당곡교회 숭덕학교	1908	
칠곡	진평교회 극명학교	1908	
칠곡	왜관교회 사숙	1908	
영천	우천교회 기독진도학교	1908	
달성	현내교회 현내학교	1908	

내명학교는 1913년 인가되었기 때문에 이 표에는 나오지 않음

위의 표에는 폐교 연대가 미상인 학교가 많지만 대부분 1910년대를 넘어가지 못한다. 그리고 이 외에 정부 미인가 설립 학교와 1910년대 이후에 설립된 학교들도 많이 있지만 역시 일제 강점기 동안에 없어진 경우가 대부분이다. 그에 반해 내명학교는 일제 강점기를 지나 해방 후 90년대까지 존속됨으로 한국 교회가 한국 사회 근대 교육과 민족 교육, 그리고 산업화 과정에까지 미친 공헌을 가늠할 수 있게 한다. 뿐만 아니라 현재까지 전국적으로도 드물게 그 옛 교사(校舍)를 보존하고 있음으로 해서 이를 통해 기독 사립 학교가 우리 사회에 끼친 영향력과 역할을 살아 있는 역사로 증거 해 주고 있다. 이러한 사실들로 인해 강병주는 영주 지역 근대 교육의 공로자라 칭할 만 하다.

강병주의 교회와 민족을 위한 근대 교육 운동은 일제 강점기로 끝나지 않고 1943년 그가 설립한 동흥중학교를 통해 해방 후 인재 양성 운동에까지 이어진다. 동흥중학교는 일제 강점기 동안 피폐해진 국가·사회 재건에 이바지할 인재 양성을 위해 설립된 기독실업학교였다. 근대 교육 운동으로 민족의 어두운 역사적 현실을 극복하고자 했던 강병주의 교육 구국 정신은 동흥중학교 교육 이념을 통해서도 확인할 수 있다. 동흥중학교는 해방 후 1948년 아들 강신명이 맡게 되었다. 다음은 1948년 「기독공보」 K 기자가 당시 교장이었던 강신명 목사와 인터뷰한 기사이다.

> 기자: "그러면 이 학교의 교육이념이랄가 교육정신이랄가는 결국 기독교 정신에 입각한 인재 양성에 있겠구면요."
> 교장: "예 물론 그렀읍니다. 어느 학교든지 교육정신이 국가에 대하야 가장 양심적이요 가장 애국적이요 가장 진취적인 인재를 양성함에 있다 하면 우리 학교는 역시 이러한 영재를 양육하여 국가와 사회에 이바지 하는 것이 목적입니다만은 우리 학교의 특색은 이러한 교육을 기독교 정신으로 하는 데 있다고 하겠지요."[80]

'기독교 정신에 입각하여 국가와 사회에 이바지할 인재 양성을 목적'으로 하는 교육 이념은 강병주의 동흥중학교 설립 취지이다. 이는 내명학교로부터 비롯된 그의 근대 교육 운동이 해방 후 국가·사회 재건을 위한 인재 양성 운동으로 이어지는 과정을 보여 준다. 일제 강점기

---

80 "동흥중학교를 차저,"「기독공보」(1948. 6. 9.)

식민 상황에서 나라와 민족의 현실 문제를 기독교 신앙과 민족 교육을 통해 극복하고자 한 것이 강병주가 도모한 근대 교육 운동의 핵심이다. 그리고 억압의 주체인 일제가 사라지자 저항적 민족 운동의 성격을 함의했던 근대 교육 운동이 자연스럽게 국가와 사회의 공익을 위한 인재 양성 운동으로 전환된 것이다. 강병주의 이러한 교육 정신이 담긴 동흥중학교는 열악한 재정 상황으로 어려움을 겪다가 6·25 동란 후 중앙대학 재단에 이양되었다.[81]

3. 농촌 및 한글 운동

3·1운동 후 한국 민족이 겪은 급격한 사회 변동의 하나가 농촌 경제 구조의 변화였다.[82] 그 이유는 일제가 1910년에서 1918년 사이에 실시한 '조선토지조사 사업'으로 인한 농촌의 황폐화 때문이었다. 일제는 조선의 근대적 토지 소유제 확립을 표방하며 이 사업을 실시했으나 사실은 식민 통치의 안정, 자국의 식량 및 재정 확보, 일본인 정착을 위한 토지 공급, 수탈 경제의 기반 마련 등에 목적이 있었다. 이러한 결과 영세 소작인 증가, 농민의 화전민 또는 노동자로 전락, 농가 부채 증가와 농촌 빈민의 발생 등 농촌 현실이 비참할 정도의 수준에 이르렀다. 이에 따라 한국 기독교는 선교 초기부터 농촌 선교에 관심을 가졌던 선교회를 비롯하여 기독교 청년 단체(YMCA, YWCA)와 각 교단들에 의한 농촌 운동이 이루어졌다.

먼저 선교회에서는 농촌 문제 전문가인 미북장로회 루츠(D. N. Lutz,

---

81 강신정 목사의 증언
82 한국기독교역사연구소, 『한국기독교의 역사 Ⅱ』(서울: 기독교문사, 2002), 222.

柳韶) 선교사가 1921년 내한하여 농사 개량, 영농법 개발, 농민학교를 통한 농촌지도자 양성 등의 농촌 사업에 심혈을 기울였다. 또 YMCA는 1924년 신흥후 총무가 미국으로 가 북미 YMCA에 협조를 요청한 결과, 에비슨(Gordon W. Avison, 魚高敦), 클라크(Francis O. Clark, 具乙樂) 등 농촌 전문가들의 내한이 이루어졌다.[83] 그리고 각 교단들도 당시 한국 교회 교인 75%가 농촌 교회에 소속되어 있는 현실에서 농촌의 위기가 곧 교회의 위기임을 인지하고 농촌 문제에 관심을 가지기 시작했다. 특히 장로교는 교단적인 차원에서 대응하여 1928년 총회 기구 안에 농촌부를 설치하고 기본 사업으로 농촌사업 전문가 초빙, 「농민생활」 발행, 모범 농촌 설치, 농학교 설립 등의 계획안을 제시했다.[84] 또 1929년에는 8개 노회에 농촌부를 설치하고, 1930년에는 전 노회에 농촌부가 설치되어 농촌 주일을 지키기 시작했다.[85] 그리고 이어서 각 개 교회에도 농촌부가 설립되어 장로교는 '총회 농촌부 → 노회 농촌부 → 교회 농촌부'라는 전국적이고 체계적인 조직을 갖추게 되었다.[86]

한편, 당시 경상북도 농촌 상황 역시 피폐하여 농민층의 하강 분해는 산미증산계획이 강제된 1920년대에 더욱 확대되었다. 1918년 경북 전체 농민의 50%를 점했던 자소작 농민층이 1931년에 이르면 30%로 감소한 반면 순소작농은 같은 시기 33%에서 49%로 증가하였다.[87] 소작농의 증가는 농업의 영세화를 초래하여 농민들의 생활을 더욱 궁핍

83 서울 YMCA, 『서울 YMCA 운동사』(서울: 路출판, 1993), 275. 참고.
84 「조선예수교장로회총회 제17회 회록」(1928), 41.
85 「조선예수교장로회총회 제18회 회록」(1929), 41. 「조선예수교장로회총회 제19회 회록」(1930), 40.
86 한규무, "일제하 한국 장로교회의 농촌 운동(1928-1937)," 「한국기독교역사연구소소식」 17(서울: 한국 기독교역사연구소, 1994), 12.
87 이윤갑, "1920년 경북 지역 농촌사회의 변동과 농민 운동," 「한국사연구」 113(서울: 한국사연구회, 2001), 152.

케 했다. 1920년대 경상북도에서 소작료의 인상이 가장 컸던 지역은 문경, 영주, 봉화, 청송, 영양, 영덕, 영일 등지였다.[88] 이러한 현상은 자연스럽게 소작쟁의를 초래하여 농민 운동으로 발전케 했다. 안동, 영주 지역이 특히 그리하여 안동코뮤니스트그룹, 조선노동공제회 영주지회, 풍기 소작 조합, 영주 농민 조합 등이 농민 운동을 전개했다. 이에 더하여 거듭된 자연재해로 1920년대 경북 북부 지역 농촌 상황은 그야말로 빈궁과 혼란의 상태였다.

이러한 지역 농촌의 위기 가운데 경안노회는 총회의 지도를 따라 1928년 12월 18일 신속하게 농촌부를 조직했다.[89] 당시 풍기교회를 담임하고 있던 강병주는 이때 농촌부 총무를 맡아 경안노회 농촌 운동에 상당한 역할을 감당하게 된다. 그러나 사실 강병주의 농촌 운동은 풍기교회 이전 내매교회 시절부터 이미 시작되었다. 농업에 남다른 조예를 가진 그는 내매교회 내에 농촌부를 두고 교인들에게 토양 개량법, 원예술, 과수, 양봉 등을 가르쳐 일찍이 농촌 계몽 운동을 시작했던 것이다. 이에 대해 내매교회 강록구 장로는 역시 조부에게서 들은 얘기로 당시 교회 모습을 다음과 같이 증언한다.

그때는 우리 마을에 사람들이 많았데요. 사과나무도 아버지 때부터 일찍 들어와서 심었어요. 저도 사과농사를 지었어요. 사람들이 여기까지 농사 기술을 들으러 와가 교회에 꽉 찼데요. 일찍부터 신문화가 들어와가 우리

---

88 영주시사편찬위원회, 『영주시사 1권』, 368.
89 「경안노회 제14회록」 당시 농촌부 보고 내용 가운데 중요한 것은 다음과 같다. "1. 각 교회에 농촌부를 두게 할 것, 2. 전 노회에 농촌부 연합회를 조직케 할 것, 3. 토지 개량과 종자 선택과 비료 제조법을 장려할 것, 4. 농촌 생활로서 그리스도인의 생활을 표현케 하기 위하여 노동의 시종마다 기도할 것(하략)" 등이다.

동네는 인물이 많이 배출되고 교회를 중심으로 살았어요.[90]

내매 마을은 교회를 통해 들어온 신문화의 혜택을 누렸다. 그 중의 한 가지가 강병주에 의한 선진 농업 기술이었다. 그의 농사 기술은 일찍부터 농사 개량에 대한 남다른 관심으로부터 비롯되었다. 과거, 목수인 아버지와 함께 얼마의 전답과 과수원을 가꾸면서 잠종까지 생산한 것으로 보아 그때부터 이미 앞서가는 농사를 생각했던 것 같다. 이런 그의 농업에 대한 열정은 풍기교회를 시무하면서 더욱 빛을 발하게 된다. 농촌부를 조직한 경안노회는 이어서 1929년에 경안농원을 자체적으로 운영했다. 이는 전술한 바와 같이 일제의 수탈에 따른 소작쟁의와 농민 운동 그리고 자연재해로 극심한 빈궁과 혼란에 빠진 경북북부 지역의 농촌 문제를 타개하고자 한 것이었다.

경안농원은 농민들의 농사 개량을 위해 농사 안내서를 발간키로 하고 이 작업을 강병주에게 부탁했다. 이에 강병주는 경안농원에 풍기교회가 관리하는 전답을 두고 보다 본격적으로 농사 연구에 몰두했다. 특히 다수확에 관심을 갖고 국내는 물론 일본으로부터 관계 서적을 수입하여 다각도로 연구하였다. 이론만 공부한 것이 아니라 농원 전답에 실험을 병행하는 실제적이고 전문적인 공부였다. 그 결과『정조14석수확법』(正租14石收穫法),『소채3천원수확법』(蔬菜3千圓收穫法),『개량맥작5배증수법』(改良麥作5倍增收法) 등의 농업 저서를 발간했다.[91] 전자는 쌀 생산을 높이는 농사법, 후자는 채소 농사법에 관한 안내서이다. 경안농원은

---

90 윤재현, "강병주 목사의 농촌 선교 운동," 13-14. 재인용.
91 이 가운데『소채3천원수확법』,『개량맥작5배증수법』은 동아일보에 경안농원 발행 신간 도서로 소개되었다. 동아일보(1930. 3. 2), 동아일보(1930. 11. 1.)

이 책들뿐만 아니라 토지 개량법, 종자 선택법, 비료 제조법 등에 관한 안내서도 농민들에게 배포해 주었다.

이로써 강병주의 농촌 운동은 경북 북부 전 지역으로 확대되어 나갔다. 특히 각 지방의 농사 강습회를 개최하여 자신이 강사로 나서기도 하고 아니면 각 전문분야의 외부 강사를 초빙하기도 했다. 특히 1931년 11월 30일에서 12월 2일까지 열린 한 지방 강습회에는 앞서 말한 농촌 전문 선교사인 루츠(류소), 클라크(구을락) 등을 강사로 초빙하였다.[92] 이런 노회에서의 농촌 운동을 바탕으로 강병주는 1930년부터 1935년까지 총회 농촌부에서 본부 회계 및 부원, 사무국 국원 등으로 활동하면서 농촌 운동의 범위를 넓혀갔다. 특히 1933년 배민수가 농촌부 총무를 맡으면서 박학전, 김성원, 유재기 등 장로교 농촌 운동의 중심인물들과 전국 각 지역으로 순회·활동을 했다.

이처럼 경북 북부 지역 및 전국을 아우르는 강병주의 농촌 운동의 성격은 아들 강신명 목사의 증언을 통해 가늠할 수 있다. 그의 아버지는 "와공을 불러다 기와를 직접 구워서 지붕을 개량하고 농한기에는 젊은이들에게 새끼 꼬기와 가마니 치는 부업을 권장하여 경제 재건을 이룩했다"[93]고 한다. 이를 유추해 보면 그의 농촌 운동은 '기와를 직접 구운' 것처럼 이론이 아니라 자신의 삶의 현장이었다. 그리고 우선은 농촌 경제를 살리고자 한 것처럼 보인다. 그러나 단순히 경제 재건으로만 특징지을 수는 없다. 왜냐하면 1920년대 한국은 전 국민의 80%

---

92 「경안노회 제20회 회록」(1931. 12. 15.) 이때의 강사는 클락, 우리암, 류소, 홍병선, 조두서, 차미수 등이었고 과목은 축산, 소채재배법, 과수 재배법, 비료와 토양, 감자재배법 등이었다. 우리암(Frank E. C. Willams, 禹利嵒)은 감리교 선교사, 차미수(O. Vaughan Chamness, 車米秀)는 미북장로회 선교사이다.
93 강신명, 『강신명신앙저작집 2』(서울:기독교문사, 1987), 554-555.

이상이 농촌 인구였기 때문에 농촌 문제에 대한 관심과 보살핌은 곧 민족 재건으로 귀결되기 때문이다.

그래서 그의 삶을 투신한 농촌 운동은 농촌 경제를 살림으로 농민의 삶을 살리고, 농민의 삶을 살림으로 민족을 살리는 운동이었다. 또 농촌 문제의 원인자가 일제였기 때문에 그의 농촌 운동은 일제에 대한 저항적 민족 운동이기도 했다. 이는 그가 총회 농촌부에서 함께 활동한 인사들의 면면과도 연결이 된다. 배민수, 유재기 등은 농우회[94]를 이끌었던 주요 인물로 농촌 운동을 통해 일제에 저항했기 때문이다. 그러나 강병주의 농촌 운동은 당시 영주 지역의 농민 운동과는 구별할 필요가 있다. 소작쟁의로 인한 농민 운동은 농촌 경제 모순 구조를 농민이 주체가 되어 변혁하려는 계급 투쟁적 민족 운동의 성격을 가진 반면 강병주의 농촌 운동은 민족 신앙과 생명 살림의 가치에 기초한 기독교적 민족 운동이었기 때문이다.

위와 같은 농촌 운동과 함께 강병주의 또 하나의 민족 운동은 바로 한글 운동이다. 특히 한글 보급 운동은 그의 목회 사역과 연관하여 문맹 퇴치, 문화 향상을 꾀한 민족 실력 양성 운동이기도 했다. 그의 자택 정문 한쪽 기둥에는 언제나 '한글 보급회'라는 소형 목간판이 걸려 있었다. 또 집, 거리, 직장 등 어떤 자리에서도 개의치 않고 한글을 세계에서 으뜸가는 글이라고 그 우수성을 역설했다. 한글 보급에 대한 그의 일화를 아들 강신정 목사는 다음과 같이 소개한다.

---

94 농우회는 유재기, 배민수 등을 중심으로 한 기독교 청년들이 농촌 계몽을 위해 만든 농촌 연구회로 1928년부터 시작된 장로교 농촌 운동과 연결된다. '의성 농우회 사건'은 1938년 일제 의성 경찰이 농우회를 반일 단체로 규정하여 유재기를 비롯한 여러 교회 지도자들을 체포한 사건이다.

거리를 걸어 가시면서도 간판 같은 것을 관심을 가지고 살피시다가 철자법에 어긋나는 글자가 눈에 띄면 아무리 바쁜 길이라도 반드시 책임자를 찾아서 시정을 하도록 촉구하셨으며, 자녀들이 면학할 때 문안 편지를 올리면 내용을 파악하시고는 잘못된 부분을 붉은 잉크로 교정을 해서 다시 자녀에게 반송하는 것이 보통이었으며, 자유당 시절의 국회에까지 화제에 올라 한글 광(狂)이라는 별명을 붙여주기도 했고……. [95]

한글에 대한 이러한 열성 때문에 한글학자 최현배는 우리나라에서 한글 보급의 두 공로자로 강병주와 이윤재를 지칭했다. [96] 두 사람은 한글 목사와 한글 장로라는 별명을 얻을 정도로 기독교가 한글 보급 운동의 중심적인 역할을 하는 데도 크게 공헌했다. 최현배는 '기독교와 한글'이란 그의 글에서 다음과 같이 말한다.

한글이 원래 민중 교화의 사명을 띠고 난 글이언마는, 그 짖궂은 운명에 희롱되어, 그 맡은 바 구실을 이루지 못한 채, 수백 년을 지나온 것은 천추의 유한이 아닐 수 없다. 공자, 맹자의 유교에 젖은 사람들이 우리의 글 한글은 언문이라 하여 멸시천대하고 있을 적에, 기독교는 한글만으로 된 성경을 가지고 들어왔다. 그리하여 그 교리가 전파되는 곳에 반드시 한글이 전파되며, 한글이 전파되는 것(곳)에 그 교리가 또한 전파되는 서로 인과하는 결과가 되었다. [97]

---

95 강신정 목사의 증언
96 최현배, "기독교와 한글," 「신학논단」 7(서울: 연세대학 신과대학, 1962), 75.
97 앞의 논문, 72.

위의 글처럼 기독교와 한글은 1884년 공식적인 개신교 선교 이전부터 상호간에 도움을 주고받는 관계였다. 만주의 존 로스(J. Ross, 羅約翰) 선교사와 서상륜, 이응찬 등에 의해 최초의 한글 성경인『누가복음』(1882)과 최초의 신약성경인『예수셩교젼셔』(1887)가 번역되어 권서(勸書, colporteur)들에 의해 국내에 전파되었다. 또 일본에서는 수신사(修信使)의 비공식 수행원으로 동행했던 이수정에 의해『마가복음』(1885)이 번역되어 선교사들에 의해 국내에 유입되었다. 이런 과정을 보고 최현배는 "기독교는 한글을 타고서 우리나라에 들어온 것이니, 이는 제일차적으로 한글이 기독교에 크게 이바지한 첫걸음이었다."[98]고 하였다. 이후로도 기독교는 성경 배포와 성경 공부를 통해 한글 보급에 기여했고, 또 한글은 성경을 가르치는 글 도구로서 기독교 전파에 공헌했다.

이러한 기독교와 한글의 관계는 곧 강병주의 목회요 일생이었다고 할 수 있다. 그 이유는 기독교 목회자로는 한글 연구와 보급에 가장 큰 역할을 한 인물이 강병주였기 때문이다. 그는 조선어학회(한글학회)의 유일한 목사 회원[99]으로『조선말 큰 사전』편찬 때 기독교 용어 전문위원으로 참여했다.[100] 또 성경을 '한글 맞춤법 통일안'(1933)으로 개편한『개편 성경전서』역시 그의 교정 작업으로 이루어졌다. 그리고 해방 후에는 체신부 요청으로 전국 체신공무원 대상 한글 맞춤법 교육을 위해 전임 강사로 활약했다. 뿐만 아니라 1946년 10월 9일에 개최한 '한글 반포 500주년 기념행사' 때 장지영, 이희승, 최현배 등과 함께 준비 위원회 상임위원을 맡기도 했다.[101] 아래 표는 강병주가 1938년-1948년

---

98 최현배, "기독교와 한글," 54.
99 리의도,『한글학회 110년의 역사』(서울: 한글학회, 2019), 115.
100 한글학회,『한글학회 100년사』(서울: 한글학회, 2009), 536.
101 「자유신문」(1946. 10. 9.)

사이에 각 언론 매체에 기고한 한글 관련 글들이다. 이를 살펴보면 한글 운동을 위한 그의 열정과 전문가적 수준을 엿볼 수 있다.

매 체	제 목	게재일자	비 고
가정신문	"국민학교 교원은 어떻게 양성할까"	1947. 4. 2.	
대한일보	"한글 바로쓰기"	* 1947. 10. 19. * 10. 25. * 10. 30. * 10. 31. * 11. 2. * 11. 4. * 11. 5. * 11. 6. * 11. 9. * 11. 11. * 11. 15. * 11. 22. * 11. 26. * 11. 27. * 11. 28. * 11. 29. * 12. 2. * 12. 13.	총18회 게재
대한일보	"한글 발전에 최대 양책"	1948. 11. 10.	
한글	"채정민 씨의 반문에 대답함"	1938. 7.	한글학회 기관지

"국민학교 교원은 어떻게 양성할까"는 교사의 한글 수준을 높이자는 요지이다. 교과서가 한글 표준 철자로 되어 있지만 인쇄와 교정 때에 잘못될 수 있으므로 교사가 이를 알지 못하면 아이들을 그릇 가르치게 된다는 것이다. 때문에 시험 등의 방안을 강구해서 성적이 좋은 교사를 우대하여 조선 국어에 열심히 연구하게 하자고 한다. 그러면 조선 국어에만 통달하는 것에 그치지 않고 조선 정신의 통일까지 될 것이고 나아가 조선 민족이 한 덩어리가 될 것이며, 이렇게 배운 국민은 한 정신을 갖게 된다는 것이다. 또 "한글쓰기"의 내용은 말 그대로 한글을 올바로 쓰도록 독자들을 대상으로 한 일종의 지상 강의 같은 것이다. 1년 동안 총18회 연속된 시리즈 강의로서 주로 한글 맞춤법에

따른 문법적인 내용들이다.

다음으로 "한글 발전에 최대 양책"은 한글을 표준대로 쓰자고 결의한 국회를 칭찬하면서 그에 따른 열매를 거둘 방법을 제시한 글이다. 그 방법으로 본인이 생각하는 한글 보급 시행 규칙을 말하고 있는데 그 대강은 이러하다. 모든 관공 문서를 표준 철자로 간행할 것, 관공리를 채용할 때 반드시 한글 시험을 치르게 할 것, 이미 채용된 관공리는 따로 교육과 시험을 보게 하되 한글 수당으로 장려할 것, 그리고 세칙으로는 강습회를 통해 관공리들과 일반 민중들에게 한글 교육을 시키되 관공리들은 선생의 수준까지 이르게 할 것, 또한 일반 민중들은 국민 교육이 완성되도록 시킬 것 등이다.

앞의 글들이 해방 이후 활동임에 반해 "채정민 씨의 반문에 대답함"은 해방 이전 활동을 알려준다. 1933년 조선어학회가 한글 맞춤법 통일안을 제정·시행하려 했을 때 찬·반 논쟁이 있었다. 이는 기독교계 내에서도 동일하여 그 수용 여부가 쟁점이 되었다. 1934년 조선예수교장로회는 제23회 총회에서 성경과 찬송가에 통일안을 채용할 것을 보고하였으나 유안되고 말았다. 이에 강병주는 1937년 제26회 총회에서 경안노회장 명의로 이를 다시 헌의하여 허락을 받았다. 그러나 제대로 실행이 되지 않은 채 논쟁이 계속되었다. 이때 교계에서 통일안을 비판적으로 반대했던 인물이 채정민 목사였다.[102] 그는 강병주에게 반문(反問)을 제기했고, 강병주는 이에 대한 답변으로 조선어학회 기관지인 『한글』[103]에 이 글을 게재했다. 여기에서 강병주는 실사(實辭)와 허사(虛

102　한글학회, 『한글학회 100년사』, 382.
103　『한글』은 1927년 조선어학회의 전신인 조선어연구회(1919)의 동인지로 출발하여 조선어학회(1931)
　　　→ 한글학회(1949)의 기관지가 되었다.

辭), 연음법칙(連音法則)과 절음법칙(絶音法則) 등 전문적인 한글 문법 지식을 동원해서 통일안을 변증하였다. 현재의 한글 성경은 강병주의 이러한 노력의 결과물이다.

강병주의 한글 운동은 사실 이때만이 아니라 그의 신앙생활 초기부터 비롯되었다. 개종 이후 그는 사역하는 곳마다 한글을 가르쳤다. 특히 그가 교장으로 있었던 내명학교에서는 한글이 성경과 함께 가장 기본적이고 중요한 과목이었다. 강병주의 이런 노력으로 내명학교는 일제의 탄압 속에서도 한글 교육을 쉽게 포기하지 않았다. 또 그가 총회 종교 교육과 교사 양성과장을 맡았을 때 모든 문서를 한글로 표기하도록 했으며, 전국으로 강습회를 다닐 때는 반드시 잊지 않고 애를 쓴 것이 한글 보급 운동이었다. 나라와 민족을 사랑한 그의 신앙 안에는 더하여 한글 사랑이 있었던 것이다. 한글은 '나랏말삼'(國語)이다. 선교사들은 한국에 들어와서 기독교 신앙을 전할 때, 식자들이 사용하는 어려운 한문을 택하지 않고 대신 배우기 쉬운 한글을 택했다. 강병주는 이 한글을 통해 신앙을 배웠다. 그러니까 그에게는 신앙을 가르쳐 준 나랏말삼이 곧 하나님 말씀이었다. 그의 한글 사랑 정신은 바로 이 신앙에 요체가 있다.

일제는 국권 침탈과 함께 한글이 아닌 일본어를 국어로 삼았다. 한글에는 우리나라의 정신과 문화가 담겨 있다. 그래서 한글 사랑은 반일 사상으로 여겨졌고, 일제는 1937년에 각급 관청의 한글 통역 폐지, 각급 학교 한글 교육 금지 등 본격적인 한글 박해에 들어갔다. 또 1942년 조선어학회 사건[104]을 빌미로 아예 한글을 말살하려고 했다. 때문에 일

---

104 1942년 10월 일제가 민족말살정책에 따라 조선어학회 관련 인물들을 한글을 통해 민족 의식을 고취시켰다는 죄목으로 검거·투옥한 사건이다.

제 강점기 동안 한글을 사랑하고 한글을 보급하는 운동은 반일 운동으로 치부되었다. 그래서 사역 안팎으로 한글 보급에 진력한 강병주의 한글 운동은 그의 농촌 운동과 함께 또 하나의 민족 운동으로 평가될 만하다. 이 또한 애국 애족으로부터 비롯된 민족 신앙의 결과라 하겠다.

V. 나오는 말

서구 열강들과 주변 강대국들의 식민지 경쟁 소용돌이 속에 기독교는 처음에 서양 종교라는 낯설고 불편한 이름으로 존재했다. 그러나 일제 강점 이후에는 구국 신앙으로 민족의 고난과 함께 하는 종교가 되었다. 뿐만 아니라 독립을 위한 민족 자강 및 실력 양성을 위해 근대 개화의 중추적 역할을 감당함으로써 민족 종교로까지 자리매김하게 되었다. 기독교가 이러한 위상을 갖게 된 데는 의식 있는 인물들의 선구적 역할이 있었기 때문이다. 따라서 한국 기독교에 대한 이해는 한국 근대기를 이해하는 중요한 방편이 되며, 여기에 기독교 인물 탐구는 반드시 필요하다.

강병주는 살펴본 바와 같이 일찍이 기독교를 수용하여 국권 상실의 아픔을 몸소 겪으며 고단한 세월을 기독교 신앙으로 살았던 인물이다. 특별히 그는 목회자로서 기독교적 가치와 신념으로 일신(一身)보다 그의 목회 사역에 부여된 다자(多者)를 위한 삶을 살아야 했다. 그 대상이 교회든지 학교든지 사회든지 그러한 삶이 그에게는 사명이었다. 그래서 그는 목사이면서 교육자로, 농촌 운동가로, 한글학자로 각각 따로 살아 낸 것이 아니라 그의 목회 안에 하나의 삶으로 살아냈다. 안타깝게도 그가 산 시대가 교회의 평화 시대가 아닌 일제의 회유, 이간, 박해가 난무했던 교회의 박해 시대였다. 그래서 그 다자를 위한 삶에는 늘 고난이 뒤따랐다.

모름지기 선각자란 남보다 먼저 사물이나 세상일을 깨달을 줄 아는 사람이다. 보다 충실한 다자를 위한 삶을 살아내기 위해서는 선각자여야 한다. 강병주는 망해버린 나라에서 그래도 미래를 열어가는 희망을 교육에서 찾으려 했다. 일제의 방해와 탄압에도 나라의 정체성을 잊지 않도록 민족 교육의 절박함을 깨달았다. 악랄한 일제의 경제 수탈로 하릴없이 죽어가는 농촌을 붙들고 그래도 살아갈 길이 있지 않을까 고리를 했다. 그래서 몸소 찾고 깨달은 방법들을 가지고 나눠주며 절망한 사람들에게 농촌을 포기하지 말자 했다. 한글은 우리나라 사람에게 조차 상놈 말이라며 괄시를 받았다. 더하여 일제는 아예 사용해서는 안 되는 불온한 말이라며 핍박하고 심지어 아예 말살하려고까지 했다. 이런 가운데 강병주는 한글의 아름다움과 우수성을 진작에 깨닫고 일제의 갖은 협박속에서도 애써 우리말을 지켜냈다.

이런 깨달음을 가졌던 강병주는 자신의 시대를 선각자로 살았던 사람이다. 서론에서 밝혔듯이 개화기로부터 시작해서 일제강점기와 해방 공간을 거치는 격동의 세월 동안 민족혼을 일깨우며 나라를 위하였던 많은 선각자들이 있었다. 그리고 그 삶이 역사적 개인으로 평가될 만함에도 그에 대한 정당한 조명을 받지 못한 경우도 있었다. 강병주 또한 그러한 범주에 속한다. 한 인물의 역사적 작업은 후대 사람의 몫이다. 그 동안 한국 교회 안에서도 강병주에 대한 연구는 미미했다. 한국 근대사에 기독교가 미친 영향이 컸던 만큼 교회 역사 안에 있는 인물을 우리 사회와 공유해야 할 사명과 책임이 또한 교회에 있다. 그 동안 그 사명과 책임을 제대로 못한 우리 모습을 교회사 연구자의 한 사

346
백남(白南) 강병주 목사의 행적을 찾아서

람으로 반성해 본다. 이런 가운데 지역의 기독교 인물에 대한 발굴과 연구의 장을 마련해 준 영주 문화원에 감사를 표하며 글을 맺는다.

강병주 목사 연표

1882	출생(영주시 평은면 천본리 내매 마을)
	한학 수학
1907	기독교로 개종
1910	내명학교 교장
1911	대구계성학교 사범학 입학
1915	대구계성학교 사범학 졸업
	대구성경학교 입학
	영주제일교회 조사
1919	대구성경학교 졸업
1919	평양장로회신학교 입학
	3·1운동 참여(8개월 옥고)
1922	영주제일교회 조사 사임
1923	평양장로회신학교 졸업(16회)
	경안노회에서 목사 안수
	풍기성내교회 담임
1924	경안중학원 교장
1925	경안노회장(제7회)
1928	경안노회 농촌부 총무
1931	경안노회장(제20회)

조선어학회 회원

1932	풍기성내교회 사임
1933	총회종교교육부 교사 양성과장
1936	경안노회장(제30회)
1938	신사 참배 반대(투옥)
1939	『조선말 큰 사전』 전문위원(기독교 용어)
194	총회종교교육부 교사 양성과장 사임
	경동제일교회 담임
1943	동흥중학교 설립
1945	경동제일교회 사임
	동흥중학교 교장
1946	한글반포500주년기념행사 준비위원회 상임위원
1948	동흥중학교 교장 사임
1950	6·25 동란 중 거제도 피신
1955	별세(향년 75세)

참고 문헌

강신명, 『강신명 신앙저작집 2』. 서울: 기독교문사, 1987, 600.

경동제일교회 95년사 편찬위원회, 『경동제일교회 95년사』. 서울: 대한기독교서회, 2000.

경상북도 영주교육청, 『영주교육사』. 안동: 도서출판 영남사, 1997.

계성100년사 편찬위원회, 『계성백년사』. 서울: 다락방, 2006.

국사편찬위원회 편, 『윤치호 일기 1』 한국사료총서 제19집. 과천: 국사편찬위원회, 1968.

기독교대백과사전편찬위원회, 『기독교대백과사전』. 서울: 기독교문사, 1983.

김명구, 『영주제일교회100년사』. 영주: 도서출판 서림사, 2013.

김부식/ 김종권 역, 『삼국사기』. 서울: 명문당, 1986.

내매교회, 『내매교회100년사』. 서울: 에덴아트컴, 2007.

대구제일교회90년사 편찬위원회, 『대구제일교회90년사』. 대구: 대명인쇄소, 1983.

리의도, 『한글학회 110년의 역사』. 서울: 한글학회, 2019.

민경배, 『한국기독교회사』. 서울: 연세대학교출판부, 2000.

서울 YMCA, 『서울 YMCA 운동사』. 서울: 路출판, 1993.

안동교회90년사편찬위원회, 『안동교회90년사』. 안동: 포도원출판사, 1999.

영주시사편찬위원회, 『영주시사 1권』. 서울: 홍익문화, 2010.

영주시사편찬위원회, 『영주시사 3권』. 서울: 홍익문화, 2010.

이교남, 『오월번과 한국선교』. 예천: 한국기독교교회사 주영연구소, 2015.

임희국, 『성내교회 100년사』. 서울: M프린트, 2009.

진주강씨박사공파대종회, 『진주강씨대동보 상권』. 서울: 창문사, 2009.

한국기독교역사연구소, 『한국 기독교의 역사 Ⅰ』. 서울: 기독교문사, 2003.

한국기독교역사연구소, 『한국기독교의 역사 Ⅱ』. 서울: 기독교문사, 2002.

한글학회, 『한글학회 100년사』. 서울: 한글학회, 2009.

朝鮮耶蘇敎長老會總會 宗敎敎育部, 『耶蘇敎長老會年鑑』. 京城: 大同出版社, 昭和一五年.

이성전/ 서정민·가미야마 미나코 옮김, 『미국 선교사와 한국근대교육』. 서울: 한국기독교연구소, 2007.

Edensor Tim, National identity, popular culture and everyday life. 박성일 역, 『대중문화와 일상 그리고 민족정체성』. 서울: 이후, 2008.

강병주, "현하 조선교회 부진의 원인과 그 대책." 「신학지남」 10(1)(1928), 52.

김대식, "조선 서원(書院) 훼철 논의의 전개-인조부터 정조까지." 「교육사학연구」 24(1)(2014), 4.

김성우, "조선 후기 사회를 어떻게 볼 것인가 - 조선 후기의 신분제-해체국면 혹은 변화 과정?." 「역사와 현실」 48(2003), 6.

박선경, "영주 지역 기독교 전래사 연구." 「대구교회사학」 창간호(2011), 22.

박원재, "임란기 영주봉화지역의 유학과 학맥." 「국학연구」 31(2016), 496.

손산문, "대구·경북 지역교회사의 관점에서 본 베어드 선교사 전도 사역의 의미-2차 순회 전도 여행을 중심으로-." 「경안논단」 제11집(2018), 104, 106.

송현강, "한말 기독교수용주동층의 존재와 그 성격-중·남부 지역을 중심으로." 「한국기독교와 역사」 25(2006), 19.

유준기, "1910년대 기독교 민족독립운동: 평양신학교를 중심으로." 「총신대논총」 19(2000), 101.

윤재현, "강병주 목사의 농촌 선교 운동." 「대구·경북 기독교역사 연구회 정기발표회 자료집」 (2020), 9.

이윤갑, "1920년 경북 지역 농촌사회의 변동과 농민 운동." 「한국사연구」 113(서울: 한국사연구회, 2001), 152.

정경호, "대구31만세 운동을 주도한 생명평화의 일꾼. 이만집의 민족 신앙과 삶." 『함께 부르는 생명평화의 노래』. 서울: 한들출판사, 2009, 238.

정진영, "조선후기 사회를 어떻게 볼것인가 II-향촌사회에서 본 조선후기 신분과 신분변화." 「역사와 현실」 48(2003), 63.

최영근, "근대 한국에서 기독교와 민족주의 관계 연구." 「한국기독교신학논총」 104(2017), 132.

최현배, "기독교와 한글." 「신학논단」 7(1962), 75.

한규무, "일제하 한국 장로교회의 농촌 운동(1928-1937)." 「한국기독교역사연구소 소식」 17(1994), 12.

한상길, "조선시대 불교사 연구와 조선불교통사." 「불교학보」 40(2003), 2.

『조선예수교장로회사기 상』(1928)

『조선예수교장로회사기 하』(1968)

『晉州姜氏羅慶公譜』

「경북노회 제6회록」

「경안노회 제1회, 제2회, 제3회, 제6회, 제12회, 제14회, 제20회 회록, 」

「조선예수교장로회총회 제17회, 제18회, 제19회 회록」

「동아일보」(1927. 6. 28.)

「동아일보」(1930. 3. 2)

「동아일보」(1930. 11. 1.)

「매일신보」(1918. 3. 5.)

「자유신문」(1946. 10. 9.)

〈강신정 목사의 증언, 강신중 장로의 증언〉

Rhodes Harry A., History of the Korea Mission Presbyterian Church U.S.A. Vol.
    I. 1884-1934. Seoul: The Presbyterian Church of Korea Department
    of Education, 1984.

MINUTES AND REPORTS OF THE TWENTY-FOURTH ANNUAL
    MEETING OF THE KOREA MISSION OF THE PRESBYTERIAN
    CHURCH IN THE U.S.A. HELD AT PYENG YANG AUGUST
    23-SEPTEMBER 1 1908. (1908)

〈http://www.yeongju.go.kr/design/main/index.html〉

코로나19 재난 속에서
새롭게 다가오는 강병주·강신명

임희국 (장로회신학대학교 명예교수)

I. 문명의 전환을 요청하는 코로나19, 철기문명의 종말

코로나19 재난이 어서 속히 지나가기를 간절히 바라건만, 전문가들은 변종 바이러스의 등장이 향후 일상화 할 것이라고 예측한다. 코로나19 이전 시대로 되돌아가지 않을 것이란 전망이다. 코로나19는 천재(天災)가 아니라 인재(人災)라고 하는데, 이는 산업화·도시화·세계화로 말미암은 환경파괴와 야생동물 서식지 파괴·감염병 매개체 증가(모기, 진드기 등)로 말미암은 생태계 파괴와 기후변화(기온, 강수량, 대기오염 등) 등이 복합적으로 작용하여 발생한 감염병이란 뜻이다. 이 감염병 팬더믹(pandemic)은 사회적 약자에게 가장 먼저 가혹한 재난을 안겨 주고 있다. 어느 보고서에 따르면, 2020년 6월 말 현재 우리나라 취업자 86만 명이 감소했고, 임시직·일용직 근로자와 영세자영업자가 커다란 타격을 받고 있다.

코로나19 이전 시대로 되돌아가지 않을 것이란 진단은 새로운 미래로 나아가는 창의성을 요청한다. 정부가 최근 디지털+그린 뉴딜정책을 발표했는데, 이 정책은 일자리+주거+교육+의료+교통+문화 등이 조화와 균형을 이루는 플랫폼 도시를 그리고 있다. 그런데, 우리가 지금까지 살아온 방식을 깊이 반성하고 성찰해야만 우리에게 미래의 길이 나타날 것이다. 방금 언급했듯이, 코로나19의 재난이 인재(人災)라면, 우리는 성장지상주의, 황금만능주의, 물신주의가 초래한 생태계 파괴와 기후변화를 반성해야 한다.

코로나19는 여러 가지 면에서 문명의 전환을 촉구하는 징조로 나타나고 있다. 근세시대 이래로 인류의 삶을 지배한 문명은 '철기문명'이었다. 굵은 철근으로 집을 높이 짓고, 강한 쇠붙이에 인간의 의지를 새겨 넣어서 이것으로 기계를 만들고 자동차와 비행기를 발명하였다. 철기문명의 강한 무기로 무장한 힘센 나라가 약한 나라와 민족을 정복하고, 또한 자연까지 정복해 왔다. 철기문명의 발전 속에서 인류는, 독일 기독교 신학자 한스 큉(H. Kueng)이 지적한대로,[1] 발전이데올로기의 마술인 "더 빨리, 더 많이, 더 높이!"에 심취하였다. 인류는 '무한 발전(양적 팽창)'을 위해 '유한한 지구 자원'을 마구 먹고 쓰고 소비하였고, 심지어는 후손들이 사용할 자원까지 끌어다가 소비하였다.

철기문명은 힘 센 남성적인 문명이라 할 수 있다. 그런데, 모순되게도 이렇게 강한 철기 문명이 이제 그 수명을 다 했다고 한다. 쇠가 산화해서 녹슬듯이, 철기문명도 그렇게 수명을 다해 가는 것이다. 철기문명의 결정적인 약점은 ─은유적인 표현으로─ 쇠붙이 자체 속에서 생명이 피어나지 못한다는 것이다. 뿐만이 아니라, 철기문명은 이제까지

---

1   Hans Kueng, *Projekt Weltethos,* (Muenchen; Zuerich: Piper Verlag, 1990), 32-36.

많은 생명체를 다치게 하고 죽여 왔다. 이런 식의 철기문명에는 이제 더 이상 미래가 없다고 판명되었다. 날이 갈수록 심각해지는 환경오염과 생태계 파괴는 철기문명의 위기를 대변하는 사례이다. 철기문명을 개발하기 위해 인류는 화석연료(석탄, 석유)로 기초 에너지를 만들었다. 이 에너지를 바탕으로 인류는 공업을 발전시켰고 산업사회를 이루어 왔다. 그런데 산업화는 지구 환경을 오염시켰고 모든 생명체의 먹을거리와 숨 쉬는 것까지 지장을 주는 결과에 이르렀다(지구 온난화, 공기와 마실 물의 오염, 생물 종의 감소, 환경호르몬, 오존층 파괴, 이상기후 등). 이 가운데서 가장 심각한 일이 지구온난화 문제이다. 이로 말미암아 남극과 북극의 빙하가 녹고, 유럽의 알프스 산맥과 아시아의 히말라야 산맥의 만년설이 녹고, 지구의 습지가 자꾸 줄어들고, 그러자 습지에 살던 생물들이 멸종되고, 이 생물들을 먹고사는 또 다른 생물들이 멸종하고 혹은 이 생물들에게 먹히는 생물들의 수가 늘어나게 되니, 앞으로 먹이사슬이 깨어지고 생태계 질서가 뒤죽박죽 무너지고 있다. 남태평양의 어느 섬은 바닷물의 높이가 상승하면서 물밑으로 가라앉고 있다.

철기문명은 끝없이 강한 것 같지만 이 문명에 생명력이 없는 까닭에 그 수명이 다해 간다고 한다. 철기문명의 폐해와 한계성을 관찰한 사람들은 지금의 인류문명이 "죽음의 문명이요 죽임의 문명"이라고 비판했다. 이 문명은 결국 인간과 자연의 생명권리를 박탈해 갔으며, 지금 현재의 생명권리 뿐만이 아니라 다음 세대 후손들의 생명권리까지 박탈시킨다고 말할 수 있다.

II. 19세기 말 변혁의 시대

1. 서양 문명을 받아들이는 개화 정책

강병주(姜炳周, 1882-1955)가 태어난 1882년은 우리나라의 대외 외교에 획기적인 변화가 있었다. 조선이 미국과 통상조약(조미조약)을 맺은 해였다. 조선은 향후 서양의 열강에게 외교의 문을 열었는데, 1883년 영국과 독일, 1884년 러시아와 이탈리아, 그리고 1885년 프랑스와 외교 조약을 맺었다. 이러한 일련의 외교 조약은 한반도를 둘러싼 국제 정세의 변화를 반영했다.

그 변화는 이미 약 20여 년 전부터 시작되었다. 1860년에 중국(청)과 제정 러시아가 북경 조약을 체결한 이후 연해주 지역이 러시아의 영토로 편입되었다. 조선의 국경이 이제 러시아와 맞닿았고, 함경도 지역 주민들이 두만강을 건너 연해주로 이주했다. 1876년 조선이 쇄국 정책을 풀고 문호를 개방하였고 일본과 강화도조약을 체결했다. 조선왕조는 이때부터 복잡한 국제 관계 속으로 편입되었다.

이러한 정황에서 정부 관료들은 문호 개방을 반대하며 반외세를 주장하는 위정척사론(爲政斥邪論)을 펼쳤다.[2] 그러나 대세는 문호 개방으로

2　위정척사론은 주자학을 보위(保衛)함과 동시에 반주자학(邪)을 척출(斥出)하자는 수구사상이었다. 이진상(李震相)은 주리론에 근거하여 서양세력을 배척하는 이론을 정비하였다. 그는 성리학의 기능이 사학(邪學)을 물리치고 천리(天理)를 밝히는 데 있다고 확신하고, 천주교 등 모든 서양학설을 주기(主氣)로 보아 배척하고 주리론(主理論)이 주도되는 세상이 되어야 한다고 생각하였다. 아울러 동양은 양(陽)의 세계이고 서양은 음(陰)의 세계라고 인식하고 지금은 음이 주도권을 쥔 것 같으나 마지막에 가서는 양이 음을 이기는 시대가 올 것으로 기대하였다. 그는 화이론(華夷論)에 철저하여 조선을 차원이 높은 문화민족으로 여겼고 그 반면에 서양은 임금도 몰라보고 부모도 무시하는 금수(禽獸)의 나라로 규정하였다. 참고, 금장태, "조선후기 퇴계학파 철학사상의 전개," 『퇴계학과 남명학』 경북대 퇴계연구소 & 경상대 남명학연구소 편, (서울: 지식산업사, 2001), 311-341.

기울어져 있었기에 이제는 서양 문물을 받아들이는 방안에 관하여 논의해야 했다. 고종은 전국에 세워 둔 척화비를 거두게 하면서 개화 정책을 추진하려는 의지를 표명했다. 중국이 중체서용론(中體西用論)을 개화개방 노선으로 잡아서 추진하고 있듯이, 조선 정부도 서양 문물을 총체적으로 수용하는 것이 아니라 그것을 부분적으로 받아들여 이 나라의 약점을 보강하고자 했다. 이것은 서양의 동점(東漸)이래 실용주의적 관점에서 서양의 자연과학과 기술의 우수성과 유용성을 인정하고 이를 수용하는 방안인데, 이것을 동도서기론(東道西器論)이라 일컬었다. 일본의 화혼양재론(和魂洋才論)과 같은 맥락이었다.

동도서기론의 입장에서 서양 문물을 받아들이려는 조선 정부는 통상조약을 맺은 미국으로부터 그 문명을 가져오게 되었고, 그 문명의 첫 전달자는 개신교(감리교회, 장로교회) 선교사들이었다. 1885년 4월 5일(부활절)에 미국의 개신교가 파송한 첫 선교사 6명이 부산을 거쳐 제물포(인천)에 도착했다. 물론 이것은 지난 해 재(在)일본 선교사 멕클레이(Robert S. Maclay)가 고종을 알현하고 윤허를 얻은 다음에 이루어진 결실이었다. 비자에 명시된 이들의 신분은 의사나 교사였다. 조선 정부가 허락한 이들의 활동 범위는 교육과 의료 부문으로 한정되었고, 포교활동은 금지되었다.

당시의 조선 정부는 서양의 과학과 기술을 받아들여서 사회 변혁을 시도했는데, 학교교육을 통해 서양 문명을 소개하고 받아들이고자 했다. 선교사들이 정부의 개화 정책에 부응하는 학교를 세웠고 소위 근대 교육을 시작했다. 학교의 이름을 고종이 인재를 배출하라는 바람이 담긴 "배재(培材)학당"으로 지었고, 또 명성황후가 여성 신식 학교를 "이화(梨花)학당"으로 지었다.

그러나 정부의 개혁개방정책에 대하여 잘 알지 못했던 대다수 백성의 눈에는 신식 학교를 세운 서양 선교사들은 단지 낯선 이방인일 뿐이었다. 1888년 무렵에 선교사들이 "양귀자"(洋鬼子) 곧 서양귀신이라는 인상을 일반 대중에게 심어 주었다. 이러한 소문을 들은 부모들이 어찌 자기네 아이를 서양 선교사들이 세운 학교에 보내려 했겠는가? 선교사들의 교육 사업이 매우 난감한 처지에 놓였다. 그러나, 시간이 지나면서 차츰 가능성이 열리기 시작했다. 당시의 서울에는 거의 해마다 여름철이면 무서운 전염병 콜레라가 돌았다. 많은 사람들이 목숨을 잃었고, 부모 잃은 아이들이 길거리를 헤매고 다녔다. 고아들을 불러 모은 선교사 언더우드는 이들을 먹이고 잠재우며 신식 교육을 시작했다. 고아원 기숙학교인 '언더우드 학당'은 학생 1명에서 출발하여 25명의 남자아이들을 먹이고 잠재우고 입히면서 주로 성경과 영어와 한문을 가르쳤다.

그러다가, 1894년에 일어난 청일 전쟁을 통해 일반 대중의 서양 문명의 실체와 힘을 파악하게 되었다. 이 전쟁에서 일본이 중국(청)을 군사력으로 승리하자, 전쟁을 가까이서 목도한 대중이 충격을 받았다(특히 평양). 이들은 이제까지 일본을 "작은"(倭) 나라로 칭하면서 은근히 깔보고 있었는데 그러한 작은 나라가 큰 나라(大國)인 중국을 힘으로 제압하자 엄청난 충격을 받았다. 전쟁의 결말이 도대체 어디에서 비롯된 것인가? 달라진 동아시아의 현실과 국제 정세를 경험한 대중이 경악 속에서 그 까닭을 살폈다. 사람들은 일본이 중국에게 승리를 거둔 이유가 서양의 과학기술을 받아들여서 그 문명을 배운데 있다고 파악했다. 서양 문명의 실체와 힘이 무엇인지 파악하게 된 사람들이 거기에 대한 호기심을 갖게 되었다. 오랜 세월 중국의 문명에 눈높이를 맞추어 오던 조선의 대중이 이제는 서양의 문물에 눈길을 주기 시작했다. 이제부터는 사람들이 서양의 기술과 지식을 배우고자 제 발로 신식 학교에 입학했다.

청일 전쟁 이후에 근대화의 조류가 급물살을 탔다. 전통적으로 중국 중심 중화(中華)사상의 질서와 맞물려 있던 전제군주의 표상들이 대부분 소거되면서 그 질서가 쇠퇴하였고, 이제는 빈 공백으로 남겨진 그 표상의 자리에 입헌군주제가 채워져야 하는데, 여기에 서양 문명이 새로운 대안으로 다가왔다. 그리고 "서양문명국이 기독교로 표상되었다." 대략 1905년까지의 시기는 한국(조선)에서 근대가 시작된 "기원의 공간"이었다. 이때의 근대는 체제 전환(자본주의로)을 동반한 거시적이고 정치적 차원이기 보다는 "사유 체계와 삶의 방식, 규율과 관습 등 개인의 신체를 변화시킨 것이었다."[3]

이때 개신교는 서구 문명을 등에 업고서 '문명의 빛'으로 다가왔다. 천주교는 조선에서 오랜 세월 정부와 갈등관계 속에서 정치적 박해를 받았는데, 개신교는 정치에 개입하는 일을 자제하면서 의료·교육 등의 간접선교를 통해 19세기말과 20세기 초반기의 사회 계몽에 기여했다. 이를 통해서 개신교는 근대 문명을 상징하는 종교로 비치었고 또 근대 문명과 동일시되었다. 조선에 소개된 개신교는 다음과 같았는바, 세계에서 가장 부강하고 문명한 모든 나라는 개신교의 나라이고 또 개신교가 문명을 이루게 한 근본이므로 개신교를 믿어 문명을 이루어야 한다는 인식이었다. 문명 개화를 열망하는 일반 대중의 눈에는 서양 선교사가 살고 있는 근대식(서양식) 건물, 과학기구, 생활용품 등이 개신교

3　고미숙, 『한국의 근대성, 그 기원을 찾아서 - 민족·섹슈얼리티·병리학』 (서울: 책세상, 2001), 10, 28.

와 서양 문명이 동일시되었다.[4]

2. 경상북도 북부 지역의 변화[5]

앞에서 언급한 위정척사론이 경상북도에서는 유생들의 '영남만인소 (嶺南萬人疏)'운동으로 확산되었다. 전국 유생들의 호응을 받은 이 운동 은 경기·충청·강원·전라의 유생들의 복합상소로 이어졌다.[6] 안동 지역 의 유생들은 도산서원에 모여서 이 운동의 진행을 논의한 다음 1880년 11월 1일 영남 전역에 척사통문을 돌렸다. 이듬해 1월부터 2월 초순까 지 산양에서 대규모 집회를 열고 퇴계 이황 선생의 11대 손인 이만손 (李晩孫)을 소수(疏首)로 선출해 만인소를 올리기로 했다. 그리고 임원을 두루 선출하고, 각 지역에서 도착한 상소의 초안을 검토해 소론인 전 예조참판 강진규의 상소문을 채택했다. 영남유생들은 이만손을 소수 로 2월 초 산양을 출발해 1차 복합상소는 2월 중순부터 진행되었다. 상 소에 참가한 유생은 처음 270–300여 명이었으나, 2월 하순경에는 400 여 명에 이르기도 했고, 경상도의 안동·상주·경주·대구·진해 (5진) 가운 데 안동진과 상주진의 유생이 150여 명에 이르렀다. 만인소가 받아들 여져 1차 상소가 끝나게 되자 유생들은 2차 상소에 관해 논의하고 3월 초순에 김조영을 소수로 추대해 2차 척사 운동을 펼쳤다. 이런 식으로 상소운동은 3, 4차 계속해서 진행되었다.

---

4   임희국,『한국장로교회의 역사 130년. 기다림과 서두름의 역사』(서울: 장로회신학대학교출판부, 2013), 29-30.
5   이 장의 글은 필자의 글에서 크게 가져왔다. 임희국,『선비목사 이원영』(파주: 조이   스, 2012), ??
6   영남만인소운동에 관해서 크게 참고한 글 : 권오영, "개화와 척사의 갈등",『한국근대사강의』한국근현대 사연구회 엮음 (서울 : 도서출판한울, 1997), 75-106.

위정척사 운동의 바닥에 깔려 있는 기본적인 생각은 복고적 보수주의였다. 따라서 여기에 가담한 유생들은 기존 봉건사회체제를 옹호했다. 그런데 동시에 이것이 자주의식을 고취했으므로 대중적인 지지를 얻고 있었다. 이를 바탕으로 위정척사 운동은 나중에 의병운동으로 발전될 수 있었다. 또한, 위정척사론은 의병운동의 이념적 기반을 제공했다.

1894년(갑오년) 7월에 갑오의병이 일어났다.[7] 조선에 대한 식민지배 욕심을 드러낸 일본에 대항하는 무력항쟁이었다. 그 이듬해에 명성황후 시해사건(을미사변)이 발생하자 전국이 들끓었다. 국모(國母)를 시해한 일본을 향해 격분한 각 지역의 유림이 서원이나 향사(鄕祠)에서 여기에 대한 대책을 논의했다. 그러던 차에 또다시 단발령이 공포되자(을미개혁, 1895. 11. 15(음)) 전국에서 일제히 을미의병이 일어났다. 척사유림이 주도했다. 을미의병의 일차적인 목표는 단발령을 철폐케 하고, 을미개혁을 집행하는 친일내각을 몰아내고, 을미사변을 일으키고 을미개혁을 조종하는 일본 세력을 나라 밖으로 쫓아내는 데 있었다. 따라서 의병지도부는 단발령을 집행하는 지방관리에 대항해서 군이나 부 단위로 의진을 결성했다. 의병은 친족문중과 집성촌 그리고 서원조직이나 향약을 기반으로 일어났다. 경상도 지역 각 의진의 의병장은 김도현(金道鉉, 영양), 이강년(李康年, 문경), 김도화(金道和, 안동), 이상의(李象義, 이후에는 상룡(相龍), 안동) 등이었다. 을미의병은 1896년에 해산되었다.

을미의병 직후, 경북 북부 지역 유생들의 의식에 변화가 일어났다. 이들 가운데는 학문(성균관유학), 의병의 공으로 관직수여 등으로 서울

---

7 趙東杰, 『韓國民族主義의 成立과 獨立運動史 研究』 (서울: 지식산업사, 1989), 164.

에 머물러 있게 되었다. 이곳에서 이들은 격변하는 사회 현실을 직시하게 되었다. 예컨대, 임금이 러시아 공관으로 피신한 아관파천(俄館播遷, 1896)의 난감한 나라 현실, 나라의 위기를 타개하고 개혁정치를 펼치고자 국호를 대한제국(大韓帝國)으로 바꾸고 근대화를 추진한 광무개혁(1897), 독립협회(獨立協會)가 개화 개혁 운동을 위해 계몽강연회·언론활동·정치운동을 펼치는 상황들을 직시했다. 이러한 사회 현실은 이들로 하여금 자기 성찰의 계기로 작용했고, 이를 통해서 이들은 위정척사사상과 무력항쟁만으로는 외세의 침략을 막아내기엔 어림도 없음을 파악하게 되었다.[8] 이들은 이제 개화파들의 주장인 자력신장(自力伸張)과 실력 양성론(實力養成論)을 조금씩 받아들이게 되었다.

위정척사론의 한계성을 절감하고 새로운 길을 선택한 경북 안동의 유생들 가운데서 유인식·이상룡의 입장변화가 특별했다. 유인식은 을미의병 때에 청량산에서 의병을 일으켰다. 그 이후에 그는 서울의 성균관으로 와서 학문을 닦았다. 새롭게 달라진 성균관의 학제와 교과 과정을 통해[9] 그는 세상의 변화를 체득하게 되었다. 당시 지식인들의 필독서적인 양계초(梁啓超)의 《음빙실문집(飮氷室文集)》을 읽고 그는 사회진화론적 계몽주의사상과 개화파의 생각을 잘 이해하게 되었다. 그는 또한 신채호·장지연·유근 등의 혁신유림들과 사귀면서 생각과 사상에 큰 변화가 일어나기 시작했다. 또한, 을미의병 기간에 안동의진의 의병장이었던 이상룡(李相龍)은 계속해서 암울한 상황으로 치닫는 조선의 현실에 대해서 고뇌를 거듭하다가 서양에서 들어오는 신문명에 관심

---

8 김희곤, 『안동의 독립운동사』 (안동시, 1999), 120.

9 성균관은 갑오경장이후에 신식 교육 제도를 받아 들여서 학제를 수업연한 3년에 1년 2학기제로 개정하였다. 성균관의 교과 과정도 개편되어서 유교경전 이외에도 작문·역사·지리·산술 등의 새로운 교과목이 편성되었다.

을 갖게 되었다. 그러다가 그는 스스로 개화사상을 받아들이고 혁신유림이 되었다.

을미의병 이후 10년 동안에 ―대한제국의 성립(1897)·러일전쟁(1904)·을사늑약(1905)·정미 7조약과 군대해산(1907)― 조선은 빠른 속도로 몰락해 갔다. 이 상황에서 지역의 유생들은 각자 자기의 상황판단에 따라 입장을 정리했다. 예를 들면, 위정척사론을 굳게 지키면서 자정론자가 된 이들이(김도화·김복한) 있고, 단발개화해 국민교육회(1904)와 대한자강회(1906)에 들어가서 활동하는 자들이(조병희·조창용) 있고, 애국 계몽주의 사상을 가진 혁신유림이 된 자들이(이상룡·유인식·김동삼·이인화) 있었다. 1905년 을사의병(乙巳義兵)이 일어났을 때, 혁신유림이 된 유생들은 을미의병 때와 달리 대규모 봉기를 일으키지도 않았고 소극적인 태도를 보였다. 이들과 달리, 을미의병 기간에 의병장이었던 척사유림 원용팔·정운경·이세영·김도현·기우만 등은 을사의병 기간에 또 다시 의병을 일으켰다. 또 의병을 일으키지 않고 자정론을 고수하는 척사유림들도 있었다. 이들은 결코 개화 개혁을 받아들이지 않았다. 이들은 의병적 기질을 견지하고 있으면서 바깥출입을 아예 하지 않거나 향리에서 서당을 운영하면서 후진을 양성했다. 을사의병이 일어난 지 5년 뒤에 대한제국이 망하는 '경술국치'(1910)를 당하자 자정론자들은(이중언·김순흠·유도발·권용하 등) 위정척사의 대의명분을 지키면서 일제에 대한 최후 저항의 길을 선택해 스스로 목숨을 끊었다.

경북(안동) 유생들은 척사유림과 혁신유림으로 나뉘면서 양자의 입장에 분명한 차이를 보였다. 그 입장 차이는 가끔 갈등관계로 발전했다. 그러나 양자는 국권 회복이라는 목표를 서로 공유하고 있었고 다

만 이 목표에 이르는 방략(方略)상의 입장 차이로 대립했다.[10] 척사유림
은 을미의병의 전통을 굳게 잡고 위정척사 사상으로 외세의 침략에 대
응해야 한다고 주장한 반면에, 혁신유림은 현실성이 없는 위정척사론
을 고수하기보다는 자력신장과 실력 양성에 초점을 맞춰서 대중의 계
몽 운동을 통해 힘을 길러야 한다고 주장했다. 양자는 나중에 기미년
(1919) 3·1운동에서 다시 합류하게 된다.

III. 20세기 근대화에 기여한 강병주·강신명 부자(父子)

1. 강병주의 신식 학교 교육: 학생, 교육자

1880년대에 서양 문명이 들어오고 또 일본의 침략야욕이 거세지자,
교육열이 높아졌다. 정부는 갑오개혁(1895) 때 교육입국(敎育立國) 조서를
내렸고 이에 신식관립학교들이 세워지고 또 교과서가 편찬되기 시작
했다. 1904년 러일 전쟁에서 승리한 일본이 대한제국(한국)에 대한 식
민지배 야욕을 노골적으로 드러내자, 전국에서 사립 학교 설립 운동이
일어났다. 이 운동은 교육 구국 운동으로 추진되었다.[11] 또 이 운동은
애국 계몽 운동의 차원에서 추진되었다.[12] 그 이듬해에 대한제국이 을
사늑약과 함께 외교권을 박탈당하고 무력해지자, 애국 계몽 운동은 국

---

10 이 견해는 조동걸의 입장이다. 그리고 이 입장을 김희곤이 받아 들였다고 본다. 참조 : 趙東杰, 『韓國民
族主義의 成立과 獨立運動史 研究』; 김희곤, 위의 책.

11 참고 : 韓宇, "興學說", 『皇城新聞』, 1899. 1. 7.

12 계몽 운동의 시작에 관해서 국사학계 안에 두 가지 견해가 있다. 다수가 1905년 을사조약의 체결과 함
께 국권의 일부가 일제에 빼앗긴 시점에서 계몽 운동이 시작되었다고 보는 반면에, 조동걸은 1904년에
노일전쟁을 승리로 이끈 일제가 한국을 독점적으로 지배하게 된 결정적인 시기에 이 운동이 시작되었
다고 본다. 趙東杰, 『韓國民族主義의 成立과 獨立運動史 研究』, 97.

권 회복(國權回復)과 구국(救國)에 그 목적을 두었고, 신식 교육 제도의 설립과 산업진작을 통해 이 목적을 이루고자 했다. 이 운동은 실력 양성(實力養成)을 통해 나라를 구하고 자력신장(自力伸張)을 통해 나라의 주권을 회복하고자 했다.

경상북도에서 사립 학교 설립의 개척자는 유인식이었다. 그는 1904년에 서울에서 안동으로 돌아왔다. 그는 고향의 청년들에게 새로운 문물을 소개하고 신식 교육을 시켜서 애국 계몽 운동을 확산시켜 보려는 뜻을 품었다. 그러나 지역의 정서는 그의 뜻에 선뜻 호응해 주지 않았고 한 걸음 더 나아가서 부정적으로 응대했다. 유생들 대다수는 여전히 위정척사론을 굳게 지키는 배타적인 자세로 일관해 있었고 또 많은 유생들이 서당에서 후진을 양성하고 있으므로 신식 교육 제도를 단호히 거부했다. 유인식이 교육 구국에 대한 취지를 그들에게 열심히 설명했으나 먹혀들지 않았다. 심지어 그는 스승 김도화로부터 파문을 당했고 또 아버지 유필영으로부터 부자의 인연을 끊겼다.

그런데, 이 상황을 타개할 수 있는 좋은 기회가 왔다. 경상북도 관찰사 신태휴(申泰休)가 1906년 사립 학교의 설립을 독려하는 흥학훈령(興學訓令)을 반포해서 관내 41개 군에 사립 학교가 설립되도록 장려했다. 관찰사는 각지의 서당을 모두 폐지하게 하고 그 세 수입으로 들어오는 곡식과 서당 토지를 신식 학교의 재원으로 활용하게 했다. 이 훈령은 신식 교육을 거부하고 있던 지역의 유림에게 커다란 타격을 입혔다. 고종 황제도 흥학조칙(興學詔勅)을 반포해서 사립 학교의 설립을 지원했다. 이 조칙은 학부─관찰사─군수를 통해서 전국적으로 면 단위까지 전달되었다.[13] 황제는 경북의 관찰사가 학교 설립을 위해 노력한다는 소식을 전해 듣고 그에게 칙유문(勅諭文)을 보내 격려하면서 경상도 관찰부에 학교 설립자금으로 1,000원을 지원했다. 1906년 6월경에 경상북도 지역에 370개(41개 군에)의 사립 학교가 설립되었고 학생의 수는 무려 4,500명에 이르렀다.

정부의 지원으로 1907년 봄 안동 최초의 사립 학교인 협동 학교(協東學校)가 개교했다.[14] 이 학교는 유인식 외에 김후병(金厚秉)·하중환(河中煥)·김동삼 등이 발기해 설립되었다. 학교의 명칭은 나라의 지향(志向)이 동국(東國)이며, 면의 지명이 임동(臨東)이어서 '동(東)'을 선택했고, 또한 7개 면이 힘을 합쳐 설립했다는 뜻에서 '협(協)'을 선택했다. 이 학교는 임하천 앞에 있는 김대락(金大洛)의 사랑채를 임시교사로 사용하면서, 가산서당(可山書堂)을 수리해 학교 건물로 만들었다. 협동 학교는 당시 일반 사립 학교가 초등 교육 과정이었는데 비해서 3년의 고등 교육 과정으로 시작했다. 따라서 이 학교는 당시에 지역의 최고학부였으며 학생들의 나이가 평균 20세를 웃돌았다. 이 학교의 제1회 졸업생은 1911년 3월에 배출되었다.[15] 협동 학교는 경북 북부 지역 사립 학교 설립 운동의 첫 열매자 계몽 운동의 효시였다.

그러나, 협동 학교는 출범 초기부터 여러 가지 어려움에 부딪쳤다. 일제 통감부가 1908년 사립 학교령을 만들어서 학교 설립에서 교재선택까지 일일이 간여했다. 또한 학교를 강제로 폐쇄할 수 있는 법령이

---

13 유한철, "1906년 光武皇帝의 사학설립 詔勅과 東明學校 설립 사례", 『한국민족운동사연구』, 于松趙東杰선생停年紀念論叢刊行委員會, 132-163.

14 權大雄, "韓末 慶北地方의 私立學校와 그 性格", 『國史館論叢 58집』, 국사편찬위원회, 1994, 21-48.

15 이 학교가 1919년 3·1운동을 주도했다는 혐의로 오랫동안 강제휴교 되었다가 끝내 폐교되고 말았다. 김희곤, 『안동의 독립운동사』, 112.

었다.[16] 협동 학교를 어려움에 처하게 하는 또 다른 요인이 있었는데, 1909년에 척사유림들이 서원을 다시 세우는 일을 도모하면서 신식 학교를 견제했다. 게다가, 1910년 7월에 예천 지역의 의병이 협동 학교를 습격한 사건이 발생했다. 의병은 교감 김기수, 교사 안상덕·이종화 등을 살해했다. 의병이 이 학교를 습격한 까닭은 계몽 운동과 신식 교육에 대한 거부와 학생들을 단발시키는 데 있었다. 특별히, 단발에 대해서 보수 유생들 사이에서 여론이 대단히 나쁘게 돌았다.

이러한 상황에서, 안동 지역의 사립 학교 설립 운동은 활발하게 전개되었다. 영가학교(1907, 부내), 동명학교(1908, 향교), 광동학교(1908, 서후) 등의 사립 학교들이 개교했다. 여러 마을에 학교·의숙(義塾)·사숙(私塾)·강습소(講習所) 등이 설립되었다. 개인 집 사랑방과 창고 등을 교사로 사용하기도 하고 더러는 학교 건물을 신축하기도 했다. 또 설립 주체에 따라 사립 학교의 형태는 문중 학교·서원 학교·마을 학교·종교 학교로 구분되었다. 문중 학교는 설립재원이 문중에서 나오고, 서원 학교는 서원의 재원을 기반으로 설립되었고, 마을 학교는 마을이 주체가 되어 설립되었고, 종교 학교는 종교 단체가 세운 학교였다(예. 안동교회가 세운 계명학교). 그리고 문중이 세운 기술학교가 있는데, 측량강습소가 설립되었다.

이제까지 살펴본 신식 교육 운동에 이어서, 강병주는 1882년 3월 9일 영주 영풍군(榮豊郡) 천본2리(川本2里) 내매(乃梅)에서 부 강기원(姜祺元) 모 성산 이씨(李氏)의 슬하 2남 1녀 가운데 맏이로 태어났다. 지금의 영

---

16 1908년에 전국의 사립 학교 수가 약 5,000개 였는데 사립 학교령이 적용된 뒤부터는 그 수가 줄어들 어서, 1910년 8월에는 약 1,900여개가 되었다. 참고 : 강만길, 『한국 현대사』 (서울: 창작과 비평사, 1994), 24.

풍군 평은면 천본 2리에 살았다. 어려서부터 한학에 뛰어난 재능을 보인 그는 1910년 대구(大邱) 계성중학교에 입학하여 1915년(33세) 졸업했다.[17] 그는 사립(私立) 기독내명학교(基督乃明學校)의 교장으로 일했다.[18]

강병주는 장로교회 목사과정인 평양의 장로회신학교에 입학했다. 1922년에 이 신학교를 제16회로 졸업한 그는 그 이듬 해(1923) 1월 10일 경안노회(제3회)에서 목사로 안수 받았고 그리고 풍기교회(현재 성내교회)의 담임으로 부임했다. 그의 나이 41세였다. 그가 풍기교회에 부임하기 7년 전, 1916년에 이 교회가 영신학교(永新學校, 교장 김창립)를 설립했다. 교회와 학교가 길 하나를 사이에 두고 서로 마주 보고 있었다고 한다. 이 학교를 파악할 수 있는 문서자료가 남아 있지 않아서 아쉬움이 무척 큰데, 강병주 목사가 부임한 이후, 1925년 7월 30일 「동아일보」에 게재된 기사가 이 학교에 관하여 약간이나마 알게 해 준다. "그동안 사회에서 많은 공헌을 한 영신학교가 7월 23일에 교장 김창립의 사회로 음악연주회를 개최하였다"고 했다. 여기에서 우리는 두 가지 점을 파악한다. 첫째로는 영신학교가 인재 양성을 통하여 지역 사회에 많은 유익을 끼쳤다는 점이고, 둘째로는 이 학교가 음악 교육에 크게 힘썼다는 점이다. 그런데, 1927년 3월 2일의 「동아일보」에는 이 학교가 재정난으로 큰 어려움에 처하여서 "4월 신학기부터는 부득이 문을 닫게 되었다"고 보도했다. 그러나 다행히도, 원장 김창립, 부인회장 안주

---

17 그 이후, 강병주는 교역자(아마도 조사)가 되고자 대구의 성경학교에 입학하였고 그리고 1919년에 졸업하였다. 대구의 성경학교는 선교사의 사역을 돕는 평신도 교역자를 양성하는 교육 기관이었다. 이 학교는 1901년 1월 성경을 가르치고 배우는 사경회(Bible Class)로 시작되었고, 이 반이 복음전도자 훈련과정(Training Class of evangelistic Workers)으로 발전되었으며, 1912년 가을에 남자 성경학교(Men's Bible Institute)로 발전되었다. 그 이듬 해(1913)에 여자 성경학교도 설립되었다.

18 1909년 강석진이 내매(乃梅)에서 문중 어른들을 설득하여 이 학교를 설립했다. 제1회 졸업식이 1915년 3월 15일에 개최되었는데, 졸업생은 홍옥성 외 5명이었다.

봉, 청년회 리원강과 강병철, 그리고 이 학교의 강사 김영기(김창립의 아들)와 이영신(강병주 목사의 자부)이 희생적으로 합력하여서 학교 신입생을 받기로 했다고 보도했다.

또한 1920년 9월에는 풍기교회에서 여성 교육을 위한 야학 "기독교여자야학회"(基督敎女子夜學會)가 발족되었다. 교회의 교인들 가운데서 "기독교유지(基督敎有志)" 몇몇이 교회 안에다 이 학교를 설립했다. 이 학교는 "조선문(한글), 한문, 산술" 등 간단한 과목을 가르쳤고, 가르치는 선생은 김용호(金龍鎬) 신태균(申振均) 정태성(鄭泰星) 정종원(鄭鐘遠) 등이었다.

풍기교회와 교인들의 학교 설립과 운영은 1930년대 김은석 목사가 교역하던 시절에 또 다시 활성화되었다. 김 목사는 교회 안에 유치원("박신유치원")을 설립하였다(1939년).

2. 강신명의 서양 음악 문화 소개, 어린이 찬송과 동요 작사

서양 음악이 교회를 통해서 우리나라에 소개되고 보급되었다. 서양식 교회 음악의 효시는 평양 장대현교회(담임 길선주 목사)에서 찾아볼 수 있다. 1913년에 교회 당회는 서양식 교회 음악을 받아들이기로 결의했다. 그 이전에는 교회에서 우리나라 전통 음악을 연주했다. 예를 들어서, 길 목사가 장대현교회에 부임하는 축하예식에서 아악연주, 춤(북춤, 곱추춤, 심청전), 유희(장기자랑), 시회(詩會) 등으로 즐겼는데, 이제부터는 교회가 청년 운동을 일으키기 위하여 서양(교회)음악을 장려하기로 했다. 당회는 이를 위하여 선교사 모의리(Mowry)를 초청하여서 그에게 모든 것을 일임했다. 선교사는 찬양대(약 15~16명)와 관현악대를 조직하였다. 예배당 안에다 찬양대 자리를 마련하고자 교회의 중앙을 가로지르고 있던 휘장을 걷어 내었고 또 강단 아래에 관현악대의 자리를 마련했다. 그러나 여성은 아직 찬양대원으로 들어올 수가 없었기에 변성기 이전의 소년이 여성찬양대원을 대처했다. 청년 운동의 활성을 위한 찬양대였으므로, 찬양대원은 대체로 청년 회원이었다. 그래서 교회 음악은 교회 청년 운동의 일환이었다. 선교사 모의리는 장대현교회와 숭실학교의 청년·학생들에게 합창을 가르쳤고 또 다양한 악기를 소개하고 가르쳤다. 풍금, 피아노, 관악기 등을 가르쳤다.[19]

1920년대의 교회 음악에는 서양의 곡조를 번역한 찬송가와 우리 민족의 고유한 가락에다 한글 가사를 붙인 찬미가가 나란히 공존했다. 그런데, 1930년대에 와서 사정이 달라졌다. 서양음악과 서양식 교회 음악에 익숙해 진 새 세대가 교회 음악을 이끌어가게 되면서 민족의 정서가 담긴 곡이 차츰 미약해져 갔다. 길선주가 이 현상을 보며 "교회는 흥왕하고 있으나 우리의 문화를 망각하고 있다"고 개탄했다. 그는 "우리의 문화 위에 꽃을 피우는 기독교가 되는 때(에 그 종교가) 우리 민족의 종교가 될 것이라"고 지적했다.[20]

이러한 시기에 풍기교회 강병주의 아들 강신명(姜信明, 1909-1985)이 어린이들을 위한 주일학교 찬송가를 많이 지었다. 그가 쓴 동요를 모아서 『아동 가요곡선 300곡(兒童 歌謠曲選 三百曲)』(1936)을 출판했다. 이 책에서 그는 어린이들이 부를 수 있는 모든 노래를 모았는데, 제 1부에는 주일학교에서 사용하는 어린이 찬송가 100곡을 실었다. 물론 여기에

19 길진경, 『영계 길선주』, (종로서적, 1980), 220. 길진형(바이올린), 박윤근(풍금과 피아노), 김형재(트럼펫, 코넷), 김인환(트럼본) 등은 당시에 배출된 서양음악의 선진들이었다.
20 위의 책, 253.

는 교회용 계몽 노래도 함께 들어 있었다.[21] 강신명은 신앙생활을 위하여 반드시 성경과 찬송이 나란히 함께 있어야 한다고 주장했다. "찬송은 하나님의 영광을 찬양하고 은총을 감사하는 것"이라 말했다.[22] 일상생활 속에서 어려울 때 찬양하고, 찬양 가운데서 평안을 누리고, 이런 식으로 신자들에게는 어떠한 환란이나 핍박이 몰아쳐 와도 주님이 우리를 지키신다는 확신으로 찬송해야 한다고 강조했다.

이러한 강신명의 노력이 풍기교회에 적지 않은 영향을 끼쳤으리라 짐작한다. 1930년대 후반, 김은석 목사가 풍기교회의 담임으로 교역하던 시절에, 그는 찬양대를 창립하였고, 백합합창단을 조직했으며, 취주악대를 만들었다. 이로써, 강병주 목사 시절에 초석을 놓은 교회 음악이 김은석 목사 시절에 크게 발전했다고 볼 수 있다.

이 무렵(1930년대 후반)에 풍기교회의 유년주일학교는 매주일 교가를 불렀는데, 그 노랫말이 다음과 같다.[23]

기쁘다 우리의 동무들아 우당창 노래가 들린다
모여라 이 넓은 예배당에 풍기 유년주일학교 만만—세
진리의 빛이 가득히 차매 우리의 인격을 길러보세
이 땅에 자라는 내 동무들아 서로서로 사랑하며 자라—세

---

21 홍정수, 『한국 교회 음악사상사』, (장로회신학대학교출판부, 2000), 16. 안신영 작곡·작사의 〈농촌가〉, 박태준 작곡·작사의 〈금주가〉, 그리고 양주동이 외국 찬송가에 가사를 붙인 〈절제운동가〉와 같은 것들이다.
22 위의 책, 92.
23 이 교가의 곡과 가사를 김계하 장로가 제공했다.

3. 강병주의 농촌 운동

1) 농촌 경제의 몰락

1920년대에 우리나라는 경제 상황이 매우 나빴다. 농촌이 도시보다 훨씬 더 어려웠다. 경상북도 북부 지역의 농촌 경제 역시 1920년대 중반부터 빠른 속도로 나빠졌다. 자작농민이 줄어들었고, 소작 농민이 크게 늘어났다. 임금노동자로 떨어지는 농민들이 속출했다.[24] 이러한 사회경제 사정이 일간 신문에 자주 보도되었다.[25] 예컨대, 지주와 소작 농민들 사이에서 자주 시비가 일어났고, 이 시비는 자주 소작쟁의로 발전되었다. 소작쟁의를 대체로 청년 운동출신 공산주의자들이 주도했다. 천재지변(가뭄, 벌레 피해 등)으로 말미암은 농가의 피해도 매우 심각했다. 1928년에는 벌레 피해와 가뭄이 농사에 심각한 타격을 주었다. 이에 농민들이 농토를 버리고 유리방황하는 사태가 줄을 이었다. 1929년에 또 한 차례 흉작이 몰아쳤다.[26] 해마다 경상북도 북부 지역의 영주·봉화·안동 등지에서 산출되는 곡물을 예천으로 모았는데, 그 해에는 예천의 물량이 지난해의 절반 이상으로 뚝 떨어졌다.[27] 그 이듬해에는 다행히도 대(大)풍작을 거두었다. 그러나 농산물 가격이 폭락하는 바람에 농민들은 생산비도 건지지 못했다. 1931년에는 또 다시 병충해

---

24 여기에서부터 김희곤(안동대학교 사학과 교수)의 연구를 크게 참고한다. 김희곤, 『안동의 독립운동사』, 269이하. 그런데, 김희곤은 안동 지역 농촌중간층의 몰락이 토지 조사 사업이 이루어진 1910년대부터 시작되었는지 혹은 산미증식계획이 실시된 1920년대부터 시작되었는지 분명히 서술하지 않았다. 참고로, 안동 지역의 농촌에는 다른 지역에 비해 일본인의 토지매입이 적었고 이 지역의 재지지주들이 대부분의 토지를 소유하고 있었다. 안동군내 재지지주의 소작지 면적이 전 군내 소작지 면적의 86%를 차지했다고 한다.

25 「조선일보」(1924. 7. 23; 1929. 12. 20; 1930. 1. 3; 1934. 3. 8)

26 「조선일보」(1929. 12. 20) '경남마산 수출항을 통해서 수출되는 쌀이 지난해에 비해서 겨우 6할 정도에 머물렀다'는 보도가 이를 반증해 준다.

27 「조선일보」(1930. 1. 3)

의 피해로 말미암아 흉작이었다. 이 때문에 농가의 부채는 더욱 늘어났고, 농사일을 포기하고 고향을 떠나는 농민들이 더욱 늘어났다.

그런데, 풍기의 경제 사정은 근처 농촌 지역의 사정과 좀 달랐다고 짐작한다. 왜냐하면 풍기는 농사를 전업으로 하는 곳이 아니었고 이미 이 무렵에 인삼 재배가 상당히 성행했으며 또 직조업도 시작되었기 때문이다. 그런데, 풍기교회의 담임인 강병주 목사의 시야는 경안노회 전 지역을 살펴보고 있었고 또 그가 노회의 농촌 운동에 앞장섰다는 사실을 주지하면서 서술하고자 한다.

농촌 경제의 몰락은 1910년대 후반에 이미 시작되었다. 일제의 총독부가 실시한 토지 조사 사업(土地調査事業, 1910~17년)을 통해서 토지의 등기제도가 실시되자, 개인이 토지를 사적(私的)으로 소유하는 토지 소유제가 정착되었다. 이에 조상 대대로 갖고 있던 농민의 토지 경작권은[28] 아무런 보상 없이 토지 소유권에서 배제되었고, 지주(地主) 중심의 토지 소유제가 확립되었다. 이제는 농토가 물건처럼 사고파는 상품이 되었고, 이제부터 대부분의 농토가 도시인이나 일본인에게 넘어가 버렸다.[29] 이리하여서 대다수의 농촌 중간층(중소 지주와 소규모 자작농민)이 몰락하였고 또 그들은 점차 소작 농민이나 농업노동자가 되었다.[30]

---

28 중세적 부분소유권으로서 도지권(賭地權)을 뜻한다.

29 1918년 현재 총독부 소유지와 동양척식회사 소유지는 전체 경지면적의 4.2%였고, 일본인 개인소유지는 전체의 7.5%였다. 1926년에는 일본인이 소유한 한국의 농토는 전국 12-20%에 이르렀고, 이들의 소유비율은 북한에서보다도 남한에서 훨씬 더 높았다. 심지어 남한의 익산에서는 일본인이 전체 농토의 68%를 소유하고 있었다. 이 통계는 미국인 브룬너(콜럼비아 대학교수, 농촌사회학)가 한국농촌조사를 통해서 밝힌 것이다. E.S. Brunner, *The Rural Korea*, 105이하. 재인용: 『서울 YMCA운동사 1903-1993』서울 YMCA편, (서울: 종로출판사, 1993), 281.

30 조선총독부 농림국에서 발행한 「조선의 소작에 관한 참고사항 적요」라는 자료에 보면: 1916년에 자작농비율이 20.1%, 자소작농이 40.6%, 소작농이 36.8%, 지주가 2.5%였다. 16년이 지난 1932년에는 자작농비율이 16.7%, 자소작농이 26%, 소작농이 54.2%, 지주가 3.7%로 변화되었다. 이 통계수치로 보아서 중간층이 감소하고 대신 지주와 소작농이 증가하는 현상이 일어났다. 재인용: 강만길, 『20세기 우리역사』, (서울: 창작과 비평사, 1999), 69.

2) 경북 북부 지역 농촌 경제 살리기

● 경안노회의 '농촌부연합회' 조직

1928년 12월에 열린 경안노회 제14회 정기 노회는 '농촌부연합회'를 조직했다. 노회는 "각 교회에 농촌부를 설치케 하고, 각 시찰 안에 (농촌부연합회)의 지회를 두기로 하며, 노회 안에 농촌부연합회"를 조직했다.[31] 노회는 6명으로 구성된 '농촌부협의회'를 조직했고, 위원들은 2명씩 1·2·3년 조로 나뉘었다. 3년 조에 풍기 성내교회 담임 강병주 목사가 소속되었다. 그는 경안노회 농촌 운동을 처음부터 주도했다.

경안노회가 농촌부연합회를 조직하게 된 것은 몇 달 전에 개최된 장로교회 제 17회 총회(1928년 8월)의 결의에 따른 것이었다. 이번 총회는 '농촌부'를 설치하기로 하고 전국 각 지역의 노회로 하여금 역시 농촌부연합회를 조직하도록 했다.[32] 장로교회가 농촌부를 설치하게 된 가장 큰 이유는 농촌 경제의 몰락에 따른 농촌 교회의 위기 때문이었다. 이때의 위기란 교세의 위축(교인 감소)과 재정 악화였다. 이리하여서 농촌부는 총회 농촌부→노회 농촌부연합회→각 시찰 농촌부연합회 지회→각 교회 농촌부로 연계되었다.

경안노회의 농촌부연합회는 농사(農事)가 기독교인의 생활경건훈련임을 강조했다. 이른 아침 논밭에서 하루 일을 기도로 시작하고 또 저녁에도 그날의 일을 기도로 마치게 했다. 신앙과 삶이 함께 하는 생활경건이었다. 노회는 또한 정기 사경회를 활용하여서 낮(성경공부시간)에

---

31 『경안노회 제 14회 회록』(1928. 12)
32 『조선예수교장로회총회 제17회 회의록』(1928) 이 회의록 39쪽에 보면 농촌부를 설치할 당시 장로교회의 교세는 20개 노회, 3,658개 교회, 177,416명의 교인이었다. 참고 : 김인수, 『한국 기독교회의 역사』, (서울: 장로회신학대학교출판부, 1997), 457-463.

농촌계몽을 강의했다.

● '경안농원' 운영

경안노회는 1929년부터 '경안농원'을 운영하며 농촌 운동을 전개했다. 식량 부족(특히 춘궁기에), 농가 수입의 절대 부족, 소작인 증가로 말미암은 농토 부족과 이농 현상, 아이들이 전염병(특히 온역)에 걸려서 고생하는 현상을 진지하게 받아들인 노회가 "피폐한 농촌을 구제하고 다죽게 된 농민들을 부활시키고"자 경안농원을 운영했다.[33] 경안농원은 농민들에게 필요한 농사 안내서(農書)를 직접 발간하였다. 농촌계몽과 농사 개량에 관하여 서술했다. 다섯 권의 책을 발간하기로 한 노회는 농촌부 총무 강병주에게 이 일을 맡겼다. 그는 두 권의 농사안내서를 썼는데, 제 1권이『정조 14석 수확법(正租十四石收穫法)』, 제 2권이『소채3천원수확법(蔬菜三千圓收穫法)』이었다.[34] 제 1권에서는 식량 부족을 타개함과 동시에 경제적인 향상을 위해 쌀 생산량을 증대시키는 논 농사법에 관해서, 또 제 2권에서는 채소 농사에 관해서 썼다. 특히, 채소 농사는 적은 면적의 농토에서 많은 수익을 올릴 수 있을 뿐 만이 아니라 큰 힘을 쓸 필요가 없는 농사이므로 여성들도 쉽게 손 댈 수 있다는 이점(利點)을 강조했다. 또한, 중국에서 수입되는 싼 값의 채소가 우리나라의 농가에 커다란 타격을 주고 있으므로, 이 문제를 해소하기 위해서라도 채소 농사가 중요하다고 강조했다.

경안농원은 계속해서 '토지 개량법' '종자 선택 방법' '비료 제조법'

---

33 참고:『경안노회 제 20회 회록』(1931)
34 제 3권에서 제5권까지는 발간되지 않았는데, 만일 그것이 발간되었더라면 아래와 같은 제목으로 출판 되었을 것이다: 제 3집,『改良麥作五倍增收法』; 제 4집,『桑葉千貫收穫法』; 제 5집,『요地十倍增收法』

등에 관한 안내서를 인쇄해서 집집마다 돌렸다. 총회 농촌부가 발행하는 잡지 『농민생활』도 구독하도록 독려했다. 노회는 각 교회에게 '농촌연구회'를 조직하게 하고 이 조직을 활용해서 책과 잡지를 구입하여 집집마다 나누어주도록 했다. 또한, 농촌 연구회에게 그 마을의 농사상황에 관하여 연구하도록 했다.

● '농사강습회' 개최

1929년 12월부터 장로교회·감리교회·YMCA·YWCA 등에 각각 등록된 농촌부가 연합(에큐메니컬) 사업으로 '농사강습회'를 시작하였다. 경안노회도 이 강습회를 12월 중순에 이틀 동안 개최했다.[35] 강습회를 홍보하려는 차원에서 노회는 종자 선택 방법을 인쇄하여 각 교회에게 나누어주었다. 강습회는 제 1부와 제 2부로 나뉘어 진행되었다. 제 1부에서는 비료·토양·양봉·과수·야채·토양 개량법·원예술(과수원·농림·화원·채소농사·뽕나무밭·실내 화초 배양)을 가르쳤다. 제 2부에서는 농장경영·축산(가축병 치료·양과 염소·우육(牛肉)·양돈·양잠·양계 등)·시장·농기구·양계·협동조합·가정·농장관리법 등을 가르쳤다. 강좌의 제목이 암시하듯이, 쌀농사에 대한 과목이 매우 적었고 그 대신 채소·과수 등 상업 작물과 양계·양돈·양봉·양잠 등 농가 부업에 관한 과목이 많았다. 그만큼 농가 소득 증대와 농촌 경제 회복에다 강습회를 집중시켰다. 또 다른 한 편, 경안노회는 교인들이 소득 증대와 경제 회복을 추구하다가 물질에 집착하여서 신앙적 가치관이 흐려지지 않도록 경고했다.[36]

경안노회는 1930년에 종자·비료·농기구를 공동으로 구입하였다. 또

---

35 「경안노회 제 16회 회록」(1929. 12. 17)
36 「기독신보」 (1929. 9. 4; 1929. 11. 20; 1930. 3. 26)

한 각 교회로 하여금 쌀농사의 단위 생산량을 높이는 장려를 목적으로 "모범 수도 경작(模範水稻耕作)"을 실시하기로 했다. 그 해의 "모범 수도 경작 실수입(實收入) 성적 보고(成績報告)"가 아래와 같았다.

耕作人氏 名 住所

자료출처 : 「경안노회 제 18회 노회록」(1930.12.16)

氏 名	郡	面	洞里	每株坪數	每株坪數	稼丈尺寸分	水稻稱名
盧榮植	盜德	上全	華*	八五	十四	五.〇.〇	부곡 량도
朴亨信	樂川	豊基	城內	六四	一二	五.〇.〇	同
趙貞錫	樂川	豊基	前邱	七三	二〇	四.七.四	同
申炳均	安東	祿轉	新坪	七五	一六	五.二	同
李聖德	安東	綠轉	新坪	八〇	..	五.二.九	同
崔聖淑	榮州	浮石	韶川	七二	一五	四.二.五	同
禹洪九	奉化	祥雲	住谷	六四	一八	四.九.四	同
姜錫中	榮州	平思	川本	五六	二〇	四.九.五	同
金寶成	榮州	豊基	西部	七二	一五	三.二.五	豊國부곡량도
朴龍河	奉化	物野	梧麓	六四	一七	三.二.一	구미도
姜弼永	英陽	首此	柱洞	一	一三	五.二.五	一
金世榮	盈德	知品	落坪	七二	一一	四.七.六	

稱坪		一반步實收高	
斗 量	小 量	斗 量	斤 量
二升六合	四升一兩	石 斗 升 合	一二一八升一二兩
二升八合	四升六兩	七 八 三	一三一二升八兩
四升一勺	六升八兩	八 四 五	一九五〇升
三升三合五勺	五升十四兩錢五分	一 四 五	一七七〇升十五兩
三升	五升四兩	一 十 三七	一五七五升
二升八合	四升八兩	〇 三	一三五〇升
三升三合	五升十兩	九 六	一六八七升八兩
四升一合	六升九兩六錢	八 九	一九八〇升
四升五合五勺	六升十三兩二錢	十 八	二〇四一升八兩
三升三合	五升十兩	一 六	一六八七升兩
一		一	
二升八合九勺		九 六 八	

백남(白南) 강병주 목사의 행적을 찾아서

● '고등농사학원', 농촌지도자 양성

1932년 7월에 장로교회 총회는 '고등농사학원'을 설립하고 농촌지도자를 양성하고자 했다. 이 학원은 농사강습회의 후신(後身)으로 시작된 농민 교육 기관이었다. 농촌 운동을 멀리 내다본 총회는 "재능과 열의가 있는 청년을 덴마크 국민고등학교식 교육으로 농촌지도자로 양성"한다는 목적으로 고등농사학원을 설립했다. 농촌 지도자를 길러 내어 농촌을 변혁시키려는 목적을 가졌다. 고등농사학원의 강의는 해마다 여름 두 달 동안 3년에 걸쳐 평양 숭실전문학교 농과 강습소에서 진행되었다. 고등농사학원의 교과 과정을 살펴보면, 1933년 여름에 '병충학·토양학·과수학·농업경제학·비료학·식물병리학·양계학·소채학·작물학·체조·음악·실습·기도회·강화회'를 가르쳤다. 1934년 여름에는 위의 과목 외에 '협동조합(강사, 유재기)·농촌 복음(강사, 배민수)'이 추가되었다. 이때 눈에 띄는 점은 강병주 목사의 아들 강신명이 음악과 체육을 가르쳤다. 1935년 여름에는 교과 과목 가운데서 '성경'이 가장 먼저였다. 그리고 '실습과 견학'이란 과목이 새로 추가되었다.

경안노회 농촌부연합회 총무로 일하던 강병주는, 1932년 풍기교회를 사임했고, 서울로 이주해서 1933년 장로교회 총회 농촌부 사무국의 국원이 되었다. 그 이듬해(1934)에는 그가 총회 농촌부의 회계로 일하였다.

이때 배민수 목사가, 정인과 목사의 뒤를 이어서, 농촌부 총무로 선출되었다. 그를 중심으로 모인 농촌 운동 지도자들은 농촌 선교를 강조하면서 '실천적 기독교'를 추구했다. 배민수는 농촌 운동의 핵심 활동으로서 농촌 지도자 훈련, 농촌 성인 교육, 출판 등을 기획하였다.[37] 그는 전국 곳곳에 모범농촌을 건설해서 "예수 촌"을 만들고 이 땅에 "기독교 왕국"을 건설하려는 뜻을 품었다.[38] 이를 위한 농민들의 의식 개혁이 일차적인 과제라고 보았다. 해묵은 관습을 타파하고 나쁜 생활 습관부터 바꾸고자 했다. 예컨대, 관혼상제 간소화, 금연금주, 도박 금지, 여성의 권리와 남녀평등, 위생, 협동, 미신 타파(고사, 굿, 경읽기, 조상 숭배) 등이었다. 그는 또한 농사 개량을 통해 농촌경제의 향상을 도모 하고자 했다. 그가 궁극적으로 구상한 사회개혁은 나라의 독립이었다. 그는 "농촌의 경제를 살리면 나라의 독립은 필연적으로 따라오게 마 련"이라는 확신을 가졌다.[39]

강병주는 농촌부의 임원으로서 배민수, 박학전, 김성원, 유재기, 이 창호, 최봉주 등과 함께 일하였다.[40] 이들은 전국 각 지역을 순회하면 서 농촌 운동을 이끌어나갔다.

3) 영주 풍기의 농민 운동(소작쟁의)

1929년 지역의 장로교회 경안노회가 농촌 운동을 시작하기 몇 년 전, 일반 농민들이 단체를 결성하여 종종 소작쟁의 위주의 '농민 운동'

---

37 배민수, "基督敎農村運動의 指導原理(2)", 「기독교보」(1936. 1. 21)
38 배영, "농촌과 생명문화, 아버지의 초상", 배민수, 『배민수 자서전』, 박노원 번역, (서울 : 연세대학교출 판부, 1999), 355-357.
39 배민수, 『배민수 자서전』, 256-260.
40 이들 대부분은 지난날 독립운동 때문에 투옥된 경력이 있었다. 배민수는 1917년 평양에서 숭실학교 학 생들과 함께 조선국민회를 조직하고 독립운동을 계획하다가 적발되어 보안법 위반으로 10개월 동안 복역했다. 1919년 3·1운동 당시에는 함남 성진에서 만세 운동을 주도하다가 체포되어 역시 보안법 위 반으로 9개월 동안 복역했다. 김성원은 14세의 나이로 3·1운동에 참여했으며, 1925년 수원고등농림학 교에 입학했다. 그는 이 학교에 조직된 비밀결사인 조선개척사(朝鮮開拓社)의 지도를 맡다가 일제당 국에 적발되어 1년 동안 복역하였다. 유재기는 농촌부가 해체된 뒤인 1938년에 '농우회사건'에 연루되 어 복역하였다. 이들 대부분은 조만식의 영향을 받고 있었다. 한규무, 위의 책, 77-78.

을 펼쳤다.[41] 이 운동이 처음에는 소작인 조합에서 시작되었는데 차츰 농민 조합으로 확대되어 전개되었다. 교회의 농촌 운동과 일반 농민들의 농민 운동이 같은 지역에서 일어났으므로, 양 대 운동의 연계가능성을 계산하게 된다. 그러나 양 쪽은 각기 다른 이름을 내 걸고 소통이나 교류 없이 제각기 운동을 전개하였는데, 교회는 "농촌 운동"이라 했고 일반 농민들은 "농민 운동"이라 했다.

1923년 3월 2일 풍기에서 '풍기소작 조합'이 결성되었다. 이 조합의 창립총회에 풍기·봉현·안정 등 3개면에 사는 소작인 수 천 명이 모였다. 집행위원회는 소작료와 소작권 그리고 지세와 공과금에 관한 입장을 결정하였다. 소작료는 기본적으로 반(半) 분할을 원했으며, 소작권을 지주가 함부로 변경하지 못하도록 했으며, 지세와 공과금을 지주와 소작인이 공평하게 분담하도록 결의했다. 그해 10월 13일에 소작 조합은 풍기노동공제회관에서 임시총회를 개최하여 창립총회 때와 비슷한 내용을 결의했다. 그런데, 이번의 결의에서는 소작인이 지세를 한 푼도 낼 수 없다고 쐐기를 박았다.[42] 12월 19일에 열린 정기총회에서는 이들이 "지세불납동맹"을 결의했다.

그러나 이를 통하여 소작인들의 상황이 개선되지 않았고 또 달라진 것도 거의 없었다. 일부 지주들은 여전히 종전대로 소작권을 마음대로 변경시켰다. 여기에 대항하는 소작 조합의 투쟁 수위가 높아졌다. 1925년 4월 말에서 5월 초순에 풍기 소작 조합원들은 지주들이 소작권을 임의로 이동시키는데 항거하며 공동경작을 단행하였다. 지주 편에

---

41 영주·풍기 지역의 농민 운동에 관하여는 아래의 책을 크게 참조하였다. 김일수·권대웅·박한용·변은진·신주백·장 신, 『영주독립운동사』, (사) 대한광복단기념사업회 영주시 발간, (프로로그출판사, 2006)
42 "풍기소작 총회, 소작권 옹호 절규",「동아일보」(1923.10.21)

서 있는 소작인들과 소작 조합 회원들이 논밭에서 서로 대치하여 충돌 직전의 긴장이 조성되었다.

풍기에서 1924년 1월에 '일꾼회'가 조직되었다. 이 모임은 풍기면 금계동에 사는 풍기 소작 조합 회원들이 상호친목과 상호원조를 위해 만든 단체였다. 이 모임이 거의 매달 정기적으로 모였고(강화회(講話會)나 독서 모임 등) 이를 통해 회원들의 의식을 높이고 또 결속력도 굳혔다. 일꾼회의 특징 가운데는, 1927년 2월 17일 제 3회 정기총회의 결의에 따라,[43] 회원들이 소유한 일반 농토를 공동으로 경작하였다.

대략 1927년 후반에 풍기 소작 조합이 '풍기농우동맹'으로 조직을 확대 개편하였다.[44] 기존의 소작인 조합이 농민 조합으로 확대 개편된 것이었다. 이 단체는 또한 농민 운동의 전국 지도기관으로 설립된 '조선농민총동맹'(1927년 9월 설립)의 산하 기관이었다.[45] 이에 따라 전국 각 군에서는 통합된 단일 농민 조합을 결성하려는 움직임이 일어났다. 이에 발맞추어서 영주에서도 1929년 3월 9일 풍기농우동맹을 해체하고 '영주농민 조합'을 결성했다. 영주군의 단일 농민 조합이었다. 이와 함께 이 조합은 각 면에 지부를 설치했다. 기존의 조직을 변경하거나 흡수통합하면서 지부가 조직되었다. 풍기에서는 풍기면 금계동에 '금계지부'가 조직되었다. 이것은 기존의 일꾼회가 조직을 전환한 것이었다.

그런데 1929년에는, 이미 앞에서 서술한 바, 전국의 농촌에 극심한 가뭄피해가 덮쳤다. 영주 지역의 피해는 경상북도에서도 가장 심각하

---

43 "일꾼회 정기회, 회원의 농토는 공동경작할 것 등 결의", 「동아일보」(1927. 2. 24)

44 김일수 등, 「영주독립운동사」, 315.

45 노동운동과 농민 운동이 1920년대에 함께 붙어 있었는데, 양자를 따로 떼어낼 필요에 따라 1927년 서면대회 형식으로 '조선노동총동맹'과 '조선농민총동맹'으로 분립하였다.

였다. 이에 11월 14일 영주군의 지주간담회가 개최되었는데, 소작료 감면, 이재민 구제, 소작 관행 개선, 마름의 행패를 교정, 농사 개량 등을 결정하였다.[46]

1930년대 초반에는 농민 운동이 이전보다 훨씬 더 과격해졌다. 1930-32년 사이에 소작쟁의가 1,693건 일어났고 또 20,000명 이상이 이 쟁의에 참가했다.[47] 이제는 경제적 투쟁을 넘어서서 일제의 식민지 배를 타도하려는 해방(독립) 운동으로 발전하였다. 특히 공산주의자들이 혁명적 농민 조합(적색농민 조합), 혁명적 노동조합(적색노동조합), 반 제국주의동맹을 기반으로 대중을 조직하고자 했다. 영주 지역에서 1931년 후반에 혁명적 농민 운동이 일어났다.[48] 그러나 이 운동이 일제의 탄압으로 좌절되었다. 그런데 1933년에 농민 운동이 또 다시 일어났다. 이것은 안동 지역 공산주의 '안동콤그룹'의 지도 아래 결성된 '적농(赤農)재건투쟁위원회'(1932년 10월 5일 결성)가 주도한 농민 운동이었다.[49] 영주군 공산주의협의회가 혁명적 농민 조합을 결성하여서 농민들의 숙원인 소작료 인하, 지세·공과금의 지주부담 등의 문제를 제기하여 대중의 관심과 지지를 이끌어 내고자 했다. 그런데, 공산주의자협의회와 적농재건투쟁위원회가 일제의 강력한 탄압으로 무너졌다.

장로교회 총회와 경안노회가 농촌부를 폐지하였던 1937년. 그 해 7월에 중일 전쟁이 일어나자, 일제는 '국가총동원법'을 공포하고 국민 총력 운동을 실시하면서 식민지 조선 사회를 전시(戰時) 전체주의체제

---

46 "일반의 기대 많던 영주 지주간담회, 소작인 한해대책 강구, 기타 소작관행 개량 등", 「중외일보」 (1929. 11. 18); 재인용, 『영주독립운동사』, 319-320.
47 『영주독립운동사』, 321. 비단 농민 운동 뿐만이 아니라 노동운동, 사회운동, 학생운동 등도 혁명적인 성격을 띠었다고 한다.
48 자세한 내용이 『영주독립운동사』 321-330에 서술되었다.
49 자세한 내용이 『영주독립운동사』 331-335에 서술되었다.

로 만들었다. 식민지 조선에서 전쟁에 필요한 물자를 공출하기 시작했다. 전쟁에 필요한 인원과 자원, 심지어는 놋그릇까지 강제로 거두어 갔다. 농민의 절대 다수가 수탈당했다. 1939년부터는 쌀의 공출이 시작되었고, 쌀을 빼앗긴 농민에게 만주에서 생산된 잡곡을 배급하였다. 배고프고 힘든 상황에서 가뭄으로 가을의 수확이 형편없었다. 일제는 결국 '소작료통제령'을 실시하여 소작쟁의를 일체 금지시켰다. 그래서 1940년 이후에는 농민들이 소작쟁의를 일으킬 수가 없었다.

4. 한글학자 강병주

강병주는 겨레 언어인 한글의 발전에 크게 공헌했다. 한글학자 최현배(崔鉉培)선생이 지은 '한글통일안(統一案) 맞춤법 해설(解說) 500문답(問答)집(集)' 서문(序文)에서 "우리나라에서 한글 보급에 두 사람의 공로자가 있으니 곧 강병주(姜炳周) 선생과 이윤기(李允寄) 선생이라"고 했다.

강병주 목사는 '조선어학회'에서 유일한 목사위원이었다. 그의 한글 사랑에 관련된 일화를 소개하고자 한다. 1933년에 조선어학회가 한글 철자법 통일안을 새로 발표했다. 아래 아[ㆍ]를 폐지하자는 것이 철자법 통일안의 핵심이었다. 이 안을 신편찬송가에다 받아들일 것인지 그 가부를 둘러싼 논쟁이 교계의 쟁점으로 부각되었다.[50] 장로교회의 제23회 총회(1934년)와 제 24회 총회(1935년)는 조선어학회가 제정한 한글 철자법 통일안의 채용을 유보시켰다. 그러자 거센 비판이 일어났다. 제 26회 총회(1937년)에서 강병주 목사는 새로 만든 한글 철자법 통일안

---

50 문옥배, 『한국 교회 음악 수용사』, (예솔, 2001), 280.

으로 찬송가를 간행하여 달라고 다시 청원하였다. 총회가 이 청원을 받아들이기로 결의했다.

이제는, 찬송가간행을 통하여 한글 철자법 통일안이 널리 보급될 것으로 예상되었다. 여기에 대하여 「동아일보」가 다음과 같이 의미부여를 했다.[51] "성경과 찬송가는 기독교문화 발달뿐만이 아니라 여명기의 조선에서 문맹 퇴치, 문화 향상에 거대한 공헌을 끼친 터로서 금후 한글 철자법 통일안을 채용하게 되면 한글 맞춤법(철자법)통일안의 지지와 그 보급에 새로 삼십 만 명 이상이 가담한 것이라 할 것이다." 그러나, 이것을 비판하는 주장도 일어났다. 조선어학회의 한글 맞춤법 통일안에 반대 의견을 제시한 '조선어학연구회'는 찬송가에 신철자법을 적용하는 데 반대했다.

당시의 한국이 일제의 식민지배로 역경에 처해 있었음을 회고하면, 강병주 목사가 오늘의 한국을 위해 참으로 위대한 족적(足跡)을 남겼다. 그는 일제의 민족정신 말살 정책에 대응하여 민족의 언어를 살려냈던 것이다.

IV. 코로나19재난, 문명의 전환이 요청되는 시대

이제까지 코로나19 재난의 어려움에 처한 영주의 상황에서, 20세기 초중반에 지역의 근대화와 발전에 지대하게 공헌한 강병주·강신명 부자(父子)의 생애 발자취를 살펴보았다. 이 글은 두 인물에 대한 연구의 서막(序幕)에 불과하다고 본다. 이들의 방대한 생애 발자취와 풍부한 사

---

51 "성경과 찬송가에 한글 맞춤법으로 채용, 장로회 총회에서 결의", 「동아일보」(1937. 9. 19).

상이 앞으로 계속해서 다양한 분야의 연구를 통해 잘 정리되기를 희망한다.

오늘 우리가 주목할 점은 강병주와 강신명이 열심히 받아들여서 소개하고 가르친 서구 문명이 이제 종말에 이르렀다는 것이다. 19세기 말 이래로 당시의 조선에게 '새 시대의 빛'으로 다가온 서구 문명이었다. 그 문명과 기독교(개신교)가 일치한다는 생각에서, 20세기 내내 우리나라는 서구 문명 베끼기에 열심을 내었고 또 서구 사회를 따라가기에 바빴다. 그러나 21세기의 오늘은 서구 문명이 서산에 기울어진 석양빛으로 그 빛이 바래고 있다. 그토록 강대했던 서구 중심 철기문명의 산업화(제1차, 2차, 3차)가 그 수명을 다했다는 판단 아래, 인류는 이제 AI(인공지능) 제4차 산업시대로 진입했다.

지금의 상황은 19세기 말 조선의 상황과 유사(類似)하면서도 대비(對比)된다. 그때처럼 지금도 우리는 문명의 전환을 요구받고 있고, 그때는 서구 문명이 새로운 대안이었는데, 그러나 지금의 시대는 그때와 달리 전혀 새로운 문명의 전환을 요청한다. 코로나19 사태가 문명의 전환을 요청하고 있다.

이러한 시대 상황에서 우리는 강병주·강신명을 다시 새겨 볼 필요가 있다. 강병주는 당시의 조선에게 아주 낯선 문명인 서구 문명을 적극 받아들이면서 그 문명을 소개하는 기독내명학교(基督乃明學校)를 운영하고 새 시대를 열어갔다, 또 그는 새로운 문명을 담는 정신적 그릇인 한글을 발전시키는 지대한 역할을 했다, 또 그는 고향 영주 사람이자 풍기 성내교회 목사로서 피폐한 농촌의 경제를 일으키는 데 10년 동안 혼신을 힘을 쏟았다. 그의 아들 강신명은 새로운 문화(음악 작곡, 체육)를 창출하고 보급하는 데 기여했다. 이 부자(父子)는, 마치 농부가 황무지를 옥토로 개간하듯이, 20세기 초중반 교육·경제·문화 발전에 지대한 역할을 했다. 무에서 유를 창의적으로 창출해 내었다.

강병주·강신명의 창의성을 이어간 집안인물이 한 사람 더 있는데, 그는 강진구이다. 내명학교 출신의 강진구는 우리나라 전자 산업의 총체적 발전에 기여했고 삼성전자가 오늘날 세계 굴지의 기업으로 발돋움하도록 그 기반을 조성하였다. 이렇게 보면, 강병주와 강신명 그리고 강진구는 3대(代)에 걸쳐 각기 자기 시대를 선도한 영주 출신 인물이다. 도대체 이 지역이 어떤 고장이기에 그러한 인물들을 배출하였는가? 이들을 키워 낸 영주의 교육 전통, 문화 토양 등을 새롭게 조명하고 연구해야 할 것이다.

09 잠시, 멈추어 숨을 고르다

　할아버지 백남(白南)께서 목회하던 때는 나에게는 100년 전이다. 전혀 경험해 보지 못한 세계이다. 어떤 부분은 학자들의 연구로 밝혀지기도 하였지만, 아무래도 벅찬 '행적(行蹟) 찾기'였다. 숨이 모자라 힘들었다. 그래도 마지막 목회지까지 숨 가쁘게 뒤를 따르며 할아버지의 행적(行蹟)들을 발굴했다. 잠시, 멈추어 서서 숨을 고른다.

　할아버지는 1955년, 할머니는 1965년에 세상을 떠나셨다. 나는 두 분의 장례식에 없었다. 1955년에는 김천 평화동 교회(7세), 1965년은(17세) 대구 중부교회 사택에서 살았는데, 어떤 이유인지는 몰라도 아버지는 손자를 집에 있게 하고, 어머니와 두 분만 서울로 가셨다. 할아버지 장례는 큰아버지 소죽(小竹) 강신명 목사께서 동사목사로 목회하셨던 영락교회에서, 할머니 장례는 큰아버지께서 섬기셨던 새문안교회에서 주관하였다.

　할아버지 장례식은 몇 장의 사진으로 마지막 행적을 기억한다.

　할머니는 할아버지와 동갑이었다. 증조할아버지(姜祺元, 1851~ 1916.1. 15)께서 어린 백남의 방황을 막아보려고 15살 때 혼인하게 하였다. 할머니는 성품이 과묵하고 근면하셨다. 평생 조용히 할아버지 목회를 내조(內助)하였다. 할아버지께서 풍기교회를 목회할 때 경안농원에서 누에를 쳤는데, 할머니께서 맡아 키웠고 군(郡)에서 상을 받기도 하였다. 3남 3녀를 출산하였는데, 늦둥이 막내아들(姜信晟)은 1930년생이다. 임신하였을 때, 마침 큰아버지와 1927년에 혼인한 큰어머니(이영신, 1907년생)도 강석렬(1931년생) 사촌 누님을 임신하여, 시모와 며느리가 함께 배가 불러 무척 부끄러워하였다고 한다. 아버지와 1931년에 혼인한 어머니(이원숙, 1915년생)께서 시집살이하면서 어린 작은아버지를 키우셨다고 들었다. 일생 목회자의 뒷자리에서 자신을 드러내지 않고 살았던 할머니께서는 할아버지 떠나신 후 10년 후인, 1965년 1월 27일에 83세를 일기로 세상을 떠나셨다. 그날은 수요일이었다. 큰아버지와 큰어머니께서 수요 예배를 드리러 교회에 간 사이, 할머니께서는 온몸을 깨끗이 씻으시고, 평소에 입으시던 흰 한복을 정갈하게 입으시고 이불을 덮으신 채 운명하셨다.

할머니 장례식 때의 조사(弔辭)와 경력을 할아버지 행적(行蹟) 곁에 발자국 하나로 남긴다.

백남의 목회 중 중요한 부분이 '교사 양성'이었다. 총회 교회학교 교사 양성과 과장으로 근무하면서, 전국적인 행사를 주관하였다. '백남과 손자의 만남'을 2019년에 기록한 '산책길 이야기 6'을 옮겨 싣는다. 나는 은퇴 후, 산책하며 감상문을 써 지인들에게 나누었다.

백남의 목회 중 '한글'을 너무나 중요하다. 몇 가지 자료와 함께 '백남과 이극로'를 숨을 고르며, 이 글 말미(末尾)에 백남이 '종교시보' 1933년 7월호에 실은 원고 '한글첩경교안'을 다시 첨가했다. 편저자는 할아버지의 소실된 책 '한글 맞춤법 통일안 해설 500 문답집'(한글統一案맞춤法解說500問答集) 원고와 판형에 대한 아쉬움이 컸는데, 할아버지의 '한글 교육 교안'이 발견된 것이 중요하다고 여겼기 때문이다.

소죽(小竹)의 할아버지에 관한 기억이 기록된 '짧은 글'도 옮기고, 홍연호(국립묘지관리소 목사)의 글은 할아버지 묘비에 관한 이야기로 감사하다.

그리고 여기에 할아버지의 옛 사진들을 싣는다. 연대가 불분명한 것이 많지만 사료(史料)를 남긴다는 뜻이다. 동시에 할아버지의 필체가 담긴 사진도 실었다. 여기에는 할아버지께서 평양신학교 학생 때 참석하여 정리한 예배 설교자 이름과 설교 요약이 기록되었다.

1955년, 1965년

1955년 백남 장례식 사진

백남(白南) 강병주 목사의 행적을 찾아서

경기도 파주군 광탄면 영장리 22-3 새문안 추모관

백남의 아버지 강기원(姜祺元)회갑(1911년) 기념 사진

백남의 사진

할아버지 평양신학교 채플 설교 요약 노트

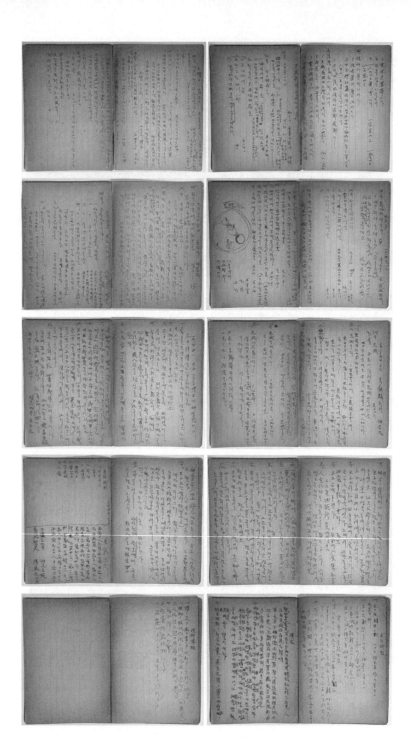

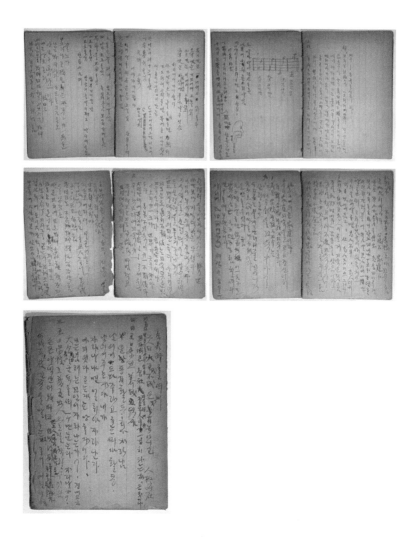

백남은 내려쓰기를 하였다. 오른쪽에서부터 왼쪽으로 읽어야 한다. 백남은 예배 날짜, 설교자와 본문, 그리고 설교를 요약하였다.

1965년 고 최영주(崔永周) 여사 장례식

1965년 1월 27일 세상을 떠난 할머니의 장례식은 새문안교회가 주관했다.

1965년 1월 30일 오전 10시, 새문안 예배당

사식 : 김광석 목사,   주악 : 곽상수 선생,   기도 : 김세진 목사,

성경봉독 : 김봉삼 목사,   조가 : 안종호 선생,   설교 : 백리언 목사,

약력 : 김동수 목사,   조사 : 정용철 목사,   인사 : 김양선 목사,

광고 : 석선진 장로,   축도 : 계일승 박사

고 최영주 여사 약력

故(고) 崔永周(최영주) 女史(여사)는 우리나라에 新敎(신교)가 傳來(전래)되기 2년 전, 즉 韓美友好條約(한미우호조약)이 締結(체결)되던 壬午年(임오년) (1882년) 음력 1월 15일(양 3월 4일) 慶北(경북) 榮州郡(영주군) 伊山面(이산면) 龍上里(용상리)에서 蠶農家(잠농가) 崔聖仁(최성인)씨와 金鹿同(김녹동)씨의 2남 2녀 중 막내인 딸로 出生(출생)하였다. (父母(부모)님으로부터 받은 이름은 崔翔谷(최상곡)이었고, 崔永周(최영주)로 改名(개명)했다.)

1896년에 姜祺元(강기원)씨와 李星元(이성원)씨의 장남 姜炳周(강병주) 목사와 결혼하였다.

1907년에 뜨거운 夫君(부군)의 信仰的(신앙적) 感化(감화)로 基督敎(기독교)에 歸依(귀의)하였으며, 이래 60평생이란 오랜 동안, 敎育(교육)으로, 福音傳道(복음전도)로, 또는 農事改良(농사개량) 및 한글普及(보급)에 온갖 情熱(정열)을 기울이시는 夫君(부군)을 말없이 內助者(내조자)로서 꾸준히

섬겨왔으며, 따라서 어진 어머니로써 子女敎育(자녀교육)에 充實(충실)하였다.

1931년에 당시 예수교 長老會總會(장로회총회) 宗敎敎育部(종교교육부) 敎師養成科長(교사 양성과장)에 就任(취임)한 夫君(부군)을 따라 慶北(경북) 豐基(풍기)로부터 서울로 移徙(이사)한 이래 오늘까지 35星霜(성상)을 서울에서 보내셨다.

膝下(슬하)에는 3남 3녀를 두셨으나 모두 高等敎育(고등 교육)을 시켜 國家(국가)와 社會(사회)에 큰 林木(임목)이 되어 있다.

長男(장남) 信明(신명) 목사는 崇實大學(숭실대학) 文科(문과)와 平壤神學校(평양신학교)를 졸업한 후, 日本神學硏究科(일본신학연구과)와 Prinston 神學硏究科(신학연구과)를 修了(수료)하여, 스펄링대학으로부터 名譽神學博士(명예신학박사) 學位(학위)를 받았으며, 30년간 목회생활을 통하여 宣川南,北敎會(선천남,북교회)와 서울 永樂敎會(영락교회)를 거쳐 새문안 敎會(교회)에 이르도록 模範的(모범적) 牧會者(목회자)로서 他(타)에 本(본)을 끼치고 있으며, 그 밖에도 대한예수교장로회 총회 제48회 總會長(총회장), 現(현) 延世大學校(연세대학교) 財團理事(재단이사)에 이르기까지 많은 要職(요직)을 맡고 있는 韓國敎界(한국교계)에 重要(중요)한 자리에서 일하고 있다.

次男(차남) 信晶(신정) 목사는 韓國神學大學(한국신학대학)을 졸업하고 26년간의 목회생활을 통하여 敎界(교계)에서 信任(신임)을 받고 있으며, 巨濟島(거제도)捕虜收容所(포로수용소) 牧會(목회), 老會長(노회장), 高等聖經學校(고등성경학교) 校長(교장) 및 韓國基督敎長老會(한국기독교장로회) 傳道局(전도국) 總務(총무)를 歷任(역임)했으며, 現(현) 大邱中部敎會(대구중부교회)목사로 誠實(성실)히 奉事(봉사)하고 있다.

三南(삼남) 信晟(신성)군은 서울大學校(대학교) 音樂大學(음악대학) 器樂科(기악과)를 卒業(졸업)하고 戰時(전시) 海軍政訓僚員(해군정훈요원)으로 활약하다가 1954년 9월 渡美(도미)하여 푸라비덴스 Bible College를 거쳐 Boston New England Musical을 졸업하고 New York Manhattan音樂學校(음악학교)에서 研究(연구)한 후, 현재 Pittsburg交響樂團(교향악단)의 團員(단원)으로 활동하고 있다.

長女(장녀) 信義(신의)는 尹萬業(윤만업)에게 出嫁(출가)하여 3남 2녀를 두고, 解放(해방)되던 해 10월에 他界(타계)했다.

次女(차녀) 信祥(신상)은 李倧榮(이종형)에게 出嫁(출가)하여 1남을 두고, 6·25動亂(동란) 중 避難地(피난지) 釜山(부산)에서 1951년 11월에 他界(타계)했다.

三女(삼녀) 信義(신희)는 朴容九(박용구)에게 出嫁(출가)하여 1남 1녀를 두었다.

현재 故(고) 최영주 여사의 子女(자녀)로서는 3남 1녀가 있으며, 親孫(친손)이 8남 4녀, 外孫(외손)이 4남 3녀, 曾孫(증손)이 4남 3녀가 있다.

주님의 뜻이 계셔서, 1965년 1월 27일 오후 7시에 괴로운 世上(세상)을 떠나 하나님 아버지의 永遠(영원)한 나라로 옮겨가시니, 고 최영주 여사의 享年(향년)이 84세였다.

고 최영주 여사 弔辭(조사)

인자와 근면과 성실과 침묵과 신앙으로 83년의 나그네 생활을 마치시고, 이제는 영원한 아버지의 집에 편히 쉬시는 최영주 어머님.

오늘 우리는 당신이 영원한 집으로 옮겨가셨기에 어머님이 83년간 거주하시다가 벗고 가신 어머님의 장막집인 어머님의 육체를 장례하기 위하여 여기 이렇게 모여 있습니다. 어머님께서는 이미 우리와 세계를 달리하여 가장 안전하고 평화로운 곳에 천사의 영접을 받아서 주님과 함께 계실 줄을 믿으며, 그동안 세상에서 겪으신 고난을 잊으시고 눈에서 눈물을 씻겨 주시는 주님의 위로를 받으시며, 영원한 생명을 즐기실 것을 확신합니다.

이제 어머님은 피난처와 요새이신 지존자의 은밀한 곳에 계시겠기에, 밤에 놀램과 낮에 흐르는 살과 흑암 중에 행하는 염병과 백주에 황폐케 하는 파멸이 두려울 것이 없을 것이며, 지존자를 거처로 삼으신 어머님은 가장 안전하고 평화로워 그 영원한 기쁨이 잠시 받으시던 세상의 고통을 대신하리라 믿습니다.

어머님, 인자하신 아버지 하나님과 구속주 예수 그리스도와 보혜사 성령을 직접 모시고 그 앞에서 사시게 된 어머님은 무척 기쁘시지요? 먼저 간 성도들과 친구를 만나신 기쁨은 얼마나 하시며, 특히 10년 전에 먼저 가서 계시는 부군 강 목사님을 만나신 기쁨은 얼마나 크시옵니까? 누가 말하기를 "죽지 않는 자는 결코 죽은 자보다 행복하지 않다"라고 하였거니와, 세상에 남아 있는 우리는 이미 하늘나라로 옮겨 가신 어머님이 얼마나 기쁘고 즐거우실 것을 생각하고 부러워합니다.

장차 우리도 그 영원한 집에 가서 먼저 가신 어머님과 만나게 될 것을 확신하오나, 그러나 이제부터 얼마 동안 어머님의 얼굴을 뵈옵지 못하게 될 것과, 그 인자하신 음성을 못 듣게 될 것을 섭섭히 여기며, 여기서 깊이 스며드는 슬픔을 아파하옵니다.

돌이켜 보면 어머님은 참으로 훌륭한 일생을 사셨습니다.

어머님은 한 말로 해서 대한의 딸이었고, 대한의 아내였고, 대한의 어머니였습니다. 좀 더 달리 말하면 어머님은 하나님의 딸이었고, 목사의 아내였고, 또 목사의 어머니였습니다.

1882년이라면 아직도 우리나라에 그리스도교의 복음이(신교) 들어오기 전이어서 이 겨레가 영적으로나 육적으로 어두움 속에서 헤어나지 못하고 있던 때, 어머님은 저 두메산골, 영주 이산면 "배"라는 농촌 어느 농부의 딸로 태어나신 후 흙과 씨앗을 만지며 농사일을 도우며, 어린 손으로 길쌈을 익히시면서 자라시었습니다. 이 땅은 역사 반만년에 우리 조상들이 농사로 살아온 농부의 나라인 만치 어머님은 농부의 딸인 동시에 대한의 전형적인 딸이었습니다.

들으니, 어머님은 손수 누에를 치실뿐 아니라, 그 기술이 우수하여 많은 사람에게 양잠 기술을 가르치시고 표창을 받으신 일까지 있었다 하오니, 분명히 어머님은 근면한 이 땅의 모든 딸들의 師表(사표)이셨습니다.

1896년 바로 어머님의 나이 열다섯 살 되시던 해, 어머님은 한국의 早婚(조혼)의 풍습을 따라 강병주 목사님과 결혼하신 후, 강 목사님이 作故(작고)하시기까지 근 60년 동안 하루 같이 남편을 內助(내조)하신 賢淑(현숙)한 아내의 도를 다하셨습니다. 결혼하신지 11년이 되는 1907년에 부군 강 목사님을 따라 그리스도교를 신봉하시게 된 후, 한 번도 신앙을 버리시거나 약화하심이 없이 부군을 격려하시며 꾸준한 신앙생활을 하실 뿐 아니라, 부군으로 하여금 神學(신학)을 마치고 교역에 봉사하시도록 숨은 충성을 다하신 것을 아무도 부인하지 못한다면, 어머님은 참으로 훌륭한 婦道(부도)를 다하신 분이라 아니할 수 없습니다.

故(고) 강병주 목사님께서 牧師(목사)로서 전도자와 목회자로서의 사명을 다하실 뿐 아니라, 한글학자로서 민족문화에 이바지하신 애국자였음은 주지의 사실인바 이렇게 그의 분주하고 다사하신 일을 차질이 없도록 거뜬히 뒷받침하신 데는 실로 어머님의 힘이 컸던 것이었나이다.

故(고) 강병주 목사님은 생전에 甘酒(감주)를 좋아하신 食性(식성)이 있었다고 하는데, 그런 관계로 어머님께서는 목사님의 일생 동안 하루도 집안에 감주가 떨어지지 않게 하셨다는 사실만으로도 어머님은 현숙한 아내, 훌륭한 內助者(내조자)였음을 알 수 있게 되옵니다.

어머님은 슬하에 6남매의 자녀를 낳아 기르셔서 두 아들은 목사로, 한 아들은 음악가로, 세 따님은 각각 훌륭한 애국자의 아내로 봉사하게 하셨습니다.

어머님은 평소에 말씀이 없으신 분이셨지만 그 인자하신 모습과, 가식 없는 生活(생활)과, 게으름을 모르는 근면에서 그의 숨은 뜻을 표현하셨다 하옵거니와, 이 모든 정신이 자녀들에게 훌륭한 유산이 되었고, 특히 경건한 예배 정신, 불타는 전도열, 끓어 넘치는 애국심, 생에 대한 감사의 노래 등이 자신에 의하여서 뿐 아니라, 그 자녀에게서 충분히 표현을 보여 주셨습니다.

오늘 한국 교회를 지도하며, 문화, 교육, 사회 전반에 걸쳐 폭넓은 봉사를 하고 계시는 강신명, 강신정 두 목사님을 비롯한 그 형제자매들은 분명히 "그 어머니에 그 자녀"라는 사실을 증명해 주는 것으로 생각합니다.

이렇게 대한의 딸, 대한의 아내, 대한의 어머니일 뿐 아니라, 실은 하나님의 딸, 목사의 아내, 목사의 어머니이신 故(고) 최영주 어머님은, 예수님의 말씀대로 선지자의 상, 의인의 상을 받을만하신 것은, 그가 선지자와 의인을 도우신 분이며 그 자신이 그렇게 사셨기 때문입니다.

어머님을 잠시 작별하는 이 마당에서 할 말이 있다면 어머님이 섬기시던 교회, 어머님이 염려하시던 나라, 어머님이 사랑하시던 자녀들이 여기 남아 있사옵고, 여기는 아직 많은 문제와 일들이 산적해 있기에 어머님께서는 보좌 앞에서 계속 이 자녀들과 교회와 나라와 세계를 위해 기도해 주실 것과, 우리로 다 어머님의 뒤를 따를 수 있도록 주님 곁에서 기도해 주시기를 바라며, 우리의 걸음을 더 용감하게 걸어갈 것을 마음속에 다짐하는 것뿐이옵니다.

주님 앞에서 다시 만날 때까지 여호와께서 우리 사이에 함께 계시기를 빌면서, 가신 최영주 어머님께 몇 말씀 아뢰옵니다.

신암교회 담임목사 **정용철**

할머니 추억

어린 시절에 어머니께서 들려주신 할머니 이야기다.

할머니께서는 음식에서 '국'을 싫어하셨단다. 그런데 어느 날 교인의 잔칫집에 심방을 가서, 축하 예배를 드린 후에 잔칫상을 받았다. 상다리 부러질 정도로 맛있는 음식이 잔뜩 차려져 있었다. 가난했던 시절이다. 얼마나 맛있는 음식이 잔뜩 올려있는지! 할머니는 오늘은 좋은 날이라 여기며 밥상 위를 살펴보았다. 그런데 '국'도 올려져 있었다.

국을 좋아하진 않지만, 싫어하는 국만 남겨 놓으면 목사 부인 체면이 아니라고 여기시며, 먼저 빨리 국을 먹고 다른 맛있는 반찬을 먹으리라 하셨다. 그래서 얼른 국을 다 먹었다. 그런데 이 모습을 본 잔칫집 주인의 부인이 "우리 사모님, 국을 참 좋아하시네요" 하면서, 비운 국그릇에 듬뿍, 국자 가득히 새로운 국을 채웠다.

할머니께서는 그날 국 두 그릇 비우느라, 다른 음식을 들지 못하셨다고 한다.

한글 목사 강병주 (기독공보) 1973년 10월 13일

홍연호 (국립묘지관리소 목사)

한글이 반포된 후 지금까지 많은 한글학자 기독교인이 한글 보급 운동에 그 생애를 바쳤지만 목사님으로는 강병주 목사님만이 아닌가 합니다.

일찍이 강병주 목사님께서는 한 핏줄을 타고 이 강산에 태어나 이 한반도에 살게 된 우리 배달겨레는 고유한 겨레문화를 이루며 살아왔고 말씨가 흥하면 겨레가 흥하고 겨레가 쇠퇴하면 말씨가 쇠퇴하게 되어 겨레와 말씨는 흥망성쇠를 같이하고 생사존망을 같이하게 되는 법이라는 신념으로 한글 보급에 힘을 써 왔습니다.

목사님께서는 1919년 평양신학교에 입학하시기까지 10년 동안은 고향인 경북 영주에 사립 보통학교를 설립하고 교육사업과 소채 재배법, 고구마 재배법, 일년감 재배법, 복숭아 재배법, 개량과 지붕 개량으로 초가집을 없이하고 기와집으로 개양하고, 도로를 확장하는 등 오늘의 새마을운동의 선각자로 일을 하셨고, 3·1운동에 가담하셔서 8개월의 옥고를 대구형무소에서 치르기도 하셨습니다. (강병주 목사는 1920년대 문화통치 시대에 "영주읍내를 비롯하여 봉화읍이나 풍기와 같은 소읍 그리고 이웃골인 안동읍 같은 곳에 강사로 초청되어 강연을 했었다. 내가 알기에 나의 선친은 웅변가라기보다 열변가였다. 그래서 대중을 선동하는 것이었다." 강신명, "대부흥운동",『강신명 신앙저작집 Ⅱ』, 554-555.)

평양신학교를 16회로(1923년) 졸업하시고 10년간 고향 영주에서 목회를 하시다가 1932년 당시 조선 예수교 장로회 총회 본부 종교 교육부 교사 양성과 업무를 맡아 보시면서부터 총회 본부의 모든 서류와 서식을 한글로 고치셨고, 특히 1939년 제 27회 총회에서 성경을 한글판으로, 개정 찬송가를 한글로(맞춤법에 맞게) 총회 본부에서 출판하는 모든 종교 서적과 기독교 공보 등을 한글로 발간하도록 하는 데 주동역할을 하셨습니다. (강병주 목사는 1933년 조선어학회에서〈한글 맞춤법 통일안〉을 만들면서, 1934년부터 한글 맞춤법에 따라 성경, 찬송을 개정할 것을 주장하였으나 구어체 쓰기를 선호하는 교회 풍조로 인해 그 뜻을 이루지 못했다. 1956년에 개역한글 성경을 발간할 때 맞춤법에 따랐다.)

그리하여 한글 개역판 성경이 나오고, 찬송가가 나오며, 그 밖에 모든 서적을 총회에서 발간하는 것은 한글판으로 펴낸 허다한 발간물(번역서 포함)은 민중교회에 중대한 공헌을 하였습니다.

서울 거리를 걸으시다가 상점의 간판이나 광고에 글자가 틀린 것을 보시면 그 상점에 들어가셔서, 목사님께서는 필요 없으시지만 작은 물건 하나라도 사시고 글자가 틀렸으니 이렇게 고쳐 쓰라고 일러 주시고, 아버지께 보내진 자녀들의 편지를 받으시고는 꼭 빨간 글씨로 고치셔서 회답과 같이 보내시면서 우리글을 틀리게 쓰지 않도록 주의하라고 하셨다고 합니다.(강신명 목사님 말씀)

해방 직후 배은희 목사님께서 고시위원장으로 계실 때 무보수로 고시위원회에 나가셔서 주요한 모든 서류를 한글로 고쳐 주시기도 하였으며, 대동신문, 대한일보, 민중일보, 한국일보 등의 일간신문의 교정을 보기도 하였습니다.

한글학회 회원으로서 큰사전 편찬의 실무로 기독교용어 전문위원으로 일을 보셨고, 1929년 8월 16일부터 23일까지 경기도 광주와 청주에서 교사와 유지들에게 한글계몽강습을 실시하기도 하였습니다.

목사님께서 한글 보급을 위하여 일을 많이 하시는 관계로 외솔 최현배 선생님은 "한글 목사"로 언제나 존중하셨던 것입니다.

지금의 기독교 공보가 1954년 채기은 목사가 편집국장에 부임하자 (〈기독교 공보〉는 1954년 예장총회의 교단지로 인수되었고 현 〈기독공보〉의 전신이다.) 순 한글로 혁신함에도 채 목사님이 일찍이 강병주 목사님의 지도를 받은 영향이라 하지 않을 수 없습니다. (하략)

강병주 목사의 묘비에는 "교육가요, 또 기독교 목사요, 한글연구자시며 또 이것의 보급을 위하여 일생을 바치신 어른이었다"라고 새겼다.

강병주 목사의 부친은 목수였고, 12세에 모친을 잃었다. 부친이 승낙을 하지 않자 1907년에 승려가 되겠다고 해인사로 가던 중에 의병난을 겪었고 여인숙 뒷문을 빠져나오면서 "하나님 살려주시면 예수를 믿겠다"고 기도하면서 담을 넘었다. 그 후 고향마을로 돌아와서 진주 강씨 집성촌이 있는 내매 마을에 내매교회를 설립하였다. 그 후 대구 계성학교 사범과를 수학했고, 고향에 돌아와서 기독내명학교를 설립하여 교장이 되었다. ('강신명 목사의 생애와 사상' 정병준 편저 26–30 한국장로교출판사 2016)

할아버지와 손자의 만남

　나는 은퇴 후, 연희동에서 살았다. 건강을 위하여 연세대학교 북쪽 담길과 안산(鞍山)을 매일 산책하면서, 종종 떠오르는 생각과 찍은 사진으로 '산책길 이야기'를 지인들에게 나누었다.

　2019년 8월 6일 산책길 이야기 6'은 대구에서 '근대문화골목'을 투어 하게 되었다. 그때의 글을 그대로 올린다.

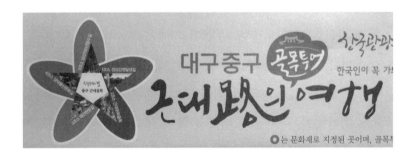

1. 산책길 이야기 6

이번 여행길 이야기에서 의미 있는 사건이 대구에서 있었다.

대구 중구에서 '골목투어' '근대路의 여행'을 개발하여 2코스에 '근대 문화골목'을 투어하게 했다. 동산선교사주택 – 3·1만세 운동길–계산 성당–이상화고택–대구제일교회역사관–약령시한의학박물관 등을 탐방하는 골목길 투어다.

대구제일교회는 우리 가족들과 많은 인연이 있다.

1950년 10월 19일 중공군이 6·25 전쟁에 참전함으로 국군과 UN군이 서울에서 철수를 결정하게 되고, 1951년 1월 4일 서울은 중공군이 점령하였다. 그때 양평교회에서 목회하시던 선친은 가족을 이끌고 피난하게 되었는데, 양평에서 대구까지 걸어서 피난했다. 그 피난길에 내가 있었다. 석장, 석순 두 형님이 함께 걸으며 피난했고, 석랑, 석영, 석주는 서울 태평로에 살던 할아버지 집으로 보내져, 그곳에서 부산까지 기차 화물칸을 타고 피난했다. 1951년 겨울은 눈이 많았다고 한다. 나는 어머니 등에 업혀 대구까지 왔는데, 선교사들이 주선해 준 대구제일교회 목사관에 잠시 머물렀다고 한다. 대구제일교회 목회자들이 제주도로 피난하여, 목사관이 비었었다. 선교사들은 대구제일교회로 피난 온 많은 목회자 가족을 머물게 했고, 교통편을 마련하여 부산으로 피난하게 도왔고, 그곳에서 선친은 거제도 옥포로 갔다. 옥포교회에서 피난 생활의 터를 잡은 후, 부산에 있던 남은 형제자매를 이끌어 합류하였다.

왼쪽 사진은 피난생활을 기념하기 위하여 1951년 3월 7일 옥포교회에서 교인과 찍은 사진이다. 강신정목사 품에 안긴 아이가 강석찬이다. 이때 강 목사 가정은 6남매였다. 오른쪽 사진은 1951.1.25.~1953·11.3. 까지 33개월간의 거제도 피난 시절을 마치고 김천 평화동교회로 떠나며 학생들과 찍은 기념사진이다. 어머니 등에 피난둥이인 강 목사의 막내 딸 강석희가 업혔다. 강 목사 가정은 7남매가 되었다.

대구제일교회는 피난길에 잠시 머물렀던 곳이다. 그런데 묘한 인연이 묻혀있는 교회가 대구제일교회다. 처 백부이신 오형기(吳瀅基) 목사님은 휴전 이후에 대구에 살았다. 거처가 제일교회 별관 겸 작은 집이었다. 오 목사님은 계명대학에서 공부하신 후 전주로 갔다. 기전학교 교목으로 봉직하면서, 여러 교회를 개척하셨다. 전주 다가동에 사실 때, 나는 그곳에서 처갓집 어른께 아내와의 혼인을 허락받았다. 아내는 1955년 대구에서 멀지 않은 칠곡 금오산 아래 숭어동에서 태어났다.

골목길 투어로 제일교회 역사관에 들어갔을 때, 나의 눈에 들어온 사진이 있었다.

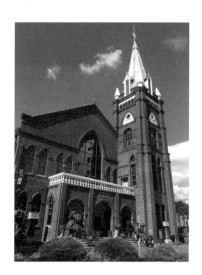

전조선주일학교 제4회 대회가 1933년 10월 6일에서 13일까지 열렸는데, 대구제일교회 세 번째 예배당이 준공되어 전국에서 3,600명이 참석하여 찍은 기념사진이었다.

1933년이면?

할아버지께서 총회 종교 교육부에서 일하실 때이다. 더군다나 할아
버지는 주일학교교사 양성의 책임자이었다.

그렇다면? 이 사진 어딘가에! 할아버지께서 계실 것이다. 나는 할아
버지 찾기를 시작하였고, 결국 그곳에서 할아버지를 만났다. 이때 할
아버지는 51세이었다. 찾으라, 찾을 것이니라.

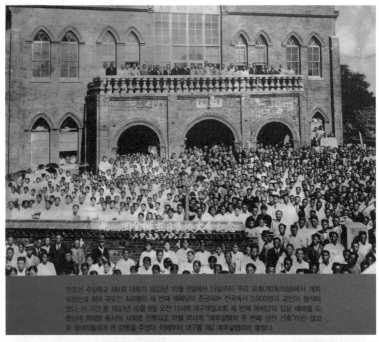

전조선 주일학교 제4회 대회가 1933년 10월 6일에서 13일까지 우리 교회(제1회의장)에서 개최
되었는데 최대 규모인 448명의 세 번째 예배당이 준공되어 전국에서 3,600명의 교인이 참석하
였다. 이 기간 중 1933년 10월 8일 오전 11시에 대구제일교회 세 번째 예배당의 입당 예배를 드
렸는데 최태화 목사의 사회로 진행되고 라셀 박사의 "예루살렘의 두 번째 성전 건축"이란 설교
로 참석자들에게 큰 감명을 주었다. 이때부터 대구를 제2 예루살렘이라 불렀다.

할아버지는 여기에 '흔적(痕迹)'을 남기셨다. 손자인 목사는 할아버지의 발자국을 찾다가 발견했다.

바울은 자신의 몸에 예수의 στίγμα를 가지고 있다(갈 6:17)고 했다. 영어성경은 brand(낙인 (烙印), 소인(燒印)), 혹은 mark(표), scar(흉터) 등으로 번역했는데, '흔적(痕迹)'이다.

'흔적'을 국어사전은 "뒤에 남은 자취나 자국"이라 했다.

조상의 흔적을 좇으며, 나는 어떤 흔적을 남기고 있는지 되돌아본다. (*)

2. 제4회 전조선 주일학교 대회

"백남 강병주 목사, 행적(行蹟)을 찾아서" 책을 만들기 위해 할아버지의 자료를 찾던 중, 아버지께서 잘 보관하였던 '종교시보'에서 대구제일교회에서 열린 '제4회 전조선 주일학교 대회' 자료를 발견했다. 너무 기뻤다. 없는 길 만들며 할아버지 목회의 행적(行蹟)을 찾는데 지쳐있던 나에게는 복음(福音)의 만남이었다. 그 기록을 여기에 옮긴다.

宗敎時報 第九號 昭和八年 七月 一日

一個月을 臨하야 大邱에서 開催될

第四會 全朝鮮主日學校大會(제4회 전조선 주일학교대회)

조선주일학교 련합회 주최 제4회 전조선 주일학교 대회는 이제부터 불과 일삭이 지내면 굉장한 제4회 대회의 막이 대구에서 열리게 되리다. 대회가 남조선으로 나려가 대구에서 열린다는 소식이 13도 방방곡곡에 퍼지게들 때 주일학교 직원 선생님들과 하기학교 선생님들 교역자되시는 어른들 너도나도 할 것 없이 이번 대구 대회에는 꼭 한번 가 보자고 서로 앞을 다토아 나설 줄 안다. 잠잠하던 전교회는 대구 대회란 소문과 광고만으로도 벌서 적지안흔 충동(衝動)을 이르키엿다.

대구는 조선적으로만 아니라 전동양적으로도 례배당 건물이 크기로 유명하고 교인 많이 모이기로 전조선에 유명하고 다른 지방보다 교회의 발전과 교회 사업이 현저한 진보를 가지고잇스며 가위 반천국을 일운 평화의 도시오 기독의 왕국이란 칭호를 받을만한 곳이다. 이번 신자치고 누구나 다 한번 가보고싶은 마음만 간절할 것이다. 실로 30만 신자의 총인기가 집중될 것이다. 또는 대구 대회를 참석하게되면 반드시 천여 년 신라의 찬란한 문화를 말하는 경주(慶州)를 볼수잇스니 이중삼중의 유익이 작지않을 것이다. 만일 이런 기회를 잃으면 철천지한이 될 것이다.

대회에 오실 강사로는 전미주에 신령파의 거장으로 유명한 라썰박사가 특별강사로오게 되엿고 그 외에 종교 교육에 유명한 강사를 이래선하게되어 그 외는 조선서 수십년 전문적으로 연구한 강사들이다.

●대회회원●

정회원(正會員)

대회에 출석할 회원의 범위는 주일학교 직원하기학교 직원 교역자 그 외 독신자에 한하며 회비는 입회금 80전 음악대회입장권 10전 활동사진 재회입장권 10전 합계 1원이다.

특별회원(特別會員)

저녁회집에만 출석하기로 지원하는 자 회비는 50전이다.

●대회원의 숙소와 식비●

대회회원의 숙소는 대구부내 각려관과 사숙에 교섭하야 방금2천여명 유숙할 처소를 준비중이며 식비도 제일 염가로 할 예정이며 녀자회원의 소로 특별준비하게 되엿다.

●대회원기차할인권●

대회원은 누구나 다 기차할인권을 사용할수잇다. 기차할인은 5할인으로 교섭중인바 불원간허가될줄노믿는다. 할인권은 몬저입회원서와 입회금을 제출하는 이외게 드리며 직접통신하기 불편한이는 그 지방교역자를 통하야 할인권을 얻을 수 잇다.

「할인권은 청구하는 교역자의게 부송함」

금번 대회의 과정과 강사는 아래와 같다

▶ 幼年部 部長 裵德榮 牧師

▶ 靑年部 部長 柳瀅基 牧師

▶ 壯年部 部長 張弘範 牧師

▶ 夏期週間部 部長 姜炳周 牧師

할아버지는 총회 종교 교육부 교사 양성과 과장으로 전국적인 주일 학교 대회를 계획하고 실시하면서, 종교시보에 광고하고, 대회 안내를 하며, 교사가 될 수 있는 과정을 자세하게 알리며, 일제의 압제에서 나라와 민족을 살리는 길을 열정적으로 걸었다.

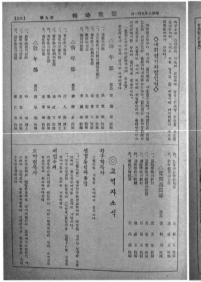

宗教時報 第三號 昭和八年 三月一日
"교사 양성과(敎師養成科) 규정혁신(規定革新)"

본장로회 종교 교육부 교사 양성과 규정은 알에와 같이 혁신하야서 인제 양성에 한층더 주력하기로하엿습니다.

▶ 갑종(甲種)

一. 입학자의 자격 … 조선글 읽을 수 잇고 기록할 수 잇는 이는 누구던 지 입학할수잇음

二. 입학시긔 … 아모때나 입학할 수 잇음

三. 졸업 … 소정한과정을 공부맞은이에게는 졸업증서를 수여함

四. 입학 수속 … 입학금 1월20전을 본 양성과에 보내시면 입학이 됨

五. 과정책은 … 입학되신분에게만 문제와 공부할 모든 과정책을 보내 드리고 또 이것으로써 입학된 통지서를 대신함

六. 입학금 보내실 때에 … 주소 성명 생년월일 남녀별 흘려쓰지 말고 해정하게 기록하시옵

▶ 을종(乙種)

一. 성경학교와 … (어나성경학교물론) 대회와 강습회에서 총무나 목사에 게 한 과정을 10시 이상 공부하고 시험하여 얻은 성적이 60점부터 합격으로하여 알에 기록한 다섯 가지 과정을 맞은이에게 졸업증서 를 수여함

二. 강습회에서 쓸 과정책들

1. 성경과교회사긔대요 허마리아 저 (정가 25전)

2. 주일학교조직(순한글) 곽안련 저 (정가 40전)

3. 주일학교교수법   곽안련 저 (정가 30전)

4. 예수교 종교 교육심리학   곽안련 저 (정가 30전)

5. 특별과는 알에 기록한 네 가지 중에 한 가지만 함

      (1) 유치부연구   피득 저 (정가 25전)

      (2) 최신유년주일학교교수법 남궁혁 저 (정가 60전)

      (3) 교회와소년사업   피득 저 (정가 30전)

      (4) 화회연구법   피득 저 (정가 25전)

(주의)

一. 이 책 주문은 총회종교교육부 振替京城一七二七八番으로 송금하시
오

二. 문의하실라면 長老會總會宗敎敎育部敎師養成科로 무러조소서

三. 공부답안은 공책이 아니면 원고용지에 쓰시오 편지같이 기록하면
부족금을 많이 지불하게 되고 수신인이 받지아니하면 발신인의게
도라가서 받아감니다 특별주의 하여주시오

四. 답안에 편지 써서 넣지마시오 편지는 꼭따로하여야 됩니다 절대로
답안과 함께는하지마시옵소서

      京城鐘路二丁目九一番地

      長老會總會宗敎敎育部 敎師養成科 白

      振替京城一七二七八番

緊告(긴고)

조선을 살리려면 교회를 진흥식히라

교회를 진흥식히려면 지도자를 양성식히라

지도자를 양성식히려면 교사 양성과에 입학식히라

교사 양성과에는 한글(조선글)만 기록할줄 알면 넉넉히 입학 공부할 수 잇다

평신도 주일학교 선생들 교회직원들 유년주일학교 고등반 학생들 다 입학공부케 하라

이같이 하면 전도와 진리교수와 심령부흥이 이러날것이니

교회를 인도하시는 여러 선생님께서 하로라도 일직히 실행하사

이일이 속히 실현되게 하소서

입학수속은 입학금 1원 20전만 보내시면 모든 공부할 책과 문제를 보내드려 자택에서 넉넉히 공부하고 졸업증서를 받을수잇고 훌륭한 지도자가 될수잇스니

지도자의 주린 종교 교육계에서는 큰 운동이 이러나기를 간절히 바라고서서 기대림

長老會總會宗敎敎育部 敎師養成科 白

백남과 이극로

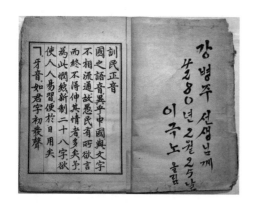

4280년 2월 25날(1947년 2월 25일), 해방 직후 재건된 조선어학회 회장 이극로는 백남에게 책 한 권을 선물했다. 책은 '훈민정음'이다.

조선어학회(朝鮮語學會)가 단기 4279년 10월 9일에 보진제(寶晉齊) 인쇄소를 통해 발행한 '훈민정음(訓民正音)'과 '훈민정음 해제(解題)'를 발행했는데, 바로 그 책이었다.

"朝鮮(조선)의 第四代(제사대)인 世宗大王(세종대왕)께옵서 卽位(즉위) 二十八年(이십팔년) 九月(구월)에 비로소 이 訓民正音(훈민정음)을 世上(세상)에 頒布(반포)하시었으니, 今年(금년)이 바로 五百周 年(오백주년)이 되는 해이다.

그런데, 이 訓民正音(훈민정음)이 한 책으로서 世上(세상)에 傳來(전래)하기는 그 數(수)가 至極(지극)히 적은 데다가, 더군다나 그 初刊本(초간본)임이 確實(확실)하다고 一般(일반)이 共認(공인)할 만한 그런 책이 나타난 일은 일찍 없었던 것이다.

여기서 단 하나뿐인 이 全鎣弼(전형필)씨 所藏(소장)의 珍本(진본)을 珍本(진본)그대로 누구나 가질 수 있게 하고 누구나 읽어 볼 수 있도록 하게 하고자 하여 이 影印本(영인본)을 내게 됨이니, 特(특)히 이 일이 訓民正音(훈민정음) 頒布(반포)五百周年(오백주년)을 紀念(기념)하게 됨에 있어서야 더욱 意味(의미)있다고 할 것이다.”

훈민정음이 세종대왕 28년 9월에 한 책으로서 刊行(간행)되어서 一般(일반)에게 頒布(반포)되었음이 世宗(세종) 實錄(실록)에 기록이 되어 있다. 이 날을 陽曆(양력)으로 뽑아 10월 9일을 紀念日(기념일)로 지키게 되었다.”

세종대왕이 訓民正音을 創製(창제)한 動機(동기)는 御製(어제) 序文(서문)에 씌어 있다.

[國之語音 異乎中國 與文字不相流通 故愚民有所欲言
而終不得伸其情者多矣 予爲此憫然 新制二十八字

欲使人人易習便於日用耳]

(국지어음 이호중국 여문자불상류통 고우민유소욕언 이종불득신기정
자다의 여위차민연 신제이십팔자 욕사인인이습편어일용이)

"그 理由(이유)를 要約(요약)하면, 첫째로 우리나라 語音(어음)이 中國(중국)과 다르다는 點(점)이니 卽(즉) 우리나라에는 우리나라의 特殊(특수)한 語音(어음)이 있는만큼 中國(중국) 漢字(한자)만으로는 이것을 다 表現(표현)할 수가 없으므로 우리나라의 語音(어음)에 맞는 國字(국자)가 必要(필요)하다고 함이다.

둘째로 漢文(한문)과 같이 特殊(특수)한 또 難解(난해)의 文字(문자)가 아니고 國民(국민) 全體(전체)가 누구나 다 쉽게 배우고 쉽게 깨달을 수 있고 쉽게 쓸 수 있는 우리 語音(어음)에 맞는 이런 普遍性(보편성) 있는 文字(문자)가 必要(필요)하다 함이다."

"그러나 燕山君(연산군) 때에 訓民正音(훈민정음)은 新興(신여)하는 漢文(한문)의 餘波(여파)를 이기지 못하고 그 使用(사용)의 禁止(금지)를 當(당)했다. 우리의 글은 漸次(점차) 社會(사회)의 外面(외면)에 나타내지 못하고 겨우 諺解(언해)로나 또는 內房(내방)의 使用(사용)으로나 되는 賤待(천대)를 받게 된 것이다. 訓民正音(훈민정음)은 世宗大王(세종대왕)께서 頒布(반포)하시어 不過(불과) 八十年(팔십년)에 이와 같은 受難(수난)을 당하게 된 것이다.

訓民正音(훈민정음)은 이제 國力(국력)으로 强制(강제)로 禁止(금지)를 당하고 보니 漢文(한문)만을 崇尙(숭상)하는 그 時勢(시세) 밑에서 다만 許容(허용)된 오직 한 길인 諺解(언해)의 길이 이 命脈(명맥)을 延長(연장)시켜 올 뿐이었다.

이러다가 中宗朝(중종조) 中半期(중반기)에 들어서면서 崔世珍(최세진)이라고 하는 譯學者(역학자)가 中國(중국)과의 外交(외교) 關係(관계)에서 必要(필요)한 中國語(중국어)를 學習(학습)하게 하고자 譯語類(역어류)와 漢字音(한자음)을 바로잡기 위하여 韻書類(운서류)에 着手(착수)하여, 여기에서 우리의 訓民正音(훈민정음)을 當時(당시) 通用(통용)의 實狀(실상)을 綜合(종합)하여 그 著書(저서)에 引用(인용)되는 範圍(범위)를 定(정)하였으니 이것이 바로 訓蒙字會(훈몽자회)의 凡例(범례)에 나타나 있다. 이 訓蒙字會(훈몽자회)의 諺文(언문), 俗所韻(속소운), 反切(반절) 二十七字(27자)라고 한 것은 崔世珍(최세진)이라고 하는 이가 當時(당시)의 實用(실용)을 主(주)로 하여 새로 規約化(규약화)하였고 標解化(표해화)한 것이니, 이 訓蒙字會(훈몽자회)의 要約(요약)이 結局(결국) 그 後(후) 3백70年間(년간)이나 이 範圍(범위)에 벗어남이 없이 그대로 保守(보수)하여 使用(사용)되어, ㆆ 한 字(자)를 잃어버렸다."(잃은글자들: 멍벙뺭뽕삥뽱방붕상싱융응읭잉앙졍졍즁즹짐징짬쩡찜졍쳥칭탕팀팽향헹헹해옜호혹화횅희휭휠힁ㆆ히휩힁힝 등등) 그리고 壬辰亂(임진란) 후로 어느 사이엔지 ㅿ이 보이지 않고, 傍點(방점)이며 받침으로 ㅀ 같은 것이 자취를 감추었으며, 또 ㆁ도 그 本質(본질)을 찾을 길이 없어졌다.

訓民正音(훈민정음)이 發布(발포)된 이후, 온전한 著述(저술)을 圖謀(도모)한 이는 英宗(영종) 때의 申景濬(신경준)이 訓民正音韻解(훈민정음운해)를 낸 것이 처음이다. 訓民正音(훈민정음)이 甲午更張(갑오경장)의 新氣運(신기운)을 맞음과 同時(동시)에 처음으로 待接(대접)을 받게 되었다. 이름부터 諺文(언문)이니 反切(반절)이니 하는 附屬(부속)된 이름에서 分離(분리)되어 國文(국문)이니 國字(국자)니 하는 獨自(독자)의 名稱(명칭)을 얻게 되고, 사용되는 세력도 漢文(한문)과 섞어 쓰라는 地位(지위)를 얻었다.

조선어학회에서 발행한 '訓民正音 解題(훈민정음해제)'에 따르면, "訓民

正音(훈민정음)이라고 이름 붙은 책이 세상에 傳來(전래)되기는 현재 3, 4
種(종)에 지나지 않는다. 喜方寺(희방사)의 本板(본판)인 世宗(세종) 御製(어
제) 訓民正音(훈민정음)과 朴勝彬(박승빈)씨 所藏(소장)의 單行本(단행본)과,
이 전형필(全鎣弼, 1906~1962)씨 寶藏(보장)의 古本(고본)이 그것이다. 한글
社(사)에서 丁卯(정묘,1927년)에 그 寫眞本(사진본)을 내었고, 朝鮮語學會硏
究會(조선어학회연구회)에서 壬申(임신,1932년)에 朴勝彬(박승빈)씨 所藏本(소장
본)을 寫眞(사진)으로 發行(발행)하였으며, 그 후 이것을 좀 더 널리 實用
(실용)에 이바지하고자 하여 朝鮮語學會(조선어학회)에서 1937년에 活版(활
판) 印刷(인쇄)로 많이 刊行(간행)하였다.

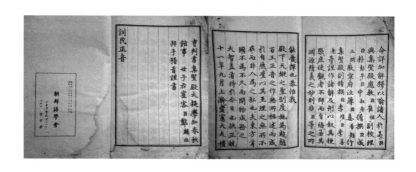

喜方寺(희방사, 沚吒方寺本:지타방사본)은 豊基(풍기) 그 절에 아직까지 貴
(귀)하게도 그 當時(당시)의 本板(본판) 그대로 保管(보관)되어 있으니 이것
은 月印釋譜(월인석보, 세조5년(1459)에 '월인천강지곡'과 '석보상절'을 합하
여 간행한 책, 本板中중 一板을 못 찾았다)의 卷頭(권두)에 붙어 있는 釋
(석)인 것이다. 여기에는 특히 [世宗 御製 訓民正音]이라고 긴 題目(제목)
이 붙어 있고 [隆慶 二年 戊辰 十月 日 慶尙道 豊基 小伯山 沚吒方寺 開
板] 年代記(연대기)가 분명히 附記(부기) 刊行(간행)되어 있다. 年代(연대)가
分明(분명)한 註解本(주해본)으로서 最古(최고)의 것이라 할 것이다. 또 朴

勝彬(박승빈)씨 본은 喜方寺(희방사) 본에 의하면 이름이 [世宗 御製]를 떼어 버린 [訓民正音]이란 것뿐으로 된 점이 다르고, 月印釋譜와 同樣(동양)이므로, 이 두 책은 한 솜씨로 된 同種本(동종본이라고 보고자 한다. 다만 去就(거취)에 대하여는 알 길이 없다. 이들의 두 책을 모두 [訓民正音 註解本] 이라 부른다. 全鎣弼(전형필)씨 寶藏(보장)의 古本(고본)을 [訓民正音 解例本]이라고 불러서 區別(구별)한다. 이 影印本(영인본)은 단 하나인 解例本(해례본)의 影印(영인)이니 이 解例本(해례본)의 眞實(진실)한 普及(보급)임에 이 價値(가치)는 높다 評(평)하겠다."

寫眞本(사진본)의 마지막 部分(부분)을 장상훈 목사의 해석으로 살펴본다.

명령에 해석을 자세히 첨가했습니다(命詳加解釋 명상가해석).

모든 사람을 옳음으로 깨우칠 수 있습니다(以喩諸人於是 이유제인어시).

임금님의 교지에 응한 집현전에서 참여한 신하들입니다(臣與集賢殿應敎 신여집현전응교).

신하 최항(崔恒) ,

부교리(副校理) 신하 박팽연(朴彭年),

신하 신숙주(申叔舟),

수찬(脩撰 닦을수,글지을찬) 신하 성삼문(成三問)이 주로 편찬했습니다.

돈녕부(敦寧府) 주부(主簿) 신하 강희안(姜希顔),

집현전에 가서 부(副)로 편찬한 신하는 이개(李塏),

신하 이선로(李善老) 등(等)이

삼가 모든 해석과 예를 지었습니다(謹作諸解及例 근작제해급례).

그 줄기의 대강을 서술함으로써(以叙基梗槪 이서기경개) 바라건대 보는 자들로 하여금 스승이 없어도 스스로 깨닫게 될 것입니다(庶使觀者不師而自悟 서사관자불사이자오).

그 연원이 깨끗해져서 옳음이 묘해지는 것과 같습니다(若基淵源精義之妙 약기연원정의지묘).

아니면 신하 등등의 능한 것이 발휘된 것입니다(則非臣等之所能發揮也 즉비신등지소능발휘야).

우리를 공손하게 생각해 주시옵소서(恭惟我 공유아).

전하(殿下),

하늘의 발자취는 임금님이옵니다(天縱之聖 천종지성)

제도를 시행함에 많은 왕들을 초월하고 있습니다(制度施爲超越百王 제도시위초월백왕).

정음을 만들었습니다(正音之作 정음지작).

조술(祖述, 선인(先人)의 설(說)을 본받아서 서술하여 밝힘)한 바는 없습니다(無所祖述 무소조술).

그리고 자연(自然)으로부터 이루어졌습니다(而成於自然 이성어자연).

어찌 그 귀한 이치가 있지 않은 곳이 없습니다(豈以其至理之無所不在 귀이기지리위지사야부재).

그리고 사람들이 사사롭게 여겨서는 안 될 것입니다(以非人爲之私也 이비인위지사야).

대체로 동방에 나라가 있습니다(夫東方有國 부동방유국).

하지 않으니 오래 가지 못합니다(不爲不久 불위불구).

만물을 열어 힘써서 이르는 큰 지혜입니다(以開物成務之大智 이개물성무지대지).

무릇 금일로부터 대비가 있어야 합니다(盖有待於今日也歟 개유대어금

일야여).

정통(正統) 11년 9월 상한(上澣, 상순(上旬))

현(賢) 헌대부(憲大夫) 예조판서(禮曹判書) 집현전(集賢殿) 대제학(大提學)

이 춘추관(春秋館) 사(事)를 알고 있습니다(賢憲大夫禮曹判書集賢殿大提學

知春秋館事 현한대부예조판서집현전대제학지춘추관사).

세자(世子) 우 빈객(賓客) 신하 정인지(鄭麟趾) 배수계수(拜手稽首 머리를

조아려 손을 땅에 대고) 절하면서 삼가 글 올립니다(世子右賓客臣鄭麟趾拜

手稽首謹書 세자우빈객신정인지배수계수근서).

이극로는 백남에게 "강병주 선생님께 4280년 2월 25날 이극노 올
림"이라 하여, 全鎣弼(전형필)씨 寶藏(보장)의 古本(고본)을 [訓民正音 解例
本]의 寫眞本(사진본) 한 권 외에, 朝鮮語學會(조선어학회) 발행 "訓民正音
解題" 방종현(方鍾鉉, 국어학자, 1905~1952)이 쓴 글의 9쪽 프린트물을 포함
했다. 여기에 全文(전문)을 사진으로 싣는다.

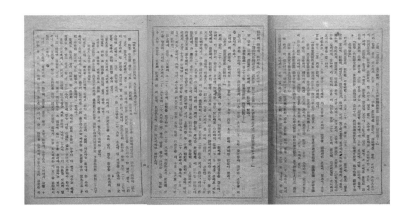

　나는 이극로가 어떤 분인지 궁금했다. 백남을 '선생님'이라 불렀다
는 것은 특별한 관계가 있다는 증거다. 위키 백과사전에 소개된 이극
로(李克魯, 1893.8.28~1978.9.13)를 요약하면서 우리 민족과 나라를 둘로 분
단시킨 이념이 만들어 낸 비극이 여기에도 있다는 생각이 들었다.

　이극로에 대한 첫 이력은 조선민주주의 인민공화국의 국어학자, 정
치인이다. 이력을 접하자마자 놀라운 마음이었다. 어떤 분이기에 어떻
게 백남에게 책을 선물하며 '선생님'이라 했을까? 궁금증이 부채질하
였다.

　조선 시대에 예조참판(禮曹參判) 이함장(李諴長)의 후손으로 경남 宜寧

(의령) 출신인 이극로의 호는 '고루'고, 별명이 '물불'이다. 일제강점기에 조선어사전 편찬 집행위원, 한글 맞춤법 제정위원, 조선어학회 사건으로 검거되어 징역 6년을 선고받고, 함흥 형무소에서 복역하다가 1945년 광복되자 출소하여 1946년에 건민회(建民會) 위원장, 1948년 조선민주주의인민공화국 내각의 무임소상과 최고인민회의 상임위원회 부위원장을 역임했다.

연세대학교 명예교수 이근엽은 광복 이틀 후, 1945년 8월 17일에 이극로의 출소 때의 상황을 직접 목격한 일을 증언했다.

"1945년 8월 17일, 내가 15살 때인데, 조선어학회 회원인 모기윤 선생이 교회 청년 30여 명을 함흥 형무소 앞으로 모이게 해서 영문도 모르고 따라갔었다. 모기윤 선생이 조선인 검사에게 광복이 되었는데 왜 독립운동가들을 풀어 주지 않느냐고 항의해서 네 분이 감옥에서 나오게 되는데 그분들이 조선어학회 사건으로 옥살이를 한 이극로, 최현배, 정인승, 이희승님인 것을 그 뒤 알게 되었다. 그때 한 분(이극로 선생으로 보임)은 들것에 들려나오고, 세 분은 부축해 나오는데 처참한 모습이었다."

이극로는 재건된 조선어학회 회장에 취임하면서 한글 연구를 다시 이끌었다. 이때 백남은 경동제일교회 목회를 사임하고(1945년 5월) 구 성결교신학교 터(서대문 영천)에 동흥실업학교를 설립하여 그 학교에서 후학들을 양성하면서 교육에 힘쓰게 되었다.(경동제일교회95년사, p. 89) 왜 백남이 갑자기 교회를 사임하게 되었는지 그 이유를 밝힌 글은 없다. 경동제일교회 95년사에서 간단히 "열심히 노력하며 헌신한 강 목사는 4명의 장로와 영수 및 서리집사들의 적극적인 협조로 교회가 성장해

가는 것을 바라보며 대단히 기뻐하였다. 그러나 그는 더 이상 목회를 하지 못하고"(같은 책 P. 89)라고 기록했을 뿐이다. 나는 백남이 갑자기 교회를 사임한 이유를 건강상의 이유라고 짐작한다. 나는 백남이 고혈압으로 쓰러져서 해방 이후에 목회 활동을 할 수 없었다는 이야기를 들은 기억이 있다. 교회를 사임하고 동흥실업학교를 세우셨으나, 큰아들 소죽이 운영을 맡았다. 이런 때, 이극로는 백남에게 [訓民正音 解例本]의 寫眞本(사진본)을 선물한 것이다. 이극로의 경력 속에 백남이 동참한 기간이 길었다. 한글을 열정적으로 사랑한 두 사람 사이에 알려지지 않은 교분이 깊었다고 짐작된다. 이극로의 별명이 '물불'이다. '물불 가리지 않는' 성품의 반영이라고 한다. 백남 역시 비슷했다. 그러므로 백남보다 11살 어린 나이의 이극로가 백남에게 '선생님'이라 부르며 귀한 책을 선물한 것이 이해된다.

이극로는 그의 북한에서의 이력으로 말미암아, 대한민국에서는 '월북자'였다는 이유로 오랫동안 학계의 관심이 멀어졌었다. 그러나 최근 이극로가 1920년대 독일에서 유학했을 시절, 한글을 보급하는 역할을 했다는 사실이 밝혀져 재조명을 받아 주목받고 있다.(조준희〈1920년대 이극로의 조선어강좌와 민족 운동〉한민족연구5, 한민족학회2008) 서중석은 〈한국현대민족운동연구〉에서 "이극로는 '좌익' 계열이 아닌 주도 우파 노선을 견지했던 한글학자였다. 이와 같은 이극로는 한글학자보다 한글운동가로서 더 두드러졌다. 별명이 '물불을 가리지 않는다'는 말에서 나온 '물불'이, 그의 성격을 나타낸다"라 했다.(서중석, 한국현대민족운동연구, 역사비평사, p.346)

이극로의 일화에 공병우가 등장한다.

이극로가 눈병으로 공병우가 운영하는 병원을 찾았다. 여기서 공병우는 한글학자 이극로의 한글에 대한 열정에 자극을 받아, 본격적으로 한글에 관심을 가지기 시작했다고 했다. 1949년에 공병우 세벌식 한글 타자기가 나오게 된 일화이다.

옆 사진은 언더우드 제단이 제공한 1949년 공병우 한글타자기이다.

2019년에 제작된 영화 '말모이'는 1940년대 조선어학회(현 한글학회)의 대표로 활동한 이극로를 주인공으로 한 영화다. 주인공 류정환(윤계상 주연) 실제 모델이 이극로였다.

1928년 이극로 선생의 또박또박한 음성으로 프랑스 국립도서관에서 녹음한 음성자료를 2011년에 발견하였다.

이 음성은 독립운동가이며 언어학자인 이극로가 1928년 프랑스 소르본대학의 구술 아카이브 스튜디오에서 녹음한 기록이다. 구술 아카이브 스튜디오는 각국의 언어와 방언, 설화 등을 보존하는 기관으로 이극로는 일제의 조선어 말살 정책으로 조선어가 사라질 것을 걱정해 직접 프랑스까지 가서 녹음하였다. 이극로는 조선어가 사라지더라도 언제인가 누군가에게 우리말이 기억되기를 바랐을 것이다.

그의 소중한 녹음 파일을 그대로 풀었다.

조선 글씨와 조선 말소리

이제 쓰는 조선 말씨는 조선 임금 세종이 서역 1443년에 대궐 안에 정음궁을 열고 여러 학자로 더불어 연구하신 끝에 온전히 과학적으로 새로 지어진 글씨인데 서력 1446년에 안팎에 되었습니다. 이 글씨는 홀소리 11자와 닿소리 17자로 모다 28자올시다. 그뒤에 점점 변하야 닿소리 석 자가 줄었고 한 자는 아주 그르게 읽어서 '아래아'자라 합니다. 이 자는 이제 말소리에 쓰일 필요가 없으므로 점점 없어져갑니다. 요사이에 쓰이는 글씨는 아래와 같습니다.

ㅏ ㅑ ㅓ ㅕ ㅗ ㅛ ㅜ ㅠ ㅡ ㅣ

ㄱ ㄴ ㄷ ㄹ ㅁ ㅂ ㅅ ㅇ ㅈ ㅊ ㅋ ㅌ ㅍ ㅎ

이제 조선말에 쓰이는 소리를 소리갈의 결대로 보자면 아래와 같습니다.

홀소리 ㅏ ㅓ ㅗ ㅜ ㅐ ㅔ ㅣ ㅡ

홀소리의 거듭 ㅑ ㅕ ㅛ ㅠ ㅒ ㅖ ㅘ ㅝ ㅙ ㅞ ㅟ ㅢ

이 소리의 본보기를 말에서 듣겠습니다.

ㅏ 간다 잘자

ㅓ 너 저것

ㅗ 돈도 좋고

ㅜ 두루 눈

ㅐ 개 대 배 때

ㅔ 에 에비 베

ㅣ 이리 끼니

ㅡ 그늘 흔들

ㅑ 가느냐 아야 괜찮다

ㅕ 엿 여 오면서

ㅛ 요것 효

ㅠ 웆 유모

ㅐ 애

ㅖ 그러계

ㅘ 관 괄

ㅝ 월 권

ㅙ 꽤

ㅞ 궤 꿴다

ㅟ 귀 쥐 뒤

ㅢ 긔

닿소리

ㄱ ㄲ ㅋ 응

ㄷ ㄸ ㅌ 는

ㅅ ㅆ ㅈ ㅉ ㅊ

ㅂ ㅃ ㅍ 음

ㄹ ㅎ

2011년 프랑스 국립도서관 아카이브에서 발견된 이 자료는 현존하는 가장 오래된 한국어 음성자료가 되었다. 5분 17초의 녹음은 이극로의 한글 사랑이 얼마나 열정적이었나를 고스란히 담고 있었다.

나는 백남이 총회 종교 교육부에서 일하며, 종교시보에 낸 글이 생각
났다.

'09 백남의 설교, 글'에 실렸지만, '**한글첩경교안**'은 소실된 책의 원
고 '**한글 맞춤법 통일안 해설 500 문답집**'의 요약이라 여겨져, 다시 백
남의 중요한 행적(行蹟)으로 남겼다.

宗敎時報 第七·八號 昭和 8年 7月 1日

한글첩경교안

白南

이 교안은 한글첩경을 교수하는 선생들의 참고로 쓰게함이니 한글첩경
을 교수하는 선생들은 반드시 이 교안을 한번 본 뒤에 교수하되 세 주일이
나 네 주일동안 교수하기로 하엿스니 참고하시압

1. 교재

『한글첩경』은 첫주일 동안은 홀소리(母音) 닿소리(子音)의 합하는 것을
다 가르치고 둘째주일 동안은 홀소리나 닿소리의 거듭된 것과 바침까지
가르치고 셋째주일 동안은 새바침과 글 읽는 것을 가르치고 넷째주일 동
안은 응용 곳 연습을 많이 식힐 것

2. 교수법

제1일 홀소리의 읽는 법은 아래와 같음

ㅏ아 ㅑ야 ㅗ오 ㅛ요 ㅜ우 ㅠ유 ㅡ의 ㅣ이

(설명)

1. 학생들로 책에 글짜는 보이지 말고 선생이 먼저 칠판에 ㅏ짜로 시작하여 한자식 써 서 가르칠 것

2. 다만 읽게만 하지 말고 발음 할 때 입 모양과 동작하는 것을 자세히 보일 것(가령 입을 벌이던지 입술을 오무리던지 하는 것)

3. 홀소리 글짜를 칠판에 쓰인 뒤에는 한자식한자식 따라 읽게 함

4. 이렇게 五六차를 한 뒤에 책(한글경첩)을 펴게 하고 칠판에 쓰인 것과 비교하여 보 이며 책을 보고 읽게 함 책에 잇는 글짜를 손까락으로 꼭꼭 짚으며 읽게 할 것이요 연속하는 것은 절대로 말게 할 것

5. 다시 칠판에 한자식 써서 매명에게 묻고 연필로 쓰게 할 것(혹 손까락으로 써 땅에 그리게 하기도 함)

6. 학생이 너무 어려서 한꺼번에 다 가르치기가 어려울 때는 그 정도에 따라 적게 가르 치는 것이 좋음

7. 아 글짜는 잇섯스나 지금은 우리 음에서 도태됨을 가르칠 것

제2일 닿소리 ㄱ그 ㄴ느 ㄷ드 ㄹ르 ㅁ므 ㅂ브 ㅅ스 ㅇ으 ㅈ즈 ㅊ츠 ㅋ크 ㅌ트 ㅍ프 ㅎ흐, 혹은 ㄱ 기억 ㄴ느 은 이렇게 발음하느니도 잇스나 여기는 순전히 초성(初聲) 곳 첫 소리만 발하여 홀소리와 합할 때에 학생의게 생각에 혼난함을 면케 한 것이다. ㄱ그 와 ㅏ아를 합하여 처음에는 천천히 시작하여서 차차 자조 하여서 한낱 소리를 낼 때에는 완전한 가짜소리가 날것이니 이와 같이 ㄱㅑ는 갸 로 ㄱㅓ는 거 로 ㄱㅕ는 겨로 ㄱㅗ는 고 로 ㄱㅛ 는 교 로 ㄱㅜ는 구 로 ㄱㅠ는 규 로 ㄱㅡ는 그 로 ㄱㅣ는 기 로 이법대로 하면 틀림이없슴

1. 이날에 가르칠 것을 시작하기 전에 앞에 배운 홀소리를 한자식 칠판에 써서 다 알거 든 ㄱ 짜를 칠판에 쓰고 가르칠 것

2. 홀소리와 닿소리를 확연히 분별하기 위하여 칠판에 쓸 때에 닿소리는 붉은 토필노 쓰고 홀소리는 백묵으로 써서 가르침이 좋음

3. 합한 글짜(곳 가갸……)를 한자식 짚어가며 읽게 하고 연속하지 못하게 할 것

4. 연습난에 잇는 글짜는 한자식 칠판에 쓰고 물어서 학생으로하여금 기어히 알도록 할 것이며 결코 선생이 먼저 가르처주지 말 것

제3일 ㄴㄷ의 읽는 법 ㄴ느 ㄷ드는 전에 것과 같이 하고 이 아랫것도 또한 이와 같은 법으로 가르칠 것

1. 이날부터 정도가 차차 높아 감을 따라 닿소리는 몇 자식 더 가르치게됨

2. 연습난에 단어와 장어 두 가지를 두엇스니 각기 분간하여 가르칠 것

제4일 ㄹㅁㅂ의 읽는 법은 ㄹ르 ㅁ므 ㅂ브
제5일 ㅅㅇㅈㅊ의 읽는 법은 ㅅ스 ㅇ으 ㅈ즈 ㅊ츠
제6일 ㅋㅌㅍㅎ의 읽는 법은 ㅋ크 ㅌ트 ㅍ프 ㅎ흐

(설명) 닿소리와 홀소리가 합한 것(반절)은 이날로써 끝남. 만일 한주일만 하는 곧은 여기까 지만 가르쳐 마치고 앞에 남은 것은 따루 누구의게던지 물어서 읽어 보라고 부탁하여 둘 것

제7일 짝소리(거듭닿소리) ㄲ ㄸ ㅃ ㅆ ㅉ 의 읽는 법은 ㄲ끄 ㄸ뜨 ㅃ쁘

ㅆㅅ ㅉㅉ로 가르치고 ㄱㄷㅂㅅㅈ는 무른소리요 ㄲㄸㅃㅆㅉ는 된소리인 것을 비교하여 가르칠 것

1. 먼저 ㄱ 짜를 써서 발음하여 보이고 다음에 또 ㄲ 짜를 그 옆에다 써 놓고 ㄱ 가 한 게 잇을 때가 소리가 더 강하게 난다는 이유를 설명한 후에 가 짜와 까 짜를 다시 비교하여 발음할 것
2. 된스웃법으로 쓰는 곳 ㅅㄱ ㅅㄷ ㅅㅂ ㅅㅈ 몇자를 써서 보이고 이렇게 많이 쓰나 그것은 잘못된 것이니 절대로 된스웃법은 쓰지 말게 할 것

제8일 거듭홀소리 ㅐㅒ ㅔㅖ ㅚ ㅟ ㅝ ㅓ 의 읽는 법 ㅐ애, ㅒ애, ㅔ에, ㅖ예, ㅚ외, ㅚ외, ㅟ위, ㅝ위, ㅓ어 의 먼저 홀소리 두 개가 합하여 한 소리가 된 것을 가르치고 다음에 그것이 닿소리와 합하여 한소리가 된다 함을 가르칠 것

제9일 전일과 같음

제10일 거듭홀소리 ㅘ ㅝ ㅙ ㅞ 의 읽는 법은 ㅗ ㅏ 가 합하야 한소리가 나도록 빨리 자조 하면 자연히 ㅘ 와의 발음이 됨 ㅝ 워 ㅙ 왜 ㅞ 웨가 다 그렇게 됨

제11일 바침 ㄱㄴㄹㅁㅂㅅㅇ의 읽는 법 ㄱ윽 ㄴ은 ㄹ을 ㅁ음 ㅂ읍 ㅅ웃 ㅇ응 이렇게 끝소 리만 발음하여서 학생의 생각을 혼난케 함을 면케할 것

1. 가 짜에 ㄱ을 붙이여서 각. ㄴ을 붙이여서 간. ㄹ을 붙이여서 갈. ㅁ을 붙이여서 감. ㅂ을 붙이여서 갑. ㅅ을 붙이여서 갓. ㅇ을 붙이여서 강.

2. 가 짜줄에서 하 짜줄까지 가르치되 하로에 다 가르치지 못하리니 이
　것은 2, 3일쯤 논아 가르침이 좋음

　제12일 새바침 ㄷㅈㅋㅌㅍㅎ의 읽는 법도 넷바침과 같이 학생의 생각
이 혼난을 면케 하기 위하여 끝소리만 발하여 ㄷ웃 ㅈ웃 ㅊ웃 ㅋ웃 ㅌ웃
ㅍ읍 ㅎ웃 이같이 할것이면 ㄷㅈㅊㅋㅌㅎ의 대신 ㅅ을 쓰고 ㅋ의 대신
ㅅ을 쓰고 ㅍ의 대신 ㅂ을 씀이 편리하 지 아니하느냐고 할것이나 남은 음
이 발하지 아니하면 그럴듯도하나 그바침 아래 홀소리의 글짜가 잇을 때
에는 그남은 음이 아래로 나려오는 때문에 없어서는 원만 히 우리의 말법
에 맞게 할수 없음
　제13일 쌍바침 ㄲ ㄳ ㄵ ㄶ ㄹ ㄻ ㄺ ㄿ ㅄ ㄾ ㄽ ㅀ ㅂ ㄼ 한글첩경13공과
를 잘 살펴 활용할 것

3. 응용연습

1. 학생으로 하여금 가급적 연습을 많이 식히도록 할지니 그 방법은 선
　생의 능률에 맡길 것 이나 참고로 몇 가지를 들면
1. 칠판에 써서 읽에 하는 것
2. 두터운 마분지로 카드를 만들어 가지고 거기에 홀소리와 닿소리를
　한자식 써서 논아주고 그것을 맞후에 합자되게 할 것
3. 연습난에 잇는 단어로 짧은 이야기 하여 주어 흥미를 일으키게 할 것
2. 성경 이름 조선지리 조선역사 읽어 줄 것
3. 기도문은 여러번 연습하여 암송케할 것
4. 찬송가 곡조를 따라 가르칠 것

5. 각공과 연습에 단어를 한짜로 대역하게 할 것

한글첩경 13공과 참조 [종교시보에 게재한 광고]

짧은 광고문이지만,

백남의 한글 통일안 맞춤법

에 대한 긍지와 우리말에

대한 자랑을 느낄 수 있다.

백남은 우리글과 말을 하루

바삐 한 사람도 빠짐없이

배우기를 바랐다.

문맹(文盲)을 깨치는 것이

나라와 민족이 살 길이라고

믿었기 때문이다.

　　"**한글 統一案**(통일안)**을 購買**(구매)**하여 講讀**(강독)**하라**"는 광고 문안
에는, 할아버지의 한글 교육에 대한 단심(丹心)을 느낄 수 있다. 잃어버
린 나라를 되찾는 길이 한글 교육에 있음을 강조하고 강조하는 열정적
인 외침은, 그 시대의 복음(福音) 중 복음(福音)이며 예언(豫言)이라 생각한
다. 한글 교육을 통해 문맹(文盲)을 극복해야만 조선민족(朝鮮民族)의 미
래가 있음을 할아버지는 앞서서 보고 있었다.

한글統一案(통일안) 定價二十錢(정가20전)

世宗大王(세종대왕)께옵서 깊여주시고 가신

以來(이래) 四百八十餘年間(사백팔십여년간)

그동안에 幾多(기다)의 變遷(변천)을 거듭하야

오늘까지에 統一(통일)을 보지못하였더니

今時也(금시야) 我先輩諸賢(아선배제현)의

苦心血汗(고심혈한)으로 完然(완연)한 統一(통일)을

보게됨에 至(지)하였다.

이야말로 참 朝鮮文化(조선문화)의

劃時期的事業(획시기적사업)이니 하로바삐

우리의 글을 바로 알기 爲(위)하야 講讀(강독)하자!

세종대왕께옵서 깊여주시고가신 이래 사백팔십여년간

그동안에 기다의 변천을 거듭하야 오늘까지에

통일을 보지못하였더니 금시야 아선배제현의

고심혈한으로 완연한 통일을 보게됨을 지하였다.

이야말로 참 조선문화의 획시기적사업이니

하로바삐 우리의 글을 바로알기 위하야 강독하자!

小竹의 白南 기억

1. "나의 길, 목양(牧羊)의 길"에서

[물음] 목사님께서 목양의 길로 가시게 된 동기와 신학의 길에서 기쁨, 그리고 목사님께서 스스로 목회자로써 무엇이 부족하다고 생각하셨으며, 그것을 위해 어떻게 노력하셨는지요?

선친이 일찍이 예수님을 믿어 모태신앙으로 태어났다. 아버님으로 말미암아 한 동네 문중이 다 교회에 나가게 되었기 때문에 나도 어려서부터 교회에 출입하게 되었다.

더욱이 문중에서 학교를 설립하였는데 선친은 설립자 겸 교장이셨고, 교사였기 때문에 기독교적 신앙에 의해 교육하셨다. 그 학교에서 나도 소학교(4년제)를 마치면서 신앙의 뿌리를 내렸고, 주일이면 소아회(아동부)에서 소요리 문답 등의 신앙 교육을 철저히 받으며 자라났다.

1920년 구정 무렵, 당시 부흥사로 전국을 부흥시키시던 김익두 목사님이 안동으로부터 집회 인도차 마을로 오시는 것을 동구 밖에서 기다릴 때. 나귀 타고 석양 노을을 등지고 오시는 모습을 보고 예수님을 맞는 기분이었고, 그 모습이 어찌나 멋지게 보였던지 "나도 이 다음에 저런 목사가 되어야지"하는 생각이 어린 마음에 자리 잡게 되었다.

배재 중학을 마칠 무렵 학업성적이 좋아지자, 선친은 좀 욕심을 내시게 되어 경성제국대로 보내실 의향이었으나, 나는 어릴 때의 그 꿈과 또 동생(강신정 목사님)과 함께 학업을 계속하고자 대구 계성전문학교에 입학하여 장학생으로 졸업하게 되었다.

졸업할 무렵 약간의 세상 욕심이 생겨 장차 진로 희망란에 첫째 교사, 둘째 회사원, 셋째 신학으로 적어 넣었는데 교장 선생님이 서울 총회 사무실에 올라가셨다가 그곳에서 교육부 일을 보시던 선친을 만나 나의 변경된 진로와는 상관없이 내가 사전 아버님과 상의 된 모양으로 간주 되어 나의 진로는 신학으로 결정되고 말았다.

그 후 곧바로 평양으로 가서 평양신학교에 입학하여 본격적인 신학 수업이 시작된 것이다. 그때 하나님께서 나의 진로를 바로잡아 주신 것으로 생각된다.

신학 수업을 하면서 좀더 깊은 신학 연구를 갈망하여 당시 선후배 간이던 박윤석 박사의 주선으로 웨스트민스터신학교에 유학하려 했으나, 그 길보다 곧바로 목회로 들어가게 되었는데 그곳이 선천에 있는 남교회이다.

나는 목회자로서 어느 한 부분이 부족하여 낙심하거나 낙심을 주거나 하지는 않은 것 같다. 그러나 나는 청소년기와 신학할 때 몸이 건강치 못하여 신학의 어느 한 분야를 전문적으로 연구하지 못하여 아쉬움이 있다. 그러나 지금 생각하면 오직 목회에만 전념할 수 있었던 것은 현명한 목회 수업을 했기 때문인 것 같다.

"나의 길, 牧羊의 길" 소망사(33분의 목회자가 공개하는 목양길의 감동적인 증언),

1984, p. 7-8

2. 강신명 신앙저작집 2권에서

『선교구역 분담』

… 오랫동안 폐쇄되어 있던 '은거의 나라' 한국이 문호를 개방하고 선교가 시작되었다는 뉴스는 세계 여러 나라 교회들의 관심을 불러일으켜 선교사들이 밀려옴으로써 한국선교의 불이 붙게 되었다. … 감리교 선교사들과 장로교 선교사들은 서로 의논하여 한국에서 구역제 선교 방법을 채택, 보다 더 효율적인 선교사업을 하기로 하였다. 이것은 오늘 우리들도 본받을 만한 협동정신이라고 하겠다. 말하자면 그들은 감리교 선교사와 장로교 선교사가 되기 전에 예수 그리스도의 복음의 사자로서 '은거의 나라' 한국에 예수를 전함으로써 참 자유와 빛을 얻게 하는데 목적을 같이 했던 것이다. 그래서 쓸데없는 경쟁으로 시간과 노력과 물질을 소모할 필요가 없다는 데 의견을 모았다.

그 결과 서울과 경기 이남, 충청도, 강원도, 황해도 해주를 비롯하여 연안, 배천, 사리원, 평산 지방, 평양, 진남포, 상서 지방, 박천, 태천, 영변 지방은 북감리교 선교 지역으로 하고, 서울의 일부와 송도 지방 일대와 원산을 중심한 강원도의 서북지방을 남감리교 선교 지역으로 하였다. 그리고 캐나다 장로회는 함경도 일대와 북간도 지방을 담당하고 미남장로교 선교회는 충남 장항 지방, 즉 서천과 전라도와 제주도

선교를 담당했다.

또 호주 장로회 선교사들은 경상남도를 담당하게 되었고, 미북장로교 선교사들은 서울과 경기도 일부, 충북 일부, 경상북도, 황해도, 평안남북도 그리고 남만주 일대를 담당하게 된 것이다.

이렇게 생각해 볼 때 나 자신도 북장로교 선교사들의 담당 지역에서 태어났고 나의 부모님들이 또 거기서 예수를 믿었기 때문에 장로교인이 되었을 뿐이다. 요즘 서울에서 볼 수 있는 것처럼 많은 교파가 있는 가운데 내가 교회를 선택하고 교파를 선택해서 장로교인이 된 것은 아니었다.

중앙일보, '기독교 100년 남기고 싶은 이야기들'에 연재(33회)했던 (1974.9.4.~10.12) 글, p. 550~551에서 발췌

『인재 양성』

… 내가 자라난 곳은 경상북도 영주(榮州)군인데 순흥이란 지방에서 이런 일이 있었다. 당시는 전도인들이 전도를 하고 나면 안동에 자리 잡고 있던 선교사들이 1년에 봄, 가을 두 차례 경북 지방을 나누어 순행하면서 세례문답을 하고 합격자에게 세례를 주었다.

그때만 해도 백정은 천민이어서 어른이 되었어도 보통 아이들이 '허교(許交)'를 하고 "해라"를 하던 때였다. 그런데 마을 백정 가운데서 한 사람이 예수를 믿겠다고 하자, 선교사는 바로 백정에게 "형제"라고 부르는 것이었다. 그러자 마을 사람들은 기독교는 야만의 종교요 서양

선교사는 예법을 모르는 야만종이며 예배당에는 상놈이나 갈 곳이지 양반은 갈 곳이 되지 못한다고 이구동성으로 비난했다.

이런 일이 있은 다음, 다른 교회들은 모두 활발하게 움직이고 크게 발전하는데 비해, 영주읍이나 풍기(豐基)읍 교회는 한동안 도무지 발전하지 못했다. 이와 같이 기독교는 성경의 가르침을 따르고 실천하지만 기존 질서와 제도에서 볼 때는 분명히 혁명적이었던 것이 사실이다.

(같은 자료 p. 552-553에서 발췌)

『대부흥운동』

나의 선친은 강병주(姜炳周) 목사이다. 나는 선친의 묘비에 이렇게 새겼었다. '교육가요, 또 기독교 목사요, 한글 연구자시며 또 이것의 보급을 위하여 일생을 바치신 어른이었다'라고.

나의 선친은 생모(나의 조모)되시는 어른을 열두 살에 잃었다고 하셨다. 조부님이 목수였기 때문에 생활이 어려운 편은 아니었지만, 조모님이 작고하신 이후는 이상하게도 수년 안에 재산을 다 날려 버렸다. 조부님은 여전히 목수 일로 생계를 돌보시고 나의 선친은 주경야독하시면서 집안일을 돌보았다고 한다.

열다섯 살 때 동갑되시는 경주 최씨 가문에서 아내를 얻어 5~6년간 살아도 그 사이에 자녀를 얻지 못해 선친은 소실을 두겠다고 했다는 것이었다. 그러나 조부님이 허락하지 않아 그는 중이 되겠다고 집을 뛰쳐나가고 말았다. 경남 합천 해인사를 찾아가던 도중, 그는 의병난(義兵亂)을 만났다. 여인숙 뒷문을 빠져나온 그는 "하나님 살려 주시면 예수를 믿겠습니다"라고 기도하면서 담장을 뛰어넘었다.

이렇게 해서 마음으로 예수를 믿게 되었고 집으로 돌아와서는 가족과 친척들에게 전도했다. 그래서 마을에 교회를 세웠는데, 이것이 경북 영주군의 내매교회다. 그리고 그는 대구 계성학교로 가서 사범과에서 수학했고 돌아와서는 집안의 토지를 얻어 사립 기독 내명학교(私立基督(內明學校))를 설립 그 교장에 취임했다.

교육과 교회 봉사의 일선에서 일하며 그는 장로가 되고, 동네에서는 동장이 되어 동민들에게 대혁신운동을 전개했다. 뽕나무를 심어서 양잠(養蠶)을 하게 하고 부녀자들까지라도 일하게 했다. 와공(瓦工)을 불러다 기와를 직접 구원서 지붕을 개량하고, 농한기에는 젊은이들에게 새끼 꼬기와 가마니 치는 부업을 권장하여 경제 재건을 이룩했다. 또 낙화생(땅콩), 고구마, 토마토 재배 등 농사를 개량하여 작은 농토를 최대한으로 이용하게 하였으며 야산을 개간하여 유실수를 심게 하였다.

(같은 자료 p. 554-555에서 발췌)

『3·1운동과 기독교』

60일 동안 계속된 3·1독립운동은 전국적으로 618개 처에서 만세를 불렀고 적어도 50만 명이 여기에 가담했다. 사상자가 158명이었고 15,272명이 체포되어 투옥되었다. 체포된 사람은 불교도가 222명, 유교도가 340명, 천도교가 2,268명, 대천도교가 14명, 천주교인이 54명, 개신교인이 3,119명, 무종교가 9,255명으로 되어 있다. 투옥된 15,000명의 1/5이 기독교인이었고 독립선언문 서명자 가운데 절반이 기독교인이었으며 또 그 대다수가 성직자였다는 것은 자유와 해방을 위해 기독교가 얼마나 적극적으로 투쟁했는지를 보여 주고 있다.

　나는 그 당시 열 살밖에 되지 않은 조그만 아이였다. 우리 동네는 영주읍에서 동쪽으로 25리가량 떨어져 있는 산골 조그만 마을이었다. 선교사와 선교사 부인들이 1년에 한두 차례 순행도 하고 사경회를 할 때면 으레 찾아오기 때문에 산촌치고는 기독교 관계로 개화의 혜택을 많이 입은 동네였다. 이 마을에 신문화를 끌어들인 장본인인 나의 선친은 신학 공부를 위해 평양으로 가신 후였기 때문에 당시 그 동네에는 독립 만세 운동을 지도할 사람이 없었다. 그런데 며칠이 지난 다음 영주읍에서 일본인 헌병 몇 사람이 호마를 타고 와서는 신학 공부 간 사람들의 집을 수색하기 시작했다. 강신충(姜信忠), 강석진(姜錫晉), 강석초(姜錫初)의 집과 우리 집을 뒤지는 것이었다.

　결국 나의 선친은 만세 운동에 가담한 죄로 대구형무소에서 8개월의 옥고를 치르고 그해 겨울에 집으로 돌아왔다. 머리를 기르고 가셨던 분이 까까중이 되어 가지고 집으로 온 곳을 본 나는 징역살이는 저렇게 머리를 빡빡 깎는다는 것을 비로소 알게 되었다.

　　(같은 자료 p. 562-563에서 발췌)

10 탈고 이후에

탈고(脫稿) 이후에

1. 2024년 3월 4일 "백남, 강병주 목사, 행적을 찾아서"를 탈고(脫稿)했다.

몇 번을 곱씹어 읽어보면 많은 부족한 부분들이 발견되었지만, 스스로 "여기까지야" 하며, 마침표를 찍었다.

할아버지를 끝내고, 아버지의 행적을 찾아 나서야 하기에, 잠시 쉼의 시간을 계획했다.

제주도 올레길 걷기다.

3월 9일 아침, '세움북스' 출판사를 경영하는 조카 강인구 장로에게, 탈고 원고를 저장한 USB를 넘기고, 3월 12일 일찍 제주도를 향했다.

탈고(脫稿)가 가져온 탈고(脫苦)의 자유였다.

글을 써 본 사람은 이 느낌을 잘 안다.

2. 3월 14일, 올레길 일정을 마치고 휴식을 취하고 있을 때, 알지 못하는 전화번호가 핸드폰을 울렸다.

"강인구 장로를 알고 있는, 장영학 목사입니다. 백남의 책 출판 소식을 들었습니다. 혹시 백남의 평양신학교 졸업 앨범 사진이 있습니까?"

"없습니다."

"제게 있습니다. 받아 보겠습니까?"

"감사한 마음으로 받고 싶습니다."

곧 평양신학교 제16회 졸업생 전체와 교수들의 얼굴이 들어있는 사진 한 장이 전송되었다.

제16회 평양신학교 졸업앨범 사진은, 장영학 목사 소장의 1923년 제17회 졸업생들이 '학우회보'(學友會報) 제1호를 출간하며 명단을 기록

한 것에서 복사한 것이라 했다. 백남은 제4열 오른쪽에서 세 번째이다. 제2열 오른쪽 네 번째 함태영(咸台永) 목사가 백남의 동기(同期)라는 것을 알게 되었다. 또한 경안노회 독립운동비사 사건으로 9명이 1927년 겨울에 체포되어 3개월 동안 평안북도 중강진 경찰서 유치장에 수감되었는데, 이때 경안노회 노회장이었던 장사성(張師聖) 목사도 백남의 동기이다.

이렇게 '한국교회 역사자료 박물관' 관장인 장영학 목사와의 만남이 시작되었다.

장 목사에게 백남의 책에 졸업앨범 사진을 실을 수 있도록 허락을 받았고, '탈고(脫稿) 이후에'의 원고를 첨가하게 되었다.

3. 장영학 목사와 대화 중, 잘못 알려진 백남의 출생 연도와 백남이 기독교 신앙을 받아들인 신주(信主) 해를 발견하여 정정한다.

진주강씨나경공보(晉州姜氏羅慶公譜) 족보(族譜), 기독교대백과사전, 백남에 대하여 쓴 여러 글, 심지어 소죽, 만산까지도 백남이 태어난 해를 무오년(戊午年) 출생, 곧 1882년이라 했다. 그러나 백남의 제적등본, 백남이 작성한 것으로 파악되는 약력에 따르면 명치(明治) 16년 3월 9일 출생(出生), 곧 1883년이다.

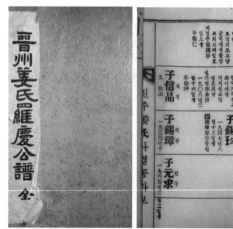
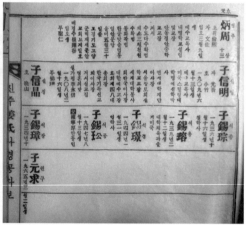

그리고 백남이 하나님을 믿은 때를 1907년으로 알고 있다. 그렇지만 내매교회 100년사 기념비에 따르면, "1906년 초대 교인으로 강재원 외 강병주, 강병창, 강신유, 강신창, 강석구, 강석복 등이 있었다."라고 새겼다. 강병창은 백남의 동생이다. 백남은 1906년에 내매교회의 첫 교인이었다. 또한 백남은 장로회 총회 종교교육부 1935년 11월 발행 목사대설교집에 '해갈지책'(解渴之策) 설교문을 실으면서, 자신의 약력을 소개하였는데 '신주(信主) 1906년 4월, 수세(受洗) 1910년 10월'이라 했다. 편저자는 장 목사와 의견을 나누면서, 이 책에 이미 알려진 대로 출생 연도를 1882년으로, 신주의 때를 1907년으로 집필된 것을 수정하지 않고 그대로 두기로 하였다.

4. 백남은 3·1 만세운동으로 8개월 동안 대구교도소에서 수감생활을 하였다고 했다. 증명할 자료가 없었다. 장영학 목사는 그 자료를 찾는 길을 알려주었다. "독립운동관련 판결문, 이름 강병주(姜炳周) 37세, 경북 영주군 평은면 천본리 1060, 죄명 보안법위반, 주문 증거불충분 불기소, 판결기관 대구지검, 판결날짜 19190329, 관리번호 CJA0017402, M/F번호 95-117" 행정안전부 국가기록원에서 찾았다.

하나님께서는 때를 맞춰 사람을 만나게 하신다. 장영학 목사가 그렇다. 한국교회의 소실될 자료를 모아 박물관을 만들어 보관하는 장영학 목사는 한국교회사에 귀한 그릇이다. 편저자는 장영학 목사에게 힘들게 찾은 자료를 사용할 수 있도록 허락한 일과, 그의 열정을 감사하지 않을 수 없다.

(2024년 4월 2일 '책향기 교회'에서 장영학 목사와 편저자)

11 때의 복음

때의 복음

모든 일에 시작이 있으면,

반드시 끝이 있다는 말이 새삼 마음을 뭉클하게 한다.

이 책이 여기까지 오게 된 과정을 되돌아보며 마음에 들어온 감정에 대한 솔직한 표현이다.

할아버지의 '행적(行蹟)을 찾아서' 타임머신을 타고 100년 전 세상을 찾았다.

나에게는 할아버지의 세상은 생소한 세상이었다.

그래도 할아버지 삶의 자리들을 더듬거리며 걸을 수 있었던 것은,

아버지께서 남겨두신 **'만산이 쓴 백남'**이 나침판이 되었기 때문이다.

이제, 시간이 되었다.

"**白南, 姜炳周 牧師, 行蹟을 찾아서**"를 총정리할 '**때**'이다.

할아버지께서 1955년에 세상을 떠나신 후에, 묘비(墓碑)에는

　"목사 백남 강병주님 쉬는곳"

　"교육사업으로

　기독교목사로

　또한글연구로

　이것의보급을

　힘쓰신어룬의"

라 음각(陰刻)된 글이 쓰여있다.

할아버지의 일생을 잘 표현한 묘비라 생각한다.

이 책은 아버지를 추모하는 책의 출판을 준비하면서, 할아버지가 먼저라 여겨 시작되었다.

힘들게 할아버지의 행적을 찾아가면서 어떤 목회를 하셨는지 깨닫게 되었다.

나는 할아버지께서 그 시대의 '때의 복음'을 전하였다고 생각했다.

때는 전혀 다르지만, 할아버지를 만났고, 일분일초를 아끼며 목회하시는 걸음을 따랐다.

이 과정에서 놀라운 경험을 하였다.

할아버지 안에 있는 나를 발견하였고, 동시에 내 안에 계시는 아버지도 만났다.

나는 목사다.

어느새 내 나이가 76세가 되었고,

48년 전 전도사로 시작되어 은퇴 목사로 지내는 지금까지 목회자로 살았는데,

난 어떤 목사였지?

난 내가 살아온 시대에서 어떤 메시지를 던지며 목회했지?

묻고, 묻고, 또 묻고 있지만

아직, 그 답을 제대로 얻지 못하여 여간 민망스러운 마음이 아니었다.

목사인 할아버지의 행적을 찾으면서, 답을 얻었다.

얻은 답을 이 자료집과 같은 책의 마무리 이야기로 한다.

제목을 "때의 복음"이라 정했다.

성서는,

예수께서 마가복음 1장 15절에서 하신 말씀,

"**때**가 찼고 하나님 나라가 가까이 왔으니 회개하고 **복음**을 믿으라"를 복음의 시작이라 했다.

예수께서는 그 시대가 하나님 나라를 이룰 **때**라 하셨다.

예수님은 자신이 세상에 온 때에 사람들로 복음을 믿게 하는 것이 중요했다.

복음을 믿게 하려고 십자가를 지셨다.

사도 바울의 '때'에 복음은 어떤 것일까?

예수를 그리스도로 고백하며, 교회를 세우는 것이라 할 수 있겠다.

땅끝까지 복음을 전하는 것, 이것이 바울의 '때'의 복음이라 할 수 있다.

칼빈과 루터의 종교개혁 때의 복음은 무엇일까?

로마 가톨릭교회의 비복음적 행위에 대해 복음을 회복하는 것이, 종교개혁 '때'의 복음이다.

이렇게 '때'는 시대마다 다르다.

그래서 각기 다른 시대에 적합한 사명이 필요하다.

나는 그것을 '때의 복음'이라 부른다.

할아버지께서 목회하셨던 그 '때'는 어떤 시대였을까?

일본이 조선을 삼키고, 말과 한글을 말살하려 하고, 창씨개명(創氏改名)으로 조선 사람으로서의 정체성을 죽이던 때였다. 나라 잃은 국민에게 교회가 전할 수 있는 복음은 무엇일까?

백남은 목사가 되어,

한글을 가르쳤다.

가난하고 병든 농촌을 살리려 온 지혜를 기울였다.

인재를 양성하는 데 전력투구했다.

그리고 기독교인으로서 생활에서 본을 보여야 한다고 가르치며, 본인이 모범을 보였다.

이 모든 목회적 행위가 일제의 탄압이라는 시대에 '때의 복음'이었다.

이것이 나라와 민족을 살리는 복음이라는 믿음이었다.

할아버지의 목회를 잣대로 재어보게 하는 글을 만났다.

김명구 교수의 글이다.

할아버지의 행적(行蹟)을 찾아다니다가, 할아버지 신앙의 토양은 어떤 것이었을까 하는 물음이 생겼다. 어릴 때부터 한학(漢學)을 공부했고, 경상북도 영주 지역이라는 문화의 토양에서 어린 시절을 지낸 백남이다. 영향이 없을 수 없다. 그리고 해인사를 향하다가 전도인을 만나 하나님을 믿기로 약속한 사건(1907년)의 배경에, 1906년에 아저씨 항렬인 강재원(姜載元)이 강씨 집성촌인 내매마을에 세운 내매교회(乃梅敎會)가 백남의 신앙을 형성하는 외적인 요소가 될 수 있었을 것이다. 무언가 학문적으로 백남의 신앙 토양을 설명할 근거가 될 글이 없을까 하였는데, 김명구 교수가 쓴 '영주제일교회 100년사'의 서문이다.

그의 글을 인용한다.

영주제일교회 100년사 서문

하나님께서 영주제일교회를 세우셔서 사역하도록 하신 역사의 길이가 100년이 지났다. 을사늑약을당하고 더 이상 민족의 장래에 희망이 보이지 않았을 때, 일본이 한국(조선)이라는 이름을 역사 가운데지우려고 할 때, 한국의 근간이 파멸되어 가고 절망이 이 강토를 휩쓸고 지나가던 바로 그때, 하나님께서 영주제일교회를 세우셨다. 하나님이 이 땅과 여기에 사는 거민들을 포기하지 않으셨던 때문이다.

창립 100년에 이르기까지 그 많았던 인고와 희생은 역사의 기록에도 미처 담지 못할 정도였다. 그런데 어느새 수많은 복음의 밀알들이 떨어졌다. 무성한 가지로 뻗었고 거대한 숲을 이루었다. 한국지성사 근원의 전통뿐만 아니라 장로교 통합 측의 긍지가 되었다. 영주제일교회의 그 자리가 한국 장로교회의 선교의 지표가 된 것이다.

장로교 선교부 중에서 가장 늦게 시작했던 교회였다. 주변이라고 각인되었던 교회였다. 그런데 어느새 경안지역을 넘어서고 한국장로교회의 중심에서 그 이름을 높이고 있다. 이제 한국사회의 중심과세계의 중심으

로 나아가는 일이 영주제일교회의 사명이요 목표가 될 것이다. 영주제일
교회의 역사에는 주변에서 시작해서 중심에 이르고 다시 세계로 나아갔던
세계 선교사의 패러다임이 존재하기 때문이다.

　　과거 영주는 한국 성리학적 세계의 베이스캠프였다. 안동이 조선 사회
의 철학적 사고를 선도했다면, 영주는 안동을 움직이는 방향타였다. 곧
유교 전통의 본거지요 성리학적 세계관의 정통성을 과시하던 곳이었다.
그러나 조선 사회를 지탱하던 유학이 힘을 잃고 주저앉았을 때, 일본이 천
황제 이데올로기를 앞세워 한국의 전통을 비하했을 때, 영주제일교회는
기독교 복음이 움켜잡아야 할 가치요 일본을 극복하는 새로운 에너지가 될
것이라는 것을 증명했다. 기독교가 더 이상 외래(外來)의 것이 아니라 민족
을 지탱해주고 장차 한국을 세계로 이끌어 내는 종교라는 인식을 이끌어
내었다.
　　성리학적 세계관으로 무장된 한국 사회에 복음의 약속된 가치, 영적 평
화, 만밍이 하나님 앞에서 평등하다는 사상, 성서를 통한 사회 안에서의
인간화 작업, 윤리의식과 외세에 대한 저항의식, 철저한 행위규범과 도덕
적 성실, 국권의 회복과 민강(民强)에 대한 성취, 교회와 민족이 나뉠 수 없
다는 인식, 여기에 기독교회의 세계성을 덧붙여 과시했던 것이다. 영주제
일교회의 역사는 그것을 말해주고 있다.

　　초기 한국교회는 목회자가 이끄는 교회가 아니었다. 선교사와 조사들
이 방향과 목표를 설정해 주었지만 평신도 지도자들이 스스로 교회를 이
끌고 부흥시켜 나간 것이다. 곧 네비우스의 정신이었다. 한국장로교회는
'자립, 자선, 자조'의 역사를 귀중하고 자랑스럽게 생각한다. 영주제일교

회는 네비우스의 정신, 곧 '헌신의 평신도 전통'을 이어받고 여전히 실천하고 있다. 여느 장로교회들과 달리 한 사람의 강한 카리스마와 높은 능력의 목회자 한 사람이 교회를 이끌지 않는 전통을 갖고 있는 것이다.

김영옥, 강석진, 강병주, 이운형, 김성억 등 한국교회의 기라성 같은 목회자들이 교회를 이끌었지만 독주하지 않았다. 평신도 지도자들의 중지(衆智)로 교회를 이끌었으며 예수를 찾아온 한 여인이 자신의 유일한 최고의 것, 곧 옥합을 드렸던 것처럼 자신의 것들을 아낌없이 하나님께 드리며 교회 보존하고 부흥시켜 왔다. 성저동의 작은 사랑방에서 10여명의 신자로 시작된 교회가, 대 교회로 부흥되었다. 수많은 교회들을 개척하고 지원했으며 사회적 헌신을 아끼지 않았다. 하나님의 복음을 위하는 일이라면 물불을 가리지 않았다. 모진 풍파를 견뎌내었으며 희생을 두려워하지 않았다. 강요가 있었다면 이루지 못할 일들이었다.

영주제일교회는 "동양의 예루살렘"으로 불리었던 선천의 교회와 유사하다. 교회 주변에 유흥가와 술집이 전혀 없고, 교회가 결정하면 영주 모든 지역은 그것에 신뢰를 보인다. 교회를 경외하고 영주제일교회가 영주의 자랑이다. 과거 선천이 그랬던 것처럼 교회의 권위가 남다르다. 한국교회의 긍지가 될 일이다.

경안지역 교회 개척자인 오월번 선교사(吳越璠, A.G.Welbon), 장로교 통합의 선구자였던 강신명과 영주제일교회와의 역사성, 복음교회의 선구자였던 윤치병 목사의 일화 등 한국교회사 연구에서 누락된 부분의 발굴은 교회사 연구에 적지 않은 수확이었다.

2013년 3월 연세대학교 신학관에서 정우(丁又) 김명구

나는 김명구 교수의 영주제일교회 100년사 서문이 영주제일교회라는 한 교회만의 '때'를 나타낸 것이라고 생각하지 않는다.

할아버지 백남이 목회하였던 '그때'를 요약정리한 글이라고 판단한다.

1921년 경안노회가 경북노회에서 독립할 때, 당시 영주를 포함하여 안동권역에는 7천여 명의 교인들과 130여 개소의 예배당이 있었다. 이것은 기독교가 지역적 · 문화적 조건을 만족시켰다는 것과 거부감을 극복하고 돌파했다는 증거가 되는 것이다.

강병주, 강신명 사상의 독특성, 바로 어느 한쪽에 치우치지 않는 통합과 일치 의식, 그 사상의 발원이 영주 기독교로부터 시작되었다. 강력한 유교의 본거지로 영남만인소(嶺南萬人疏)의 출발점이었고, 치병 구복의 샤머니즘도 함께 공존했던 지역이었다. 이렇게 기독교에 대해 적대적이었던 곳, 바로 그곳에 새로운 복음의 동력, 곧 1907년에 불었던 영적 대각성의 바람이 흘러 들어갔다. 영주의 기독교는 후일 한국교회에서 교권 다툼의 진원이 된 양자의 반목을 극복하고 우뚝 솟아난 것이다. 강신명, 강신정은 이 통합의 터전에서 배출되었다. 한국 기독교의 중심에 서서 한국교회의 통합과 일치를 외쳤다.

1920년대 '영주 기독교'는 선교사들보다 먼저 자생적인 교회를 세워 자라도록 하였다. 1920년대 현실에서 '영주의 기독교'가 한국 기독교의 흐름에 휩쓸리지 않았다. 김명구 교수는 이것을 소중하게 평가한다. 21세기 초, 세상이 교회를 걱정하게 된 현실에 주는 예언자적 소리를 듣기 때문이라 여긴다. 1910년대 영주, 1920년대 풍기, 1930년대에는 총회, "그곳, 그때"에 할아버지 '백남 강병주 목사님'이 있었다. 일제가 교회를 탄압하고, 교회가 나라와 민족의 미래를 위하여 노력하는 것을 방해하고, 인재를 양성하거나 농촌을 개선하려 하면 가로막고, 말과 글을 빼앗아 얼을 잃게 작업하는 그 고난의 때에 백남은 예언자적 삶을 살았다.

자랑스러운 할아버지이다.

교권 싸움에 휩쓸리지 않고, 묵묵히 목회와 믿음 생활의 본이 된 목사님이다.

나라 사랑과 미래를 꿈꾸며, 교육으로 인재 양성, 농촌 살리기, 나랏말 한글 사랑으로

오늘, 여기에, 하나님 나라를 성취하는 꿈을 일구어 간 한글 목사로 어른이셨다.

나는 할아버지께서 그 시대에 꼭 필요한 '때의 복음'을 올곧게 나누었다고 믿는다.

두 번째 행적을 찾아서

여기에서 첫 번째 행적을 찾는 걸음은 멈추려 한다.

호랑이를 고양이로 그린 것처럼 되었을지는 몰라도,

나는 백남을 온전히 찾을 수 없다는 것을 알고 있었다.

그래도 찾아 나선 이유, 찾은 행적을 모아 책으로 남기려는 것은, 손자 목사만이 할 수밖에 없는 책임이기 때문이다.

나는 할아버지의 행적을 좇는 동안, 감탄과 놀라움으로, 또 한편 감격과 감사로 가슴을 채웠다. 동시에 할아버지께 던졌던 질문은 나를 향하는 것이었음을 깨닫고, 이제는 여생을 자신감을 가지고 용기 있게 말하며 살 수 있겠다는 생각이 들었다.

할아버지 행적 찾기는 여기까지이다.

나에게는 두 번째 행적 찾기가 기다리고 있다.

오래전부터 준비하고 있었던 山行이라 할 수 있다.

1997년에 세상을 떠나신, "晚山 姜信晶 牧師의 行蹟 찾기"이다.

성령의 도우심으로

소중한 분들을 만나게 하셨고, 자료를 얻게 한 은혜를 감사하며,

아울러 긴 여행을 마치고 돌아오길 인내로, 격려로, 사랑으로 기다려 준 분들에게

'때의 복음' 이야기를 나눈다.

2024년 3월 4일
홍은동에서
竹友 목사 **강석찬**